U0113367

Report on B & R
Publishing Cooperation and Development

"一带一路"

国际出版合作发展报告

（第二卷）

主　编　魏玉山

副主编　王　珺

中国书籍出版社
China Book Press

图书在版编目（CIP）数据

"一带一路"国际出版合作发展报告. 第二卷 / 魏玉山主编. -- 北京：中国书籍出版社，2020.10

ISBN 978-7-5068-8039-8

Ⅰ.①一… Ⅱ.①魏… Ⅲ.①出版业—国际合作—研究报告—世界 Ⅳ.①G239.1

中国版本图书馆CIP数据核字(2020)第200608号

"一带一路"国际出版合作发展报告. 第二卷

魏玉山　主编

责任编辑	朱琳　宋然
特约编辑	甄云霞
责任印制	孙马飞　马　芝
封面设计	东方美迪
出版发行	中国书籍出版社
地　　址	北京市丰台区三路居路 97 号（邮编：100073）
电　　话	（010）52257143（总编室）　　　　（010）52257140（发行部）
电子邮箱	eo@chinabp.com.cn
经　　销	全国新华书店
印　　厂	河北省三河市顺兴印务有限公司
开　　本	787毫米×1092毫米　1/16
字　　数	653千字
印　　张	30.5
版　　次	2020 年 10 月第 1 版　　2020 年 10 月第 1 次印刷
书　　号	ISBN 978-7-5068-8039-8
定　　价	152.00 元

前　言

　　《"一带一路"国际出版合作发展报告(第二卷)》(以下简称《报告》)和大家见面了。在全球抗疫、国际局势空前复杂的特殊时期,希望本报告第二卷的出版能够为业界同仁提供更多支撑,提振信心!

　　2020年6月18日,"一带一路"国际合作高级别视频会议在北京举行,习近平总书记在致辞中强调,愿同合作伙伴一道,把"一带一路"打造成团结应对挑战的合作之路、维护人民健康安全的健康之路、促进经济社会恢复的复苏之路、释放发展潜力的增长之路。促进互联互通、坚持开放包容,是应对全球性危机和实现长远发展的必由之路,共建"一带一路"国际合作可以发挥重要作用。这是疫情之下,中国最高领导人对于共建"一带一路"提出的最新倡议,为各国携手应对疫情带来的种种挑战指明方向。出版作为文化领域的重要阵地,也要继续坚持高质量共建"一带一路"的精神,坚持共商共建共享,遵循市场原则和国际通行规则,发挥企业主体作用,开展互惠互利合作,使构建人类命运共同体的观念更加深入人心。

　　在这样的形势下,"一带一路"国际出版研究工作显得尤为重要。一方面,响应和服务于国家政策大局,通过对相关国家出版业的系统介绍,促进国内业界对更多"一带一路"国家政策、文化的深入了解;另一方面,引导国内出版机构,抓住对外合作的契机,在出版合作既有成果的基础上,将我国新时代中国特色社会主义制度的优越性、文化的先进性更广泛地传播出去、传播开来。

　　《报告》继续沿用第一卷的体例,采用国别报告结合案例的形式。国别报告涉及12个"一带一路"相关国家,涵盖阿拉伯、南亚、北非、拉美地区,以及欧洲中部、西南部、东南部等地区,力争关照更多的"一带一路"相关国家和地区;内容重点介绍对象国出版业相关法律法规政策与管理体系、阅读政策与现状、图书出版发展情况,并对部分国家的投资环境、行业准入进行初步分析;时间上以最近一两年为主并向前追溯十年甚至二十年，体现各国出版业的长期发展趋势。

课题组对后疫情时代的"一带一路"国际出版合作提出相关建议：第一，出版业应充分意识到疫情的长期性、局势的复杂性，进一步打开视野、提升高度，从服务国家外交大局出发，推动双向交流合作，寻求构建与"一带一路"相关国家的利益共同体；第二，苦练内功，在合作内容和渠道上，既能突破传统合作的局限，又能应对新媒体的挑战，取长补短、打通壁垒、弥合界限，实现多渠道融合传播；第三，探索"一国一策"的合作模式，针对对象国的政策、国情、阅读等不同，开展差异化合作，提高合作效能。

课题组从众多优秀出版机构中选取了 7 个案例，综合考虑案例选取的角度，体现所选案例的典型性、代表性。首先，出版合作的参与主体有国有出版单位，也有民营文化机构；其次，体现覆盖地区的差异化，有的侧重欧洲发达国家，有的侧重周边国家和地区，有的则聚焦于一个重点国家；再次，体现了出版合作模式的多样化，有项目合作、作家居住地、运营分社、打造文化综合体等；另外，出版内容涉及教育、文学、漫画、文创等多个领域，反映当下"一带一路"国际出版合作的多样性，在此基础上分享国内出版机构对外合作的成功经验。

作者队伍包括北京外国语大学各学院的院长、国内重点走出去出版机构具有丰富对外出版合作经验的版贸专家和中国新闻出版研究院从事国际出版研究的科研人员，以所能获取的最新一手资料为基础，力求保证本书观点的前瞻性、资料的权威性和内容的实践性。

《报告》由中国新闻出版研究院院长魏玉山审阅、统稿，中国新闻出版研究院王珺、甄云霞组稿、审稿，中国新闻出版研究院王卉莲、张晴、刘莹晨参与审稿工作。疫情期间，人员沟通、材料获取等出现诸多困难，课题组虽竭力克服，但疏漏之处在所难免，请读者批评指正。

《"一带一路"国际出版合作发展报告》课题组

2020 年 8 月 26 日

目　录

主报告

变化中蕴含新机遇，困境中开创新局面

——后疫情时代的"一带一路"国际出版合作

甄云霞　王珺

近几年，受到经济、政治环境以及政策的影响，"一带一路"各个国家的出版业呈现了不同的发展轨迹和趋势，有的持续平稳发展，有的在经历衰退之后逐步复苏，有的进入迅速上升期。2020年全球爆发的新冠肺炎疫情给国际出版业带来更多不确定因素，部分出版业基础薄弱的国家雪上加霜，甚至遭受重大打击，全球出版业的发展在这一过程中更加错综复杂、捉摸不定。

反观国内，我国共建"一带一路"倡议一直在持续稳步推进，截至2019年底，中国已同138个国家和30个国际组织签署200份共建"一带一路"合作文件，共建"一带一路"的步伐日益坚实。步入2020年，面对突如其来的疫情，我国与"一带一路"共建各方克服重重阻碍，保持互联互通，稳步推进相关项目建设，同时聚焦全球公共卫生合作，分享抗疫信息和技术创新成果，携手打造"健康丝绸之路"。

我国出版业在与"一带一路"相关国家的交流合作方面也取得了新的进展。在版权贸易的数量、分支机构搭建、合作深度与广度方面均呈快速增长，取得了不俗成绩，前进步伐日益坚实。在应对新形势方面，我国出版业积极主动调整合作选题和海外营销策略，通过线上书展、直播营销、云互动等方式积极推动抗疫出版合作，与各国分享抗疫经验，寻找新的发展契机。共同战"疫"中，丝路精神更显光辉，"一带一路"朋友圈团结益彰，构建人类命运共同体理念更深入人心。

一、"一带一路"相关国家出版业发展现状

对比近些年"一带一路"各国出版业数据，各国出版业出现出版规模大小不一，发展特点不尽相同，发展趋势各有特点，在管理模式、阅读习惯、细分市场、数字出版等方面各有千秋。总体来说，各国出版业发展现状概括为以下五个方面的特点：

（一）管理机构相对健全，行业政策比较明晰

就现有数据来看，各国出版业规模基本与经济文化发展水平成正比，人口规模和经济发展相当的国家，其出版规模也比较接近。

多数国家设有相关管理机构。各国出版业管理机构基本都经历了整合、撤换、更替等变迁，之后逐步形成较为清晰的管理模式。第一种，主管部门调整后，职能集中稳定，主体责任明确，主副有序。1974年意大利大部分出版业管理职能由总理府转移到文化部，2020年又增设文化遗产数字化研究中心，强化对图书馆数字化的管理职能；保加利亚出版业主管部门经历数度调整后集中在文化部，出版业与大传媒、大文化各行业间的管理通道更加顺畅。其他国家包括葡萄牙、印度、孟加拉国、智利、尼日利亚等也是将新闻出版管理职能主要集中在文化部。在柬埔寨、缅甸、阿尔及利亚等国，新闻出版的管理职能主要由文化部与新闻部，或由宣传部等部门分别承担。第二种，多个机构平行交叉，相互制约。阿联酋在联邦层面由国家媒体委员会、文化与知识发展部、伊斯兰事务部等对图书出版工作交叉管理，在酋长国层面也由不同的机构来负责，其中最为活跃和突出的是沙迦图书管理局和阿布扎比旅游文化局；埃及除国家最高媒体管理委员会作为管理和组织全国各类新闻出版事业的最高政府机构外，埃及文化部下属的埃及图书总局、国有媒体管理局以及最高文化委员会也各司其职发挥管理作用。

出台行业扶持政策。意大利、葡萄牙、保加利亚等国出版主管部门的预算近几年稳定增长，与出版直接相关的预算金额也略有增加，主要用于支持出版业发展、图书馆补贴、文献遗产保护、阅读推广、海外推广扶持等。在国内企业政策方面，意大利不仅实施税率优惠，还通过设立多项基金为出版公司的经济活动提供低息贷款、拨款补贴等财政上的支持，并通过发放优惠券等形式推广阅读；葡萄牙十多年里持续为出版企业提供一定的经营补贴。得益于政府的扶持政策、相关行业的发展、对外合作的日益

扩大等因素，阿联酋、印度、孟加拉国等国出版市场蓬勃兴起，潜力巨大。近年来，阿联酋实施多项行业支持措施，出版业实现长足发展，其市场规模进一步扩大。在阿联酋王室和政府的推动下，阿联酋着力打造地区和国际出版中心，并通过举办国际书展、设置重大奖项、组织相关赛事、创设出版城、建设图书馆网络等多种方式持续提升阿联酋出版业地位，营造良好阅读氛围，服务于知识型社会的构建。印度庞大的人口数量和持续增长的经济总量使印度教育领域的发展也走上快车道，为图书供应链中的所有利益相关方和相关辅助机构提供了机会。

重视文化对外推广与交流。保护并对外宣传本国家、本民族优秀文化与内容产品已成为众多国家的共识，国家层面的支持措施层出不穷，意大利、葡萄牙、保加利亚、印度等国政府普遍设立文化对外推广合作资助项目。从2001年起，意大利外交部每年举办"意大利语言周"，通过国内外研讨会、讲座等活动为意大利作家和全球出版商创造交流的机会；意大利文化部设国家翻译奖，外交部每年也颁发翻译经费资助和奖励。为促进葡萄牙文学在世界各地的推广，葡萄牙图书、档案和图书馆总局设立了各类海外推广项目，惠及所有葡语国家作者，并为巴西出版商设立专项资助。随着印地语"国语化"运动的开展，印度国内外经典作品的英语—印地语互译成为印度图书出版业的一项首要任务，印度文化部为此设立翻译项目，帮助印地语作品及其他印度民族语言作品进行海外推广，印度出版业因此受益。因为经济水平、历史情况、区域性合作等多方面原因的共同影响，多数"一带一路"相关国家非常重视与发达国家、周边国家和地区的出版贸易合作。印度、尼日利亚、阿尔及利亚出版业与英国、法国等国保持着密切往来，不仅从这些出版强国引进版权、进口图书，本国市场也有众多外国出版社在经营，其学者、作者也以在西方国家出版作品、获得他国业界认可为荣。阿联酋进口图书在其国内出版市场占有非常重要的地位，是海湾阿拉伯国家图书进口最多的国家。与此同时，随着经济的发展、文化的觉醒，这些国家也越来越注重本土文化的传承，采取各项措施，鼓励本国图书的对外翻译出版。

（二）阅读受到普遍重视，数字阅读更为普及

根据各国阅读情况调查，"一带一路"相关国家的阅读率总体呈上升趋势，公共图书馆作为阅读基础设施建设和阅读推广的重要渠道，受到普遍重视，数字阅读发展较快。

　　为了培养国民阅读习惯，各国政府对阅读推广空前重视，将培养民众的阅读习惯提升到法律和国家战略的高度，并开展形式各样的推广活动。一方面，国家相关部门将阅读立法融入已有法律的修订过程中，制定并实施一系列阅读推广政策，推行国家阅读计划；另一方面，开展一系列阅读推广活动，建立图书馆、行业机构、行业企业之间的联系。保加利亚2006年制定"阅读中的保加利亚"国家阅读计划，联合立法机关和行政机关，共同制定关于发展图书出版和图书馆工作的国家政策；制定和通过保加利亚《图书出版和发行国家发展战略》《国家发展图书馆战略》；发起激发少年儿童阅读兴趣的倡议，并组织相关活动。葡萄牙政府于2006年发起了国家阅读十年计划，于2017年开始实施新的十年计划（2017—2027），其内容包括：满足儿童、青年和成人，尤其是社会特殊人群的阅读需求；通过多种媒介的阅读促进社会融合；通过支持信息、通信技术为手段的知识和文化获取的各类项目确保科学、文学和艺术文化持续发展。阿联酋2016年启动国民阅读立法，推出国家阅读战略，修订阿联酋出版政策和教育机构评价标准，为国民阅读推广提供政策与行业保障；确定政府机构在其中的相关职责，通过内阁阅读月活动、为新生儿发放"知识口袋"活动、支持本土出版商、支持设立课外阅读选修课、成立阅读基金等积极举措强化阿联酋各年龄段的阅读能力。

　　各级政府部门加大阅读基础设施建设，投入大量财政资金建设图书馆。为更好满足公民的阅读需求，葡萄牙政府积极推动公共图书馆建设，于1987年设立国家公共图书馆网络计划，为所有葡萄牙城市提供公共图书馆。意大利最古老的图书馆诞生于6世纪之前。截至2018年，意大利共有13959家图书馆，其中公共图书馆6104家，即意大利平均每万人拥有1家公共图书馆，并同时享有专门图书馆、高校图书馆或中小学图书馆的使用权利。埃及历史上就重视图书馆建设，图书馆总量在中东国家中处于前列，1952年埃及就宣布在每个城市和村庄建立至少一所图书馆的计划。与发达国家相比，大多为发展中国家或低收入国家的"一带一路"沿线国家更倾向于先支持公共服务性质的阅读机构，对于书店等个人消费型企业的资助相对较少，像埃及"街头书店"计划和保加利亚书店扶持计划这样的政策在实际落地过程中也遇到许多困难。

　　数字阅读整体上升，纸质阅读普遍低迷。无论是阅读传统良好的欧洲国家还是民族众多、文化十分丰富的亚洲、非洲国家，普通民众的触网率增长幅度远高于阅读率的增长。2018 年意大利 15~75 岁人口的阅读率从 60% 增加到了 84%，但其中仅有 10% 的人只阅读纸质图书，同时进行数字阅读和纸质阅读的读者比例达到 74%，每天至少读书 1 小时的读者仅有 9%；保加利亚有每天读书习惯的读者仅有 17%，另有 26% 的人一年中从不阅读。阿联酋、印度等亚洲国家，埃及、尼日利亚等非洲国家，随着移动互联网络覆盖率、智能手机持有率的提高，民众接触社交媒体的机会迅速增加，对传统阅读习惯冲击很大。

（三）教育与少儿出版发展向好，占有重要市场地位

尽管各国出版业特点和发展趋势存在较大差距，但基于出版业的普遍发展规律以及世界各国日益频繁的合作交流，"一带一路"相关国家之间也存在一些重要的共同特点，即教育出版、少儿出版在这些国家出版业中占有重要的地位。

教育出版长盛不衰，积极寻求数字化转型。 在大部分"一带一路"相关国家，教育出版作为传统出版的支柱，始终占据市场半壁江山，经济、文化越不发达的国家，教育类图书销量和市场占有率越高。2016—2018 年意大利教育图书市场逐年增长，2018 年收入超过 10 亿欧元，约占整个出版市场收入的 30%。保加利亚 2018 年出版教材与教辅类图书 2187 种，总体占比 22%，发行量 688.8 万册，总体占比超 60%。印度教育图书在图书市场占比约 70%。尼日利亚、孟加拉、柬埔寨等国或因人口低龄化程度高，或因脱离贫困国家后希望进一步提高国民素质，在教材、教辅等方面的需求远大于一般图书。教育出版最先面对数字出版发展趋势，出版商意识到这一趋势的必然性，正在积极拥抱市场变化，在数字出版的转型方面加大投入。意大利教育部从 2015 年开始推行"数字学校"国家计划，鼓励学校自己制作、编辑、发布和采用数字教材；印度政府越来越重视学校的数字化学习和扫盲，开始寻求私营机构的帮助，尽快补充学校的电子课本等相关数字内容，以帮助学生以互动性强的学习方式，提高本国中小学教育的水平与普及程度。当然，相当一部分"一带一路"相关国家的数字出版领域还处于起步或者初步发展阶段，教育出版的数字转型还在探索过程中。

少儿出版蓬勃发展，当仁不让引领风向。 儿童教育的重要性和儿童阅读的特殊性赋予少儿出版独特的优势。尤其是传统纸质童书的不可替代性，使得童书出版在以传统出版为主的"一带一路"相关国家尤为重要。

少儿类图书是意大利图书行业的优势领域，一年一度的博洛尼亚书展是国际童书出版的风向标，2018年少儿类图书出版7407种，比2010年增加39.8%，销售量与销售额分别占图书市场总量的19.1%与24.5%；同时，少儿图书市场的出版也呈现集中化特点，13家出版社出版了超过50%的童书，优势资源持续整合，体现了其产业的成熟度。就人口比例而言，阿联酋、尼日利亚是较为典型的"少龄化"社会。近年来，阿联酋大力鼓励和支持儿童文学作品的出版，注重向儿童、青少年灌输文化意识，专注于儿童作品的本土出版商数量也越来越多，构成了阿联酋出版业的一大特色。

（四）疫情重创纸质销售，网络销售增长明显

新冠肺炎疫情来势汹汹，对各国出版业带来深远影响。

传统出版困难重重，遭遇发展瓶颈。作为服务型行业，出版业遵从各国相关疫情防控要求，居家办公、延迟复工，出版生产与销售全面下滑；国际沟通不畅，图书展会、交流互访计划取消，项目延缓停滞；人员、资金、渠道都面临一系列困难，许多国家在疫情期间对企业的支持政策杯水车薪。根据意大利出版商协会发布的数据，2020年第二季度，意大利纸质图书业务估计损失销量800万册，损失收入1.34亿欧元，新书发行可能陷入停滞。众多书展取消或缩减规模，切断了阿拉伯世界重要的图书销售渠道，原定出版计划难以实现，阿拉伯国家出版社的经济损失显而易见。随着疫情的发展，"一带一路"国家错综复杂的政治局势、宗教问题更加复杂化，尤其是对于一些出版业不太发达的国家，出版业愈加艰难。

线下图书零售渠道遭受重创，网络销售渠道迎来难得的发展机会。2020年1—4月，意大利书店销售额占总销售额的比例从2019年同期的66%下降到45%，在线销售比例从同期的26.7%增长到47%；有声读物和电子书销售增长迅速，使得出版商重估数字出版的价值，许多出版商要求获得旧图书和新协议的电子书和音频权利。同时，疫情带动了相关医学科普内容的出版和阅读，拓展图书内容范围。印度国家图书信托基金表示，为认识到冠状病毒大流行的特殊心理、社会、经济和文化意义，国家图书信托"媒体信息阅读计划"启动名为"冠状病毒研究"的出版系列，以记录和提供相关阅读材料，满足后疫情时代不同年龄层的相关阅读需求。

二、我国与"一带一路"相关国家出版业合作的特点

在有关部门的指导下，我国出版业与"一带一路"相关国家的出版合作在总体数量和质量上都得到大幅提升，国内出版机构"一带一路"出版走出去的目标更明确，举措更有力，将"一国一策"方案进一步落到实处，影响力持续扩展。

（一）合作范围深度增加，区域进一步拓展

2019年，我国有273家机构与79个"一带一路"相关国家出版机构在少儿、文学、医药卫生、文化艺术、教育体育、经济、历史地理、工业技术、农林等图书出版方面建立了联系，"一带一路"国际出版合作普及程度之广可见一斑。这些机构中，版权输出超过100项的有27家，版权引进超过20项的有24家，输出量大的机构大多也是引进较为活跃的。

版权贸易数据攀升新台阶。从签订的"一带一路"图书版权贸易协议的数量来看，"十三五"时期是我国出版业开拓"一带一路"出版市场的重要阶段。2016年我国与"一带一路"相关国家的版权贸易总量为3808项，其中输出3222项，引进586项；2019年这三个数据分别为11282项、9429项和1853项，"十三五"后期版权贸易总数是前期的近3倍，与2018年同比增长58.9%。2016—2019年的四年间，可以清楚地看到我国对"一带一路"相关国家版权贸易整体上十分活跃，版权贸易尤其是版权输出数据的迅猛增长，反映出国内出版业相关机构积极响应国家号召，加大开拓"一带一路"出版市场的力度；版权引进数据的同步增长，表明我国以出版业交流实现民心相通，实现文明交流互鉴的愿望与现实努力。

合作国家和地区范围进一步拓展。2019年我国版权输出数量前十的"一带一路"相关国家为越南、俄罗斯、韩国、马来西亚、印度、新加坡、泰国、黎巴嫩、哈萨克斯坦、埃及。具体来说，对俄罗斯、波兰、意大利、罗马尼亚等欧洲出版业较为发达的国家，版权输出实现稳定增长；对阿联酋、黎巴嫩、埃及等国家，版权输出数量呈快速增长，反映了近几年我国与以上几个国家之间开展了密切的版权合作，成为正在拓展的新兴市场，有较大的发掘潜力；孟加拉国、阿尔及利亚等国家的版权合作从无到有，是潜在值得关注的市场；对柬埔寨、缅甸等国家，只有版权输出这一单向贸易行为，未来随着该国原创内容生产能力的发展或有变化。

（二）以周边国家为重点，做好主题出版合作

亚洲及周边国家与我地缘相近，文化相通，具备较好的合作基础，是我国开展"一带一路"主题出版合作的切入点和关键处。

年度重点主题出版实现同步对外推广。相关部门从国家、行业、全局的高度出发，近年对适合对外推广的选题类型、合作地域等强化引导、平衡；做好重大时间节点、重大事件、重点选题的出版引导，鼓励各类优秀图书的出版合作。紧扣中华人民共和国成立70周年重大时间节点，我出版业机构与国际知名出版机构策划、合作出版宣传阐释中华人民共和国成立70周年成就的主题图书在全球掀起中国主题国际出版合作热潮。进入2020年，新冠肺炎疫情席卷全球，我国出版机构积极推出一大批优秀抗疫图书，通过分享我国抗疫经验，讲述我国抗疫故事，助力"一带一路"相关国家疫情防控，体现了大国担当和国际责任，强化"一带一路"命运共同体的共识，夯实出版合作的基础。

走出去重点机构的主题出版责任更加明确。各单位依据自身优势，自觉形成主题图书多单位、多选题、多类型、全年龄段选题开发，并着重保持对外交流过程中特色优势内容设计与多角度深度合作并举的出版合作良好态势。中国国际出版集团配合重要外交活动，在7个"一带一路"相关国家举办7场《习近平谈治国理政》《摆脱贫困》《之江新语》等总书记著作首发式活动；在"一带一路"分支机构设立、合作平台搭建方面稳扎稳打，逐步在俄罗斯、保加利亚、埃及、罗马尼亚、马来西亚等多国设立中国主题图书编辑部，密切主题出版合作，进一步对周边国家和地区形成辐射效应。国内出版集团、出版社、获对外专项出版权的出版机构均发挥自身优势，从社科、少儿、文化、科技等多个传播领域同时发力，凭借近年国内积累的优秀主题出版内容，在向"一带一路"相关国家和地区传声立言过程中发挥了积极作用。

（三）聚焦优势出版领域，打造新丝路新格局

经过一段时期的摸索，"一带一路"出版合作初期盲目扎堆的状况日渐改观，各出版机构结合"一带一路"相关国家的出版业特点和读者特点，立足自身，发挥优势，开辟符合各自特色的对外出版合作领域并逐步站稳脚跟。

开发重点地域。各出版机构纷纷制定长期发展规划，布局东南亚、阿拉伯国家、周边国家等"一带一路"重点国家和地区。阿拉伯语国家和地

区为我国主要走出去出版机构一直以来的重点合作对象，中国出版集团、外语教学与研究出版社、北京师范大学出版社等出版机构与阿拉伯多国均建立了良好的合作基础，实现内容输出、实物出口、人员交流、团队本土化等较为多样的合作模式。北京师范大学出版社2016年建设的"北京扎耶德中心文库"陆续落地，"中阿友好文库""'一带一路'友好合作文库"均取得较大进展，与沙特阿拉伯、卡塔尔、约旦、科威特等多个阿拉伯国家的政府部门、科研机构和出版机构建立了紧密的合作关系，与国内外语类高校联动，强化了高校智库对外学术交往的能力。内蒙古出版集团利用地域优势，着手实施"'书香之路'中国精品图书基里尔文翻译出版工程"，向蒙古国翻译输出包括儒学经典系列、当代文学系列、青少年儿童读物等三大类弘扬中国优秀文化的精品图书，并以此切实推动"一带一路"倡议与蒙古国"发展之路"倡议对接，为共同建设中蒙俄经济走廊奠定了扎实基础。接力出版社2019年举办"中国—东盟少儿出版阅读论坛"，邀请越南、泰国、马来西亚、新加坡、印度尼西亚、柬埔寨、尼泊尔、斯里兰卡等国共12家出版机构围绕"当下少年儿童的阅读需求和童书出版现状"主题进行深度探讨，成为我国与东盟之间深化少儿图书出版合作的新起点、新动力。

深挖优势内容。国内文学、少儿出版机构纷纷发力，通过开展一系列项目和活动，在"一带一路"主要国家和地区打造文学、少儿版权合作新格局。我国网络文学更受东南亚、非洲等国家读者欢迎，网络文学版权贸易的种类和数量均迅速增长。阅文等网络文学公司及其他文化公司抓住这一契机，把我国的优秀内容输出到"一带一路"相关国家，合作方数量与授权作品数量不断攀升，相关作品也持续掀起一股中国网络小说的热潮。在积极参加国际书展的基础上，少儿出版与国际互动活跃，由我国出版企业举办、承办多场国际性论坛、展览、奖项等活动，不断加强我国与国际少儿出版沟通交流。2019年中国少年儿童新闻出版总社成功举办第四届国际儿童读物联盟（IBBY）亚洲大洋洲地区会议，来自24个国家和地区的文化和少儿出版界专业人士以及国际儿童读物联盟执委会委员等近200人参加，不仅围绕服务外宣和外交大局、讲好中国故事的主旨展示我国70年来少儿出版走出去成就，而且推动我国与世界特别是"一带一路"相关国家的少儿阅读推广和出版合作。

（四）扎根中东欧地区，出版合作厚积薄发

对于文化产业相对发达的中东欧地区，我国出版机构致力于提高"一带一路"出版合作质量，在尝试本土化、打造特色项目、建设出版品牌等方面立足当下，着眼长远，以较为灵活的合作模式拓展合作边界，不断增强社会效益，提高影响力。

打造重点出版品牌，树立领域优势。一些出版机构深耕优势出版领域，树立品牌影响力。经过 10 年发展，尚斯国际出版传媒集团已由最初名不见经传的小型出版机构成长为跨 6 国的集团公司，业务范围覆盖出版领域上下游各环节。通过助力国内出版机构与当地的推广合作，使相关中国主题出版品牌日益深入人心。中国人民大学出版社"社会主义核心价值观系列"的《富强》《民主》在 2019 年 2 月登上俄罗斯最大网络书店迷宫销售排行第二位，《为马克思辩护》位列同期销售排行第三十位；《选择：中国与全球治理》《文化复兴：传统文化的现代价值》柬埔寨文版被当地 23 所科研机构和高校图书馆馆藏。

打造名家名作，提高本土影响力。一批优秀作家作品，经过多语种的翻译出版和推广，在"一带一路"国家获得广泛的认可，成为国际市场畅销书，获得各类奖项。一方面，作家获奖会带动我国文学作品的海外推广。刘慈欣《三体》三部曲目前输出的 25 个国家之中，大多数为"一带一路"沿线国家，仅中东欧就有波兰、捷克、匈牙利、克罗地亚、保加利亚、塞尔维亚、爱沙尼亚、立陶宛等 8 个版本，各外文版全球销量接近 200 万册。同时，借助《三体》的成功经验，我国出版机构、版权代理机构又积极努力将悬疑文学推向"一带一路"相关国家，通过提高《暗黑者》《大宋提刑官》等作品在这些国家的影响力，使悬疑文学成为继科幻文学之后通俗文学的新名片。另一方面，优秀作品的海外落地也为中国作家赢得海外声誉。2019 年，马俊杰教授（笔名劳马）分别荣获新德里世界书展"优秀作家奖"和泰国泰中文化经济协会颁发的"年度最佳作家奖"。

创新特色平台和渠道，实现双向交流合作。外语教学与研究出版社通过推动完成"中华思想文化术语"工程，与波兰、亚美尼亚等多个中东欧国家开展相关系列图书及衍生作品的出版合作，致力于多语种传播中国传统思想文化和构建我国对外话语体系；与国内兄弟企业联合走出去，将对方优质内容资源与外研社丰富的国际合作渠道和多语种翻译能力有效结合，将余华、刘震云、苏童、莫言等作家作品输出至阿尔巴尼亚、波兰、罗马尼亚、匈牙利等国家。北京出版集团十月文学院创新开发"十月作家居住地"，建立在海内外拓展创作项目与出版合作的重要平台，吸引作家创作、推动跨国度跨地域的文学交流合作。截至目前，十月文学院已在海内外设立 12 处各具特色的"十月作家居住地"，入住作家多部作品在北京出版集团首发，叶广芩第一部儿童文学作品《耗子大爷起晚了》就是在布拉格居住地获得的灵感，除在国内获得陈伯吹国际儿童文学奖，入选"优秀青少年读物出版工程"外，还输出了英语、马来西亚语、哈萨克斯坦语等语种。

（五）规避地域风险，审慎开发新市场

由于政治宗教状况复杂、文化差异等原因，与非洲、拉美地区开展出版交流合作存在较大困难。阿尔及利亚对外国投资限制条件较多，实行严格的外汇管制，税收政策复杂且税赋较高，新闻出版有较为严格的审查制度；尼日利亚民族数量多、宗教问题复杂，贸易过程中出现政治风险、治安风险、行政管理、司法风险的可能性较大；智利与我国的文化差异较大且地域文化认同感较强。尽管困难重重，我国出版机构仍取得了较好的成绩，中国社会科学出版社建立了智利分社，人民天舟在摩洛哥建设的灯塔出版社、星光书店，浙江出版联合集团持续推进对非走出去，合作领域不断扩大，"非洲农业与医疗实用技术书系"已合作出版 14 种图书，其中农业技术书系由种植业向畜牧业、渔业等领域拓展，医疗技术书系与不同的非洲国家合作，相继出版了英语、法语、西班牙语、斯瓦希里语等多个语种。我国出版业相关机构与上述国家和地区合作多采取较为积极谨慎的态度，做好充分本土调研，熟悉当地的政治宗教状况、文化市场规则等特点，在此基础上再逐步探索合作的可能。

三、后疫情时代"一带一路"国际出版合作展望

2019 年第二届"一带一路"国际合作高峰论坛上，习近平总书记发出倡议，愿与各方一道，"共同绘制精谨细腻的'工笔画'，推动共建'一带一路'沿着高质量发展方向不断前进。"2020 年全球新冠肺炎疫情蔓延，以习近平同志为核心的党中央基于当前和今后一个时期国内外形势，指出"充分发挥国内超大规模市场优势，逐步形成以国内大循环为主体、国内国际双循环相互促进的新发展格局"。未来一段时间将是世界经济新旧动能转换、国际格局和力量对比加速演变、全球治理体系深刻重塑

的关键时期，"一带一路"国际出版合作需顺应大势，苦练内功，从"写意"到"工笔"，充分认识"国内国际双循环"相互促进的发展原理，把握机遇，克服挑战，为构建新型国际关系、构建人类命运共同体发挥建设性作用。

（一）顺应大势，服务大局，开展双向合作

当前各国形势瞬息万变。经历了 15—17 世纪地理大发现、19 世纪末 20 世纪初英式全球化、"二战"后美式全球化等不同阶段，以对抗、征服、垄断为主要特征的"单向度全球化"发展模式正在经受越来越严肃的审视与反思，以"一带一路"倡议为代表的"整体全球化"发展愿景正在被密切关注和热烈讨论。人类发展阶段的跨越会一直与全球经济关系、文化交往、外交策略的变化相伴随，国际出版合作在此大背景下的首要作用就是顺应变化，服务大局，开展双向的交流与合作。

我国出版业的对外交流合作有着比发展出版业自身更高的诉求，怀抱更高的使命感，最终服务于实现人类命运共同体的目标。在开展"一带一路"国际出版合作中应时刻谨记这一使命，要切实促进文明交流互鉴、交融共存，为彼此文明复兴、文化进步、文艺繁荣提供持久助力，为合作提供更深厚的精神滋养；要扩大文化各界人员交往，拉紧人民的情感纽带，携手打造文化共兴的人类命运共同体；要致力于"共同消除现实生活中的文化壁垒，共同抵制妨碍人类心灵互动的观念纰缪，共同打破阻碍人类交往的精神隔阂，让各种文明和谐共存，让人人享有文化滋养"。

开展"一带一路"国际出版合作，需在步调和行动上提高与国家总体目标、总体政策、总体布局的一致性，增强跨行业、跨领域的沟通合作。出版业的对外交流合作是对外文化交流、对外经贸合作、民间外交的重要组成部分，充分了解我国与"一带一路"相关国家在经贸、文化、外交等领域的合作方式、发展阶段、潜在风险，并将本行业对外交流合作的切身感受、切实问题及时反馈交流。出版业不仅是沿着经济文化交流的足迹前进，还要走在前面，发挥在塑造信仰、价值认同、文化认同方面的功能和优势，为全面对外交流奠定民心基础、文化基础。出版业与各对外交流合作领域协调行动，既不能也不可单兵作战，才会收到事半功倍的效果。

开展"一带一路"国际出版合作过程中，政府管理部门和各级出版机构之间要进一步充分做到及时上情下达、下情上传，总结汇报，畅通沟通机制。主管部门要将政策精神充分传达，帮助出版机构的对外合作规划上升到国家层面和高度，规避误区盲点；全面及时掌握行业与机构的对外合作情况，引导国内出版机构之间加强合作，发挥行业联动的合力。出版业应充分树立主动意识和责任担当，不仅跟着政策走，还要走在政策的前面，为其贯彻落实铺路搭桥。出版机构也应进一步提升大局意识，紧跟国家步伐，服从统一部署，才能把"一带一路"出版合作推向纵深。

（二）苦练内功，立足国内，开创发展新格局

全球新冠肺炎疫情对正处于百年未有之大变局的当今世界产生了重大影响。逆全球化势力乘机再起，现有国际秩序面临考验；电子商务与移动金融加速普及，多数国家的经贸生态和社会生活正在改变。在此背景下，共建"一带一路"会承受更大困难和持续考验，国际出版合作只有借机苦练内功，才能在对外交流合作中逐步发挥自身优势，开创新的发展格局。

以积累"一带一路"学术成果为核心要务。经过多年的倡导和实施，共建"一带一路"的规划、路径、方案、项目已经不断深入，各行业、机构间的协同努力也初现成效，但对承担构建"一带一路"的全球话语体系，精准传播"一带一路"核心要义，促成全球认同与共识这一重大责任的出版业而言，"一带一路"学术体系、话语体系还处于建构过程中，"同心打造人类命运共同体"的理论体系、核心思想、关键词汇都在不断调整和完善，出版业对外交流合作过程中可以完全信赖和持续传播的核心概念、准则等还在丰富。唯有在出版业深入参与和积极推动下，我国"一带一路"相关的研究成果才可不断丰富、持续创新，最终为对外宣传推介"一带一路"核心要义、完整体系及与各文明间相互关系提供源源不断的优秀内容资源。

以实现融合发展与传播为主要方向。一方面，疫情将深刻影响大众的生活方式和阅读习惯，"一带一路"相关国家中国民阅读基础薄弱且已进入移动互联网时代的国家将更容易适应融媒体的传播方式。另一方面，我国出版业对疫情导致的传统渠道和合作模式受限正在积极转变思路，创新交流合作方式和渠道，寻求更多合作的可能。在"一带一路"国际出版合作尝试融合发展中，首先要保持以图书为核心，将其作为价值的承载，其次才是丰富素材的展现形式，拓展视野和思路，创新、优化合作出版的内容和模式，实现与对象国文化领域的全面融合，走出自己的高质量、高标准、高水平的特色化之路。

（三）规避风险，一国一策，实现差异化交往

与我国签署共建"一带一路"合作文件的国家已经超过130个，但这并不意味着与这些国家出版业的友好合作关系进入了保险箱。"一带一路"相关国家发展不平衡，国家经济实力、融资能力差别巨大，宗教、文化、教育水平参差不齐，开放程度和出版业发展水平差距明显，我国出版业机构与这些国家的企业开展合作的经验还不丰富，成本高、风险大是全行业普遍面临的共性问题。无论行业层面还是机构个体，都需认真研究、时刻关注，不断积累交往经验，提高规避风险的能力。

整体提高行业规避风险的能力。"一带一路"国际出版合作的开展具有较为鲜明的"政府推动、企业主体"运作特点，政府的引导作用较为突出。经过六年的支持，我国参与"一带一路"国际出版合作的出版业机构数量、实现合作的相关国家数量、正在运行的翻译出版项目及其他项目数量都有了明显增长，相应的风险也在累积。行业主管部门需未雨绸缪，根据国际社会面临的挑战与实际需求对支持政策进行动态调整，对已支持但确实不能执行的项目设立退出机制，维护我方落地项目的国际形象和积极影响；需积极为中外机构合作建立多层次、多渠道的对话沟通磋商机会，推动签署出版合作备忘录，完善出版合作规划，建立双边联合工作机制。

注重发挥重点国家、重点市场、重点企业的带动引领作用。"一带一路"国际出版合作不应是面向全部"一带一路"合作文件签署国的出版交流合作，不应是由我国出版业全部机构参与的对外出版交流合作，更不应是与众多区域影响力不够、出版领域不对口、经营管理经验不丰富的国外出版机构的合作。立足国内，行业主管部门需多种方式掌握对外出版交流合作的重点单位，给予重点支持，达到重点开拓的目标；面向国外，主管部门需借助众多落地项目产生的实际效果，客观评估、遴选本阶段要重点合作的国家和机构，重点开发的市场和领域，提升国际出版合作整体效果。

积极探讨实施一国一策，实现差异化交往。"一带一路"相关国家数量众多，差异明显，有针对性地开展国际出版交流合作是必然选择。国家层面需积极将"一带一路"倡议与金砖机制、上海合作组织、亚太经合组织、东盟、非盟、中东欧十六国、南南合作等国际合作机制相结合，与"一带一路"相关国家中长期发展规划、愿景相结合，找到适合双边或多边出版业交流的方式、领域，提供顶层设计方面的支撑。行业层面需在相关国家出版业发展情况研究方面持续投入，对其行业发展、市场环境、企业信

用进行动态了解和评估，为实现持久、深入、有效的"一带一路"国际出版合作提供智力支持。企业层面需保持高度的政治敏锐性，针对各国和各合作机构的特点，及时调整与其合作的模式，不断总结经验教训，提高对外交往能力和国际化运作水平。

"一带一路"相关国家出版业发展阶段不同、市场情况各异、文化特色鲜明，与我国出版业的交流合作的深度和广度差别较大。面对新冠肺炎疫情造成的全球化影响，"一带一路"相关国家出版业间应以寻求共同利益，实现共同诉求为契机，共抗疫情，破解困境，守望相助，共度时艰，攻坚克难，化危为机，开创"一带一路"出版合作高质量发展的新局面。

（作者单位：中国新闻出版研究院）

国别报告

阿联酋出版业发展报告

刘欣路　林建彬

阿拉伯联合酋长国，简称阿联酋，位于阿拉伯半岛东部，北濒波斯湾，西和南与沙特阿拉伯交界，东和东北与阿曼毗连。阿联酋国土面积为83600平方千米，由7个酋长国组成，分别是阿布扎比、迪拜、沙迦、哈伊马角、阿治曼、富查伊拉和乌姆盖万，其中阿布扎比是行政首都，迪拜是阿联酋最大的城市，也是中东地区的经济和金融中心，沙迦是文化中心。阿联酋人口数量为930万，本国人口很少，外籍人占88.5%，多为外来劳工，主要来自印度、巴基斯坦、菲律宾、埃及、叙利亚、巴勒斯坦等国。居民大多信奉伊斯兰教，多数属逊尼派。阿拉伯语为官方语言，通用英语。

阿联酋无论是在领土面积上还是在人口上都是小国，但阿联酋利用自身资源优势、地缘优势，采取适合自身国情、开放的发展战略，在短短几十年内，从一个依靠打鱼和采珠为生的沙漠地区发展成为全球瞩目的现代化国家。值得一提的是，与埃及、黎巴嫩等阿拉伯世界传统的出版强国相比，阿联酋的出版业虽然起步较晚，但其后发优势十分明显，特别是进入21世纪以来，阿联酋政府将发展出版行业作为带动知识型经济发展的重要途径，为此采取了一系列措施推动该行业的发展，并使得阿联酋逐步成为中东地区新兴的出版业中心之一。

一、出版业发展背景

（一）政治经济状况

阿联酋于1971年建国，联邦最高委员会是最高权力机构，由七个酋长国的酋长组成。重大内外政策制定、联邦预算审核、法律和条约批准均由该委员会讨论决定，联邦经费基本由阿布扎比和迪拜两个酋长国承担。联邦最高委员会从委员会成员中选出联邦总统和副总统，现任总统是哈利法·本·扎耶德·阿勒纳哈扬，副总统兼总理是穆罕默德·本·拉希德·阿勒马克图姆。阿联酋各酋长国除外交和国防相对统一外，在其余事务方面均拥有相当的独立性和自主权。在对外关系层面，阿联酋奉行平衡、多元的外交政策，对外交往活跃，重视发展同美国等西方国家关系。近年来，阿联酋开始推行"东向"政策，积极发展同中国、韩国、日本等亚洲国家关系。

阿联酋政局稳定，为经济发展创造了条件。阿政府积极推动国家现代化建设，凭借丰富的油气资源和开放的政策在短时间内实现了经济的快速发展，人民生活水平迅速提高。目前，阿联酋已探明石油储量约 150 亿吨，天然气储量 7.7 万亿立方米，均居世界第六位。2019 年阿联酋国内生产总值（GDP）4250 亿美元，人均国内生产总值达 4.08 万美元。石油生产和石油化工业在阿联酋经济中占有主导地位，同时，阿联酋政府注重可持续发展，把经济多元化、扩大贸易和增加非石油收入在国内生产总值中的比重作为优先任务。制造业、旅游业、金融业、航运业、物流业、会展业等产业经多年努力在阿联酋也得到长足发展。这些领域不仅成为地区中心，还在世界范围内具有重要影响[1]。

同时，阿联酋大力发展以信息技术为核心的知识经济。2015 年，阿联酋提出"2021 年愿景"发展计划[2]。为此，政府投入巨资发展文化教育事业。在教育方面，阿联酋全面实行免费教育制，倡导女性和男性享有平等的教育机会，全国共开设公立学校 1259 所，在校学生超过 80 万人，教师有 2.5 万余人。在文化方面，国家设立多个国家级文化促进项目，着力打造地区文化产业新高地，沙迦出版城、迪拜媒体城等项目已聚集了来自世界各地的大批从事新闻出版、广播影视、新媒体业务的知名企业，推动阿联酋文化事业的发展与繁荣。

（二）出版相关法律及政策

阿联酋颁布一系列法律法规以保障出版自由、推动出版业发展。阿联酋现行法律法规体现了三方面的特点：第一，赋予出版业广泛的自由。《1980 年第 15 号关于出版物内容管理的联邦法令》（1980 لسنة 15 رقم اتحادي قانون

---

[1] 以上情况来自中华人民共和国外交部网站阿联酋国家概况，https://www.fmprc.gov.cn/web/gjhdq_676201/gj_676203/yz_676205/1206_676234/1206x0_676236/

[2] 该计划将知识经济列为阿联酋发展的四大目标之一。计划指出："我们希望推动阿联酋经济发展模式向知识、创新驱动增长转型。"

بشأن المطبوعات والنشر（）就明确规定媒体运行不受政府的事前监管。但与此同时任何媒体也不得逾越政府划定的红线。2009 年新修订的《新闻法》قرار مجلس الوزراء رقم 6 لسنة 2009 بشأن نظام معدل لنظام ترخيص المحطات الإذاعية والتلفزيونية（）والفضائية واللاسلكية لسنة 2004 规定，对于诋毁阿联酋现行体制或攻击国家领导人的媒体，将处以 500 万迪拉姆以上的巨额罚款，严重的还将吊销营业执照。第二，从法律的高度确立了服务型政府的建设方向。相关法律法规明确了政府部门各项职能和向社会提供的各种服务，从而保证出版机构能够在优质、高效、透明的环境下运营。例如，《2013 年关于国家媒体委员会组织机构管理职能的第 9 号内阁决议》（قرار مجلس الوزراء رقم 9 لسنة 2013）بشأن الهيكل التنظيمي للمجلس الوطني للإعلام（）规定国家媒体委员会的主要职责是为各类媒体提供服务而非管理和干预，并细化了该委员会的每一项具体职能，在各类媒体上予以公示。《2013 年关于媒体服务费用管理的第 12 号内阁决议》（قرار مجلس الوزراء رقم 12 لسنة 2013 بشأن إدارة تكاليف الخدمات الإعلامية）则整合、减少了政府的各项收费，简化了原有的管理程序，为传媒企业特别是小企业的发展创造了条件。第三，为新闻传播行业的跨越式发展提供法律和政策上的支持，自上而下地谋划、推动传媒产业集群的发展。例如，《2007 年关于媒体城建设的 12 号内阁决议》（12 رقم مجلس الوزراء قرار لسنة 2007 بشأن هيئة المدينة الإعلامية الحرة（），将建设媒体城作为国家一项重要的发展战略来实施，并从基础设施、海关、税收、物流等各方面做出具体安排。

阿联酋在保护知识产权方面处于全球领先地位，目前，阿联酋已经签署了所有与版权相关的主要国际公约，并获得相应成员资格。阿联酋于 1975 年成为世界知识产权组织成员国，但直到 2009 年才开始全面运作；1996 年，阿联酋签署《世界贸易组织知识产权协议》（*WTO TRIPS Agreement*）；2004 年阿联酋签署《保护文学和艺术作品伯尔尼公约》[1]，同年，加入了《罗马公约》[2]。此外，阿联酋也致力于制定本土版权法

①《保护文学和艺术作品伯尔尼公约》（*Berne Convention for the Protection of Literary and Artistic Works*），简称《伯尔尼公约》，是关于著作权保护的国际条约，1886 年 9 月 9 日制定于瑞士伯尔尼。
②《保护表演者、音像制品制作者和广播组织罗马公约》（*Rome Convention for the Protection of Performers, Producers of Phonograms and Broadcasting Organizations*），简称《罗马公约》。1961 年 10 月 26 日，由国际劳工组织与世界知识产权组织及联合国教育、科学及文化组织共同发起，在罗马缔结了该公约。

规以设立符合本土传统和价值的行业基准与规范。1992 年，阿联酋引入《知识产权和版权保护法》（*Law on the Protection of Intellectual Works and Copyright*），在 2006 年 10 月 1 日颁布的第 32 号联邦法中，按照国际标准制定了自己的版权法规。2009 年阿联酋出版商协会（Emirates Publishers Association，简称 EPA）成立；2010 年阿联酋知识产权协会（Emirates Intellectual Property Association，简称 EIPA）成立；2011 年，由培生教育集团（Pearson Education）版权总监勒奈特·欧文（Lynette Owen）撰写，阿联酋出版商协会出版发行的《阿联酋出版商实用指南》，以英文详尽地说明了阿联酋国内的版权法[①]。该指南的出台体现了阿联酋对拓宽出版业国际市场的重视，同时也向国际社会彰显自身拥有值得信赖的法律和制度框架，并且充分尊重国际商业惯例。2012 年阿联酋出版商协会成为国际出版商协会（International Publishers Association，简称 IPA）会员，同年，阿联酋出版商协会与阿联酋知识产权协会签署谅解备忘录，阿联酋出版商协会主席波杜尔·阿勒·卡西米（Sheikha Bodour Al Qasimi）指出，保护一个国家的知识产权就是保障其文化未来和科技进步。2015 年阿联酋"2021 年愿景"发展计划中引入了一个由政府法规支持的完备法律框架作为其中一部分，以"促进一个有效的市场和保护知识产权"。

　　此外，阿联酋还将培养民众的阅读习惯提升到法律和国家战略的高度。2016 年，根据阿联酋总统哈利法·本·扎耶德·阿勒纳哈扬的指示，阿联酋启动《阿联酋国民阅读法》（*UAE National Reading Law*），通过政府行动强化阿联酋各年龄段的阅读能力，并确定政府机构在其中的相关职责。另外，作为政策框架的另一部分，根据阿联酋总理穆罕默德·本·拉希德·阿勒马克图姆的指示，阿联酋推出了"国家阅读战略"（National Reading Strategy），宣布将组建 1 亿迪拉姆阅读基金，以支持非政府组织、志愿者组织等开展阅读活动[②]。该战略涉及教育、卫生、文化、社会发展以及媒体和内容产业等 30 个主要领域。所涉及的相关活动包括阿联酋内阁每

[①] Lynette Owen: Buying & Selling Rights in Literary Works: A Practical Guide for Publishers in the United Arab Emirates. Emirates Publishers Association, Sharjah, UAE, 2011.

[②] 阿联酋发布国家阅读政策，http://ae.mofcom.gov.cn/article/ddgk/dlrw/201605/20160501315946.shtml

年举办一次阅读月活动；为本国新生儿发放"知识口袋"活动；充实国民阅读内容；修订阿联酋出版政策，支持本地出版商，并将课外阅读选修课纳入教育机构评价标准。阿联酋教育部也高度重视本国出版业对教育行业的积极作用，于 2019 年召开教育—出版研讨会，深入探讨出版商如何对接和支持教育部创新教育的愿景和如何构建先进的国际化知识型社会。在阿联酋，阅读已然上升到立法层级，国民阅读是建设知识经济的关键因素，而无论是全民阅读的远大愿景还是知识经济的构建，都需要出版业源源不断地提供驱动力。

（三）行业组织与管理机构

1. 行业组织

阿联酋出版商协会成立于 2009 年，总部位于阿联酋第三大城市、素有"阿拉伯世界文化之都"称号的沙迦，其创始人是沙迦王室成员波杜尔·阿勒·卡西米（Sheikha Bodour Al Qasimi），现兼任国际出版商协会副主席，系数十年来首位担任国际出版商协会要职的女性。阿联酋出版业的发展很大程度上得益于阿联酋出版商协会所做出的贡献。

阿联酋出版商协会官网（www.epa.org.ae）列出了国内出版商及其出版物、图书馆、书展、文学大赛等与出版活动相关的详细清单，也为申请 ISBN 号、出版图书、创建出版公司等流程进行指导，实现了阿联酋出版业的一站式集结，成功打造了出版业集约化平台。阿联酋出版商协会旨在打造一个阿联酋出版业的核心枢纽，协会的职能包括强化阿联酋现有的法律框架，为出版商提供世界水平的知识产权保护、有力的版权执法以及保障出版自由；提供培训，指导帮助国内出版商拓展业务；指导出版业为阿联酋文化、教育、经济和社会发展做出更多贡献，提升阿联酋出版商的社会作用，加强阿联酋文化和知识创造力；开发高质量阿拉伯语教材；鼓励阿拉伯文作品的海外翻译，在阿拉伯世界和国际社会传播阿联酋的文化价值和知识产品；代表阿联酋出版商参加区域和国际出版活动、展览和研讨会；促进阿联酋国内图书分销、零售活动；推进图书馆建设与转型；营造良好的阅读氛围；巩固国家民族认同，建立民族自豪感和促进包容的跨文化交流等。

2009 年，阿联酋出版商协会加入阿拉伯出版商协会，2012 年成为国际出版商协会成员，此后阿联酋出版商协会先后同阿联酋知识产权保护协会、阿联酋国家媒体委员会签署合作协议，并于 2019 年与沙迦政府合作启动沙迦出版城项目。阿联酋出版商协会迄今已经走过10个年头，取得了丰硕的发展成果。截至2019年12月，阿联酋出版商协会成员单位从成立之初的13名增加至166名，组织参加了至少254场国际或地区书展，成员单位共出版新书15789种，2019年阿联酋出版商协会总部所在地沙迦获得联合国教科文组织授予的"世界图书之都"称号。10年以来，阿联酋出版商协会凭着前沿理念，在协调和深化相关方伙伴关系、发现阿联酋出版业短板和需求、提供行业支持、探索市场前景和察觉行业挑战等方面发挥了重要作用，得到业界的一致好评。阿联酋出版商协会创始人兼主席波杜尔·本·穆罕默德·卡西米称阿联酋出版商协会集中体现了一个国家的愿景，阿联酋作为国际出版商协会的正式成员积极融入国际市场，正为新兴的出版国开辟一条道路[①]。

2. 管理机构

2006年以前，阿联酋在联邦层面主管图书出版行业的政府部门是文化与传媒部。2006年1号联邦法案对1972年颁布的关于政府各职能部门职责与权限的法案进行了修订，并据此对政府部门进行了改组，目前与图书出版工作相关的部门主要为国家媒体委员会（National Media Council，简称NMC）、文化与知识发展部（Ministry of Culture and Knowledge Development，简称MCKD）和伊斯兰事务和慈善活动部（Islamic Affairs and Charitable Activities Department，简称IACAD）等部门。除联邦层面的管理机构外，部分酋长国也相应建立了各自的图书管理机构，其中最为活跃的是阿布扎比旅游文化局（Department of Culture and Tourism，简称TCA）和沙迦图书管理局（Sharjah Book Authority，简称SBA）。

（1）国家媒体委员会

国家媒体委员会成立于2006年，是阿联酋信息部的下属机构，其工作使命包括：制定、落实国家传媒行业政策及法案，为阿联酋传媒业提供良好的发展环境；提高阿联酋传媒业影响力，在国内外宣传阿联酋的发展成就，强化公民民族及国家认同，提升阿联酋国际地位；根据既定标准，确保相关从业人员和企业享有优质、高效、透明的管理与服务等。该委员会开展的具体监管与服务包括：新闻许可证服务，即与新闻许可证有关的

---

① UAE's publishing industry: a vision of an avant-garde nation, https://www.internationalpublishers. org/news/464-uae-s-publishing-industry-a-vision-of-an-avant-garde-nation

所有事项，如颁发、延期、取消、增补、转让等；媒体内容服务，即组织媒体内容的进口、批准报纸杂志以及其他各类印刷品的流通、延长或取消报纸杂志的发行、颁发印刷许可等；外国媒体服务，即为各类赴阿联酋工作的外国记者颁发许可，并提供日常管理与服务；新闻服务，即通过阿联酋通讯社的官方网站为阿联酋民众和阿联酋国内外的合作伙伴免费提供有关阿联酋的重要信息；信息沟通服务，即建立相关专业网站，以多种语言向国内外公众免费提供各类信息、数据、视频等。

就图书出版而言，该委员会主要负责资质审批与内容监管，阿联酋国家媒体委员会《2017年关于媒体内容的第26号决议》（قرار رئيس مجلس الإدارة رقم 26 لسنة 2017 بشأن المحتوى الإعلامي）、《2017年关于媒体活动许可的第30号决议》（قرار رئيس مجلس الإدارة رقم 30 لسنة 2017 بشأن تراخيص الأنشطة الإعلامية）就出版物内容规范、出版物审批与发行程序等做出了详细说明。比如，出版公司成立时，需经由国家媒体委员会审批；作品引进、出版与发行时，由国家媒体委员会审查作品内容，为其出版、进口和发行活动发放许可证。国家媒体委员会十分重视其使命，按照国际标准、惯例以及阿联酋法律所定义的言论自由为阿联酋建立完备的内容监管框架。委员会媒体内容总监朱玛·奥贝德·阿里姆（Juma Obeid Arim）表示，实施管控是为了"鼓励、指导和保证出版集团发行的图书内容正确可靠，合乎阿联酋法律法规、言论自由监管框架以及国际惯例"[1]。

（2）文化与知识发展部

文化与知识发展部担负两大使命即保护文化成就，丰富繁荣阿联酋的文化体系，以知识推进可持续发展。该部主要通过立法和制定文化政策和方针，支持国家的文化、艺术机构，为文艺人才和创新提供平台，鼓励阿联酋的文艺创作活动；与阿联酋教育部合作，强调教育对社会发展的作用，支持知识生产，确保提供高标准的教育和文化课程，缩小社会教育差距；通过各类媒体、文化活动挖掘、传播、弘扬阿联酋的传统文化和现当代文化，强化民族文化认同，提升阿联酋的人口素质和整体文化发展水平，并注重与国际文化艺术机构合作，在国家和国际层面打造阿联酋繁荣、多样化的文化景观，提升阿联酋文化的国际地位，促进跨文化对话。

---

[1] Rüdiger Wischenbart. Interview with Juma Obaid Alleem at the National Media Council on 28 June 2012.

文化与知识发展部的工作所涉及的领域较广，就图书出版而言，承担的工作包括：颁发国际标准书号；组织国家级图书、翻译奖项的评选；设立各类图书翻译、出版资助项目；根据需要为公民免费提供各类书刊；组织参加各类国际文化节和国际书展；建设、管理国内各类图书馆等。

（3）伊斯兰事务和慈善活动部

伊斯兰事务和慈善活动部的主要宗旨是传播伊斯兰教知识，提高伊斯兰宗教意识，弘扬"温和伊斯兰"价值理念，其主要工作内容围绕伊斯兰事务、慈善活动和清真寺事务三个方面展开。具体而言，该部负责制定有关伊斯兰事务和慈善工作的政策；监督清真寺管理；审批慈善团体、伊斯兰研究中心、古兰经学校及教师的资质，并在行政和财务方面对有关单位加以监督；弘扬伊斯兰教义，提高信徒对天课[①]义务、施济[②]慈善活动的认识，推进和谐友爱社会的构建；把关宗教课程内容；编制和印刷伊斯兰历；监督宗教庆祝活动、伊斯兰研讨会、展览和宗教主题的竞赛；组织协调朝觐活动；提供在线法特瓦[③]咨询等。

在图书出版方面，伊斯兰事务和慈善活动部参与制作、监管发行与宗教主题相关的图书和多媒体内容。在大多数情况下，由阿联酋国家媒体委员会进行的图书审批流程可在一两天内完成，只有不到5%的图书出于政治或宗教原因未能过审，其中涉及宗教内容的图书需要被送到伊斯兰事务和慈善活动部进行最终评估，等待最后结果，该流程通常耗时一周时间，而对于争议较大的送审图书，该程序可能长达数月。

（4）阿布扎比旅游文化局

阿布扎比旅游文化局，主要负责发展和宣传推介阿布扎比酋长国，对内强化公民对本土文化、遗产、价值观的认可，对外依靠自身丰富的文化遗产、多元的自然资源、一流的招待服务吸引游客及投资，使阿布扎比成为一个非凡的全球旅游目的地，通过旅游促进国家的经济多元化。无论是对内还是对外，对物质遗产和非物质遗产的保护始终是阿布扎比旅游文化

---

① 天课，伊斯兰宗教用语。阿拉伯语单词Zakat意译，又称"济贫税"，是伊斯兰五大宗教信条之一。伊斯兰教法规定，凡有合法收入、具备条件的穆斯林家庭，须抽取家庭年度纯收入的2.5%用于赈济穷人或需要救助的人。

② 施济，伊斯兰宗教用语。阿拉伯语单词Sadaqah意译，是每个人皆可施行的善举。

③ 法特瓦，伊斯兰教法用语。阿拉伯语单词Fatwah音译，意为"教法意见"，指伊斯兰权威教法学家或教法说明官就新产生的或有争议的教法疑难问题发表的正式法律见解或判断。

局的工作重点，并得到了领导层的充分支持和指导。阿布扎比旅游文化局由一支由多学科、多领域的专业人士和专家组成的出色队伍领导，现任主席是穆罕默德·哈利法·穆巴拉克（Mohamed Khalifa Al Mubarak）。阿布扎比旅游文化局秉持"主动、创新、协作、卓越、可靠、信任"等理念，致力于将阿布扎比打造成一个主要的国际旅游、文化和遗产中心。图书则成为其保护和推介阿布扎比文化、遗产及阿布扎比酋长国的重要工作抓手。阿布扎比旅游文化局正通过一系列出版活动和诸多项目，如管理公共图书馆、举办阿布扎比国际书展、设置谢赫·扎耶德图书奖等，积极推动并支持阿拉伯世界的图书出版业发展，为阿联酋年轻作家提供广阔平台，并寻求与其他文化充分沟通和交流的机会。

此外，阿布扎比旅游文化局开设了"诗歌百科全书"网站（poetry. tcaabudhabi.ae），共收录 3100 多本阿拉伯诗歌集，为读者在阿拉伯诗歌方面提供了一个内容多元丰富、互动式的创新平台。值得一提的是，阿布扎比旅游文化局自身也从事图书出版活动，下设研究和出版部，致力于将阿拉伯和非阿拉伯学者的文章、论文汇编为作品集，主题涵盖文化、文学、历史、旅游、儿童读物等诸多方面，面向阿拉伯世界的读者出版发行。

（5）沙迦图书管理局

沙迦图书管理局，2014 年由阿联酋最高委员会成员、沙迦酋长苏尔坦·本·穆罕默德·卡西米（Sheikh Sultan bin Mohammed Qasimi）颁布法令宣布成立，现任主席为艾哈迈德·阿梅里（Ahmed Al-Ameri）。宗旨为满足阿联酋人民对文化、文学、阅读的需求，希望年轻一代伴随着对图书和本国文化的热爱而成长，让全民阅读蔚然成风。其使命是以图书为媒介使阿联酋与世界互联，为不同文化背景的人们提供一个重要的思想文化交流平台，希望用"文字的力量"改造国家和阿拉伯世界。。

沙迦图书管理局的主要职能包括图书出版发行，尤其侧重于文学作品和儿童文学；支持外国优质作品的引进和翻译；推动本土优秀作品、作家走向世界；收集并保存阿拉伯世界内外的历史文献和文物等。值得一提的是，沙迦图书管理局的出版和分销部门是完全整合的，是海湾地区同类中最大的行业组织。沙迦图书管理局致力于营造浓厚的文化和阅读氛围，2018 年 11 月，沙迦图书管理局和文化与知识发展部签署备忘录，通过合作共同推动文化领域的发展，支持阿联酋出版业，向阿联酋图书馆和书店提供更多支持，为图书馆提供高质量、多元的阅读资源和渠道。此外，沙迦图书管理局还通过提供资助及专业指导，鼓励人们投资知识产业和创意产业。

目前，沙迦图书管理局负责管理一系列文化项目，社会反响良好，如举办包括沙迦国际书展、沙迦儿童读书节等在内的展览与节日，将国际书展作为重要窗口推介国内的优质作品、前沿作品。

3. 线上平台

如果说阿联酋出版商协会作为一个行业组织，提供了一个线下实体平台的话，那么阿联酋出版人资讯网站（Nasher，www.nasher-news.com）则相当于为阿联酋出版商提供了一个极具现实意义的线上平台。该网站于2016年9月建立，由阿联酋人穆罕默德·阿拉塔尔（Mohamad Alattar）创办，是阿拉伯国家中第一个面向全球出版行业的阿拉伯语、英语双语新闻资讯平台。平台讯息丰富多元，报道图书作品获奖情况、市场行情和发展趋势、出版业重大新闻，推介时下热门作品，发布业界访谈和行业研究报告，提供相关展览与活动信息，为阿拉伯出版商提供了有益指引，有助于其及时掌握市场动向。平台还通过推特、脸书等社交媒体为出版商及业界人士、作者、读者等提供了对话交流的平台，对带动阿联酋与阿拉伯出版业发展具有极大积极意义。

（四）沙迦出版城建设情况

阿联酋致力于将自身打造为全球出版业的中心，在此宏大愿景下，阿联酋于2017年成立了沙迦出版城。这是全球首个以出版为主题的自由贸易区，由沙迦图书管理局管理。沙迦出版城占地约10万平方米，容纳了许多包括创作、翻译、平面设计、印刷、出版、发行在内的机构或公司，为全球出版和印刷行业提供一站式、集约式服务，写作、出版、设计、印刷、发行、存储、分销、物流等图书生产活动均可在这里完成。

沙迦出版城为出版商提供了得天独厚的优良条件。首先，沙迦占据优越的地理位置。阿联酋是中东和北非地区顶级的物流枢纽，而沙迦拥有战略性航道以及现代的空中、陆地和海上运输基础设施。它通过沙迦国际机场、哈立德港、霍法克坎港和哈姆里亚自由港与外界连接，可以顺利通达其他酋长国、中东、北非和亚欧市场，为国际贸易提供了无与伦比的后勤交通优势，平均6~8小时即可实现海空转移。其次，沙迦拥有浓厚的人文气息、严明的法律氛围和自由的生产环境、友好的商业环境。沙迦历来有"阿联酋文化之都"的称号，是阿联酋出版商协会和大学城的所在地，教育与出版业相辅相成。就商业环境而言，出版商在沙迦不用支付企业所得税、个人所得税和进出口税，极大降低了出版商的生产成本，出版商享有全部收益。沙迦出版城鼓励出版商在此设立新公司、子公司或分支机构，并为出版商入驻提供一站式服务，24 小时内便可签发营业执照。

沙迦城旨在打造高水平、高质量出版中心，形成让阿联酋引以为豪的世界级出版业文化，促进阿联酋文化繁荣，驱动知识经济的建设，推进区域出版业蓬勃发展，并为全球出版业做出贡献。尽管沙迦出版城成立时间较短，但已经取得了长足发展。2019 年，沙迦赢得了联合国教科文组织授予的"世界图书之都"称号。如今，这座出版城已成为最受全球图书出版商、作家和自由职业者欢迎的选择之一。

（五）公共图书馆建设情况

阿联酋公共图书馆历史较短，第一座图书馆建于 1963 年；然而近几十年以来，在有关部委和图书管理机构的大力支持下，阿联酋公共图书馆取得了迅速发展，现有图书馆数量为 188 家，年均到馆人次为 50 万次，为居民和游客提供了多样化的图书馆馆藏和高质量的图书馆服务，满足读者的不同阅读需求，是阿联酋构建知识型社会的重要硬件保障。

阿布扎比旅游文化局负责管理的图书馆有阿联酋国宫图书馆、国家图书馆、扎耶德中央图书馆、阿布扎比儿童图书馆等公共图书馆。阿联酋国家图书馆成立于 1981 年，负责收集、保存国内的古文献资料，其中包括古代各种手稿，涵盖文学、宗教、科学和艺术等各种主题。国家图书馆也从事出版活动，如翻译世界著名文学作品。目前，国家图书馆藏书、期刊、手稿和电子资料近 200 万册，阿拉伯文图书 30 多万册，外文图书 100 多万册[①]。阿联酋国家图书馆也负责建立地区、社区、儿童和流动图书馆，目前设有 7 个分支机构，分别为阿布扎比公共图书馆、艾因地区的马兹亚德购物中心图书馆、哈利法公园图书馆、巴伊亚公园图书馆、阿兰购物中

---

① https://www.tamm.abudhabi/en/aspects-of-life/religionculture/culture/LanguageandLibraries/public-libraries

心图书馆和位于西部地区的阿勒马尔法图书馆[1]。阿联酋借鉴了欧洲有关国家的做法，在不同场景设置不同图书馆，这一系列图书馆运用世界一流的设计方案，开创性地将文化传统、文化遗产、自然风光、图书文化、博物展览、现代性等元素有机地结合在一起。这既丰富充实了图书资源，成为了阿布扎比独特的精神给养，也形成了独特的旅游观光资源，吸引了国内外众多游客。

沙迦公共图书馆则由沙迦图书管理局负责管理，共包括分布在沙迦酋长国各地的 6 个图书馆，其总部位于沙迦市，在迪巴阿勒霍斯（Dibba AlHosn）、卡尔巴（Kalba）、阿尔代海德（Al Dhaid）、瓦迪埃尔赫洛（Wadi Elhelow）和科尔法坎（Kor Fakkan）设有分馆。沙迦图书馆藏书超过 600 万册，并为视力障碍人士提供有专门藏书和设施。图书馆藏书大部分来自苏尔坦·本·萨克尔·阿勒·卡西米的王室图书馆。该王室图书馆于 1925 年建立并传承了三代，现任沙迦酋长苏尔坦·本·穆罕默德·卡西米将其移交给沙迦市。沙迦图书馆在鼓励文学创作、支持图书馆建设工作中起到重要作用，于 1998 年设置沙迦图书奖，在每年的世界图书日颁发该奖项，用以嘉奖原创作品和在图书馆建设工作方面有杰出贡献的人士，旨在弘扬图书和图书馆文化，提升图书地位，推进图书馆契合时代主题和发展潮流。

文化与知识发展部在阿联酋西部、北部和阿布扎比以往没有图书馆的地区开设了一系列公共图书馆，努力提高阿联酋社区的求知和阅读意识。截至 2018 年，其下属的 10 个公共图书馆总藏书量约为 6.5 万册，其中 3.5 万册为纸质版，其余为电子版。另外，图书馆还提供涵盖不同领域的 65 种期刊、地图集、报告和多媒体光盘，以及 5 个阿拉伯文和英文文献数据库，分别为普若凯斯特（Pro Quest）、亿博（Ebrary）、亿莱博（Elibrary）、曼哈尔（al-Manhal）和伊斯特优（East View）[2]。

文化与知识发展部与阿布扎比市政局、阿布扎比旅游文化局开展多方合作，发起公共图书馆联合项目，共同组织文化、遗产、传统等主题活动，

---

[1] Mary Sengati-Zimba & Judith Mavodza & Emad Abu Eid, Innovative Public Libraries in United Arab Emirates: Taking library services in public spaces

[2] Mary Sengati-Zimba & Judith Mavodza & Emad Abu Eid, Innovative Public Libraries in United Arab Emirates: Taking library services in public spaces

并致力于为社区成员提供终身学习、自我发展和休闲的理想环境，助力知识经济的发展。在这一框架下，优美舒适、多元新颖的公共图书馆网络在不断扩展，新设立的图书馆有邻里图书馆以及位于公园、海滩和购物中心等地的公共图书馆，如 2015 年贝廷海滩图书馆、阿尔瓦特巴公园图书馆相继开放。"图书巴士"（Kitab Bus）则是一项由阿联酋国家图书馆和阿布扎比旅游文化局自 2009 年起面向公众提供的移动图书馆服务。该服务实现了公共图书馆的流动性，弥补了部分地区图书资源的相对匮乏。图书巴士也邀请各种图书出版商参与，发起图书促销活动，并一道组织主题阅读活动、作者分享会和研讨会等多元活动，有效推进了社区阅读意识的普及。

二、图书业发展概况

（一）进出口情况

阿拉伯语是联合国六大工作语言之一，世界上约有 2.8 亿人口的母语为阿拉伯语，阿拉伯语使用者总人数约为 4.52 亿，被认为是第五大广泛使用的语言。据联合国教科文组织 2012 年的译文索引（The Index Translationum）显示，译文索引排名前 50 的国家中仅包含埃及这一阿拉伯国家，排名第 49 位，在译文索引前 50 位被翻译次数最多的作者中没有一位阿拉伯作家；作为翻译的译入语言，阿拉伯语排在第 29 位，作为翻译的源语言，阿拉伯语排在第 17 位。由此看来，阿拉伯语和其他世界主要语言之间在图书翻译、生产、消费方面的活动未能反映出阿拉伯语在世界语言中的真实地位。

尽管 22 个阿拉伯国家有着统一的语言，但各国经济发展水平参差不齐，加之地域因素，阿拉伯出版业分销链零散且复杂，阿拉伯出版业整体呈现出较大的差异性，发展面临较大挑战。受到"阿拉伯之春"的冲击，阿拉伯世界中包括埃及、黎巴嫩在内的传统出版大国的出版业发展式微，其引领地位一定程度上让位于新兴的出版强国——阿联酋。近年来，阿联酋实施了多项行业支持措施，极大地扩大了其出版业市场规模，实现了长足发展。

单位：万美元

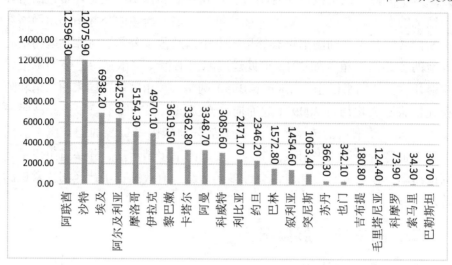

图1　2015年阿拉伯国家出版业进口规模

资料来源：阿联酋出版商协会

单位：万美元

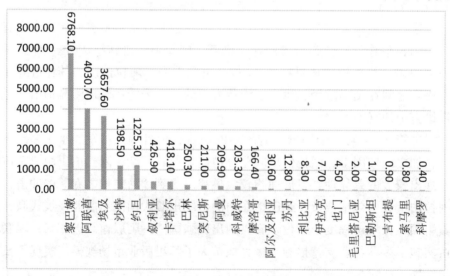

图2　2015年阿拉伯国家出版业出口规模

资料来源：阿联酋出版商协会

　　根据图 1、图 2 数据，2015 年阿拉伯国家图书进口贸易总额约为 7.16 亿美元，图书出口贸易总额约为 1.88 亿美元，显然阿拉伯国家出版业进口规模远远大于其出口规模，阿拉伯国家出版业市场主要靠进口驱动，海湾阿拉伯国家合作委员会（GCC）[①] 成员国约占阿拉伯国家图书进口市场一半份额，其中阿联酋出版业进口规模最为庞大。由图 1 可以看出，2015 年阿联酋图书进口贸易额高达 1.26 亿美元，位列阿拉伯国家第一，分别约占海合会成员国、阿拉伯国家图书进口总额的 35% 和 18%，由此可见，阿联酋高度重视图书引进，对图书的引进需求量庞大。由图 2 可以看出，在图书出口方面，阿联酋以 4030.70 万美元的图书出口总额位居阿拉伯国家第二，分别约占海合会成员国、阿拉伯国家图书出口市场份额的 64% 和 21%，一定程度上反映了阿联酋图书出版业具有较大的地区市场影响力。

　　对于阿联酋出版业本身而言，其市场构成至少包含四个不同组成部分，分别为：国内本土出版发行的图书，主要是阿拉伯语；从国外引进的阿拉伯语图书，主要来自黎巴嫩、埃及、叙利亚和约旦；英语图书，主要依赖实物进口，占据阿联酋图书进口份额很大比例，主要进口国为英国和美国；非英语、阿拉伯语的其他语种图书，主要从其他市场进口，尤其是从南亚市场进口。表 1 列明了 2015 年阿联酋出版业主要贸易伙伴及对应的图书贸易额。

表 1　2015 年阿联酋出版业主要贸易伙伴一览

单位：万美元

序号	贸易伙伴	贸易额	序号	贸易伙伴	贸易额
1	英国	6760.00	11	法国	176.10
2	美国	3830.10	12	埃及	156.60
3	印度	1052.80	13	约旦	142.70
4	黎巴嫩	583.50	14	中国香港	126.00
5	阿曼	422.60	15	荷兰	124.00

[①] 海湾阿拉伯国家合作委员会是海湾地区最主要的政治经济组织，简称海合会，成员国包括阿联酋、阿曼、巴林、卡塔尔、科威特、沙特阿拉伯、也门 7 国。

续表

序号	贸易伙伴	贸易额	序号	贸易伙伴	贸易额
6	沙特	373.90	16	瑞士	120.70
7	中国内地	323.80	17	意大利	108.20
8	巴基斯坦	299.70	18	澳大利亚	103.00
9	德国	270.20	19	印度尼西亚	102.90
10	新加坡	185.70	20	卡塔尔	102.80
合计					15365.30

资料来源：阿联酋出版商协会

从表1可以看出，英国和美国分别是阿联酋的第一大和第二大图书贸易伙伴，阿联酋与英美两国的图书贸易额约占图书总贸易额的三分之二。其中，英国是阿联酋英文图书的主要进口国，据2015年的一项统计显示，阿联酋从英国进口的图书价值总额占从英美两国进口图书价值总额的56%，阿联酋的美国图书进口额则占比44%[1]。

阿联酋图书贸易体量大，对外图书贸易伙伴多，图书贸易活跃，无疑是地区的图书进口大国，与此同时，由国外引进的图书占据了其图书市场最大份额。2015—2017年，从国外引进图书总量分别为187633种、197918种、212197种，而出版的本土图书总量分别为538种、411种、391种，国外引进的图书数量级远大于出版的本土图书总量。就语种而言，阿联酋图书市场2015—2017年出版的外语图书总量分别为165428种、173636种、181583种，阿拉伯语图书总量分别为22743种、24693种、31005种，可见阿联酋对于外语图书的进口，尤其是英语书，远远超过了阿拉伯语图书的数量，而阿拉伯语图书占据的市场份额较为有限。另外，从表2也可看出三年中，阿联酋引进的阿拉伯语图书皆远多于阿联酋本土出版的阿拉伯语图书，反映了目前阿联酋图书市场中本土阿拉伯语图书增长相对薄弱的状况。（见表2）

---

[1] Rüdiger Wischenbart&Nasser Jarrous, Book Publishing in the United Arab Emirates—a survey and analysis

表2　2015—2017 年阿联酋图书市场构成情况

单位：种

类别	2015	2016	2017
阿联酋本土阿拉伯语图书	431	329	340
阿联酋本土外语图书	107	82	51
阿联酋引进的阿拉伯语图书	22312	24364	30665
阿联酋引进的外语图书	165321	173554	181532

资料来源：阿联酋出版商协会

　　总体而言，作为图书进口大国，阿联酋的图书进口额每年均持续显著增长，其中外语图书引进量和总量均大于阿拉伯语图书引进量和总量，阿拉伯语图书占据的市场份额相对有限，但 2015—2017 年，阿联酋引进的阿拉伯语图书数量从 2.2 万种增加到 3.0 万种以上，反映出未来阿联酋对阿拉伯语图书的引进量将持续增长。阿联酋的图书进口规模增长情况突出地表明阿联酋正成为一个极为渴求知识的新兴经济体。同时，大规模的图书引进也扩大了阿联酋国内出版业市场份额，2016 年其出版业市场份额高达 2.32 亿美元，位于世界第 34 位，是唯一一个跻身于全球出版业市场份额前 50 的阿拉伯国家。同年阿拉伯国家出版业市场总规模为 10 亿美元，阿联酋出版业市场份额超过五分之一，其中阿联酋在国内出版的阿拉伯语图书市场份额为 0.22 亿美元，进口的阿拉伯语图书市场份额为 0.16 亿美元，国内出版的其他语种图书份额为 0.05 亿美元，而进口的其他语种图书则高达 1.89 亿美元，进口的其他语种图书所占份额最大。未来阿联酋出版业市场将持续蓬勃发展，据阿联酋出版商协会的一项预测，2020 年阿联酋出版业市场份额将达到 3.09 亿美元，2025 年将达到 4.46 亿美元，2030 年将达到 6.54 亿美元[1]。

---

[1] 数据来自 Success of the UAE Publishing Market around the World，https://www.epa.org.ae/Downloadables.aspx

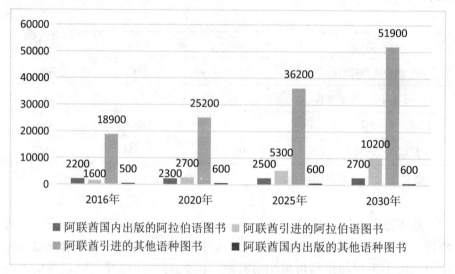

图3　2016—2030年阿联酋出版业市场份额预计变化情况

资料来源：阿联酋出版商协会

　　单从图3数据来看，未来阿联酋出版业市场份额的增长将继续主要由进口图书带动，未来进口仍然以其他语种图书为主，进口的阿拉伯语图书为辅。但若以复合增长率这一长时间范围内数据的核算结果来衡量，2016—2030年阿联酋出版业预期发展态势良好，复合增长率保持在11.9%，处于较高水平。而从阿联酋四类图书市场份额的复合增长率来看，阿联酋引进的阿拉伯语图书份额的复合增长率将达到14.1%，将超出阿联酋引进的其他语种图书份额的复合增长率，后者仅为7.5%，这说明未来10年阿联酋对阿拉伯语图书的引进将成为其图书市场发展的新趋势，这很大程度上是由阿联酋对阿拉伯语的重视所驱动的。前文提及，阿拉伯语图书占据的市场份额较为有限，此外，据一项统计显示，阿联酋国内儿童读物中阿拉伯语读物仅占12%，其余均为英语读物，这无疑对未来年轻一代的阿拉伯语掌握度有着消极影响。在此背景下，阿联酋政府正致力于改变儿童读物中阿语读物相对不足以及图书市场中阿语图书份额相对有限的状况，但不足之处在于阿联酋国内出版的阿拉伯语图书复合增长率仍比较有限，仅为1.6%，与阿联酋国内出版的其他语种图书的复合增长率相同。

（二）畅销书情况

从阿联酋畅销书情况来看，阿联酋重视历史传统主题，注重本土文化的传承，面向儿童、青少年提供丰富多元的文化类、文学类图书，这形成了阿联酋图书出版业的一大特点。而正是对这些领域的关注使得阿联酋传统文化得以延续，确保了阿拉伯语的地位，促进了阿联酋教育事业的发展，成为推进知识经济发展的重要依托，对阿联酋乃至阿拉伯国家年轻一代都有着积极而深远的影响。

文学类图书历来是阿拉伯国家的热门类别，阿联酋也不例外。一项阿联酋读者阅读习惯的报告显示，12~19岁的青少年偏好科幻、悬疑、虚构、经典类文学作品，20~24岁的青年人偏好文化、爱情、动作、恐怖主题的文学作品，25~34岁人群偏好宗教、文化、爱情、惊悚主题的作品，35~44岁人群偏好宗教、文化、自传、政治主题的图书，45岁以上人群偏好宗教、文化、文学、历史主题的图书[①]。尽管阿联酋读者的阅读习惯因年龄有所不同，但文学都是各个年龄层偏好的图书门类，阿联酋读者对文学类图书的需求巨大。

阿联酋最大的实体书店之一——纪伊国屋书店（Kinokuniya Shoten）2018年底发布的销售图书排行榜显示，阿联酋国内十大畅销书为传记文集《从扎耶德到穆罕默德·本·拉希德·阿勒马克图姆》、散文《因为你是真主：七重天之旅》、法国短篇童话《小王子》、社科图书《人类大脑的闹剧》、故事集《与先知同在》、励志图书《秘密》、土耳其小说《爱的四十条原则》、自传《我是足球先生——兹拉坦·伊布拉西莫维奇》、日本漫画《足球小将》、美国小说《起源》，畅销书体裁涵盖小说、散文、人物传记、历史传记类等，主题涉及自我发展、社会心理、历史新解、社科哲学、宗教信仰、道德品行、儿童文学、纪实文学、惊悚悬疑等。从2019年阿联酋图书馆借阅数据来看，文学类图书位于借阅排行榜第一，借阅量达到5.2万余册。2019年沙迦国际书展上10部由阿联酋卡里马特出版集团（Kalimat）出版的阿拉伯文小说跻身最畅销图书排行榜名单。

儿童类图书在阿联酋也较受欢迎。就人口比例而言，阿联酋是一个"少龄化"社会，因此儿童教育对于阿联酋社会发展意义重大。据2012

[①] A Vision for the Future of Publishing in the United Arab Emirates. https://www.epa.org.ae/Downloadables.aspx.

年的一项调查报告显示，虽然阿联酋国内的儿童偏好用阿拉伯语阅读，但面向儿童的阿语图书内容占比极为有限，仅为 12%，而且主题不够多元，而英语图书占比高达 88%，在终端设备也更容易获得。阿语儿童读物内容相对欠缺无疑将对民族语言、文化的可持续发展产生不利影响，因而近年来阿联酋大力鼓励和支持儿童文学作品的出版，注重向儿童、青少年灌输文化意识，专注于儿童作品的本土出版商数量也越来越多，萨哈巴出版社（Dar Al Sahaba）、库坦出版社（Kuttab Publishing）、卡西米出版社（Al Qasimi Publication）等是其中的代表。

在社科类图书方面值得一提的是，尽管如今阿联酋社会经济发生了迅速而巨大的转变，但人口年龄结构相对年轻的阿联酋保持了现代生活与本土文化和传统价值观之间的平衡。历史传统是在社会中反映其身份归属与认同的重要主题，能够强化民族、国家认同和提升文化自豪感。阿联酋极为重视本土历史传统的传承与维系，历史传统主题类读物的销售情况可以反映这一点。从阿联酋纪伊国屋书店 2018 年底发布的图书销量情况来看，《从扎耶德到穆罕默德·本·拉希德·阿勒马克图姆》一书位于畅销书榜首，文集收录了阿联酋国父扎耶德和阿布扎比王储的生平事迹，反映了二人的政治经济理念、人文理念、对地区问题的看法，突出强调了二人理念上的承继，此外还收录了两位领导人的诗集与文集。

（三）图书销售市场情况

1. 以传统的线下销售模式为主

在阿联酋，图书销售以传统的线下销售模式为主。位于迪拜购物中心的纪伊国屋书店，占地 6300 平方米，是阿联酋最大的实体书店，约有 50 多万种英文、阿拉伯文、日文、法文、德文和中文图书。美国和英国的知名连锁书店鲍德斯连锁书店（Borders）[①] 和 W. H. 史密斯图书连锁店（WHSmith）也在阿联酋建立了分支机构，印度和阿拉伯裔企业家也在阿联酋开展了图书销售业务，包括零售连锁店马格鲁迪（Magrudy's）、批发和零售集团贾珊迈（Jashanmal）。

阿联酋图书零售商按市场份额计从大到小分别为纪伊国屋书店、贾

---

① 尽管鲍德斯母公司于 2011 年破产，但鲍德斯在阿联酋、阿曼、马来西亚等国的分支书店仍然继续营业，目前这些鲍德斯书店隶属于不同集团，阿联酋鲍德斯书店现今是迪拜阿尔玛亚集团（Al Maya Group）旗下的书店。

珊迈书店、鲍德斯书店、维珍书店（Virgin Megastore）、马格鲁迪书店、书加书店（BookPlus）。图书批发和分销公司CIEL（Ciel A Book Company）则是阿联酋图书供应商巨头，该公司总部位于黎巴嫩贝鲁特，是中东地区首屈一指的图书公司，在迪拜拥有一个分支分销中心，拥有来自30个国家的1500家供应商资源，可供应大量包含阿拉伯语、英语和法语在内的不同语言的图书，是阿联酋维珍书店的独家供应商，也是阿联酋包括纪伊国屋书店、马格鲁迪书店、鲍德斯书店在内的大型书店的供应商之一。同时，它也是开罗美国大学出版社和黎巴嫩非凡出版社（Wonderful Editions）等外国出版社面向阿拉伯出版商的独家经销商。

国际书展提供了另一种更受欢迎的图书购物体验。阿布扎比国际书展和沙迦国际书展是享誉全球的盛大书展，对于阿拉伯世界的读者而言是一次全面而具体可观的图书嘉年华，读者可以获取最新的图书资讯，参加一系列文化、签售活动，因此，书展深受广大阿联酋读者欢迎。

2. 摸索数字化的出版与销售模式

书展、实体书店仍然是读者首选的购书渠道，但这种传统方式的不足之处在于，一方面，市场份额较大的几家书店店内阿拉伯语图书数量并不多，销售策略和促销活动也偏向于进口的英语图书；另一方面，尽管每年的书展提供了数万种纸质图书，并备受消费者青睐，但数字化内容的移动传播也为图书和阅读创造了新的模式，相应地在读者群中形成了新的体验期望。满足不断变化的读者阅读需求，摸索数字化的出版与销售模式，建立包括数字内容分销渠道在内的多渠道销售和多方位提升服务体验对于适应数字化阅读以及数字出版的趋势具有重要意义。

"书架"（Rufoof）是阿联酋图书市场数字平台的先行者，成立于2010年，总部位于迪拜。"书架"与出版商对接，提供数字内容转换、数字出版、发行等服务，致力于提供更多的阿拉伯语数字内容。"书架"最初只是一个免费的应用程序，但从2011年底开始迅速成长。该公司已与数百家出版商签订服务协议，主要进行阿拉伯语电子书开发与销售[①]。"书架"致力于尽可能多地提供图书资源，支持数字化阅读。在数字化内容建设方面，尽管主要书店在实体销售方面占有较大市场份额，但其对阿拉伯

① Rüdiger Wischenbart&Nasser Jarrous, Book Publishing in the United Arab Emirates—a survey and analysis

语图书的线上平台化推广仍比较有限，仅有马格鲁迪书店在其官网上提供了较多的阿拉伯语图书，数量为 9750 种，贾珊迈线上平台仅提供 40 种阿拉伯语图书，纪伊国屋书店、维珍书店的线上平台则无阿拉伯语图书，书加书店、鲍德斯书店尚未在阿联酋开通线上平台[1]。

数字出版的趋势正在迅速改变原有出版发行销售格局，即从实体零售为主的模式转变为多种零售渠道的整合与平衡模式。这将要求出版商提高互联网意识，掌握出版市场资讯，捕捉读者最新动向，结合读者及市场需求出版图书。零售商则需要做出更多工作来改善和整合分销渠道，探索数字分销渠道，为数字平台开发产品，将消费者的在线数字体验与实体的店内体验相结合，以提高消费者的购买体验，从而为出版业创造重大的新价值。

（四）主要企业情况

阿布扎比传媒集团成立于 2007 年，被认为是中东地区实力最强、业务增长最快的综合性传媒企业，在迪拜、开罗、华盛顿设有办事处。该集团共经营 25 个媒体品牌，涉及图书、报纸、期刊、广播、电视等各个领域，包括七个电视频道、五个广播频道、两份报纸、两份杂志等，其中包括在阿拉伯世界具有广泛影响力的《祖国报》和《意见报》。此外，阿布扎比传媒集团还拥有多家子公司，如幻想电影公司已经成为世界一流的故事片制作公司，活力出版公司则是海湾地区规模最大的图书出版机构之一。

马克图姆集团于 2007 年创建，创始人为迪拜酋长穆罕默德·本·拉希德·阿勒马克图姆，主要宗旨是弘扬阿联酋文化以及阿拉伯伊斯兰文化、促进阿拉伯文化与世界各国文化的交流和对话，主要业务范围为纸质媒体。2007 年至今，该集团已经出版了大量在阿拉伯世界产生广泛影响力的精品图书，并出版《思想的火花》杂志。此外，该集团还开展了多个图书项目。例如，"翻译与写作计划"已出版了 1000 余部世界各国优秀作家、学者的作品；"迪拜国际协作计划"资助 100 位当地作家，帮助他们的作品走向世界；"家庭阅读计划"帮助 5 万个当地家庭定期免费获得各类图书；"快速阅读计划"将世界各国的优秀图书用阿拉伯语进行缩编，以促进各

---

[1] A Vision for the Future of Publishing in the United Arab Emirates. https://www.epa.org.ae/Downloadables.aspx.

国文化的普及。除图书项目外，该集团组织的"迪拜诗歌节"也已经成为阿拉伯诗歌领域的文化盛事。

卡里马特出版集团是阿联酋国内第一家致力于制作高质量原创阿拉伯文儿童读物的出版社，于 2007 年由王室成员波杜尔·卡西米创立，旨在探索一套新颖、有趣、面向未来的阿拉伯语教育方法。自成立以来，卡里马特已经在 16 个国家和地区发行图书，与 120 多位阿拉伯和世界知名作家合作，出版发行了 400 多种出版物，其中包含 140 多种阿拉伯语儿童图书。同时，该集团已将 50 多种图书从阿拉伯语翻译成其他语言，获得多个阿拉伯和国际奖项，如 2012 年被评为沙迦国际书展年度杰出出版商；2016 年该集团出版的《绕口令》（ *Tongue Twists* ）获评博洛尼亚最佳童书奖，成为第一个获此殊荣的阿联酋出版社。

灯塔出版社成立于 2004 年，是阿联酋第一家向阿拉伯和海湾出版社发行儿童和青少年图书的机构，在迪拜和埃及均设有分支机构。该出版社专注于提供新颖独特、主题多元的儿童、青少年读物以及高质量、多层次的英阿双语教育资源，注重与世界各地的许多大型出版公司开展合作，并积极参与各种阿拉伯和国际书展，以不断扩充自身图书资源，将自身打造为地区领先的儿童、青少年读物的出版商和分销商。迄今为止该出版社已出版 495 种出版物，其中包括沙迦国际书展专题出版物。

库坦出版社主要出版本国历史、文化思想遗产与国家信仰方面的图书，其中最著名的是阿联酋副总统兼首相兼迪拜酋长穆罕默德·本·拉希德·阿勒马克图姆的《思想的火花》，以及关于阿联酋国父扎耶德的治国理念的作品或传记，如《阿联酋先驱者》《扎耶德与阿联酋：联合酋长国的建立》等，这些反映阿联酋领导人治国理政思想、阿联酋发展经验的图书在国际上取得了较大反响。库坦出版社还出版了精选的阿联酋文学、历史、传统和遗产专题文集并翻译为多国语言推广到国外，并开设文化咖啡馆，定期举办作家和读者交流会、媒体见面会等，在阿联酋和海湾地区具有较大影响力。

（五）主要书展和活动

1. 主要书展

近年来，在阿联酋王室和政府的推动下，阿联酋着力打造地区和国际出版中心，阿联酋的沙迦国际书展和阿布扎比国际书展既是享誉世界的国际名片，也是阿拉伯国家及国际出版业的重要交流平台。

沙迦国际书展自 1982 年以来每年 11 月初在沙迦举办，是世界上最大的图书博览会之一，同时也是阿拉伯世界最具影响力的图书展，由沙迦图书管理局主办。同时，该书展还设置一系列奖项用以嘉奖文学作品、相关出版商，如面向阿联酋本土设有最佳阿联酋主题图书奖、最佳阿联酋诗歌奖、最佳阿联酋学术著作奖、最佳阿联酋小说奖，面向国际设有最佳非小说作品奖、最佳小说奖、最佳阿拉伯小说奖以及出版商杰出贡献奖、年度杰出文化个人奖。2019 年，第 38 届沙迦国际书展吸引了来自 81 个国家和地区的 2000 多家出版商、1502 名作者参与活动，其中包括诺贝尔奖得主、布克奖得主等，书展设置了 987 项文化活动，以庆祝沙迦被联合国教科文组织授予"2019 年世界图书之都"称号。本届书展上沙迦图书管理局和大野狼国际书展（Big Bad Wolf Books）签署合作协议，根据该协议，大野狼在沙迦出版城设立地区分部，促进图书流通，并计划在未来五年内在中东和非洲以优惠价格发行 10 亿本书，广泛介绍各国的文学作品，推广阅读，促进图书交流和文化交流。

阿布扎比国际书展自 1991 年以来每年 4 月在阿布扎比举办，是西亚北非地区规模最大、最具影响力的书展之一。阿布扎比国际书展由阿布扎比旅游文化局主办，旨在提升阿联酋首都在世界范围内作为开放的文化和知识交流平台的地位。2019 年第 29 届阿布扎比国际书展展览面积 31962 平方米，共有 1261 家出版商和 612 名作者参展，乌克兰、捷克、爱沙尼亚、马耳他和葡萄牙的参展商首次参展。本届书展共组织了 507 项活动，吸引了约 27 万名访客。每年阿布扎比书展期间还颁发引人瞩目的重要文学奖项，如谢赫·扎耶德图书奖，该奖项是由阿布扎比旅游文化局负责管理的国际著名奖项，面向杰出作者、译者、文学批评家和出版商，用以表彰其卓越贡献；阿拉伯小说国际奖，又称阿拉伯小说布克奖，是仿行英国布克奖的规程，与布克奖基金会联合设立，如今是阿拉伯世界最负盛名和最重要的文学奖，用以嘉奖对阿拉伯文学所作出的杰出贡献。

除了上述两大知名的国际书展，近年来由阿布扎比旅游文化局主办的艾因书展（Al Ain Book Fair，简称 AABF）也反响良好，正逐渐形成其品牌规模和效应。该书展是阿布扎比旅游文化局面向本土新设置的书展，专注于展出国内业界各大卓越出版社的图书，向国内各行各业的读者提供各种各样的图书及其精装本，有助于阿联酋普及阅读意识，提高人口素质。

2. 多元活动

近年来，阿联酋打造了数个颇具重大规模和辐射效应的品牌活动及项目，以此持续推动阿联酋乃至地区出版业发展，提升出版业地位，普及全民阅读意识，培养儿童和青少年的阅读爱好，营造书香阿联酋。

"话语活动"（Kalima）和"文笔活动"（Qalam）是阿布扎比王储谢赫·穆罕默德·本·扎耶德·阿勒纳哈扬发起的两大倡议，由阿布扎比旅游文化局负责执行。"话语活动"旨在恢复阿拉伯世界翻译事业的活力，并提高当地和区域的阿拉伯语作品阅读率，该项目通过设置基金，推动了科学、人文、文学等领域的重要作品的翻译和出版活动。目前"话语活动"建立了一个译者数据库，包含了 600 多名各个领域的著名译者、作者信息，截至 2016 年，"话语活动"图书翻译数量达到 900 种。"文笔活动"项目旨在鼓励写作，通过出版、发行和宣传青年作家的文学作品为阿联酋作家提供支持，是青年作家展示其才华的重要平台。

"一千零一本书"（1001 Titles，1001titles.gov.ae）项目是由沙迦政府于 2016 年 2 月发起的出版项目，该项目计划每两年出版 1001 种阿拉伯语图书，重点围绕阿拉伯伊斯兰文明、海湾地区的价值观和文化传统等主题。该计划支持阿联酋作家自由创作以提供更多优质内容，并为出版社提供便利，提高本土作家与出版商在区域和全球范围内的竞争力。截至 2019 年，项目收到了 4389 种样书，其中由 513 名作家和出版商提供的 1446 种图书已经正式出版。

"知识无边界"（Knowledge Without Borders，www.thaqafa.ae）是沙迦政府发起的一项倡议，由阿联酋最高委员会成员兼沙迦酋长苏尔坦·本·穆罕默德·阿勒·卡西米提出，负责人是波杜尔·阿勒·卡西米，其主要目标是鼓励父母和孩子花更多的时间阅读。"知识无边界"强调阅读对儿童发展的重要性，目前已为沙迦的约 4.2 万个家庭建立家庭图书馆，每个家庭图书馆至少包含 50 册书，所有家庭图书馆的总数超过 200 万册。除了家庭图书馆，"知识无边界"也设立了一系列图书馆项目，如"移动图书馆"。同时，"知识无边界"致力于将书推广到公共领域，全面灌输热爱阅读的理念，鼓励居民、游客利用时间进行阅读。如在医院、政府部门和旅馆酒店设立书架，供人们取阅；在社区、公园放置图书漂流信箱，鼓励图书流通；与阿拉伯航空公司合作发起"登机图书馆"，为乘客提供了多种多样的图书，为航班的娱乐系统提供一个替代选择。为了满足读者对数字化阅读的需求，"知识无边界"也提供包括电子书在内的产品。

"阿拉伯阅读挑战"由阿联酋副总统兼总理兼迪拜酋长穆罕默德·本·拉希德·阿勒马克图姆发起，是阿拉伯世界中最大的阅读项目，旨在鼓励阿拉伯国家的中小学生大量阅读，争取每个学年内学生的图书阅读总量突破5000万册。"阿拉伯阅读挑战"采取的形式是阿拉伯语阅读竞赛，来自阿拉伯世界所有参与学校的一年级至十一年级学生可参加竞赛。该挑战在阿拉伯世界持续掀起青少年阅读热，2018年，超过1000多万名学生参加了这项挑战，9岁的摩洛哥女孩玛利亚姆·阿姆朱（Mariam Amjoun）获得冠军，获得了50万迪拉姆的现金奖励。2019年，超过1300万名学生报名参加了第四届阿拉伯阅读挑战，参赛者每人平均阅读了至少50本书。

沙迦儿童阅读节是面向阿联酋儿童的一次阅读嘉年华，由沙迦图书管理局举办，每年沙迦酋长苏尔坦丹·本·穆罕默德·阿勒·卡西米都会到达活动现场，是沙迦除了国际书展外的又一大年度盛事，旨在吸引儿童投入到阅读活动中来。2019年，沙迦儿童阅读节接待134家儿童文学专业出版商，活动期间共举办2600场寓教于乐的活动来吸引游客，参与人数超过30万人次。

三、中阿出版业交流合作情况

中国、阿联酋自1984年建交以来，两国友好合作关系发展顺利。特别是近年来，中阿关系呈现全面、快速、深入发展势头。两国高层互访和各级别往来不断，在国际和地区事务中相互支持与配合。21世纪以来，阿联酋提出了"向东看"战略，发展对华关系成为了阿联酋外交的重中之重，阿联酋是第一批响应"一带一路"倡议的阿拉伯国家，目前已经成为中国在西亚北非地区重要的战略贸易伙伴、最大的出口市场以及中国海外投资和承包的重要市场。2018年7月，中国国家主席习近平对阿联酋进行国事访问，这是中国国家元首29年来首次访阿，也是两国关系发展史上的重要里程碑。同年，中国与阿联酋建立了全面战略伙伴关系，两国关系进入新的阶段。2019年7月，阿布扎比王储穆罕默德访华。中阿关系不断升温。与此同时，阿联酋出版业快速发展，中国文化走出去步伐加快，在出版业方面，中阿双方的合作也日益丰富。

第一，中国与阿联酋之间的多边合作机制为两国图书出版合作提供了机遇与平台。2004 年中阿合作论坛正式成立，在论坛框架下，2008 年，中阿双方签署了《中国与阿盟成员国新闻友好合作交流谅解备忘录》，鼓励中国与阿盟成员国要在新闻、出版、广电领域加强合作。经过十多年的发展，中阿合作论坛机制已经日渐成熟完善，逐步覆盖到中阿各领域合作。就出版业合作而言，中阿出版合作论坛为中国和阿拉伯国家出版业提供了一个相互了解、互利合作的良好对话平台和版权贸易、合作出版发行的交流平台，旨在进一步促进我国出版机构与阿拉伯国家出版机构的合作，切实推进我国图书走向阿拉伯伊斯兰世界，促进中阿经济文化交流。

自 2010 年至 2015 年，中国宁夏已成功举办两届中阿出版合作论坛，中国同阿拉伯国家共签署图书版权协议 324 项，已互译中阿图书 121 种。在 2015 年第二届中阿出版合作论坛上，中阿出版机构共签订图书出版合作意向书 50 项，涉及 100 多个图书品种，涉及中国与阿拉伯国家基本国情、传统文化、当代文学、伊斯兰教经典、儿童文学等主题的图书成为双方版权贸易的主要内容[1]。以 2015 年第二届中阿出版合作论坛为例，论坛紧紧围绕"推动一带一路文化交流"的主题，就版权贸易、出版合作与发行、图书文化交流等方面与参加论坛的各个阿拉伯国家出版商坦诚协商，就开创中阿出版业合作共赢的新局面深入洽谈，致力于推动双方出版业的合作迈入更高层次、更宽领域，为中阿文化交往发挥先导作用。论坛上，原国家新闻出版广电总局副局长阎晓宏在致辞中表示，中国与阿拉伯国家出版业应携手增强在国际出版中的地位，维护世界文化多样性，推动不同文明的对话和交融，共同促进人类文明进步繁荣。本次论坛框架设置了中阿出版高层论坛、2015 中阿版权贸易洽谈会、第九届全国地方出版外贸联合体年会、《当代中国穆斯林作家作品》新书首发式和中国—阿拉伯国家图书版权信息交流平台——"中阿版权网"推广发布会等多项内容，展出了一百多种阿文版中国题材图书，受到参会阿拉伯国家出版商普遍欢迎。论坛取得了丰硕成果，黄河出版传媒集团与阿拉伯国家出版商协会签署"战略伙伴关系合作协议书"和"图书翻译出版合作备忘录"，数个阿联酋出版商代表与国内出版机构代表签订了多项版权输出、引进协议[2]。

---

[1] 丝绸之路书香飘远——中阿出版合作谱写文化交流新篇章. 新华网. http://www.xinhuanet. com/world/2015-09/03/c_1116458071.htm.

[2] 2015 中国—阿拉伯国家出版合作论坛开幕. 环球网, https://china.huanqiu.com/article/9CaKrnJP3hS.

第二，中、阿国际书展提供图书、文化交流平台，切实推动双方图书出版的合作。随着中国不断提升其综合国力与国际影响力，特别是在当前"一带一路"倡议的背景下，阿联酋正掀起"汉语热"，愈发期待着深化对中国的了解，加强与中国的合作，而这一热潮在书展上的文化活动可见一斑。阿联酋享誉世界的阿布扎比国际书展和沙迦国际书展上中国图书及文化活动备受关注，由于参与者众多，书展在促进中阿两国和地区文化交流与对话方面正发挥越来越大的作用，成为中国文化走出去重要平台。阿联酋沙迦图书管理局局长艾哈迈德·阿梅里表示，中国与阿拉伯文化有许多相通之处，阿联酋视中国为文化建设领域重要的战略伙伴，双方通过沙迦图书展和北京国际书展开展交流与合作。阿方期待同中国加深双方在文化领域的相互认知，以促进中国文化在阿拉伯国家的传播。

就阿布扎比国际书展而言，在2017年第27届阿布扎比国际书展上，中国首次以主宾国身份参展，中国驻阿联酋大使常华表示，这有助于中国和阿联酋文化、出版界开展交流与合作，也将极大地推动中国与其他阿拉伯国家之间文化互鉴和民心沟通，为共建"一带一路"做出贡献。通过在书展上举办多场出版文化交流活动，中国不仅向阿联酋及其他阿拉伯国家充分展示中国当代文明与当代文化魅力，也将两国在出版文化领域的合作推向新的高度，以此进一步拓展与其他阿拉伯国家的合作与交流。本届书展中，中国主宾国活动共有3000多种精品图书参展，其中阿文版图书700多种，200多位中国出版人和5位中国著名作家参与中阿出版发展高峰论坛等文化出版活动，同时举办了50多场版权签约、新书首发、互译研讨等专业出版活动。借书展契机，五洲传播出版社在阿联酋首都阿布扎比的贾瑞（Jarir）书店举行了"丝路书香·中国书架"揭幕仪式，成为了在海湾地区的第一个"中国书架"，打开国外读者认识中国的新窗口，开拓中国出版物对外传播的新渠道。在2018年第28届阿布扎比国际书展上，中国出版社与阿联酋等阿拉伯国家开展了许多文化交流活动，如中国—阿语地区"一带一路"图书版权贸易洽谈会、中阿"一带一路"出版合作高峰论坛、阿联酋库坦出版社"中国主题图书编辑部"成立仪式、迪拜尼山书屋揭牌仪式重点项目版权签约活动、版贸会新洽谈项目签约仪式、文化研讨会、文学研讨会、文学评论和翻译工作者交流会、中阿畅销童书作家对谈、山东出版传媒与法兰克福书展旗下版权在线交易平台 IPR 公司签约仪式、新书发布会、版权签约仪式等。

在沙迦国际书展层面，2016 年第 35 届沙迦国际书展上外文局下属的华语教学出版社荣膺"最佳国际出版商"，成为首个荣获此奖项的中国出版企业，华语教学出版社多年来在阿拉伯地区对汉语教学、中国文化出版物的传播以及深化中阿语言文化交流、相互理解方面所做出的突出贡献得到充分肯定。2017 年中国图书进出口（集团）总公司携手"一带一路"图书展亮相第 36 届沙迦国际书展，共展出 200 余册中、英、阿语精品图书，涵盖主题丰富，既包括《习近平谈治国理政》《中国创造精神》等深入介绍中国发展现状的图书，也有针对性地推出《商界领袖——马云的颠覆智慧》《芈月传》《中国儿童百科全书》等人文社科类读物，还进行了汉字书法表演、中国书房文化展示等一系列文化交流活动，让中东民众全面了解中国、直接感知中国文化，进一步扩大中国在"一带一路"沿线和周边国家的知名度和影响力。中国展商在书展上也在不断探索新模式，敢于打破惯例，以新颖方式参展，在书展上展出了富含中国元素、精致新颖的文化创意产品，如京剧脸谱、故宫文创等文创产品，展现出中华文化在当代的别样魅力，引得观众驻足称道，在当地引起热烈反响，并促成了中阿在文创行业的崭新合作。

就北京国际书展而言，阿联酋方面也积极参与其中，通过书展大力推介阿联酋文化以及购买中国图书版权，进一步促进中阿出版文化交流。其中，2015 年阿联酋成为第 22 届北京国际图书博览会主宾国，展台面积 1000 平方米，以"致力于促进阿联酋社会文化的繁荣发展"为主题，共有 12 家阿联酋参展单位展出 600 多种图书，设置历史文化照片长廊、阿拉伯书法角、美术长廊、儿童角、电影展映区、手工艺品展区等，充分展示了阿联酋人民的文化、艺术和历史遗产，让中国观众了解阿联酋文化的特点，弘扬宽容、求知与全人类手足情深的价值观，增进知识交流与相互开放，增进中阿两国人民之间的友谊。书展期间还开展了"中阿出版交流座谈会"、"中阿数字出版交流会"和"中阿出版商 20+20 交流会"等系列洽谈会，充分探讨中阿出版业合作的机遇和前景。

第三，翻译队伍用语言铺路，为中阿图书交流建设优质文库。就高校而言，中国高校的阿拉伯语教学为中阿图书交流、文化交流提供了优质的翻译人才队伍，用语言搭起了桥梁，通过"扎耶德文库""丝路文库""中阿友好文库""大中华文库"等多种文库进行中阿经典作品互译，让双方文化文学经典走进读者视野。以北京外国语大学为例，王毅外长在阿布扎比王储访华期间接受阿联酋媒体采访时高度赞赏北外的杰出贡献，"国之交在于民相亲。人文合作是中阿关系的重要组成部分。在穆罕默德王储的大力支持下，北京外国语大学扎耶德阿拉伯语与伊斯兰研究中心为中国阿拉伯语教学与推广事业发挥了重要的促进作用。"从属于北京外国语大学扎耶德阿拉伯语与伊斯兰研究中心的"扎耶德文库"是以阿联酋国父之名命名的重要文库，是中阿友谊的又一大结晶，被中阿媒体誉为中阿文化交流领域的标志性项目。"扎耶德文库"于2017年4月在阿布扎比国际书展中国主宾国活动期间正式启动，在全国友协、中阿友协和北京师范大学出版集团的支持下，经过几年的建设，文库已初具规模，目前已出版图书五十多本，涵盖"文明交流互鉴丛书""中国经典阿拉伯语译丛""中国当代文学名家系列"三个书系，其中多数入选"一带一路"重点项目"丝路书香工程"，并进入阿拉伯国家公共图书馆和零售书店[①]。阿联酋驻华大使扎希里表示阿联酋政府高度重视"扎耶德文库"项目，认为文库将为中阿文化关系的发展、中阿人民之间的民心相通发挥重要作用。

　　国之交在于民相亲，而文化典籍恰是沟通民心的重要媒介。出版机构得益于政策支持和翻译人才队伍的努力，正不断推动中阿文化典籍走进对象国。"大中华文库"是我国历史上首次系统地全面地向世界推出外文版中国文化典籍的国家重大出版工程，目前，《论语》《孟子》《老子》《屈原》《唐宋诗选》《聊斋志异》《西游记》《红楼梦》《水浒传》《三国演义》《金瓶梅》等经典著作在国内外顶尖翻译专家队伍的努力下，已经在广大阿拉伯国家发行。近年来，在"一带一路"倡议背景下，原国家新闻出版广电总局设置"丝路书香工程"，各出版机构抓住机遇，担负历史使命，让众多中阿文化典籍重新焕发活力。比如华文出版社于2015年初成立"丝路文化出版中心"，与了解丝路沿线国家特别是阿拉伯国家文化的学者和出版人合作，策划出版"丝路文库"，引进、推出了一系列丝路国家经典文化典籍，推动中阿文化双向交流，现已出版的

---

① 我校在北京国际图书博览会举办"扎耶德文库"二期成果发布会. 北京外国语大学新闻网. https://news.bfsu.edu.cn/archives/271561.

作品有《灵魂归来》《开罗三部曲》《新开罗》《我们街区的孩子们》《我们误判了中国》《中华上下五千年》等。同样，五洲传播出版社和阿拉伯出版商协会共同承担"中阿典籍互译出版工程"系列图书，该工程集合了国内高校专家、外文局专家和外国专家的力量，由他们分门别类、精心选取推荐书目，其中既包括近几年在国内热销、受到阿拉伯读者普遍关注的中国主题图书以及阿拉伯地区经典文学和当代热门、获奖作品，也有反映中国文化、哲学等方面的社会科学图书，现已将《埃米尔之书：铁门之旅》《不可能的爱》《悬诗》《日月穿梭》《文学和文学批评》和《阿拉伯女骑手日记》等多部阿拉伯著作翻译成中文出版。同时，阿方也相继出版了《中国道路》《当前中国经济热点 18 个怎么看》《手机》《一句顶一万句》《安魂》等多部中国图书。2019 年第 26 届北京国际图书博览会期间，"中阿友好文库"成果发布仪式举行，该项目目前已涵盖埃及、沙特、卡塔尔、阿曼、约旦、阿尔及利亚和阿联酋等国，语种包括中文、阿拉伯文、英文和法文，相关成果进一步丰富了中阿双方的图书资源。

第四，中、阿出版合作顺应国际出版业发展趋势，着重增强科技探索、促进产业融合发展的内容。"一带一路"倡议的开展为中阿交流合作带来更广阔的空间，随着科学技术的突飞猛进，互联网联通世界，数字媒体飞速发展，为进一步推动中阿文化交流与合作提供了新思路。阿拉伯出版商协会主席阿拉姆·沙拉比在 2015 年中阿出版合作论坛上表示，希望进一步加强电子图书出版领域的知识传播，以内容多元化增进双边对话。中国出版机构在这方面成为了先行者，积极探索，打造电子资源库，利用数字化助推走出去和引进来，充分展现自身的责任担当。

阿拉伯谚语说，"当一棵无花果树关注着另一棵无花果树时，它们就会结出累累硕果"。五洲传播出版社推出的 that's 阿文平台是一个互利共赢的融合式发展的平台，发展迅速，成为了电子出版合作的成功范式。阿拉伯出版商协会主席阿拉姆·沙拉比先生指出，"that's books 不仅仅是一个电子书的销售平台，也是中国给阿拉伯地区提供的新机会和新希望"。2014 年五洲传播出版社启动 that's 阿文数字内容运营平台建设，2015 年平台启动，并举行中阿数字出版交流会，与阿拉伯出版商协会和阿拉伯数个国家出版商协会签订数字出版战略合作协议。2017 年 that's 阿语数字阅读平台首次亮相第 36 届沙迦国际书展，与沙迦图书管理局正式建立合作伙伴关系。展出期间，沙迦酋长苏尔坦·本·穆罕默德·卡西米和沙迦市市长萨比特·萨利姆·塔立非·沙米西莅临 that's 展位参观，亲自体验手机客户端功能，与参展代表亲切交谈。沙迦酋长对 that's 在推进阿拉伯图书数字化、搭建面向全球阿拉伯语读者的数字阅读平台上所做的努力给予充分肯定，并表示将支持推动阿联酋出版社与 that's 平台合作。that's 吸引了国内外媒体关注，先后得到人民网、迪拜中阿卫视和沙迦电视台等媒体的专访，沙迦国际书展杂志刊登题为《that's books 是全球最大的阿拉伯数字阅读平台》的文章。目前，平台已与阿联酋、埃及、黎巴嫩、约旦等国家的四十余家实力雄厚的出版社建立了合作关系，已上线阿拉伯语原版著作六千多册，既有经典文学、历史、哲学、政治等图书，也有时下热销的小说或社科类图书。五洲传播出版社还在不断积极尝试数字化新渠道，和约旦空间出版社联合举办的 that's 阿拉伯网络小说创作大赛是阿拉伯地区唯一一项通过互联网进行的年度性国际小说比赛，2019 年 that's 阿拉伯网络小说创作大赛颁奖仪式在阿联酋沙迦国际书展隆重举行，并发布了首个网络小说创作平台，为广大阿拉伯青年提供了全新模式的创作平台，鼓励阿拉伯青年进行文学创作，进一步拓展了 that's books 阿拉伯阅读平台在阿拉伯地区的品牌影响力，2019 年 that's books 总下载量达到 350 万，平台日均下载量 6000~8000 人，日访问量突破 10 万人，成为阿拉伯地区最具影响力的手机阅读平台。除了评选优秀阿拉伯青年文学作者，推广阿拉伯优秀文学作品，五洲传播出版社每年还会在中国阿拉伯语学生范围内举行阿拉伯小说翻译大赛，并将获奖作品集结出版，让更多的中国读者了解当代阿拉伯青年在想些什么，他们的生活是怎样的，促进中阿青年之间的文化交流[1]。

　　除了 that's 阿语平台，现已投入使用的 APP 还有易阅通阿语平台和中国科讯"一带一路"阿语版 APP，这两个 APP 系中国图书进出口（集团）总公司与中国社会科学院文献情报中心联合发布的"一带一路"阿语数字资源库，让广大阿拉伯语用户可以便捷地浏览 30 多万种电子书、3000 多种数字期刊，还可以获取经过专业汇聚整合的"一带一路"动态资讯、产业技术报告和最前沿科研成果。

---

[1] 2019 年圆满落幕—五洲传播出版社上线阿拉伯地区首个网络小说创作平台. http://www.cicc.org.cn/html/2019/dtzx_1107/5692.html.

中阿合资的智慧宫文化产业集团以"互联网＋文化产业"的发展模式，也在促进中阿文化交流方面做出了卓越贡献。智慧宫集团成立于2011年，以"讲好中国故事，传播好中国文化"为使命，以"一带一路，文化先行"为发展定位，主动融入"一带一路"，形成了"一带一路"阿拉伯国家文化交流平台、智能互译平台、数据库平台、出版数字平台、动漫影视制作平台、人才培养平台、信息交流平台和智能旅游平台为主的八大核心业务板块，目标是将智慧宫建成"一带一路"阿拉伯国家文化产业第一品牌。智慧宫在阿布扎比、沙迦国际书展和文化产业博览会等举办多项文化交流活动，形成"中国书坊""中国书架""丝路书香""阿文百部经典图书""中阿关系走向""中阿出版合作论坛""中阿新书发布""中阿作家对话"等一批阿拉伯国家文化品牌活动。智慧宫翻译出版、版权输出中阿文图书820余种，涉及中国政治、文化、经济、人物传记、古代经典著作、当代文学、儿童读物等诸多种类。智慧宫总裁艾哈迈德·赛义德于2018年参加"阿联酋中国周"，他在接受采访时表示，中国目前很重视与阿拉伯地区的文化合作，并将阿布扎比视为其与世界，尤其是阿拉伯地区对话平台，阿联酋经济发达，在世界各地都有投资，其有能力做到古今文明间的平衡，因此是中国丝绸之路文化合作的最佳选择。智慧宫将会走得坚定而有力，坚持当好中国文化在阿拉伯国家的代言人，为深化中阿交流做出贡献。

参考文献：

1. 刘欣路. 阿联酋新闻出版业的体制与特点 [J]. 中国出版，2017（05）：64-67.

2. Mary Sengati-Zimba & Judith Mavodza & Emad Abu Eid. Innovative Public Libraries in United Arab Emirates: Taking library services in public spaces.

3. Rüdiger Wischenbart&Nasser Jarrous. Book Publishing in the United Arab Emirates—a survey and analysis.

4. Bodour Al Qasimi1. UAE's Publishing Industry: A Vision of an Avant-Garde Nation.

5. EPA. A Vision for the Future of Publishing in the United Arab Emirates.

6. EPA. Success of the UAE Publishing Market Around the World.

7. EPA. How Publishers Can Support the Ministry of Education's Vision of Innovative Education for a Knowledge, Pioneering, and Global Society.

（作者单位：北京外国语大学）

埃及出版业发展报告

刘欣路　杜鹏越

阿拉伯埃及共和国位于非洲东北部，横跨亚、非两大洲，西连利比亚，南接苏丹，东临红海并与巴勒斯坦、以色列接壤，北濒地中海，面积达100.1万平方千米，首都为开罗，官方语言为阿拉伯语。截至2019年7月，埃及人口总数超过9900万，伊斯兰教逊尼派信徒占总人口的84%，科普特基督徒和其他信徒约占16%，另有约600万海外侨民。[①]

作为文明古国和传统的文化中心，埃及是中东地区现代新闻出版业出现最早的国家。经过多年的发展，埃及形成了较为完备的出版体系和较强的出版实力，在中东乃至世界范围内均产生了重要影响。

一、出版业发展背景

（一）政治经济状况

埃及于1952年7月建国，历任总统包括纳吉布（1952—1954）、纳赛尔（1954—1970）、萨达特（1970—1981）、穆巴拉克（1981—2011）、穆尔西（2012—2013），现任总统为阿卜杜勒·法塔赫·塞西。埃及现有政党及政治组织近百个，其中经国家政党委员会批准成立的政党约60个。主要政党包括自由埃及人党、祖国未来党、新华夫脱党等。

埃及经济属于开放型市场经济，拥有相对完整的工业、农业和服务业体系。服务业约占国内生产总值的50%，工业以纺织、食品加工等轻工业为主。埃及是传统农业国，农村人口占总人口55%，农业占国内生产总值14%。石油天然气、旅游、侨汇和苏伊士运河是四大外汇收入来源。"阿拉伯之春"以来，埃及经济受国内和地区动荡局势影响较大，发展滞缓。

---

① 埃及国家概况 [EB/OL]. 中华人民共和国外交部网站. https://www.fmprc.gov.cn/web/gjhdq_676201/gj_676203/fz_677316/1206_677342/1206x0_677344/.

塞西政府成立后，采取多项措施提振经济，如颁布新《投资法》吸引外资，提出"百万费丹"土地改良计划增加农业产出，实施"埃及 2030 愿景"战略，与国际货币基金组织签署贷款协议等。2018—2019 财年[①]埃及的国内生产总值为 51703 亿埃镑，人均国内生产总值为 53815 埃镑，外汇储备 445 亿美元。根据非洲开发银行（African Development Bank）的数据，埃及 2018—2019 财年经济增长率达到 5.6%，实现了 11 年来最高增幅，财政赤字占国内生产总值比例从 2016 财年的 12.5% 下降到 2019 财年的 8.7%。外汇储备不断增加，2019 年 8 月创历史新高，达到 449.6 亿美元。2019 年第一季度的失业率降至 8.1%，为 20 年来最低水平。此外，在最新一版的世界银行（World Bank）《营商环境报告》（*Doing Business*）中，埃及在 190 个国家中排名 114 位，较之前上升 6 位。[②]为改善人民生活，埃及政府长期实行家庭补贴，并对大米、面包、面粉、食油、糖和能源等基本生活物资实行物价补贴。此外，埃政府大力推进保障住房工程，提高养老金标准，确保生活物资供应并积极平抑物价。在满足民众基本生活需求之外，埃及政府也注重保障民众的文化需求，得益于国内经济发展向好的趋势和政府的扶持，埃及文化事业，特别是新闻出版事业，在经历了 2011 年以来较长时间的衰退后，也呈现出复苏态势。

（二）出版相关法律及政策

1. 出版政策发展历程

埃及是中东地区现代新闻出版业出现最早的国家，18 世纪初便诞生了阿拉伯世界的第一家新闻出版机构，并在此后一直在中东地区处于核心和引领地位。阿拉伯埃及共和国成立后，政府高度重视出版业发展，各个时期呈现出鲜明的特色。

1952 年埃及自由军官组织发动"七月革命"并取得胜利，建立了阿拉伯埃及共和国，埃及新闻出版业进入新的发展时期。由于建国初期面对的国内外压力，政府采取了严格的新闻出版政策，以发挥出版业的社会动员作用，维护国家稳定。1958 年，埃及成立文化和民族事务指导部（Ministry of Culture and National Guidance）作为新闻出版事业的管理部门，对各类

---

① 财年起始日期：7 月 1 日至次年 6 月 30 日。

② 外交部网站埃及国家概况 [EB/OL]. https://www.fmprc.gov.cn/web/gjhdq_676201/gj_676203/fz_677316/1206_677342/1206x0_677344/.

出版物实行严格的内容审查，并解散了原有的行业协会。1960 年，纳赛尔发布第 156 号法令，开始对新闻出版业实施国有化政策，将几乎所有报刊、出版社、通讯社、电台、电视台收归国有并进行整合。例如，取缔了当时发行量最大的私营报纸《埃及人报》（المصريون），将私营的中东通讯社（Middle East News Agency）收归国有，将国内的大部分新闻出版机构并入金字塔出版社（دار الأهرام للطباعة والنشر والتوزيع）、今日消息出版社（دار أخبار اليوم）、新月出版社（دار الهلال）、鲁兹·尤素福出版社（دار روز اليوسف）、解放出版社（دار التحرير للطبع والنشر）、知识出版社（دار المعارف）、合作出版社（دار التعاون للطبع والنشر）等 7 家国有出版机构，并由文化和民族指导部负责对其进行监管，私营报刊数量因此急剧减少[1]。总体而言，纳赛尔时期的新闻出版政策偏紧、监管严格，出版机构与政府形成了紧密的依存关系，出版业成为国家在国内、国际开展政治动员、组织宣传的重要喉舌。尽管如此，纳赛尔时期埃及出版业还是取得了较大发展，在相关政策推动下，埃及出版业，特别是图书出版规模迅速增长，新书出版量从 50 年代初的约 500 种增加到 60 年代初的近万种，到 60 年代末埃及图书出版量达到了阿拉伯国家图书出版总量的三分之二。

纳赛尔去世后，萨达特继任埃及总统。萨特达一定程度上放松了对社会的管制，主张加强民主与自由，放开党禁，实施经济开放政策。在出版领域，萨达特在确保国家对出版业控制能力的情况下，部分取消了原有的管制。譬如，萨达特在 20 世纪 70 年代成立了直接隶属于总统的最高报业委员会（Supreme Press Council），以加强对新闻出版业领导。与此同时，萨达特修改了《新闻法》（Press Law），取消了新闻检查制度，允许各党派和社会组织出版报纸杂志，允许各出版机构拥有 49% 的股权等。而且值得一提的是，在萨达特的推动下，1980 年通过的埃及《宪法》中明确提出新闻出版机构是在国家立法机构、司法机构、行政机构之外的第四种权力机构，这在各国宪法中都是极少有的提法，从而从宪法的高度保证了新闻出版行业的地位和独立性。此外，萨达特还推动埃及出版业的规范化和国际化进程。1973 年，埃及开始采用国际标准书目著录（International Standard Bibliographic Description，简称 ISBD），1975 年开始采用国际

---

[1] 参见刘欣路：《埃及的新闻出版业现状及其与中国的文化往来》[J].《出版发行研究》2016 年第 1 期，第 82 页.

标准书号（International Standard Book Number，简称 ISBN），语区号为977。1977 年 6 月，埃及加入《伯尔尼公约》（*Berne Convention for the Protection of Literary and Artistic Work*）[1]，与国际社会一同保护著作权，进一步规范图书出版业秩序。

萨达特遇刺身亡后，穆巴拉克接任总统，在任长达 31 年。在任期间穆巴拉克进一步放松了对新闻出版行业的管制，出台了一系列政策鼓励该行业的发展。例如，与穆巴拉克推行自由经济相一致，埃及的国有出版机构开始朝着商业化的方向发展，形成了以金字塔传媒集团（Pyramid Media）、消息报传媒集团（Akhbar el-Yom）、尼罗河电视台（Nile TV International）为代表的一批在世界范围内具有重要影响力的大型现代传媒集团，政府一方面赋予其更大的自主权并自上而下推行采编分开等一系列改革，另一方面通过控制财政投入和人事管理权来保证对这些机构的影响力；政府在新闻出版经营主体上实现突破，允许私营报刊、电台、电视台、网络运营商注册经营，为文化市场多元化以及民众表达诉求提供了更多元的渠道，当然，这些私营机构均须接受政府的内容监管；为了提高民众的文化素质，穆巴拉克推行了"全民阅读计划"，政府为国内的报纸杂志提供补贴，从而保证报纸杂志以极低的价格销售给民众，满足民众的文化需求；对外国媒体采取较为宽松的政策，实行"天空开放"，允许其他国家的卫星电视频道在埃及落地等。穆巴拉克统治时期，特别是在 20 世纪八九十年代，伴随埃及经济的快速发展，埃及的新闻出版行业也实现了较大的进步，从而进一步奠定了其在阿拉伯世界的引领地位。

2011 年，埃及发生"1·25 革命"，在任 31 年之久的穆巴拉克黯然下台，埃及进入后穆巴拉克时代，并开始经历政治、经济、社会、文化等各方面的整合与重建。就新闻出版业而言，埃及社会普遍认为应真正赋予新闻出版行业更大的独立性与自主权，2014 年颁布的新宪法也对此专门予以确认和强调。但在曼苏尔担任临时总统以及穆尔西短暂执政的一年多时间中，埃及议会迟迟未能完成选举工作，要修订的新闻出版法律法规无法出台，管理机构也未调整到位，因此出版业发展缺少政府的支持和引导。与此同时，由于政府监管的弱化，在此期间，埃及已经出现了一批新的独

---

[1] 该公约 1886 年 9 月 9 日制定于瑞士伯尔尼，是关于著作权保护的国际条约，该公约保护的作品范围是缔约国国民的或在缔约国内首次发表的一切文学艺术作品。

立媒体，以《金字塔报》为代表的官方媒体也在反思和调整与政府的关系。2014 年 6 月，军方背景的塞西当选埃及总统，埃及局势趋于缓和。塞西上台后，开始重振国内新闻出版业。2016 年和 2018 年，埃及先后颁布《新闻媒体机构组织法》（*Law No. 92 of 2016 on the Institutional Organization of the Press and the Media*）和《媒体组织与最高媒体管理委员会法》（*Law No.180 of 2018 on regulating the press and media and the Supreme Council Media Regulation*），并成立了直接隶属于总统的国家媒体管理最高委员会（Supreme Council for Media Regulation，简称 SCMR），一方面为新闻出版业的发展提供法律保障和政策支持，另一方面也着手规范和整治革命后混乱的新闻出版秩序。

2. 现行法律

埃及宪法作为国家的根本大法，强调了国家对新闻出版自由和创作自由的保护，规定新闻出版机构是在国家立法机构、司法机构、行政机构之外的第四种权力机构，为出版业发展奠定了基础。除宪法外，埃及现行的出版业专门法律主要包括 2002 年第 82 号《知识产权保护法》（*Law No. 82 of 2002 on the Protection of Intellectual Property Rights*）、2018 年第 179 号《埃及国有媒体管理局法》（*Law No. 179 of 2018 of the National Press Authority*）、2018 年第 180 号《媒体组织与最高媒体管理委员会法》等，从创作、出版、发行和监管等方面为埃及出版业提供了相对完善的法律环境，保障了从业者的自由和权利，建立了行业规范和行业秩序。

2002 年第 82 号《知识产权保护法》为出版物的版权保护提供了法律依据。该法规定了知识产权保护标准，明确了受保护的目标，规定了授予的权利及例外，并设定了知识产权保护期限。此外，该法还规定了补救手段和程序，包括民事和行政程序、救济、临时措施、刑事程序、罚款和制裁。

2018 年第 179 号《埃及国有媒体管理局法》规定了埃及国有媒体管理局（National Press Authority，简称 NPA）的宗旨、职能、构成、权利及义务等内容，规定该局须为国有媒体正常运营提供必要的资源保障，同时亦须对国有新闻出版机构定期进行全面评估并采取必要纠正措施。该法还对国有媒体的组织架构做出了明确的规定，例如，各国新闻机构发行的报刊应当组建以总编辑为首、总数不超过十人的编委会，编委会依法独立开展编辑工作，董事会不得干涉编辑事务等。

2018 年出台的《媒体组织与最高媒体管理委员会法》规定国家保护出

版部门的权利和自由,同时也明确了相关的监管和惩罚措施。该法规定禁止任何机构发布和传播与宪法和法律相抵触,违背新闻职业操守,破坏公共秩序和公共道德,煽动歧视、暴力、种族主义、仇恨或者极端主义的内容。出于国家安全的原因,最高媒体管理委员会有权阻止国外发行的各类出版物进入埃及并在境内流通或展示,对于违反法律的机构,政府将取缔其许可证,并根据法律将相关人员移送司法机关处理。

(三)出版管理机构

埃及的出版管理机构主要分为政府机构与行业协会,政府机构负责监督政策实施、制定出版计划、协调出版活动,行业协会主要负责各出版商之间的联络与自我管理、促进出版合作、协助政策实施等。

1. 政府机构

1952年阿拉伯埃及共和国成立伊始,埃及政府便设立了文化和民族事务指导部作为新闻出版事业的管理部门。此后,在纳赛尔、萨达特、穆巴拉克时期,埃及的新闻出版管理机构也经历了多次重大调整,逐渐形成了具有自身特色的、多层次的管理机构。在2011年"1·25革命"之前,埃及涉及新闻出版领域的政府部门主要有新闻部、最高报业委员会、文化部及其下属图书总局(General Egyptian Book Organization,简称GEBO)等机构。"1·25革命"后,埃及对宪法、法律进行了修订,对政府机构进行了重组。

最新修订的宪法规定,埃及充分保障新闻出版的独立与自由,决定取消新闻部,成立跨部门、直接由总统领导的国家最高媒体管理委员会作为管理和组织全国各类新闻出版事业的最高政府机构。国家最高媒体管理委员会由十三名成员组成:总统任命三名成员,其中包括委员会主席;议会任命三名非议员作为委员会成员;最高文化委员会(Supreme Council of Culture)、大学最高委员会(Supreme Council of Universities)、埃及作家协会(Egyptian Writers Union)、埃及新闻工会(Syndicate of Journalists)分别推选一名具有新闻出版经验的人士作为委员会成员;埃及电信监管局(National Telecom Regulatory Authority,简称NTRA)局长可以推荐一名成员;一名人权领域的活跃人士可以以独立身份加入委员会。委员会每届任期六年,不得连任,未经司法程序任何人无权解散委员会或罢免委员会成员。委员会的主要职责是监督与媒体有关的法律法规的落实情况,对相关问题提出法律修改意见,为媒体颁发运营执照,对违法违规的媒体进行处罚，指导、协调其他相关政府部门对各类媒体实施监管等。

除最高传媒委员会外，内阁其他部门也各司其职发挥管理作用。埃及文化部下属的埃及图书总局负责图书相关事务。该机构成立于 1961 年，成立之初直接隶属于总统，1966 年划归到文化部。该机构的主要职责是审查图书是否符合出版标准，促进地区和国际范围内各类图书的编写和翻译，在国内外印刷、出版和销售埃及图书，满足埃及社会文化需求并推动埃及出版业在阿拉伯国家保持领先地位等。该机构成立以来，组织出版了《现代埃及百科全书》《儿童百科全书》《书世界》等多部重要图书和期刊；连续举办书展和相关文化活动，对埃及图书事业的发展起到重要的推动作用。值得一提的是，埃及图书总局和文化部共同主办的一年一度的开罗国际书展已成为阿拉伯地区乃至世界规模最大的书展之一，是推广阿拉伯语图书的重要平台。

国有媒体管理局根据 2016 年第 92 号法律设立，其前身是成立于 20 世纪 70 年代的最高报业委员会。其总部位于开罗，负责管理国有媒体机构。国有媒体管理局致力于促进国有媒体机构发展，确保其现代化、独立性、公正性。其下属的媒体机构包括：金字塔报报业集团、今日消息报报业集团、解放出版集团、新月出版社、鲁兹·尤素福出版社、中东通讯社、国家发行与出版公司、知识出版社等。国有媒体管理局最高决策结构由新闻局局长、总理代表、财政部代表、两名总统选出的具有经验的公众人物、两名全国新闻界代表、国家新闻机构工作人员代表、众议院提名的具有经验的公众人物等九位成员组成，以确保其代表性，并协调各方面优势推动国家新闻机构的发展和竞争力的提升。

最高文化委员会的前身是 1956 年成立的埃及最高文化艺术管理委员会，1980 年更名为最高文化委员会，由文化部长担任主席。委员会下设文学、艺术和社会科学三个分支部门，主要职能为发展文学和艺术创作，向大众传播人类知识的成果，其中协调作家和翻译家资源、开发符合时代需求的创作选题、促进国内外文化交流、参与举办各类文化活动是其重要工作。

2. 行业协会

埃及出版业的行业组织主要有埃及出版商协会（Egyptian Publishers Association）、阿拉伯出版商协会（Arab Publishers Association，简称 APA）等。前者负责加强埃及国内出版商的沟通合作，后者主要协调埃及及其他阿拉伯国家之间的图书出版与发行，促进与世界各国出版商的合作。

埃及出版商协会成立于 1965 年，是一家具有独立法人资格的行业组织，其总部位于开罗，并在各省设有分支机构。埃及出版商协会是国际出版商协会（International Publishers Association，简称 IPA）成员之一。协会致力于保护作者和出版商的权利，巩固并发展协会与埃及境内外其他文化组织的关系，以提高埃及出版水平。

阿拉伯出版商协会根据 1962 年 4 月阿盟发布的第 37 号决议成立，是一个非营利性的阿拉伯地区行业协会，总部位于开罗，共涵盖 22 个阿拉伯国家的 900 多家出版机构。该协会旨在帮助阿拉伯各国成立和发展出版商协会，以集体的力量促进出版业繁荣发展，提升阿拉伯国家出版业在世界上的地位，并在协助各国政府督促会员单位遵守相关法律的同时积极维护会员权益。①

（四）图书馆建设情况

在图书馆建设方面，作为文明古国的埃及自古就拥有世界上历史最悠久的图书馆之一——亚历山大图书馆。在现代，埃及政府也重视图书馆的建设情况。1952 年纳赛尔推翻法鲁克王朝统治、建立新政权时，就宣布在埃及每个城市和村庄建立至少一所图书馆的"农家书屋"计划，尽管这一计划并未完全落实，但仍在很大程度上推动了埃及的图书馆建设。埃及的许多城市尤其是开罗、亚历山大等地都有多个公共图书馆，其中最著名的图书馆包括亚历山大图书馆、埃及公共图书馆、新埃及图书馆、大开罗图书馆等。埃及统计局（Central Agency for Public Mobilization and Statistics，简称 CAPMAS）发布的数据显示，2017 年，埃及公共图书馆、专业图书馆、大学及独立学院的图书馆总数达到 1440 个，其中包括 402 家公共图书馆、398 家专业图书馆和 640 家大学及独立学院图书馆。

尽管埃及图书馆总量在中东国家中处于前列，但由于埃及人口众多，埃及人均享有的图书馆服务仍远低于国际水平，而且埃及的图书馆规模不一，藏书量相差较大，地域分布不均，图书馆多位于开罗、吉萨、艾斯尤特等地，而卢克索、北西奈、苏伊士等省份图书馆数量则较少。（见图 1）

---

① 摘译自阿拉伯出版商协会主页（阿拉伯语）[EB/OL]. http://arab-pa.org/Ar/StaticPages/AboutAPAAr.aspx.

单位：家

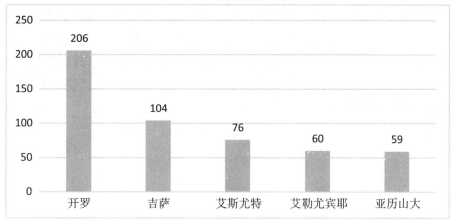

埃及图书馆数量最多省份

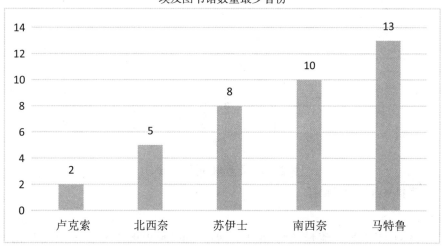

埃及图书馆数量最少省份

图1 埃及图书馆数量最多和最少的省份（截至2017年）

资料来源：埃及统计局

（五）互联网使用情况

近年来，埃及将通信、信息产业作为发展重点，对新闻出版、广播电视等行业起到了重要的支撑作用。根据联合国国际电信联盟（International Telecommunication Union，简称ITU）和世界银行的数据，埃及互联网用户不断增长，2018年平均每100个埃及人中有46.9个互联网用户，且这一比例仍在上升。就用户数量而言，埃及在整个中东和北非地区国家中排名第一。（见图2）2019年华为发布的全球联接指数（Global Connectivity Index，简称GCI）显示，埃及的固定宽带和移动宽带的可负担性良好，且拥有较好的国内光纤基础设施，可以在多个方面接入国际电缆。但与此同时，埃及宽带性能仍低于世界平均水平，电信部门需要改善高速宽带服务的供应，缓解当前的网络拥塞，并在农村地区提供更多频谱，以提高网络服务质量。

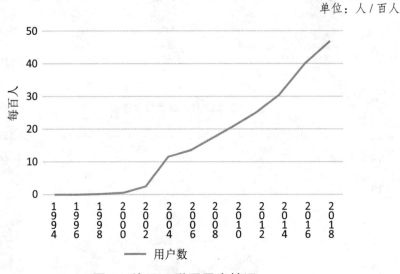

单位：人/百人

图2　埃及互联网用户情况

资料来源：世界银行

2018年1月，流量统计和分析网站SimilarWeb发布了埃及用户访问最多的前10名网站。信息显示，埃及互联网用户使用互联网主要是为了搜索信息，其次是使用社交媒体、阅读新闻以及在线购物。不容忽视的是，互联网的发展也为出版业注入新的动力——随着移动互联及智能技术的不断更新，数字化阅读的兴起激起了民众的阅读兴趣。同时，由于数字化阅读便捷、成本低、易携带等特点，数字出版对传统出版业的发展构成了挑战。尤其自2013年以来，电子书转换工具的发展、"我们的书"（كتبنا/kotobna）等电子书平台的普及使出版商纷纷探索数字化转型，改变了阿拉伯出版业的行业面貌和发展轨迹。

二、图书业发展概况

（一）整体情况

据埃及出版商协会统计，截至 2019 年，共有约 500 家出版社在埃及出版商协会注册，其中私营出版社占 90% 以上。埃及大多数出版社集中在开罗和亚历山大等经济较为发达的地区，坦塔、塞得港、艾斯尤特等地也有少量出版社分布。2018 年埃及图书出版业规模约 30 亿埃镑，在阿拉伯国家处于领先地位[①]。2011 年中东剧变以来，受地区及国内局势动荡的影响，埃及的出版业受到较大打击，由于生产成本和出版物价格上涨以及民众购买力的下降，已有 100 余家出版社退出市场。2019 年来，随着国内经济趋稳和埃镑兑美元汇率回升，出版业面临的压力有所缓解，但仍面临诸多问题和挑战，其中最主要的是经济困顿造成的出版业发展动力不足。

经济问题是埃及出版业面临的最大挑战。阿拉伯世界共有 22 个国家，以阿拉伯语为母语的人口超过 4 亿，这意味巨大的阿拉伯语媒体市场。但近年来中东地区局势动荡，包括埃及在内的阿拉伯各国经济困难，民众用于文化产品的支出大量减少，导致对出版业的支撑不足。同时，由于埃及印刷商所使用的印刷机、墨水等原料 90% 为国外进口，在埃及央行宣布实行埃镑浮动汇率导致埃镑大幅贬值后，生产成本的上升进一步阻碍了出版业发展。据埃及出版商协会统计，与实行埃镑浮动汇率前相比，图书和报刊生产成本增加了三倍，相应地，新书出版数则下降了 30% 至 40%，利润率下降了约 50%[②]。

版权保护落实不到位也给出版业的发展造成困难。埃及虽然出台了《知识产权保护法》，但现行法律对盗版、侵犯他人知识产权的违法行为首次仅处以最高 5000 埃镑的罚款，再次违法时罚款最高 1 万埃镑。这种处罚力度实际上无法对盗版行为构成威胁，低效率的执法更使得相关规定形同虚设。盗版现象的盛行严重影响了出版行业健康发展，损害了作者和出版商的合法权益，破坏了行业发展秩序，对埃及出版业造成了较大打击。

[①] 数据来自埃及出版商协会，http://www.egyptianpublishers.org/。

[②] "Egypt-Publishing industry still suffering with hopes for recovery in 2019: head of EPA". menafn, 2019.1.23. https://menafn.com/1098013019/Egypt-Publishing-industry-still-suffering-with-hopes-for-recovery-in-2019-head-of-EPA.

（二）图书销售情况

根据国际出版商协会 2017 年度全球书展报告（IPA Global Book Fair Report 2017），埃及受教育人口中 87.7% 的人有阅读习惯。突尼斯高等文献研究院一项调查显示，埃及读者阅读最多的主题分别是宗教（85% 的受访者选择）、新闻（占 57%）、历史（占 14%）、当代小说（占 13%）、政治分析（占 12%）、当代诗歌和烹饪图书（占 7%）等。作为阿拉伯国家中的人口大国和文化大国，埃及图书市场较大，图书出口主要面向阿拉伯世界、中东国家以及欧美国家的阿拉伯裔社群，进口则主要来自英国、美国、法国等国家。除阿拉伯文图书外，埃及出版的英文图书在中东地区也十分畅销，尤其是学术机构和私人出版社出版的英文教材和各领域的培训资料在中东市场占有很大份额。

图书销售形式上，埃及图书主要通过出版社的分销机构、实体书店、书展、图书销售网站等形式进行销售。埃及出版业的公共部门如埃及图书总局、金字塔报报业集团等均兼营出版、印刷、发行、销售等业务，设有独立发行体系和机构，印刷数较少的私人出版社则通常采取直销或代理商方式进行销售。在国营出版社"印售同步"经营模式影响下，埃及的实体书店数量较少，且集中在开罗、亚历山大等较为发达的城市，难以满足其他地区民众日常购书需求。由于目前埃及 90% 的出版社为没有独立发行机构的私人出版社，为扩大图书销售范围、规范图书销售方式，埃及出版商协会与埃及文化部合作发起"街头书店"计划（مشروع شارع المكتبات），该计划旨在为埃及出版商在各地建立 2600 家新书店，以促进图书销售和出版业发展。项目一经提出，便受到了广大出版商的积极响应。目前，项目已在埃及出版商协会与艺术学院（Arts Academy）的合作下开始在吉萨省实施，其他省份的工作也将陆续展开。有意向参与的出版商需向协会提交申请，遵循本省优先原则，若申请人数过多则将进行公开招标，具体分配方法将在埃及出版商协会和艺术学院达成协议后确定。

埃及最重要的书展——开罗国际书展是当今世界规模最大的书展之一，在经济发展滞缓、出版业低迷的情况下，一年一度的开罗国际书展已成为埃及出版业的生命线。2020 年开罗国际书展有来自 40 个国家和地区的 900 家出版社参加，期间举办 3502 场文艺活动，共吸引了 350 万读者，图书销售额可观。

除了在实体书店、书展等场合销售纸质书外，贾马隆（Jamalon）、尼罗和幼发拉底（Neelwafurat）等阿拉伯图书销售网站也越来越受到人们关注，成为埃及图书市场的一个重要组成部分。此外，埃及最大的实体书店之一迪万书店（Diwan）也开办了网上书店，配送范围覆盖埃及各省，并推出"开罗地区用户购书满 200 埃镑免配送费"等服务。

图书价格方面，穆巴拉克时期开始推行"全民阅读计划"（مشروع القراءة للجميع），每年举行"全民阅读节"，培养居民阅读习惯，拉动图书消费，并为出版商提供出版补贴，保证低收入群体的文化需求也能得到满足。得益于此，埃及出版的图书价格相对低廉，根据《金字塔报》在 2020 年开罗国际书展上做的一项调查，标准尺寸图书的价格在 50~60 埃镑之间，而较大尺寸图书价格则在 80~120 埃镑之间[1]。埃及图书市场种类也较为齐全，除了本土出版的中低档图书外，也有从黎巴嫩、欧美等国进口的高档图书，以满足不同层次读者的阅读需求。

（三）主要企业情况

埃及出版社众多，其中历史悠久、影响力较大的出版社包括：

新月出版社（دار الهلال）是埃及历史最悠久、影响力最大的出版社之一。出版社成立于 1892 年，1979 年在贝鲁特商会完成注册。出版社下设广告处、经销处和印刷处，主要出版杂志、小说、医学图书等各类图书，舒克里·齐丹、阿里·艾敏、菲克里·阿巴扎等埃及著名学者都担任过主编。目前该出版社共有 8 种刊物出版，包括月刊《新月》（مجلة الهلال）、女性周刊《夏娃》（مجلة حواء）、艺术周刊《众星》（مجلة الكواكب）、儿童周刊《萨米尔》（مجلة سمير）等。此外，出版社每年还出版数百种图书，囊括文学、历史、医学等多个领域。

知识出版社（دار المعارف）由《知识》杂志发展而来，最早由埃及人纳吉布·米特里于 1890 年创立，1910 年由单一的杂志社转变为综合性出版机构，并于 1963 年完成了国有化改造。目前知识出版社在埃及境内共有 21 个分支机构，销售出版社出版的各类刊物，现负责人是赛义德·阿卜杜·穆斯塔法。该出版社在阿拉伯世界享有极高的知名度，曾出版过塔哈·侯赛因、穆罕默德·曼杜尔、易卜拉欣·纳吉、陶菲克·哈基姆、阿伊莎·阿卜杜勒·拉赫曼等埃及著名文学家的作品，出版物有《十月》

---

[1] "Egypt's publishing industry makes slight recovery amid ongoing challenges". ahram online. 2020.01.30. http://english.ahram.org.eg/NewsContent/3/12/362571/Business/Economy/Egypts-publishing-industry-makes-slight-recovery-a.aspx.

周刊（مجلة اكتوبر）、《医学知识丛书》（سلسلة المعارف الطبي）、《科学丛书》（سلسلة المعارف العلمي）等二十余种。该出版社是唯一一家对各种思想潮流和党派不区别对待的出版社，出版了各种内容的图书。

鲁兹·尤素福出版社（دار روز اليوسف）成立于 1925 年 10 月，成立后先后出版了《鲁兹·尤素福》杂志（مجلة روز اليوسف）、《鲁兹·尤素福报》（جريدة روز اليوسف）、《早安》周刊（صباح الخير）等，60 年代被埃及政府收归国有。现任主编是艾依曼·阿卜杜勒·麦吉德。

（四）主要书展和奖项

开罗国际书展是埃及规模最大的书展，该书展始于 1969 年，每年 1 月底至 2 月初举行，是全球阿拉伯语图书的主要展销场所，每年有数百万人参加，其影响力可见一斑。在书展举办期间，埃及图书总局与文化部下属机构合作，设立最佳翻译奖、最佳儿童作品翻译奖、最佳出版商奖等奖项。（见表 1）

表 1 2016—2020 年开罗国际书展的举办情况

届别	举办时间	参展出版商数量	主宾国
第 47 届	2016 年 1 月 27 日至 2 月 10 日	来自 34 个国家和地区的 850 家出版机构，包括 550 家埃及出版机构。	巴林
第 48 届	2017 年 1 月 26 日至 2 月 10 日	来自 35 个国家和地区的 670 家出版机构，包括 400 多家埃及出版机构。	摩洛哥
第 49 届	2018 年 1 月 27 日至 2 月 10 日	来自 27 个国家和地区的 849 家出版机构，包括 460 多家埃及出版机构。	阿尔及利亚
第 50 届	2019 年 1 月 23 日至 2 月 5 日	来自 35 个国家和地区的 749 家出版机构，包括 579 家埃及出版机构。	阿拉伯国家联盟
第 51 届	2020 年 1 月 22 日至 2 月 4 日	来自 40 个国家和地区的 900 家出版机构，包括 700 多家埃及出版机构。	塞内加尔

资料来源：埃及图书总局

除举办大型国际书展外，埃及国内还定期在各地举办中小型书展，如亚历山大书展、坦塔书展、卢克索书展等，此类书展由埃及图书总局举办，旨在拉动埃及国内图书的出版销售。

（五）数字化转型

近年来，传统印刷业发展受到挑战，纸质书仓储、运输和分销成本上升，促使埃及出版业开始探索数字化转型。根据埃及通信和信息技术部[Ministry of Communications and Information Technology（Egypt），简称MCIT]发布的报告，埃及手机用户数增加到了9400万，移动互联网用户数达到3879万，庞大的互联网受众群体基数为电子书提供了广阔的发展空间。从世界范围来看，在美国，电子书占出版市场的30%，在欧洲约占25%，在印度和中国则占15%至20%。而阿拉伯世界的电子书占有的市场份额仅为2%。因此，阿拉伯国家的电子书市场仍然有很大的发展潜力。

2014年，在移动通信运营商沃达丰（Vodafone）的赞助下，埃及工程师兼作家穆罕默德·加马尔发起了一项电子书计划，其中包括创建"我们的书"电子书销售平台，该平台为埃及和阿拉伯世界的首个同类型平台。作者可以无须经过出版商，直接通过该平台出版、推广、出售图书。读者可以免费或低价在该网站获取小说、诗集、漫画、专业图书等各领域的丰富电子书资源。同时，作者可与读者实现交流，按需印刷纸质图书，从而最大化降低出版成本。

出版业的数字转型尤其是电子书的出现为埃及乃至阿拉伯的图书业创造了一个快速增长的细分市场，随着技术发展，埃及的电子书普及程度不断提高，其凭借便于携带、价格低廉、易获取等优点获得了越来越多读者的青睐。但是，电子书的定价通常低于纸质书，这给图书业收入增长带来了压力。此外，埃及民众的版权意识相对薄弱，很多人习惯于阅读PDF格式的盗版电子书，这对于阿拉伯语图书的数字化转型来说是一大挑战，也是埃及出版商所要面对的一个难题。

三、报刊业发展概况

（一）整体情况

埃及的报刊分为国有和私营两大类，国内发行的报纸杂志等出版物多达600余种。三大国有报纸是《金字塔报》（الأهرام）、《消息报》（الأخبار）及《共和国报》（الجمهورية），分别由金字塔报报业集团、今日消息报报业集团和解放出版集团出版。主要的私营报纸则包括创刊于2004年的《今日埃及报》（المصري اليوم）、创刊于2008年的《第七日报》（اليوم السابع）和创刊于2012年的《祖国报》（الوطن）等。值得一提的是，埃及的新闻类报刊集团是以"出版社"的名义存在的报业托拉斯，同时也出版非新闻类的杂志和大量图书，还投资其他产业。[①]

（二）主要企业及代表性报刊情况

埃及报刊业主要集团有以下三家：

金字塔报报业集团是埃及最重要的报纸《金字塔报》的出版方。《金字塔报》1875年12月27日在埃及亚历山大创刊，1876年8月5日第一期报纸问世，1900年迁至开罗。1952年阿拉伯埃及共和国成立之前，《金字塔报》已经成为埃及影响力最大的报纸之一，纳赛尔政府将其收归国有后，《金字塔报》获得政府的大力扶持，逐渐成为埃及的第一大报，也被认为是政府的半官方喉舌。诺贝尔文学奖获得者纳吉布·马哈福兹、埃及文学泰斗塔哈·侯赛因等均担任过主编。该报拥有七个海外记者站和五个境外印刷点，日发行量达到110万份，在埃及和主要阿拉伯国家均有售，销售点数量超过6000个。从1998年起，《金字塔报》建立阿拉伯文官网，同时在脸书（Facebook）、推特（Twitter）、优兔（Youtube）等知名社交网站都设有账号，实现与埃及和全球读者的互动。目前，金字塔报报业集团已经由最初只出版《金字塔报》一份报纸，发展成为综合性的报业集团。除《金字塔报》外，还用阿拉伯文、英文、法文三种语言出版十余种期刊。此外，该集团专门成立了翻译出版中心，每年出版数百种社科类图书，并兼营图书印刷、销售、进出口业务。集团还下设了金字塔战略研究中心，该中心汇集了埃及以及阿拉伯世界一流的专家学者，已成为埃及最重要的智库，与政府形成了紧密的"政智合作"关系。

消息报报业集团是埃及第二大报刊集团。《消息报》由穆斯塔法和阿里两兄弟于1944年在开罗创办，最初为周报，后改为日报。阿拉伯埃及共和国成立后，埃及政府对《消息报》进行了国有化改造，使其成为一家国有的半官方出版机构，其地位和规模仅次于《金字塔报》，其主编由政府任命，历任主编包括贾迈勒·铁托尼、埃尼斯·曼苏尔等埃及顶级文学家和学者。该报在埃及和主要阿拉伯国家均有销售，20世纪60年代发行量就达到70万份，2000年鼎盛时期突破100万份，目前发行量约75万份。消息报报业集团除出版《消息报》外，还出版《经济消息》《体育消息》

---

① 陈力丹.《埃及社会动员型新闻体制的形成与发展》[J].《国际新闻界》2000年第4期，第80页.

等十余份报纸杂志，每年出版数百种图书，并从事图书印刷、销售和进出口业务。

共和报报业集团由《共和国报》发展而来。《共和国报》是埃及政府机关报，1953年创刊，总部位于开罗，原为埃及革命指导委员会机关报，1961年改为阿拉伯社会主义联盟机关报。作为埃及主要的阿拉伯文报刊，《共和国报》每天出对开20多版，发行量为40万份，在埃及和主要的阿拉伯国家有售，每周四另出周刊，前总统萨达特曾长期担任《共和国报》主编。目前，共和国报业集团旗下拥有十种报纸杂志，其中影响较大的有《埃及晚报》《自由周刊》等。除报刊业务外，该报业集团也兼营图书业务，涵盖出版、印刷、分销、进出口等各个环节。

埃及国有报纸的消息来源一般为政府，报道风格较为统一，尤其是重大事件的报道上一致代表官方口径。这类报纸被政府视为动员民众支持其政治计划的工具，为创造良好的公众舆论提供了官方路线。国有报纸的资金来源主要是政府补贴和广告收入，缺乏商业模式引进，在国家经济下行压力增大和政府削减对报业的财政补贴时往往面临困境。私营报纸在报道时往往追求独立公正和多角度解读，越来越受到民众喜爱，发行量和影响力不断增大，尤其自埃及"1·25革命"以来，私营报纸在埃及报业市场所占比重迅速上涨。目前私营报纸《今日埃及报》的发行率几乎已经可以与埃及官方第一大报《金字塔报》相媲美。

埃及国内出版的阿拉伯语报刊价格低廉，在报刊亭、大型超市等均有出售，保证普通民众可负担、可获得。但"1·25革命"造成的政治动荡和经济衰退极大地影响了国有和私人报纸的印刷及发行率，尤其是在政府实行埃镑浮动汇率导致埃镑大幅贬值后，出版业的印刷成本大幅增加，各类出版机构，特别是没有政府财政支持的私营机构更是举步维艰。

（三）数字化转型

随着信息技术的发展和民众信息接收习惯的变化，埃及各大传统报刊纷纷开始加速数字化转型，以摆脱当前面临的发展困境。

《金字塔报》在1998年就建立了阿拉伯文官网，其访问量在中东媒体中位居前列，曾被《福布斯》中东杂志评为2011—2012年阿拉伯世界最受欢迎的新闻门户网站。2009年起，该报开始在社交媒体开设账号，以推特为例，目前《金字塔报》阿文账号每天发送数百条新闻，粉丝数达500多万。

消息报报业集团推出了两个数字平台——"最新时刻"和 AR 新闻（ARNews）。前者是一个应用程序，用以收集所有埃及媒体最新发布的资讯，后者以增强现实技术（AR）[①]为基础，通过仿真技术将印刷媒体与互联网连接。此外，集团下属的所有出版物都设有自己的网站，其中影响力最大的是《消息报》网站。同时，《消息报》在脸书上的官方账号粉丝数达到 450 万，以文字、图片、视频等方式发布新闻动态。

相对于报道口径统一、报道风格官方的国有报纸，私营报纸报道风格多样，更敢于发表不同意见，因此，在数字化转型过程中也更受民众欢迎，发展优势明显。私营报纸一般创刊时间较晚，创刊后参考国有报纸经验设立门户网站、开设社交媒体账号，并取得了比国有报纸更大的影响力。从脸书上的粉丝数和获赞数来看，截至 2020 年 4 月 1 日，《今日埃及报》《第七日报》《祖国报》的粉丝数分别为 1116 万、1698 万、1244 万，获赞数分别为 1109 万、1649 万、1244 万，这些数据都远高于国有报纸。

社交媒体、新闻客户端等平台的互动性和即时性是纸媒无法比拟的。虽然目前报刊业在数字平台中取得的利润只占总收入的 20% 左右，但埃及互联网用户数量庞大，社交媒体普及率超过 40%，民众也越来越把互联网作为获取信息的重要渠道，因此，报刊业的这一发展模式显然拥有广阔的发展前景。

四、中埃出版业交流合作情况

埃及是与中国建交最早的阿拉伯国家。建交 60 多年来，两国关系不断发展，各领域友好关系不断深化。2014 年 12 月，中埃两国建立全面战略伙伴关系，开启双边合作新阶段。作为两个文化大国，中埃之间的出版业合作也不断推进，取得丰硕成果。

（一）图书出版领域合作

中埃在图书出版领域的合作开始于 20 世纪 50 年代中期。建交后，中方就同埃及文化部门合作，在埃及翻译出版了《毛泽东选集》，以及多部中国古代文学名著，并通过埃及辐射其他阿拉伯国家。与此同时，一批埃

[①] 增强现实技术是一种将虚拟信息与真实世界巧妙融合的技术，广泛运用了多媒体、三维建模、实时跟踪及注册、智能交互、传感等多种技术手段，将计算机生成的文字、图像、三维模型、音乐、视频等虚拟信息模拟仿真后，应用到真实世界中，两种信息互为补充，从而实现对真实世界的"增强"。

及著名文学家的作品也相继在中国出版，其中诺贝尔文学奖获得者纳吉布·马哈福兹的著作《新开罗》《梅达格胡同》《宫间街》，埃及文豪塔哈·侯赛因的著作《鹬鸟声声》，著名小说家陶菲格·哈基姆的代表作《洞中人》《灵魂归来》等文学作品广受中国读者欢迎。近年来，随着"一带一路"倡议的推进和中国文化走出去步伐的加快，中埃图书出版领域的交流更加频繁，尤其是近十年的合作取得了长足进展，为两国人民文化交流搭建桥梁。

1. 互译项目及版权协议

2010 年 5 月，原国家新闻出版总署与阿拉伯国家联盟秘书处签署了《"中阿典籍互译出版工程"合作备忘录》，开启中阿历史文化典籍、现当代文学作品、少儿作品的互译工作，其中中埃典籍互译是该工程最重要的组成部分之一。2014 年 8 月，五洲传播出版社和阿拉伯出版商协会签订协议，正式承担该工程的翻译出版工作。近几年来，中方已翻译并出版了《日落绿洲》《格拉纳达三部曲》等多部埃及著作，《中国道路》等 23 种中国优秀图书也在埃及及其他阿拉伯相关国家与读者见面。

2014 年 12 月，"丝路书香工程"正式获得中宣部批准立项。该工程结合全球传播重点，以周边国家为首要，以非洲、拉美和中东地区为基础，基本覆盖了亚洲的主要国家、阿拉伯国家、中东欧 16 国以及北非部分国家。埃及作为中国与阿拉伯国家出版业交流合作的支点国家，在该项目框架下与中国的图书出版合作进一步深化。目前该工程重点资助项目《习近平谈治国理政》《中国震撼》《中外文学交流史 中国—阿拉伯卷》等优秀图书，已进入阿拉伯国家主流营销渠道，受到沿线读者欢迎并产生重大影响。

2017 年全国对外友协、中阿友协、北京外国语大学、北京师范大学出版集团筹建了"中阿友好文库"项目，通过与埃及最高文化委员会、埃及最高翻译委员会等机构在选题、翻译、推广等方面的深度合作，项目成果合作成果成功落地埃及，进入埃及公立图书馆和商业销售渠道，获得较好反响，为推动中阿民间文化交流，加强与阿拉伯各国的文化联系做出贡献。

除了实施互译项目外，中埃双方近年来还签署了多项图书版权输出协议，推动中国图书在阿拉伯翻译出版。例如，2017 年 4 月，湖北教育出版社与埃及希克迈特文化投资公司签署了《中国书法文化教育丛书》《中国家教百年》等 8 种图书的阿拉伯语版权输出协议；2018 年 7 月 12 日，华中科技大学出版社分别与埃及国家翻译中心、埃及希克迈特文化投资出版公司签署了阿拉伯语版权输出协议，共签约决定输出1本图书和5个项目；2019年2月12日，新华文轩出版传媒股份有限公司与埃及达雷尔·舍若克集团、埃及文化大会出版社等举办中国图书阿拉伯语版权签约仪式，来自中埃两国的13家出版企业参加，17本中国出版物的阿拉伯语版权成功签约。

2. 相关活动

活动方面，书展成为中埃出版业交流合作的重要纽带。2011年中国作为主宾国参加了第43届开罗国际书展，此次书展共有来自110家出版社的248名中国出版商和5000多种中国图书参展，书展期间还举办了"中阿文学与出版论坛""中阿文学互译出版研讨会"等活动。此后，中国每年携数百本图书参展，并在书展期间举办了"中国书坊"、中国作家见面会、中阿文学翻译论坛等活动，向埃及读者介绍中国。

2018年开罗国际书展举办期间，宁夏智慧宫文化传媒公司携涉及政治、文化、经济、人物传记、经典文学等方面的共约510种图书参展，并与埃及国家图书总局签订了电子书版权转让协议，成为本届开罗国际书展第一个签订并落地的项目。

2019年开罗国际书展更是收获颇丰，北京师范大学出版集团代表中国出版界携近千种图书参展，并于书展期间举办了各类迎新春活动，其中与开罗中国文化中心共同举办的"迎新春·中埃翻译与出版研讨会"获得中埃双方译者和出版方的高度关注，双方就中埃两国翻译、出版现状及未来进行了深入的交流与探讨。会议达成了中埃双方加大合译和合作出版力度、通过大量文学作品译介增进中埃人民互相理解、实现"民心相通"的共识。

近年来，中国展区已经成为开罗书展不可或缺的重要组成部分，开罗书展也为中国图书走入埃及和阿拉伯世界发挥了桥梁作用。书展期间举办的各种形式的文化活动增进了中埃人民的相互了解，并推动了五洲传播出版社、宁夏智慧宫文化传媒有限公司、黄河出版传媒集团、接力出版社、北京师范大学出版集团等一批中国出版机构加强与埃方的出版合作。

3. 平台建设

2015年五洲传播出版社的"中国书架"正式启动，该项目计划在国外的书店内设立展销中国主题图书的书架，帮助各国读者了解中国。2016年1月"中国书架"落地埃及，目前该项目已在埃及设立三个"书架"，项目第二期已顺利续签，销售状况良好。截至 2017 年 12 月，埃及当地马利夫集团书店、塔米亚书店、埃及图书总局书店三家书店共售书 900 余册，销售 6 万多埃镑[①]。除实体展示和销售平台外，五洲传播出版社还抓住出版业数字化转型契机，推出了 that's books 数字阅读平台。该平台阿文版于 2015 年 2 月在埃及出版商协会和阿拉伯出版商协会的支持下推出，目前已囊括上万本阿拉伯语原版著作，并与几十家阿拉伯出版社建立合作关系，其中包括埃及黎巴嫩出版社、埃及先锋出版社、埃及国家法律出版物中心等。该平台已经成为全球阿语数字内容资源覆盖国家最多的阅读平台，为中国图书阿文版走进阿拉伯世界和中国读者获取阿拉伯图书资源提供了新渠道。

中埃出版交流的另外一个重要平台是中国各出版机构在埃及设立的出版分社和编辑部。2015 年 8 月，接力出版社和埃及智慧宫文化投资（出版）公司在北京图博会上正式签约创办接力出版社埃及分社，该分社是埃及首家中埃合资出版公司，首次实现了中国少儿出版社在阿拉伯国家的本土化运营，为中埃图书领域的合作开辟童书合作新领域。出版社 2016 年 10 月在开罗注册成功，2017 年 11 月正式出版了首批 26 种阿拉伯语版原创童书。2018 年开罗国际书展上，该批阿语童书获得了由埃及文化部图书总局颁发的本届书展"最佳儿童图书翻译奖"。

2017 年 4 月，新世界出版社与埃及日出出版社联合成立了中国图书编辑部，共同策划符合阿拉伯地区图书市场需求且与中国相关的图书选题，由阿拉伯翻译家与汉学家联谊会负责翻译，埃及日出出版社出版发行，中阿双方共同进行宣传推广，每年计划完成翻译图书 10 种，合作出版图书 10 种。[②] 图书选题涵盖"中国梦""一带一路"、中国现当代文学作品等多种内容，帮助埃及读者认识和了解一个更真实、立体、友好的中国。

此外，"长江传媒中埃编辑部"也于 2018 年 7 月在埃及开罗正式揭牌运营。该编辑部由湖北教育出版社与埃及希克迈特文化投资公司共同筹建，旨在依托双方的出版资源和业界影响力，打造湖北与阿拉伯地区出版交流合作平台。

---

① 《让中国书架在海外遍地开花》. 中国出版传媒网，2018 年 2 月 27 日. http://www.cbbr.com. cn/article/119742.html.

② 《新世界出版社中国图书编辑部项目签约仪式在阿布扎比书展举行》. 中国网，2017 年 4 月 27 日. http://news.china.com.cn/world/2017-04/27/content_40703915.htm.

（二）报刊业合作

中国与埃及建交后，中国外文局便与埃及文化与民族事务指导部建立联系，并于 20 世纪 60 年代初成功推动《今日中国》和《中国画报》两份阿文版期刊在埃及的发行和销售工作。[①]《中国画报》目前已停刊，而《今日中国》在埃及发行至今，拥有稳定的读者群，并于 2004 年在开罗建立了中东分社，将阿文版从中国国内移至开罗发行，实现了本土化运作。2016 年 1 月，杂志出版 "纪念中埃建交 60 周年专刊" 并在开罗举行首发式，习近平主席和塞西总统分别为专刊致辞。2017 年 4 月，《今日中国》在埃及成立了中东智库委员会，以提高报道的针对性、实效性和期刊本土化水平，加强中埃文化交流。

2012 年《中国周报》由埃及新闻总署批准创刊。该报最初为中阿双语报纸，有 16 个阿文版和 8 个中文版，主要面向埃及民众和旅埃华人，2013 年改版为中阿文分开，各 20 版。阿文版在埃及出版主管部门注册，发行依托埃及三大国有报业集团之一的《消息报》的网络，辐射其全部发行网点，发行量为 1 万~3 万份。2016 年该报签约加盟了中新社打造的新媒体平台——全球编辑室 + "华舆" 客户端，并与中新社联合推出专刊。

参考文献：

1. 刘欣路. 埃及的新闻出版业现状及其与中国的文化往来 [J]. 出版发行研究，2016（1）：82-86.

2. 陈力丹. 埃及社会动员型新闻体制的形成与发展 [J]. 国际新闻界，2000（4）：75-80.

3. *Global Connectivity Index*. Huawei,2019

4. *IPA Global Book Fair Report*. International Publishers Association. 2017

（作者单位：北京外国语大学）

---

① 刘欣路.《埃及的新闻出版业现状及其与中国的文化往来》[J].《出版发行研究》2016 年第 1 期，第 85 页.

阿尔及利亚出版业发展报告

宋毅　梅莎

　　阿尔及利亚民主人民共和国（The People's Democratic Republic of Algeria），简称阿尔及利亚，是非洲面积最大的国家，国土面积达 238 万平方千米。它位于非洲西北部，北临地中海，海岸线长约 1200 公里，首都是阿尔及尔（Algiers）。阿国分为 48 个省，2019 年人口约为 4385 万，[①]主要由占总人口数量 83% 的阿拉伯人和占比 17% 的柏柏尔人组成，男女人口比例为 50.5∶49.5。[②]该国注重普及性教育，国民享有 9 年制义务教育，入学率高，其中小学入学率达 97%，中学入学率为 66%，大学生享受助学金和伙食补贴。阿官方语言为阿拉伯语，在阿尔及利亚，与法律相关的文书、诉讼和技术图纸都采用阿拉伯语表述。因曾为法属殖民地，阿国保留法语为通用语，文化界、新闻出版界广泛使用法语。[③]阿尔及利亚的国教是伊斯兰教，99.1% 的人信奉伊斯兰教，属于逊尼派，该国主要货币是第纳尔（Dinar）。[④]

一、出版业发展背景

　　国际出版走出去需要中国的出版企业秉承"一国一策"的指导思想。阿尔及利亚同中国有着不同的政体经济发展现状、法律投资环境、出版管理机构、图书馆服务体系和国民阅读习惯，所以，中国出版企业需要了解阿尔及利亚的国情，进而因地制宜地创新在阿国的投资发展模式。

---

① 数据来源：https://www.internetworldstats.com/af/dz.htm.

② 数据来源：https://www.kylc.com/stats/global/yearly_per_country/g_population_male_perc/dza.html.

③ 沈利娜. 行走和感知东南亚、北非、阿拉伯地区的出版市场——一位版权经理的书展手记：从胡志明市到阿尔及尔. 中华读书报，2019 年 6 月 26 日第 006 版.

④ 马晓霖，李晓悦. 伴随政治风雨的阿尔及利亚新闻传播业 [J]. 对外传播. 2019（7）：75-78.

（一）政治经济状况

阿尔及利亚奉行独立自主和不结盟的外交政策，外交为经济建设服务。阿尔及利亚禁止在宗教、语言、民族、性别、社团主义和地方主义的基础上成立政党，议会由国民议会（众议院）与民族院（参议院）组成，两院共同行使立法权。阿尔及利亚设最高司法委员会，主席和副主席分别由总统和司法部长担任。法院分三级：最高法院、省级法院和市镇法庭。该国不设检察院，在最高法院和省级法院设检察长，均受司法部领导。①

阿尔及利亚的经济规模在非洲位居前列，仅次于南非、尼日利亚和埃及。作为世界第二大天然气出口国，石油与天然气产业是阿国民经济的支柱，其产值多年来一直占国内生产总值（GDP）的30%，上缴税收占国家财政收入的60%，出口额占国家出口总量的97%以上。② 该国盛产葡萄、橄榄、椰枣，但工农业设备、生产原料、非食品消费品等需要进口。阿旅游资源丰富，但旅游业和制造业欠发达。伊斯兰教规严禁教民饮酒，所以，阿尔及利亚虽盛产葡萄酒，但商城里不卖酒，家庭不饮酒并禁食猪肉，忌讳使用猪制品和血液、海参、蟹、姜等带腥味的食品。

在阿尔及利亚的经济发展进程中，中国一直担任着重要合作伙伴的角色。自1958年12月两国建交，我国与阿尔及利亚双边高层互访和政治往来不断，在多领域开展友好合作共建。多年来，我国帮助阿尔及利亚大力建设基础设施，阿国是中国在非洲和阿拉伯地区最重要的工程承包市场之一。中国建筑企业为阿建设了"世纪工程"东西高速公路，③ 阿尔及尔展览中心、地震台网、阿尔及尔歌剧院、阿尔及尔国际机场、南北高速、大清真寺、外交部办公楼、国际会议中心等工程项目；在阿尔及利亚经济振兴计划的实施过程中，中国对阿持续进行非金融类投资，2018年累计投资金额超过182亿元人民币，业务涵盖房建、水电、石油化工、铁路、公路、电信、地质、交通、汽车制造（例如江淮、江铃、福田等众多中资汽车品牌）等领域，生产总额超过150亿元人民币。④ 截至2018年底，中国为阿尔及利亚培训各类人员4100余名，涉及党政、能源矿产、商务

---

① 数据来源：https://baike.baidu.com/item/ 阿尔及利亚 /269730?fr=aladdin.
② 中华人民共和国驻阿尔及利亚人民共和国大使馆官方网站：http://dz.china-embassy.org/chn/agk/gky/t1713118.htm.
③ 张春侠. 阿尔及利亚的中国奇迹 [J]. 中国报道 .2017（5）：44-45.
④ 张丽娟. 建筑铁军筑梦阿尔及利亚 [J]. 产经 .2016（3）：66-68.

与公共管理、农林牧渔等领域，提供了数百个学历学位教育奖学金名额。[①]总之，中阿两国作为全面战略伙伴，多年来在多个领域一直保持友好的合作关系。

（二）出版相关法律及政策

阿尔及利亚积极吸引外资，坚持对外国投资者实行国民待遇和自由投资原则。[②] 有关的法规政策为外来投资提供了许多优惠条件。例如，符合阿尔及利亚国家经济发展计划的优先外资企业投资项目享受前三年免税，第四、第五年分别减缴 50% 和 25% 并免缴 5 年土地税的优惠待遇；在阿尔及利亚特别扶持地区和对国民经济发展具有特别利益的投资可享受进一步税务优惠政策。[③] 这些外资企业在一定期限内可免缴利润税、营业税、固定资产税、商品注册税、股息税；减免外资企业所需设备、原材料的进口和产品的出口关税；如在当地再投资，外资所得利润或技术转让费通常也可减免税。[④]

虽在税收方面有相关优惠政策，但阿尔及利亚的投资环境仍存在一些现实问题。首先，阿尔及利亚对外国投资限制条件较多。根据世界银行公布的《2019 年全球营商环境报告》，阿营商环境在 189 个国家和地区中排名 157 位。阿尔及利亚实行严格的外汇管制，该国货币第纳尔在境外不可自由兑换，外汇资金转移困难，阿企业被禁止从外国银行获得贷款。[⑤]

其次，阿尔及利亚的税收管理欠规范。其税收政策复杂且税赋重，税务监管严格，一旦中资企业陷入税务纠纷就可能遭受巨额罚款。所以，中国出版商若计划在阿投资经营，务必需要树立税务遵从意识，对阿投资环境所涉及的政治经济形势、海关政策法规和地方解读、税收政策、会计准则、企业纳税筹划、税务申报等因素进行深入的调研和把握，严格执行当地有关法律法规，树立风险意识。[⑥]

此外，阿尔及利亚对本国的新闻出版有较为严格的审查制度，阿政府掌控着对媒体行业的运营监管权。目前，该国与新闻出版业有关的重要法

① 赵董良. 务实推进中阿经贸关系发展. 国际商报. 2019（06/27）：A 28.
② 阿布德努·贺利菲. 阿尔及利亚投资指南 [J]. 中国投资. 2017（20）：64-67.
③ 李军. 在阿尔及利亚的商机. 中国中小企业 [J]. 2011（5）：41-45.
④ 贺鉴，石慧. 埃及和阿尔及利亚投资法比较 [J]. 2003（2）：19-22.
⑤ 蔡伟年. 阿尔及利亚企业所得税制介绍 [J]. 国际税收. 2015（8）：75-80.
⑥ 吴昊，周相林. 中资企业在阿尔及利亚投资探索与实践 [J]. 现代商贸工业. 2017（31）：50-51.

律是《组织法》（*Organic Law on Information*）、《国家信息准则》（*The Code national de l'information*，简称 CNI）和《视听法》（*Audio-Visual Media Services Law*）。2011 年颁布的《组织法》和 2012 年颁布的《国家信息准则》规定了阿国新闻出版业的信息收集、产品内容制作的基本准则，强调新闻自由需以尊重宪法和法律、伊斯兰教和其他宗教、国民身份认同和文化价值观、思想观点的多样性为前提，并列出 12 条从业原则，例如必须尊重阿尔及利亚的民族文化身份、不能损害国家利益、破坏国家安全、遵从伊斯兰教价值观等。[①]《视听法》强调对少数民族、妇女、儿童的保护，细化了视听媒体领域的相关规定，如节目播出的本国制作影视作品应达 60% 以上并使用阿拉伯语；使用阿拉伯语或阿马齐格语（阿马齐格人是生活在北非阿尔及利亚、突尼斯、摩洛哥等国的一个族群）配音的外国节目份额不能超过 20% 等。[②] 所以，中国新闻出版机构若与阿合作，需谨慎选择作品语言和宗教主题的内容制作，充分融合阿政府和民众的需求，力求工作语言和产品内容符合阿国的有关规定。

最后，中国出版商若投资阿尔及利亚，需要遵循当地公司管理法规。例如，在阿尔及利亚雇员数量达到 20 人及以上的公司，按有关法律，工人代表应参与内部规章的制定，例如确定劳动关系的建立、执行及终止等各个环节，劳动收益、条件、安全和纪律，工资支付方式和时间，社会保险额度，公司内部工会以及罢工规定等。阿法律允许在公司内部成立工会组织，以保障工人合法权益。拥有 20 名雇员以上的公司必须对员工进行技能培训，在经雇主同意的情况下，雇员可脱岗或利用工作、休假时间参加职业或技能培训。法律规定劳动者的年纪需达到 16 岁及以上，从事夜班工作劳动者年纪 19 岁及以上，女性劳动者不得从事夜班工作；在阿尔及利亚，法定工作时间为每星期 40 小时，最多不可超过 48 小时，加班工作要给予至少 150% 的加班费。劳动争议发生时，企业或雇主组织与劳动者工会之间签订的集体协议，例如劳动条件、薪酬条件、职位模式等内容，均可成为相关法律法规的重要补充等。[③]

---

① Rachid Tlemçani, 2015. Checkered media reform in Algeria, The Arab Weekly. 资料来源：https://thearabweekly.com/checkered-media-reform-algeria

② 刘欣路，许婷. 阿尔及利亚新闻出版业发展管窥. 中国新闻出版广电报，2018 年 11 月 5 日第 004 版.

③ 李石，李敏. 阿尔及利亚劳动法律简析 [J]. 法制与社会. 2012（3）：8-11.

（三）出版管理机构

1. 政府机构

阿尔及利亚新闻出版领域的行政主管部门是新闻部和文化部。近年来，新闻部致力于发展数字技术、推动广播电视的发展；文化部主要负责文化传播、图书出版等领域。此外，阿尔及利亚政府还设立了印刷媒体监管委员会（Print Media Supervision Committee）、视听媒体监管委员会（Audio-Visual Media Supervision Committee），由总统和国民议会议长、民族院议长推荐这两个机构的主席和半数成员，并由资深媒体人士组成另外一半成员。这两个机构负责媒体的审批、内容监管、补贴发放等工作。[①]

文化部监督下的国家图书中心（The National Book Center）是专门从事图书出版发行工作的公共机构，广受阿国作家、出版商、发行商、印刷商和书商关注。国家图书中心执行国家图书政策并鼓励其图书出版行业发展。它通过图书馆网络开展公众阅读，负责阿尔及利亚图书和阅读情况统计以及其他与图书和出版业有关的事务，鼓励各种形式的文学表现形式，参加与阿尔及利亚图书有关的会议、展览，开展有关本国图书市场的调研工作。[②]

2. 行业协会

阿尔及利亚与图书有关的行业协会主要包括五家，其中最大的组织是全国图书出版商联盟（The National Union of Book Publishers，简称NUBP），它于2012年10月由13个阿尔及利亚出版商发起成立，成员包括公共和私营出版公司的经理。[③]另外四家分别是阿尔及利亚作家联盟（Union of Algerian Writers，简称UAW）、阿尔及利亚全国编辑联盟（The Algerian National Union of Editors，简称ANUE）、专业公共图书馆联盟（Specialized Public Library Union，简称SPLU）和阿尔及利亚书商协会（The Association of Algerian Booksellers，简称AAB）。阿尔及利亚作家联盟是在智慧（El-Hikma）出版社的倡议下成立的，是阿尔及利亚第一个

---

① 马晓霖，李晓悦. 伴随政治风雨的阿尔及利亚新闻传播业 [J]. 对外传播 . 2019（7）：75-78.

② 数据来源：https://www.m-culture.gov.dz/index.php/fr/etablissements-sous-tutelle/centre-national-du-livre.

③ 资料来源：https://www.depechedekabylie.com/culture/114355-creation-a-alger-de-lorganisation-nationale-des-editeurs-du-livre/.

作家联合会，[①] 该国的许多作家、编辑和知识分子参与其中；阿尔及利亚全国编辑联盟是由阿国出版商和图书出版专业人士组成的联盟；[②] 专业公共图书馆联盟由阿国的公共图书馆服务系统专业从业人员组成。这三个联盟的250多个专业出版商共同组成了阿尔及利亚的图书出版编辑阵队。此外，阿尔及利亚书商协会成立于2001年，旨在团结全国书商、捍卫书商权利、促进阅读、促进全国图书流通。自2003年以来，阿尔及利亚书商协会一直是阿尔及尔国际书展（SILA）的共同组织者，分为沟通、图书推广、教科书、培训、书展组织五个委员会，负责组建书展活动。该协会每年都会颁发一个文学奖，奖励一位阿尔及利亚作家。如今，该协会在全国拥有近80家会员书商，评论出版图书，为书店联网管理提供管理软件支持。[③]

（四）图书馆发展概况

阿尔及利亚图书馆数量远不能满足读者需求，其设施设备质量欠佳。根据国家图书中心主任哈桑·本迪夫（Hassan Bendif）介绍，阿尔及利亚全国的城市公共图书馆数量不超过40家，达到优质图书馆标准的不超过15家，缺乏可用作阅读和接收读者的独立图书场馆和开展馆际借阅图书的服务系统。现有图书馆缺少资料、设备和图书，大多数图书馆没有无线网服务或在线数据库。[④] 目前阿国大约有750家大学和学习中心图书馆。阿尔及利亚第一家在线免费图书馆由阿尔及利亚电信（Algérie télécome）于2014年推出，被称为"学术数据库（Fimaktabatiacadémique）"，藏有8000种书。[⑤]

（五）国民阅读情况

阿尔及利亚拥有一批喜爱阅读虚构类和科技类图书的年轻读者。阿文化部在2018年对参加阿国际书展的1000名来访者开展了一项名为"阿尔及利亚人阅读状况"的首次问卷调查。被调查者平均年龄相对年轻，其中15至24岁年龄组人数占总体的58.4%，25至34岁年龄组为26.8%，共计85.2%。在被调查者中，约89.5%的被调查者经常访问图书馆，其中75%

① 资料来源：https://www.radioalgerie.dz/news/fr/article/20170529/113407.html https://www.djazairess.com/fr/lemidi/1103220801.

② 资料来源：https://www.lematindz.net/news/9711-lunion-des-editeurs-algeriens-est-nee.html.

③ 资料来源：https://www.librairesfrancophones.org/component/k2/item/287-l-initiative-algerienne.html.

④ 资料来源：https://www.vinyculture.com/pas-plus-de-quinze-bonnes-librairies-en-algerie-selon-le-ministere/.

⑤ 数据来源：https://bu.umc.edu.dz/theses/bibliotheconomie/AMEH2126.pdf.

的访客为学术界人士，包括大学生；结果显示95.6%的受访者"喜欢阅读"，其中30.3%的人表示有在手机上阅读图书的习惯。57.7%的受访者认为电子书将取代纸质书，60.9%还将继续优先考虑纸质书。90.2%的阿尔及利亚人更喜欢在家里阅读，65.8%的被调查者的阅读时间是晚上。35.5%的被调查者一年阅读的图书为1~5本，6.8%的被调查者每年阅读20多本书。约有65%的读者声称他们最喜欢读文学类图书，52%的读者经常阅读虚构类图书。[1]在各类年轻人最喜欢阅读的图书中，小说排名第一（52%），科学类次之（46.4%），历史类名列第三（24.5%）。[2]阿尔及利亚读者的阅读语言以阿拉伯语和法语为主，英语使用者次之，其他语言较少。被调查者中，68%阅读阿拉伯语图书，41.6%阅读法语图书，12.7%阅读英语图书，柏柏尔语（Tamazight）图书很少，占比不到2%。在纸质图书与电子书二者之间，90%的读者更喜欢前者。这主要是因为阿尔及利亚目前只有两家由阿尔及利亚电信（Algérie télécom）开设的电子书店（一家法语书店Fimaktabati，一家阿拉伯语书店Nooonbooks），店中可选择的电子书不多。[3]目前，阿国欠发达的电子图书业现状预示着潜在的阿尔及利亚数字出版业发展前景。据这次调研，约75%的被调查者每天使用互联网。鉴于阿尔及利亚较大的互联网使用人数，该国有着巨大的潜在数字阅读图书市场。[4]

尽管部分阿尔及利亚人热衷读书，他们因地区、年龄和受教育背景各异会呈现不同的阅读习惯。阅读不是所有阿尔及利亚人最喜欢的消遣方式。根据国际咨询和经济研究中心（le Centre International de conseil et d'é tudes économiques）2018年所做的一项调查，在全国范围内，阿尔及利亚的阅读率仅为6.8%，56.86%的国民平均一年阅读不了一本图书。在图书读者中，约65%的读者使用阿拉伯语阅读，农村地区读者主要用阿拉伯语阅读，其余的则阅读法语。16%的阿尔及利亚人喜欢宗教类图书，该类图书的受欢迎程度排第一位，紧随其后的是计算机类和经济学类，占

① 数据来源：https://www.reporters.dz/enquete-sur-les-habitudes-de-lecture-les-algeriens-lisent-un-a-cinq-livres-l-annee-et-de-nuit/

② 资料来源：https://sila.dz/fr/?s=Enquête+sur+les+habitudes+de+lecture.

③ 资料来源：https://thenewpublishingstandard.com/2019/10/20/in-algeria-the-biggest-cultural-event-is-a-book-fair-will-the-algiers-ibf-break-its-2-3-million-visitor-record-this-year-with-its-focus-on-young-authors/.

④ 资料来源：https://thenewpublishingstandard.com/2018/11/18/tnps-week-review/.

9%，法律类则占 8%。互联网、新媒体和新技术的出现使阿尔及利亚人图书阅读率进一步降低，其图书购买力也随之减弱。[①] 此外，图书定价也是影响阅读率的因素之一。在前面提到的 2018 年阿尔及利亚国际书展调研中，55% 的被调查者认为图书的价格偏高。阿尔及利亚的文盲危机（800 万人为文盲）对阅读率颇有影响。[②] 改变这种状况，阿尔及利亚举办了一些阅读比赛，以鼓励一些年轻的才华横溢的读者和作家。2018 年阿尔及利亚举行了全国性的阅读比赛。[③]

（六）互联网使用情况

近年来，阿尔及利亚人的互联网使用率增长迅速。阿尔及利亚人经常使用的社交媒体包括脸书（Facebook）、照片墙（Instagram）、色拉布（Snapchat）、优兔（YouTube）以及抖音国际版（Tik tok），此外，微信在前往中国留学的阿尔及利亚学生和与中国有贸易往来的商人中受到欢迎。在 2019 年 4 月至 2020 年 1 月之间，阿尔及利亚的社交媒体用户数量增加了 240 万，增幅为 12%；2020 年 1 月，阿尔及利亚有 2200 万社交媒体用户，社交媒体渗透率达到 51%；截至 2020 年 3 月，阿尔及利亚有 2543 万人（58%）使用互联网，使用脸书的用户达到 1900 万（43.3%）。[④] 随着阿拉伯世界的网民数量逐年快速增加，数字出版在阿尔及利亚开始起步，有更多的图书开始进行线上销售。特别是有些大学因预算问题开始倾向于购买电子教材。目前，阿尔及利亚有一家活跃的线上书店 "aramebook.com"，它是一位图书编辑纳塞拉·基亚（Nacera Khiat）个人启动的项目，该平台旨在推介阿尔及利亚文学作品。[⑤]

鉴于阿尔及利亚的青少年阅读市场大，而青少年多喜通过社交媒体获得信息，我国出版企业可利用新媒体技术对阿国青少年的中文图书阅读行为进行引导，搭建为阿青少年提供阅读资源和阅读服务体系的中国出版图书平台，优化阿青少年的阅读结构，培养阅读习惯，提升阅读品位，建立高质量、成体系的中国图书阅读书目。中国出版社可以在自建的图书平台

---

① 资料来源：https://sites.google.com/site/lejeunealgerien/Home/culture.

② 资料来源：https://www.aljazeera.net/news/cultureandart/2019/11/9/مليون-جزائري-ضد-الكتاب-قراءة-الجزائر.

③ 资料来源：https://www.arabreadingchallenge.com/en/project-launching.

④ 数据来源：https://www.internetworldstats.com/af/dz.htm.

⑤ 数据来源：http://www.elmoudjahid.com/fr/actualites/144368.

上设立中国图书个人品牌IP，借力中阿出版合作产业论坛，加强中阿两国的文化交流、文明互鉴，为双方出版机构提供一个充分交流出版信息、产业动态、合作模式的平台。[①]

二、图书业发展概况

（一）图书出版情况

阿尔及利亚图书类别中排名前三的分别是教材（27.22%）、宗教类（17.43%）和文学类图书（12.09%），出版语言主要是阿拉伯语（72.95%），具体情况见表1。

表1　2011年阿尔及利亚图书出版情况

单位：种

图书类别	阿拉伯语	其他语言	总数	占比（%）
教材	133	20	153	27.22
历史地理	39	26	65	11.56
文学	27	41	68	12.09
社会科学	56	9	65	11.56
宗教	95	3	98	17.43
少儿	18	9	27	4.80
家居	6	14	20	3.03
阿马齐格语书	0	5	5	0.88
汽车旅行	36	25	61	10.85
合计	410	152	562	99.42%

资料来源：阿尔及利亚国家图书馆[②]

阿尔及利亚的少儿类图书市场潜力较大，但需求与出版能力严重不匹配。阿国有68家出版商提供少儿图书出版服务，但每年出版少儿图书仅

① 沈利娜.行走和感知东南亚、北非、阿拉伯地区的出版市场——一位版权经理的书展手记：从胡志明市到阿尔及尔.中华读书报，2019年6月26日第6版.
② 资料来源：https://ouvrages.crasc.dz/pdfs/2016_productions%20 et_receptions_culturelles_musique_cinema_abdelkader_abdelillah.pdf.

50 种左右。阿尔及利亚的少儿图书因出版成本高、专业编辑人员不足而不被出版商和书商重视，成人读物的数量远远超过少儿读物。阿尔及利亚少儿无论在家里还是在学校，都没有足够的故事书、漫画、冒险小说或者绘画手册阅读。究其原因主要是因为昂贵的出版税收"迫使"出版商生产平庸的图书，进口商制定昂贵书价。现有的为数不多少儿图书一般是由黎巴嫩和中东出版社在中国进口和生产的，而大多数阿学龄儿童的家庭买不起从欧洲进口的高质量图书。①

阿国最著名的少儿图书出版社是绿色图书馆（Maktaba El Khadra）。1984 年该出版社由阿尔及利亚作家贾迈勒丁·萨利赫成立，专门从事青少年图书出版工作，图书出版语言包括阿语、法语、英语和西班牙语，于2008 年获得阿尔及利亚文化部颁发的最佳青年图书出版社奖。该出版社出版的少儿图书包括学校教材、学前班读物、图画书、参考资料、小说、体育读物、字典、教育光盘等。② 阿尔及利亚市场上的少儿图书选题主要集中在安全教育类、科普类以及知识性读物，内容缺乏故事性和可读性，说教性强，这与很多作家曾做过老师有关。尽管在校学生达 800 万，阿尔及利亚没有专业的少儿期刊，这主要是因为其少儿读物出版社缺少专业的文字编辑、儿童绘本画家、少儿文学研究专家和培育儿童文学作家的资源。阿国印刷业比较落后，图书印刷品质不佳，读者对价格敏感，对高定价图书接受度差，在阿尔及利亚单本图书售价不能超过 10 元人民币。③

阿尔及利亚的青少年人数多、少儿读物少预示着中国出版企业在阿尔及利亚可以有较大的少儿图书出版业务开发空间。阿尔及利亚是阿拉伯国家，阿语图书可以覆盖整个阿拉伯地区，读者基数大，市场潜力巨大，因而对阿语市场的少儿图书开发可以是中国图书未来版权输出的一个重点区域。中国与阿拉伯国家少儿出版已有良好的合作基础，合作形式丰富，版权涵盖面广，中国多种儿童文学、知识图书、图画书、汉语学习等类少儿图书被译为阿拉伯语。④

---

① 资料来源：https://www.actualitte.com/article/edition/algerie-pas-assez-de-bons-livres-pour-enfants/81401.
② 资料来源：https://dz.kompass.com/en/a/publishing-houses/17620/.
③ 资料来源：https://www.actualitte.com/article/edition/algerie-pas-assez-de-bons-livres-pour-enfants/81401.
④ 沈利娜. 行走和感知东南亚、北非、阿拉伯地区的出版市场——一位版权经理的书展手记：从胡志明市到阿尔及尔. 中华读书报，2019 年 6 月 26 日第 6 版.

（二）图书销售情况

多年曲折艰难的独立历史和动荡不安的政坛局势为阿尔及利亚图书出版提供了丰富的产品内容，也成为许多阿尔及利亚人图书阅读的选择，在广受欢迎的图书中，主要主题包括阿国反殖民、反恐怖的斗争经历，历史、宗教矛盾冲突和重要政治人物传记。出版这些书的出版商既包括阿国本土出版社，也有法国、黎巴嫩等外国出版社，出版的语言主要是法语和阿拉伯语。下面表2提供了2018年阿尔及利亚最畅销的10本图书简介。[①]

表2　2018年阿尔及利亚排名前10的畅销书情况

序号	书名（语言版本）	作者/出版社	主要内容
1	哈利勒/卡萨巴（Khalil/Casbah，法文版）	亚斯米娜·卡德拉（Yasmina Khadra）/卡斯巴（Casbah）	讲述一名激进主义者的痛苦故事。
2	吞噬女人的画家（Le peintre dévorant la femme，法文版）	卡米尔·戴维（Kamel Daoud）/巴扎克（Barzakh）	这位阿尔及利亚作家讲述了他在毕加索博物馆度过的夜晚。这是一部关于西方与东方之间艺术对抗的小说。
3	键盘布局（Chahiyan kafiraq，阿拉伯文版）	阿赫拉·莫斯特加米纳（Ahlam Mostaganemi）/阿歇特安托万出版社（Hachette Antoine）	这是一个男人与爱人失散、不再相信爱情的故事。作品内容丰富，描写了作者对过去和他人的梦想和回忆。
4	历史通奸者（Les fornicateurs de l'Histoire，阿拉伯文版）	拉希德·布吉德拉（Rachid Boudjedra）/弗朗兹·法农（Frantz Fanon）	讲述了由阿尔及利亚艺术家、电影摄制者和作家共同伪造阿尔及利亚历史的话题。
5	伊斯兰黑匣子（La boite noire de l'Islam，法文版）	阿明·扎维（Amin Zaoui）；塔法特（Tafat）	作品讲述了阿尔及利亚社会的价值观。
6	哈立·内扎尔将军的回忆集（Recueil des mémoires du général Khaled Nezzar，法文版）	哈立德·纳扎尔（Khaled Nezzar）/茨哈伯（Chihab）	这本书是哈立德·纳扎尔（Khaled Nezzar）将军回忆录，由前阿尔及利亚革命人物穆罕默德·马尔菲亚（Mohamed Maarfia）作序，讲述了其经历的一些未公开的历史事件和启示。
7	阿尔及尔的最后一位统治者戴伊·侯赛因（Dey Hussein, le dernier souverain d'Alger，法文版）	穆罕默德·巴尔希（Mohamed Balhi）/国家出版和广告局（Agence Nationale d'Edition et de Publicite；ANEP）	这本历史书阐明了19世纪阿尔及利亚历史上的关键时期的政治领袖（即1818年至1830年之间奥斯曼帝国存在三个世纪后的最后一个动荡的年份）故事。

① 资料来源：http://dia-algerie.com/top-10-livres-plus-vendus-sila-2018/.

续表

序号	书名（语言版本）	作者/出版社	主要内容
8	埃米尔之书（Le livre sur l'Emir，法文版）	瓦西尼·拉雷杰（Waciny Laaredj）/阿克特·苏德（Actes Sud）	讲述埃米尔·阿卜杜勒·卡德尔（Emir Abdelkader）生平的故事。埃米尔·阿卜杜勒·卡尔是阿尔及利亚战争领袖人物、政治策略家、学者和诗人，也是法国殖民时期最具标志性的人物之一。
9	黄金时代的电影（Le cinéma à son âge d'or，法文版）	艾哈迈德·贝德贾维（Ahmed Bedjaoui）/茨哈伯（Chihab）	回顾了阿尔及利亚优秀电影发展史上的著名人物和非凡往事。
10	穆罕默德的末日（Les derniers jours de Muhammad，法文版）	海拉·瓦迪（Hela OUARDI）；阿尔班·米歇尔（Albin Michel）	本书运用历史和科学方法再现了伊斯兰最后一位先知的去世经历及继位引发的政治斗争。

资料来源：《阿尔及利亚最新消息》

　　阿尔及利亚的出版商主要通过参加各阿拉伯国家的书展，举办图书推荐活动或作家论坛等形式营销推广图书，阿尔及利亚国际书展是该国最盛大的年度图书展览活动。研究显示，出版商还通过电视、广播、杂志、报纸、网络等进行推广宣传。阿尔及利亚图书还依靠各地的图书发行商、实体书店以及各地区教育部、基金会和学校等政府机构的发行、采购渠道发行。出版商往往负责出版全产业链上的各个环节，包括出版、印刷、分销等，并把大型连锁店超市（例如家乐福）作为图书销售渠道。

　　目前，阿尔及利亚的实体书店经营不景气。据阿尔及尔卡斯巴（Casbah）出版社下属书店负责人索菲安·哈贾杰（Sofiane Hadjadj）介绍，阿尔及利亚全国只有不到150家书店。2019年底新冠肺炎疫情暴发后，阿尔及利亚的不少实体书店被迫关闭。第三世界（Tiers Monde）书店的经理兼董事阿布德拉赫曼·阿里·贝（Abderrahmane Ali Bey）表示其书店维持至今，离不开出版社的支持，2020年第一季度，该书店销售额与往年比较，下降幅度达50%。据这两家书店销售数据显示，小说和故事图书最为畅销。

　　（三）出版企业情况

　　不同统计机构对阿尔及利亚出版社的数量持不同说法。该国文化部网站列出了77家出版商，文化部的图书管理局认可150~200个活跃的出版商，法国出版商国际署网站（Bureau International de L'edition Francaise）列出了75家出版社，阿尔及利亚全国图书出版商联盟认可73个出版商的数量，阿尔及利亚国家图书馆列出了 400 家出版社和出版组织，含研究中心、大学、实验室、协会等，国家统计局（The National Office of Statistics，简称 ONS）列出了 445 家参与出版的出版社和组织。阿尔及利亚出版市场中，私人出版社拥有近 80% 的市场。目前，隶属公共部门的国家图形艺术企业（Enterprise Nationale Des Artes Graphiques，简称 ENAG）、国家出版和广告代理（The National Publishing, Communication and Advertising Enterprise，简称 ANEP）和大学出版物办公室（The Office of University Publication，简称 OPU）仅覆盖 20% 的市场。阿尔及利亚平均每年出版近 1000 种出版物。[1] 阿尔及利亚最有影响力的出版商包括卡斯巴、绿色图书馆（Maktaba El Khadra Cheraga）、巴尔扎戈、胡马、智慧等。[2] 这些出版社在阿拉伯语和法语世界影响力较大。

三、报刊业发展概况

阿尔及利亚新闻出版业受政府管控，同时也允许一些私人媒体存在。1990 年前阿新闻出版由国家全面管理与经营，1990 年颁布新的新闻法，实行有条件的新闻自由，一些政党创立了党报，也出现了一些独立地方报刊。目前，阿尔及利亚的报纸数量达到 321 种，其中 159 种是日报，32 种是阿文报刊，33 种是法文报刊，平均日发行量 243 万份。约 86 种日报使用阿拉伯语出版，发行量达到 160 万份，同时还有 82 万份使用法语出版。此外还有 26 种和 7 种分别用阿拉伯语和法语出版的周报，它们的发行量每周可达 80 万份。阿报刊中发行量最大的阿拉伯语报纸有《日出报》（Khaber）、《消息报》（Echourouk）、《人民报》（Ennahar）、《白天报》（ElFadjer）、《自由之声报》（El-Hadaf）；发行量最大的法语报纸包括《祖国报》（El-Watan）、《自由报》（Liberté）、《阿尔及利亚晚报》（Le Soire d'Algerie）和《圣战者报》（le Quotidien d'Oran）。[3] 在这些报纸中，《祖国报》和《消息报》两家报刊拥有自己的印刷机构与分销渠道，是

---

① 数据来源：https://ouvrages.crasc.dz/pdfs/2016_productions%20_et_receptions_culturelles_musique_cinema_abdelkader_abdelillah.pdf.

② 刘欣路，许婷. 阿尔及利亚新闻出版业发展管窥. 中国新闻出版广电报，2018 年 11 月 5 日第 004 版.

③ 阿尼斯·本赫多加（Anis Benhedouga）. 不断变革的阿尔及利亚媒体 [J]. 中国投资. 2019：57-58.

阿尔及利亚印刷媒体私有化的领跑者。[①]在报纸阅读方面，据一项调查结果显示，有 14.2% 的阿尔及利亚受访者订阅报纸和杂志（本地和外国期刊）。这项针对阿尔及利亚人阅读习惯的调查显示，有 45.1% 的阿尔及利亚人阅读报纸是为了"放松"，而其中有 9.1% 的人赞成快速阅读日报。

阿尔及利亚新闻通讯社是官方通讯社，创建于 1961 年，有工作人员 500 多名，包括 300 多名记者、摄影师及翻译，在卜利达、奥兰、康斯坦丁、瓦尔格拉四个省设有分社，并在法国、埃及、摩洛哥、美国、俄罗斯等 12 个国家设有派驻机构，用阿、法、英三种文字发稿，日均发稿量为 500~600 条，每年发稿约 20 万条。该社由新闻部直接领导，下设 12 个专题编辑部，社长由总统任命。[②]

阿尔及利亚的大众杂志主要刊登家庭，社会，游戏和体育方面的内容。体育类杂志最受欢迎。此外，阿尔及利亚主营学术期刊出版的机构中最著名的是卡斯迪·梅尔巴大学出版社。它出版 10 种学术期刊，用阿拉伯语、法语和英语三种语言发表国内外学者的原创性科学研究作品。其中，由阿尔及利亚哈玛·拉赫瑟·埃洛德大学经济与商业科学学院和管理科学学院共同出版的《罗阿·伊克蒂萨迪亚评论》（*Roa Iktissadia Riew*）是一份享有盛名的国际和专业学术期刊，每半年出版一次，出版原创性科学研究，涉及经济、管理和贸易研究领域。印刷语言有阿拉伯语、法语和英语三种。[③]

四、中阿出版业交流合作情况

中阿两国是全面战略伙伴关系，通过签署一系列合作协议，在新闻出版广播影视的各方面开展了深层次合作。《中国新闻出版广电报》对两国主要的新闻出版方面交流合作大事均有记录。1964 年，中阿文化合作协定签署，缔约双方同意相互翻译、出版对方的优秀文学艺术作品，交换文化艺术方面的书刊和资料，并在教育、新闻、广播、电视和电影方面进行交流和合作。2008 年，首届中国—阿拉伯国家新闻合作论坛在北京举行，

① 马晓霖，李晓悦. 伴随政治风雨的阿尔及利亚新闻传播业 [J]. 对外传播. 2019（7）：75-78.
② 马晓霖，李晓悦. 伴随政治风雨的阿尔及利亚新闻传播业 [J]. 对外传播. 2019（7）：75-78.
③ 资料来源：https://www.publishersglobal.com/directory/algeria/publishers-in-algeria.

中国同包括阿尔及利亚在内的阿拉伯国家签订了《关于中国与阿拉伯国家联盟成员国新闻友好合作交流谅 解备忘录》。2014 年《中阿版权交流合作谅解备忘录》签署。中国作家代表团访问阿作家协会，双方签署合作协议，共同推动作品互译出版、人员交流等方面的合作。2015 年，《中华人民共和国政府和阿尔及利亚民主人民共和国政府文化协定 2015 至 2019 年执行计划》涵盖新闻出版、电影电视等多领域，阿也每年邀请中国的文化出版机构、学者赴阿交流。这一年，阿尔及利亚胡马出版社出版了中国诗人王久辛的诗集《狂雪》，这是阿出版的第一部中国文学作品。2017 年，中国国家新闻出版广电总局与阿拉伯国家联盟秘书处签订中阿典籍互译合作备忘录。2018 年，第四届中非媒体论坛在北京举行，中国与来自包括阿尔及利亚在内的非洲国家政府部门、媒体机构代表围绕媒体政策、话语权建设等问题展开讨论，并签署了 12 项合作协议。[1] 阿尔及尔第 23 届国际书展上 "阿中童书出版合作的机遇与前景—阿中童书出版合作产业论坛"举行。[2] 中国图书进出口（集团）总公司（中图公司）与阿尔及利亚第三世界书店、卡斯巴（Casbah）出版社在阿尔及尔签署《中图公司驻阿尔及利亚中国图书中心合作备忘录》，将在第三世界书店设立"中国书架"，在中国图书出口、翻译出版、数字资源等领域与阿出版商展开合作。[3] 2019 年，中国担任阿尔及尔第 24 届国际书展主宾国，与阿尔及利亚签约《中国对外开放 40 年》《破解中国经济十大难题》等主题图书联合版权，共同启动中阿图书出版新合作。[4]

多年的合作历程为中阿国际出版合作奠定了坚固的友好基础，也为如何进一步开发阿国的国际出版市场积累下了一些经验。首先，对阿图书出版需要有语言上的选择。阿尔及利亚是中国对非投资的重要国家，阿尔及利亚人也喜欢与中国人打交道。许多人通过学习汉语、阅读中国图书寻求更多更好的就业和发展机会。阿拉伯语作为阿国的官方语言，有着 10 多亿覆盖人口，在图书出版方面占据着重要的位置。[5] 此外，因为许多阿尔及

---

① 王媛媛 . 国际书展吹起阵阵中国风 . 中国新闻出版广电报，2019 年 8 月 19 日第 T11 版 .
② 资料来源：http://www.jielibj.com/article_679_times.html.
③ 数据来源：http://www.cnpubg.com/news/2018/1106/41109.shtml
④ 资料来源：http://www.cnpubg.com/news/2018/1106/41107.shtml.
⑤ 沈利娜 . 行走和感知东南亚、北非、阿拉伯地区的出版市场——一位版权经理的书展手记：从胡志明市到阿尔及尔 . 中华读书报，2019 年 6 月 26 日第 006 版。

利亚人说法语，阿国的法语图书市场也不容忽视。再者，阿国英文图书的阅读需求也日益增加。所以，中国图书若出口到阿国，首先要在出版语言上做好选择，可以用这三种语言翻译出版中国的优秀图书。

对阿图书出版要有明确的目标市场。目前，中国的出版机构注意选择适合阿国读者阅读的中文图书书目参加各种国际图书博览会，或按阿拉伯图书市场的实际需求进行定制。[①]将来，中国可以采取更多措施做好阿尔及利亚图书市场的精准定位，根据年龄、阅读语言、种类、身份等因素分别了解不同读者群的阅读兴趣，采用作者资助、译者培训、版权转让、出版资助、出口补贴等措施，加强版权引进或版权输出扶持对阿尔及利亚某些细分图书市场的阿语、法语和英语图书出版。[②]在阿尔及利亚2018年国际书展上，中国的嘉宾展出了2500多种汉语图书，约7500种翻译成阿拉伯文和法文的图书介绍中国文化、文学和儿童读物。中国40多家出版社和包括诺贝尔奖获得者莫言在内的6位作家参加了此次活动，并组织了数次会议，很受欢迎。[③]从这次国际展览会上中国图书和作者大受欢迎的情况看，阿尔及利亚读者对中国某些图书种类怀有浓厚的兴趣，中国图书走出国门、走进阿尔及利亚是切实可行的。目前，除了翻译出版中国的经典作品，中国出版社也可以加大开发反映中国当代社会变革与发展的图书，并以推荐在海外知名度高的中国作者（尤其是少儿读物）为抓手，继续推动合作项目。

对阿图书出版要大力开发数字出版市场，降低图书印刷成本。相比法国图书稳居阿图书市场的成熟地位，中国图书在阿尔及利亚市场拓展方面发展较为缓慢。虽然阿尔及利亚目前的数字内容出版还处于起步阶段，因为其潜在的广大读者群和方兴未艾的社交媒体产业，中国出版企业可以把数字出版作为商业突破口在阿尔及利亚进行推广。本文作者之一梅莎来自阿尔及利亚，根据她的亲身经历，在阿尔及利亚推广中国图书的最好方法是通过社交媒体（例如脸书和照片墙），其次是通过图书馆或在线图书馆，触达目标读者群。此外，中国图书出版企业还应常态化地参加阿尔及尔国

---

① 王群. 中国图书走出去的有益尝试 [J]. 出版发行研究，2012：65-66.

② 沈利娜. 行走和感知东南亚、北非、阿拉伯地区的出版市场——一位版权经理的书展手记：从胡志明市到阿尔及尔. 中华读书报，2019年6月26日第006版。

③ 资料来源：http://www.aps.dz/culture/79717-sila-2018-des-ateliers-d-ecriture-avec-la-participation-de-specialistes-chinois-et-de-pays-arabes

际书展（Salon International du Livre d'Alger，简称 SILA），与阿本土出版商加强业务联系。借助阿尔及尔书展，中国可以更多、更好地找到合作伙伴，确定有效的合作新思路和方向。在图书选择方面，可以以小说、少儿教育、汉语和文化类图书为切入点，避免宗教类图书。在图书编辑过程中，中方编辑需要多注意文化和政治戒律，以不出版违反宗教、道德和法律的内容为原则。

总之，"一国一策"是中国国际出版应该坚持的一个原则。有意投资阿尔及利亚的中国出版企业应多做实地调研，多走访阿尔及利亚的书店、读者、出版商和出版组织协会，充分利用中国驻阿尔及利亚使馆提供的文化服务。阿尔及利亚是"一带一路"相关国家，与欧洲、非洲国家和阿拉伯文化文化有着千丝万缕的联系，与中国有着多年深厚的友谊。通过走进阿尔及利亚的出版业，中国的现代国际出版一定会架设起一座联通中阿民心、促进交流合作的重要桥梁。

参考文献

1. 阿布德努·贺利菲. 阿尔及利亚投资指南 [J]. 中国投资. 2017（20）：64-67.

2. 阿尼斯·本赫多加（Anis Benhedouga）. 不断变革的阿尔及利亚媒体 [J]. 中国投资. 2019：57-58。

3. 蔡伟年. 阿尔及利亚企业所得税制介绍 [J]. 国际税收. 2015（8）：75-80.

4. 范军，张晴. 国际出版业发展的新动向与新变化. 中国新闻出版广电报，2019 年 6 月 17 日第 008 版.

5. 贺鉴，石慧. 埃及和阿尔及利亚投资法比较 [J]. 2003（2）：19-22.

6. 李军. 在阿尔及利亚的商机. 中国中小企业 [J]. 2011（5）：41-45.

7. 李石，李敏. 阿尔及利亚劳动法律简析 [J]. 法制与社会. 2012（3）：8-11.

8. 刘欣路，许婷. 阿尔及利亚新闻出版业发展管窥. 中国新闻出版广电报，2018 年 11 月 5 日第 004 版.

9. 马晓霖，李晓悦. 伴随政治风雨的阿尔及利亚新闻传播业 [J]. 对外传播. 2019（7）：75-78.

10. 沈利娜. 行走和感知东南亚、北非、阿拉伯地区的出版市场——一位版权经理的书展手记：从胡志明市到阿尔及尔.中华读书报，2019年6月26日第006版.

11. 王群.中国图书走出去的有益尝试 [J].出版发行研究，2012：65-66.

12. 王媛媛.国际书展吹起阵阵中国风.中国新闻出版广电报，2019年8月19日第T11版.

13. 吴昊，周相林.中资企业在阿尔及利亚投资探索与实践 [J].现代商贸工业.2017（31）：50-51.

14. 张春侠.阿尔及利亚的中国奇迹 [J]，中国报道.2017（5）：44-45.

15. 张梅.参与阿尔及利亚经济多元发展 [J].认识非洲.2017（8）：58-59.

16. 张丽娟.建筑铁军筑梦阿尔及利亚 [J].产经.2016（3）：66-68.

17. 赵董良.务实推进中阿经贸关系发展.国际商报.2019年6月27日A28版.

（作者单位：北京外国语大学）

保加利亚出版业发展报告

王　珺　林佳文

保加利亚共和国位于欧洲东南部巴尔干半岛东部，西与塞尔维亚、北马其顿为邻，南与希腊、土耳其接壤，北邻罗马尼亚，东滨黑海。保加利亚国土面积为110994平方千米，在欧洲排名第16位。截至2019年，保加利亚人口总数为700万人，其中保加利亚族约占85%，土耳其族约占8.8%，罗姆族约占4.9%，此外还有包括马其顿族和亚美尼亚族在内的近40个少数民族。保加利亚的官方语言是保加利亚语，其使用者主要集中在保加利亚及周边地区，包括希腊、罗马尼亚、匈牙利、摩尔达维亚和乌克兰部分地区。全国约85%的居民信奉东正教，13%信奉伊斯兰教，剩余少部分信奉天主教和新教等。根据联合国教科文组织的调查数据，保加利亚的识字率为98.2%，位列世界第50名。保加利亚于2004年3月29日加入北约，于2007年1月1日加入欧盟。

一、出版业发展背景

（一）历史、政治及经济状况

保加利亚是一个历史悠久的欧洲中小国家，曾是欧洲中世纪文明最发达的地区之一。保加利亚在公元681年成立第一王国，1185年成立第二王国，1396年被奥斯曼帝国吞并。18—19世纪，保加利亚开始民族复兴和民族解放运动，于1878年在俄土战争的胜利中获得解放。1908年，保加利亚宣布国家独立。此后，保加利亚经历两次巴尔干战争和两次世界大战。1946年，保加利亚人民共和国成立，保加利亚共产党执政，并保持了四十多年的繁荣与稳定。1989年东欧剧变期间，保加利亚国内政权更迭，改行多党议会民主制。1990年11月15日，改国名为保加利亚共和国，开始"回归欧洲"。[①]

　　保加利亚是议会制共和国，当前执政党是保加利亚争取欧洲进步公民党（以下简称"公民党"）；现行宪法于 1991 年 7 月 12 日通过，并于次日公布后生效。宪法规定，总统象征国家团结并在对外交往中代表国家，现任总统为鲁门·拉德夫；保加利亚总理是国家的政府首脑，由国民议会多数党领袖担任，现任总理为公民党主席博伊科·鲍里索夫（Бойко Борисов）；保加利亚国民议会行使立法权和监督权，并有对内政外交等重大问题做出决定的权力，当前国民议会主席是茨维塔·卡拉扬切娃（Цвета Караянчева）。保加利亚的政府内阁是部长会议，2017 年 5 月 4 日新一届政府成立，现内阁成员包括 1 位总理、4 位副总理（其中 2 人为副总理兼部长）和 15 位部长。

　　1989 年东欧剧变前，保加利亚 90% 国民收入依靠进出口贸易，外贸伙伴主要是经互会国家。[②] 1989 年后，保加利亚向市场经济过渡，发展包括私有制在内的多种所有制经济，优先发展农业、轻工业、旅游和服务业。至 2004 年底，大部分国有资产完成私有化。2001—2008 年，保加利亚经济增长率保持在 5% 以上。2009 年，保加利亚经济受国际金融危机和欧洲主权债务危机冲击有所衰退。2010 年起经济逐步企稳回升，近年来保持增长势头。根据保加利亚国家统计局（Национален статистически институт）发布的 2019 年经济数据，保加利亚国内生产总值 1186.69 亿保加利亚列弗，增长率 3.4%；人均国内生产总值 16965.56 列弗；通货膨胀率 3.1%，失业率 4.2%；进口总额 612 亿列弗，同比下降 2.5%；出口总额 579 亿列弗，同比增长 3.3%；德国、俄罗斯、意大利、土耳其、罗马尼亚为其主要进口来源国，德国、意大利、罗马尼亚、土耳其、希腊为其主要出口目的地国。

　　1991 年 5 月 17 日，保加利亚颁布实施外国投资法，1992 年修订后重新公布。允许外商在保加利亚合资或独资经营，开放部分能源、原材料等重点企业和 30% 的电信业，军事等特定部门和领域除外。外国投资者

①　马细谱. 保加利亚史. 北京：中国社会科学出版社，2011.
②　经济互助委员会（俄语：Совет экономи́ческой взаимопо́мощи，英语：The Council for Mutual Economic Assistance），简称经互会，是由苏联组织的一个由社会主义国家组成的政治经济合作组织，类似于欧洲经济共同体，总部设在莫斯科。1991 年 6 月 28 日，该组织正式宣布解散。

可以将投资所得的外汇利润、利息、红利和其他外汇收入汇往保加利亚境外。1996 年 4 月，保加利亚宣布吸引外资新举措，对私有股份超过 66% 的外资和合资企业在税收方面给予为期 5 年的优惠，前三年免征利润税，后二年利润税减免 50%，条件是这些企业必须将利润的 50% 进行再投资。据保加利亚央行统计，2016 年保加利亚吸引外资 10.03 亿欧元，2017 年 13.90 亿欧元，2018 年 17.44 亿欧元。[1]

根据保加利亚国家统计局发布的保加利亚家庭消费情况，2018 年保加利亚家庭在文化和教育上的平均支出为 623 列弗，占总家庭开支的 4.83%。全国普及 12 年制义务教育。2017—2018 学年有各类教学机构 4711 所，在校生 121.07 万人，教师 10.44 万人。中小学校 1979 所，中等专业技术学校及职业技术培训中心 844 所，高等学校 54 所。

（二）出版相关法律及政策

1. 法律法规

保加利亚现行《宪法》（*Конституция на Република България*）自 1991 年起生效。其中，第 39 条、第 40 条明确规定保加利亚公民和新闻媒体享有言论自由，第 54 条第 3 款规定版权及相关权受法律保护。现行与保加利亚出版业相关的法律法规主要是《版权与邻接权法》（*Авторско право и сродните му права*）和各出版机构的出版管理条例。此外，保加利亚在言论自由方面还遵循《欧盟基本权利宪章》（*Charter of Fundamental Rights of the European Union*）第 11 条，即人人有权享有言论自由，包括表达意见、接受和传播信息和思想的自由，本国政府和他国都不能对此进行干预；媒体的自由和多元化应该受到尊重。

1993 年公布并生效的保加利亚《版权与邻接权法》，于 2019 年 12 月 13 日完成了最新一次修订。该法区分了个人版权和专有版权，明确了版权的主体客体、基本概念、特殊形式、效力范围和法律对版权主体的保护。其中出版业相关条文涉及包括电子出版物在内的出版物出版合同、作者和出版方需要履行的义务等内容。第 45 条规定了作者和出版方的权利，在作者和出版方明确签订出版合同后，出版方有权将著作使用权转给第三方，但必须以书面形式通知作者；第 47 条第 3 款规定，作者报酬为出版

---

[1] 保加利亚政治经济情况来自中华人民共和国外交部网站保加利亚国家概况 https://www.fmprc.gov.cn/web/gjhdq_676201/gj_676203/oz_678770/1206_678916/1206x0_678918/

物封面定价的 15%；第 48 条规定了作者和出版方的义务，在作品再版前，出版方有义务提供给作者对作品进行删补修改的机会；第 49 条规定出版结束后，出版方必须将用于出版的美术作品、文件、插图等其他原始文件归还给作者；其他条款则划分了作者和出版商之间的（非）雇佣关系，保护了作者的权益和出版商的正当利益，对出版合同的部分要件进行了规定。

保加利亚当前唯一的媒体法是《广播与电视法》（Закон за радиото и телевизията），其第 10 条、第 11 条规定任何媒体有权自由表达意见，有义务保障公民的知情权和新闻工作者的各项权利，对信息来源保密；第 6 条规定，保加利亚媒体应当通过传播保加利亚国内外教育和文化计划，使公民有机会接触各民族有价值的文化，促进科学在国内的发展；保加利亚媒体还应该鼓励保加利亚作家的创作和本土表演艺术，增进国民的文化认同感。

在纳税方面，保加利亚出版业与其他行业一致。根据保加利亚价格法规，保加利亚并未对图书定价和折扣进行强制规定。[1] 除向国家博物馆、美术馆和图书馆销售的图书外，保加利亚对包含电子书在内的所有图书征收 20% 的增值税。[2] 但依照《版权与邻接权法》规定，图书定价包含作者应获得的 15% 的稿酬，进行广告宣传的费用（封面定价的 6% 左右）和出版社的其他成本与利润。在这样的封面定价下，书店通常的折扣在 6~7.5 折之间。[3]

保加利亚的财政资金支持政策遵循《为图书出版、发行和图书馆活动提供财政支持的条款和条件》。[4] 其第 1 条第 1 款规定，保加利亚文化部（Министерство на културата на Република България）应对图书出版发行、图书馆活动、文学文化期刊项目等提供财政资金支持；第 2 款规定保加利亚文化部还应该对"国家文化日历"[5]（Национален културен календар）包含的文化项目以及国际文化合作、保加利亚文学的传播和对外推广提

---

① 来自保加利亚国家信息和文献中心 2011 年发布的《图书出版与发行立法规定报告》。
② 为支持出版业对抗新冠肺炎疫情带来的不利影响，保加利亚于 2020 年 7 月 1 日至 2020 年 12 月 31 日期间将电子书增值税率从 20% 降至 9%。
③ 参考保加利亚出版业学者伊万·博格达诺夫（Иван Богданов）著作《图书之路》（„Пътят на книгата"），布克维特出版社（Издателство „Буквите"），2014。
④ 来自保加利亚文化部《为图书出版、发行和图书馆活动提供财政支持的条款和条件》，2011 年 2 月 1 日。http://mc.government.bg/page.php?p=58&s=63&sp=65&t=0&z=0。
⑤ 每年由保加利亚文化部制定的文化活动日程安排。

供财政资金支持；第 3 条规定，只有在《文化保护与发展法》（*Закон за закрила и развитие на културата*）和《国家阅览室法》（*Закон за народните читалища*）规定的文化组织注册登记的出版商、图书馆、图书发行商和其他法人才有权申请文化部的相关财政资金支持，不符合上述法律规定的文化事业单位或组织不得申请。

依照上述财政资金支持政策，保加利亚文化部每年通过"图书援助计划"（Помощ за книгата）为每个通过申请的图书出版项目提供最高达 2500 列弗的资金支持。该计划主要面向文学作品、人文科学、儿童青少年读物、文化遗产、现代文化和保加利亚作家的外语创作等领域，资助相关图书的出版发行。

2. 扶持政策

"阅读中的保加利亚"计划（Четяща България）自 2004 年启动，合作方有保加利亚文化部、国家图书中心（Национален център за книгата）、图书馆和信息工作者联合会（Съюз на библиотечните и информационните работници）以及保加利亚歌德学院（Гьоте институт），媒体合作伙伴有保加利亚国家电视台（Българска национална телевизия）、保加利亚国家广播电台（Българско национално радио）、《劳动报》（*Труд*）以及《标准报》（*Стандарт*）。该计划的主要实施方向是：联合立法机关和行政机关，共同制定关于发展图书出版和图书馆工作的国家政策；制定和通过保加利亚"图书出版发行国家发展战略"（Национална стратегия за развитие на книгоиздаването и книгоразпространението）和"保加利亚图书馆国家发展战略"（Национална стратегия за развитие на библиотеките в България）；拟定并向保加利亚国民议会（Народно събрание на Република България）提交有关图书馆条例、版权及邻接权、出版印刷、增值税的新法案和现行法律修正案；发起少年儿童阅读倡议，组织相关活动，如与保加利亚教育和科学部（Министерство на образованието и науката）、文化部共同举办全国作文比赛，在每个公共图书馆和学校图书馆制定鼓励儿童阅读计划，举行国家阅读马拉松赛，在不同地区举办儿童书展以及在国际书展期间设立"儿童图书日"等。[①]

---

① 参考保加利亚图书协会网站上"阅读中的保加利亚"相关介绍 https://www.lib.bg/kampanii/4bulgaria/abk.htm。

"图书市场发展战略"（Стратегия за развитие на българския книжен пазар）是保加利亚图书协会（Асоциациа „Българска книга"）和文化部于 2007 年共同提出的行业复兴倡议。该战略指出，保加利亚图书市场应将重心首先放在提升市场结构与竞争力、教育培训、欧盟项目参与度、阅读文化和国家优惠政策框架上，同时对私有制图书市场经营以及图书馆运营、政策颁布等社会行为给予指导。该战略是保加利亚和德国技术合作项目的一部分，由德国技术合作公司提供技术支持。同时，该战略也是上述"阅读中的保加利亚"计划的一个组成部分。它针对保加利亚 1990 年后图书市场缺少多样的国家支持政策、对相关企业缺少改革重组、面对数字化浪潮没有充分应对措施等现状做出了调整，在国家宏观目标、图书行业结构、出版市场、与教育系统对接国际合作、欧盟相关政策标准以及图书行业的税收问题等方面都做了一些规定，还于国家图书馆内设立了一个相应的咨询委员会给予指导。保加利亚图书市场发展的战略总目标主要有：第一，政府承诺将图书行业划归为重要的具有经济发展前景的文化产业部门；第二，推进图书产业的全球化，形成完整的产业链；第三，在国家和社会层面达成共识，鼓励文学发展，提供财政资金支持，提高出版行业和艺术行业收益提高，建立图书贸易和图书传播的有利条件，实行优惠的图书税率，免征关税或者其他进口费用，优化分配机制，促进书店的现代化发展，扶持社区书店，在图书行业建立职业人力资源教育类别。

（三）出版管理机构

在保加利亚，文化部、保加利亚图书协会从政府和行业两个层面对出版业发展管理、监督、支持等。另外，保加利亚国家统计局（Национален статистически институт）、保加利亚"圣西里尔与美多迪乌斯"国家图书馆（Национална библиотека „Св. св. Кирил и Методий"）、保加利亚出版商联合会（Съюз на издателите в България）等也对出版业发展起到一定作用。

1. 保加利亚文化部 [①]

保加利亚国内出版业以市场化运营为主，辅之保加利亚文化部的管理和相关法律法规、行业规定的约束。虽然在保加利亚没有专门国家政府机构管理出版业，但文化部下设的版权与邻接权司，对图书、音乐、影视等

---

① 保加利亚文化部内容参考保加利亚文化部官网 http://mc.government.bg/

文艺作品进行版权监督和审查，对与版权保护相关的规范性行为的遵守情况进行核实和控制。

保加利亚文化部于 1954 年 2 月 6 日成立，期间由于历史社会变迁，经历了多次调整与重组。2005 年 8 月 16 日，根据国民议会决定，保加利亚文化部再次进行了重组。目前，该国文化部管辖范围主要覆盖了文化遗产、博物馆、历史古迹、芭蕾艺术、歌剧剧院、图书出版、艺术院校等领域。保加利亚文化部以积极的欧洲化进程为主导，在政治多元化的基础上，以私人文化机构、基金会、专业协会等民间社会团体为文化政策的新兴主体，寻求文化发展的多样资本来源，如地方或国际基金会、私人支持、市政预算等。此外，保加利亚文化部还积极在文化领域开展国际合作，管理保加利亚境外文化机构，积极参与制定国际文化政策和建立稳定的国际伙伴关系。根据 2018 年保加利亚文化部发布的文化战略目标，其将对文化发展的支持作为国家长期文化政策的工作重点，应用国际标准对本国文化进行保护和传播，对文化产业的兴起提供条件，使得保加利亚文化能够得到进一步的弘扬与发展。

保加利亚文化部目前设部长一人，副部长两人，现任部长为博伊尔·巴诺夫（Боил Банов）。部办公厅设办公室主任一人、议会秘书一人和公共关系礼宾司司长一人。此外还下设人事行政司，财务司，内审司，资产管理司，文化遗产保护监督总司，文化遗产、博物馆和艺术司，法规和公共采购司，国际合作、欧洲项目和区域事务司，表演艺术和艺术教育司，版权与邻接权司，公共关系和礼宾司。（见图 1）

保加利亚文化部 2018 年年度预算中，对于"资助保加利亚文化艺术、图书行业和图书馆"项目的预算为 600.4 万列弗，占文化部总预算 17528.24 万列弗的 3.43%。"资助保加利亚文化艺术、图书行业和图书馆"项目的预算中扣除部门运行开支 403.75 万列弗外，剩余 196.65 万列弗分别用于会费及参与非营利性的组织和活动；《文化保护与发展法》规定的文学遗产创意项目补贴及其他费用；支持非物质文化遗产保护，奖励在文化发展领域取得的杰出成就和做出的贡献；奖励为保加利亚民族和国家取得的功绩；"保加利亚图书馆——现代阅读和信息中心"项目。最后一部分针对图书馆的预算为 100 万列弗。

此外，文化部下属基金会"国家文化基金"（Национален фонд „Култура"）通过资助作家、艺术文化活动和保护历史文化遗产以支持保加利亚文化的发展，支持项目在每个财政年度初期由管理委员会通过，主要经费来源也是文化部预算，2018 年用于该基金的财政预算为 99.65 万列弗。

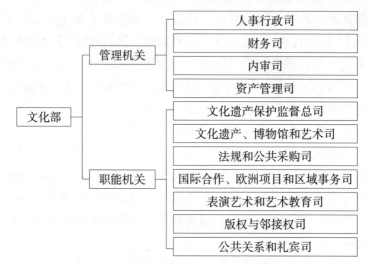

图 1　保加利亚文化部机关结构

资料来源：保加利亚共和国文化部

2. 保加利亚图书协会

保加利亚图书协会成立于 1994 年，是该国唯一的图书出版商、图书发行商和图书代理商组织，同时也是欧洲书商联合会（European Booksellers Federation）和欧洲出版商联合会（Federation of European Publishers）的成员，总部位于首都索非亚市。该协会拥有成员单位 126 家，包括出版社、书商和文学代理人，所涉及的业务范畴占保加利亚图书业交易的 90% 以上，覆盖全国多数大城市。保加利亚图书协会由会员大会、监事会、理事会和行政管理部门组成。（见图 2）

成为保加利亚图书协会会员需要满足以下条件：在本行业内享有良好声誉并且能够依法从事图书出版或交易的出版社、书商或文学代理人；至少出版过 6 种图书，需有国内外交易过至少 6 种图书的版权或经营一个图书交易场所或者网站，以上三种条件满足其一；经营行为符合国家增值税法的规定；至少有两位保加利亚图书协会的会员推荐。另外，经协会理事会许可，除出版社、书商、文学代理人外的其他组织亦可加入协会。

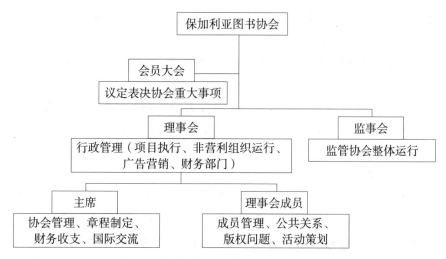

图2　保加利亚图书协会组织架构

资料来源：保加利亚图书协会

该协会的运转资金由成员缴纳的会费、协会根据章程举办的固定项目的收入、协会现有资产存于银行或金融机构所得的利息、协会活动产生的收入、捐赠收入、国内外对非商业活动的补助金、国家法律规定的津贴等额外收入等组成。

保加利亚图书协会的行业准则是保护会员的独立性和职业权益，提升他们的权威性；建立基于职业道德和忠诚平等原则的市场关系，团结会员的共同努力；与国家有关机构合作，改善图书出版、销售、版权及相关权方面的立法；促进图书出版和知识产权保护领域的国际协定及公约，并促进保加利亚加入这些协定和公约；与国内外的类似组织保持联系并合作，成为从事图书出版、销售和知识产权领域工作的组织的成员；为会员提供图书出版和销售活动，并提供科学成果、市场营销、立法等方面的信息服务；对图书市场的发展采取行动。

保加利亚图书协会旨在按照欧盟的惯例和标准保护和发展国家的图书出版业，使得保加利亚图书能够作为独特的民族文化，在如今的欧洲乃至于世界文化中成为不可替代的存在。同时，它还鼓励保加利亚国民将阅读作为个人精神文化发展的源泉和动力。为实现其目标，2006年该协会制定了国家阅读计划"阅读中的保加利亚",2007年与文化部一起提出名为"图书复兴倡议"(Книговъзраждане)的保加利亚图书市场发展战略。2017年11月,协会在会员大会上通过了促进该组织发展的"愿景和战略"方案(Визия и стратегия)。

保加利亚出版业最具影响力的奖项金狮奖(Златен лъв)和图书骑士奖(Рицар на книгата)均由保加利亚图书协会颁发。此外,该协会定期进行保加利亚国民阅读情况调研,涉及读者的性别、年龄、受教育程度、民族以及在保加利亚的分布情况、对各类图书馆的使用以及借阅情况和国民阅读习惯等。①

3.其他机构

保加利亚国家统计局定期公开保加利亚出版业的多方面数据,如细分市场下、细分语种下出版的图书、报纸、期刊种数及印刷量、印刷周期;保加利亚图书馆分布、藏书量、借阅量、读者流动、资金情况;保加利亚数字出版物的分类、种数和印刷量数据。统计局每年会出版《图书出版和印刷》(Книгоиздаване и печат)系列电子刊物。

由保加利亚国家图书馆制定并发布《保加利亚国家图书馆年度报告》(Отчет за година),涵盖国家图书馆该年所有出版活动、专家咨询活动、组织文化活动的相关数据。保加利亚国家图书馆作为国家发放国际标准书号(ISBN)机构,对国家图书出版起规范性作用。国家图书馆图书出版注册处对出版业行业数据进行采集,主要包括:已注册的各版本保加利亚图书;已注册的保加利亚出版社,包括种数、名称、地址、联系方式、主要出版方向、现阶段运营情况等;已注册的保加利亚书店,包括种数、名称、地址、联系方式、合作出版社等。

保加利亚出版商联盟(Съюз на издателите в България)成立于2000年,是一个独立的、非政府性的期刊和互联网媒体出版者联合会,涵盖18家报刊社,出版报纸期刊40余种。其宗旨是捍卫新闻自由、新闻记者的独立性并鼓励他们的工作,以使全社会享有客观公正信息的渠道。其行业准则是捍卫保加利亚的言论自由和印刷媒体的独立性、提高保加利亚新闻质量、捍卫和提升印刷媒体的公众声望并代表其共同利益、建立成员间公平竞争关系和解决报纸出版商共同关心的经济问题。该联合会也是欧洲报

---

① 参考保加利亚图书协会官网 https://www.abk.bg/。

纸出版商协会（European Newspaper Publishers' Association）和世界报业协会（World Association of Newspapers）成员。

（四）保加利亚国民阅读情况

1. 保加利亚图书馆和公共阅读室总体情况

根据国家统计局数据，保加利亚共有 47 所图书馆，包括 1 所国家图书馆、26 所非专业性一般图书馆、4 所城市公共图书馆和阅览室、12 所高等院校图书馆以及 4 所专业图书馆。其中，国家图书馆藏书量达到819.3 万本。其 2019 年发布的《国家图书馆公开报告》（Отчет за 2019 година）显示，国家图书馆 2017—2019 年的读者数分别是 49078 人、67316 人和 71163 人，呈现较为明显的增长态势；读者以就业人员和全日制学生为主，中小学生群体比重逐年增加。2017—2019 年在国家图书馆办理借阅卡的人数分别为 9295 人、12613 人和 16845 人，借阅量分别为208475 册、428143 册和 602295 册，其中以语言文学、历史、经济、教育、心理学等其他人文社会科学为主。此外，2019 年国家图书馆网站的月均访问量为 416630 人次，通过网络图书馆平台"我的图书馆"（Моята библиотека）共实现借阅量 3685 册。[1]

2. 国民阅读情况

阿尔法调查（Алфа Рисърч）[2]与保加利亚图书协会合作完成"保加利亚国民阅读实践"（Читателски практики в България）调研项目。该项目每隔三四年进行一次，目前最新数据更新至 2014 年。调查采用随机抽样、家中采访的方法，调查对象为保加利亚成年群体，2014 年从全国共收集了 1000 份实用数据。

调查根据阅读频率和习惯将保加利亚读者分为三类：狭义读者、广义读者和非读者。狭义读者即普通读者，是图书阅读频率相对稳定的群体（至少每月几次），广义读者将阅读范围扩大至报纸、杂志、电子邮件和小册子等，阅读频率为至少每年几次。非读者的年均阅读次数少于一次，或者从不阅读任何读物。

保加利亚的狭义读者占读者总量的 41%，主要集中在首都和主要大城市，年龄介于 18~60 岁，大多受过中高等教育，收入较高，以体力劳动者、

---

① 数据来自 Отчет за 2019 година，Национална библиотека „Св. св. Кирил и Методий"，2019。
② 该调查机构成立于 1997 年，是保加利亚最大的独立营销和社会研究机构。

知识分子和自由职业者为主，女性多于男性，大学生多于中小学生。上述狭义读者具有较高的阅读积极性，阅读范围除图书外，还包括报纸、期刊、线上博客和帖子以及专业文献。广义读者占读者总量的51%，主要分布在小城镇和乡村，包括非工作适龄群体和文化水平较低的低收入人群，男性多于女性。他们阅读积极性不高，很少阅读报纸和期刊，尤其是专业文献、参考书和教辅资料，线上阅读率也很低，因为他们很少使用互联网。非读者主要是来自乡村的老年人，未受过教育或仅受过低等教育，大多为失业者或低收入者，罗姆族人和土耳其族人比重较大。

保加利亚读者使用各类图书馆的积极性并不高。2014年数据显示，13%受访者经常从图书馆借书，25%偶尔借书，21%很少借书，38%从不借书。从图书馆类型上看，保加利亚读者主要使用地方图书馆，其次是国家图书馆，但70%以上的受访者从不使用图书馆。（见图3）

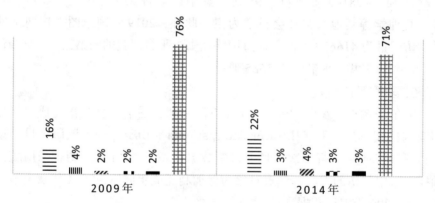

图3　保加利亚图书馆使用情况

资料来源：《2014年保加利亚国民阅读实践》

2006—2014年，保加利亚每天进行阅读的人口比重从10%的最低值上升到2014年的17%，完全不读书和基本不读书的比重从2006年的54%下降到2014年的46%。（见图4）

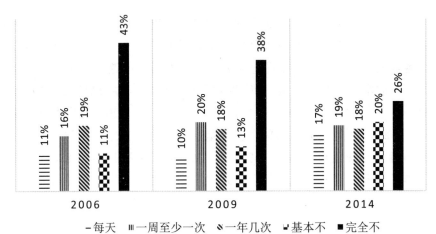

图 4 保加利亚民众阅读频率

资料来源：《2014 年保加利亚国民阅读实践》

2013 年，只有 14% 的受访者阅读量超过 15 本书，其中约一半（6%）超过 30 本。这些人大多处于 31~60 岁，生活在大城市，受过高等教育并且热衷阅读，他们中包含 34% 的狭义读者和 1% 的广义读者；而有 32% 的受访者没有读完一本书，33% 读完的书不超过 5 本，他们通常是老年人或生活在乡村，以未受过教育或受过初等教育为主，少数民族也主要从属于这一群体。（见图 5）

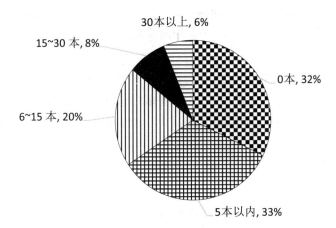

图 5 2013 年保加利亚人的阅读量

资料来源：《2014 年保加利亚国民阅读实践》

调查结果表明，保加利亚人的阅读量在性别、年龄、教育程度和种族等方面存在较大差异。女性阅读量明显高于男性——31% 的受访女性估计自出生至调查当年共阅读了超过 200 本书，而男性的这一比例仅为 20%。13% 的年轻群体（18~30 岁）阅读量超过 200 本，与之相对应的中年群体（31~60 岁）和老年群体（60 岁以上）阅读量超过 200 本的比例分别为 29% 和 32%。不同种族之间阅读差异最明显，约三分之一（31%）的罗姆族受访者从未阅读过，另有 46% 的人总阅读量少于 10 本；8% 的土耳其族受访者从未读过书，50% 只读过几本。相比之下，保加利亚族的非读者只占 2%，总阅读量少于 10 本的约占 8%。（见图 6）

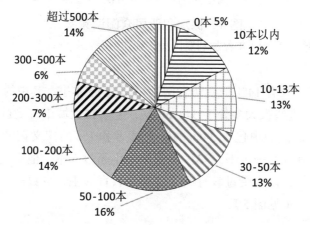

图 6　截至 2014 年保加利亚人从出生至 2014 年的总阅读量
资料来源：《2014 年保加利亚国民阅读实践》

保加利亚读者的阅读方式较为传统，67% 受访者主要阅读纸质图书，13% 偏向电子阅读。电子介质阅读较多的读者中，59% 使用电脑，24%使用平板或手机，14% 使用电子阅读器，3% 使用有声阅读。（见图 7）

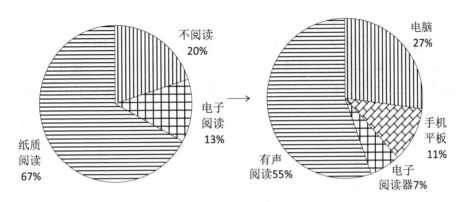

图7 保加利亚人的阅读方式

资料来源:《2014年保加利亚国民阅读实践》

　　保加利亚读者购书渠道较为丰富,除书店、街边书摊、二手书店、书展这样的传统方式外,还可以通过网上书店、出版社直销、加油站或超市购书。调查显示,通过书店渠道购书的比例从2006年的20%上升至2014年的28%,从不在书店购书的比例则从37%下降至28%。与其他国家相比,街边书摊在保加利亚的地位较为特殊,经常和偶尔在街边书摊购书的保加利亚人超过20%。与此同时,网上购书的变化趋势较为复杂。虽然有网络购书经历的人从2006年的2%增长至2014年的10%,但从不使用网络渠道的人也同比增加了12%。(见图8)

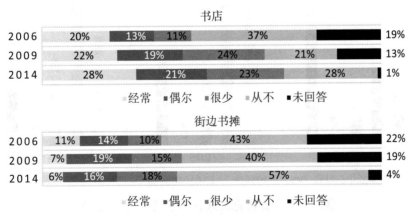

图8 保加利亚人主要购书渠道

资料来源:《2014年保加利亚国民阅读实践》

　　事实上，有一半以上的保加利亚人没有规律的图书开支，每个月图书消费超过 20 列弗的受访者占比仅为 3%~5%。（见图 9）2006 年以来，人们所能接受的图书价格有所提高，5~10 列弗的接受度从 2006 年的 23% 增长至 2014 年的 41%，10~20 列弗的接受度则增长了 11%。（见图 10）

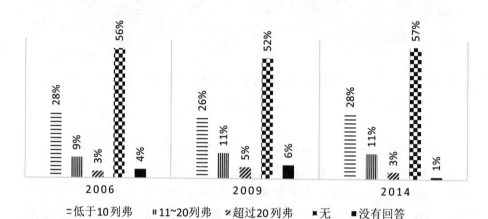

图 9　保加利亚民众每月在图书上的支出

资料来源：《2014 年保加利亚国民阅读实践》

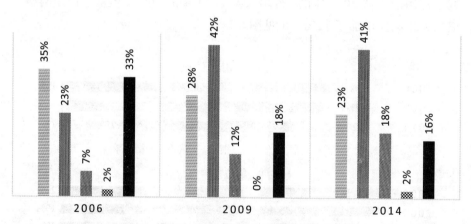

图 10　保加利亚民众认为合适的图书价格

资料来源：《2014 年保加利亚国民阅读实践》

（五）保加利亚互联网使用情况

保加利亚的互联网使用情况在欧盟排名靠后。据欧盟统计局（Eurostat）关于 2018 年欧盟国家公民网络使用情况的调查数据，只有 65% 的保加利亚人定期使用互联网，而欧盟的平均比例为 85%。只有 7% 的保加利亚人使用互联网银行网络，40% 的保加利亚人通过互联网发送电子邮件，30%的保加利亚人在网上听音乐，而欧盟的平均比例分别为 54%、73% 和50%。另据相关调查，2018 年保加利亚的 4G 网络速度（33.3Mbps）跻身世界前十，欧洲第五，但覆盖率不到 74%，在世界排名 52 位，在欧盟也处于较低水平。

根据保加利亚国家统计局 2019 年有关家庭信息和通信技术使用情况的调查，75.1% 的保加利亚家庭使用互联网，比十年前增加了 42%。这些家庭主要使用移动电话运营商网络（64.0%）和固定宽带网络（57.8%）。同时，24.8% 的家庭不使用互联网，其中一半家庭没有互联网的需求，四成以上家庭表示缺乏互联网的知识和技能，3% 认为互联网成本过高。调查数据显示，有孩子的家庭使用互联网的概率更高，高达 90.5%，相比之下只有 70% 的无孩子家庭使用互联网。

保加利亚民众使用全球性应用程序和社交平台的比例较高，网络购物尚不发达。互联网在保加利亚最常被用于全球网络通信，57.5% 的互联网使用者通过 Viber、WhatsApp、Skype、Facetime、Messenger 等应用程序进行通话或视频通话，52.9% 的使用者使用 Facebook、Twitter、Instagram、Snapchat 等社交网络程序。2019 年有 21.7% 的保加利亚人通过互联网购物，他们的年龄主要介于 25~34 岁，占 40.4%，而 65~74 岁的群体仅占 2.1%。网络购物的女性顾客多于男性。网购者主要购买服装和体育用品（76.4%）、家庭用品（35.3%）、酒店预订和旅行套餐（20.7%）、食品饮料（16.9%）等商品或服务。他们的主要网购渠道是保加利亚商户，但也有 41.8% 的网购者在欧盟其他成员国网站消费，19.1% 的网购者在欧盟外其他国家网站消费。

二、出版业发展概况

（一）历史沿革

1890 年，保加利亚制定了《考古发掘与扶持科学和文学企业法》（*Закон за издирване на старини и за спомагане на научни и книжовни предприятия*），为历史文化遗产和档案搜集工作提供了法律依据。同时，在国家的资助下，出版了内容丰富的材料《民间创作、科学、文献汇编》（*Сборник на народното творчество, науките и литературите*）。1878—1944 年期间，保加利亚国家致力于建立一个不断发展的现代文化体制，对出版业加大资助与推动力度，使其在研究保加利亚的历史、文学、美术、音乐和戏剧方面有了突出贡献，同时也在很大程度上保留了文化机构的独立性。保加利亚于 1944 年成立了由共产党人领导的政府，同年 9 月成立新的国家级出版社。1946 年，保加利亚人民共和国建立，翌年进行私人印刷厂国有化工作，1949 年《图书印刷法》（*Закон за книгопечатане*）出台。以上种种都为保加利亚出版业的发展打下良好基础。

20 世纪 90 年代初的政治变革后，保加利亚图书出版业开始商业化发展，成为第一个私有化的文化领域，并因为投资少、回报快，大量新的出版公司不断涌现。1991 年国家 ISBN 机构成立以来注册了 2326 家出版企业。截至 2003 年，已有 3050 家保加利亚出版商拥有出版代码。2002 年后，受综合因素的冲击，保加利亚图书市场的出版商有所减少，出版的图书种数相对减少，但质量有所提高。

根据保加利亚国家图书馆下属国家出版登记局（Национален регистър на издаваните книги в България）统计，截至 2020 年 6 月保加利亚共有 6680 家登记出版商，294 家登记书店。[①]100 多家大中型出版商是保加利亚图书出版业的骨干力量，覆盖全国图书产量的 50% 以上。大中型出版商每年出版图书约为 20~40 种，另有将近 400 家出版商每年出版新书少于 10 种。"社店一体"是保加利亚出版业较为特色之处，希拉（Сиела）、海利肯（Хеликон）、橙心（Orange Center）、书贸（Booktrading）、赫尔梅斯（Хермес）和书痴（Книгомания）是保加利亚主要书店品牌。它们每年大概会推出 6000 多种新书。

---

① 参考保加利亚国家出版注册局网站 http://www.booksinprint.bg/Publisher/Search。

目前，保加利亚图书市场面临的主要问题是市场规模太小，书店数量过少，不足以支撑图书销售。造成此局面的主要原因之一在于长久以来保加利亚人没有养成与其他西欧国家水平相当的全民阅读习惯。与此同时，保加利亚图书市场主要集中在大城市，而在多数小城镇几乎没有书店，读者只能依赖当地图书馆和网上书店，且近10年来网上图书市场发展势头逐渐减弱。此外，由于纸张价格上涨、书店折扣率加大、市场需求量小导致平均印刷量下降，受翻译和劳动成本的提高以及图书增值税等多重因素的影响，保加利亚图书价格上涨速度远高于欧洲平均水平。根据欧盟统计局的数据，2017年保加利亚的图书价格增长了4.6%，在欧盟中仅次于英国和瑞典。相对较高的书价成为保加利亚读者面临的最大问题。虽然保加利亚有6000多家出版商，但其中许多家每年仅出版一两种书。保加利亚每年共有一万多种图书申请ISBN，但其中相当一部分图书的印刷量微乎其微。加之由于缺乏针对性的国家政策，保加利亚图书馆仍处于欠发达状态。

而从积极方面来看，保加利亚读者数一直保持增长趋势，且他们更青睐纸质阅读。根据国家统计局的统计数字，2016年保加利亚定期阅读的人数比2011年增加了近10万人，读者数已超过非读者数。数字化出版在保加利亚发展势头明显，出版业正尝试逐步摆脱传统印刷的局限，加之自助出版的实现，保加利亚出版的图书数量逐年增加。

（二）整体规模

根据全球数据统计互联网公司Statista发布的数据，2011—2019年保加利亚报纸杂志业年收入呈缓慢下降趋势，预计该下降趋势会持续至2023年；图书出版业收入仅在2013—2014年有所回升，整体收入水平也逐年降低；其他出版活动[①]，如媒体数字音像出版等，年收入逐年增长。

2008—2015年保加利亚出版业年收入基本保持逐年减少趋势，2008年之后的三年内图书市场收入下降近30%，接近2007年水平。自2014年起形势见好，图书市场收入开始回升。（见表1）

---

① 根据欧盟统计局对欧盟经济活动的统计分类（第二次修订），其他出版活动包括出版目录、图片、版画、明信片、贺卡、表单、海报、艺术品复刻、宣传资料等其他印刷品，以及网络数据和信息出版（https://ec.europa.eu/eurostat/documents/3859598/5902521/KS-RA-07-015-EN.PDF）。

表1   2011—2019年保加利亚出版业收入情况

单位：万欧元[①]

类别	2011	2012	2013	2014	2015	2016	2017	2018	2019
图书出版	4419.9	3629.85	3380.27	4740.3	3839.8	3769.81	3666.95	3529.51	3415.68
报纸出版	8190.56	7139.97	5979.76	5960.37	5699.83	5740.3	5483.98	5290.89	5107.08
期刊出版	3900.51	3209.95	2829.68	2680.44	2569.98	2450.25	2159.36	1920.74	1694.77
其他出版活动	1280.78	1520.24	1609.61	1750.42	2120.57	2150.09	2220.07	2290.05	2356.67
合计	17791.74	15500	13799.33	15131.53	14230.19	14110.46	13530.35	13031.2	12574.2

资料来源：Statista公司统计数据

2008—2015年，保加利亚规模以上出版类企业基本稳定在1140家，生产总值和营业额整体呈逐年降低趋势，降幅分别达到32.3%和24.3%。（见表2）2008—2010年出版从业人员基本维持在7200名。自2010年起人员数量呈下降趋势，2016年较2010年减少1866人，降幅达25.7%。与此同时，保加利亚出版业年人力总成本呈现波浪式变化，整体保持在5260万欧元上下。波谷与波峰的年份中，人力成本相差可达到8.6万欧元。（见表3）

表2   2008—2015年保加利亚出版企业情况

类别	2008	2009	2010	2011	2012	2013	2014	2015
出版业企业总数（家）	974	1141	1142	1136	1167	1179	1180	1182
出版业产值（万欧元）	25360	22720	19830	19680	18570	16890	17910	17160
出版业营业额（万欧元）	24190	22550	20720	20640	19450	17800	19120	18320

资料来源：Statista公司统计数据

[①] Statista网站原数据货币单位为美元，本文按欧元比美元1.186汇率进行换算。

表3　2008—2016年保加利亚出版从业情况

类别	2008	2009	2010	2011	2012	2013	2014	2015	2016
总员工数（人）	7170	7153	7261	6429	6557	6118	5853	5372	5395
人力总成本（万欧元）	4720	5580	5120	5240	5520	5280	5260	4890	5010

资料来源：Statista 公司统计数据

（三）行业相关活动及奖项

1. 索非亚国际图书节和索非亚国际文学节

索非亚国际图书节（Софийски международен панаир на книгата）自1968年第一次举办以来已有50多年历史，是保加利亚国内最大的年度图书出版论坛，通常每年12月在保加利亚国家文化宫（Национален дворец на културата）举办，至2019年已举办47届。作为保加利亚国内规模最大的文化项目之一，索非亚国际图书节由保加利亚图书协会和保加利亚国家文化宫联合承办，并得到保加利亚文化部和首都文化局大力支持，吸引了来自保加利亚国内外数以百计的作家、翻译家和出版商。该书展还配套举办图书首发式，以及一些作者的公开座谈会。保加利亚国内出版界大奖之一金狮奖也在举办期间颁发。

随索非亚国际图书节一起举办的还有索非亚国际文学节（Софийски международен литературен фестивал）。该文学节是一个属于文学家们的论坛，将保加利亚的文学创作者和来自世界其他不同国家和地区的作家聚集在此，创造一个与文学对话的空间。无论是"大语种"和"小语种"，无论来自怎样的文化区域，索非亚国际文学节通过文字将他们团结起来。2013年，第41届保加利亚国际图书展举办期间，举办了首届索非亚国际文学节，共邀请来自28个国家超过250位诗人和作家。

2. 保加利亚金狮奖

保加利亚金狮奖是由保加利亚图书协会颁发的出版奖项，用于表彰做出卓越贡献的出版物和对新书发行与传播有重要贡献的出版业工作者。评选标准包括印刷质量、文学价值以及对民族文化发展的贡献程度。该奖于1996年第一次颁发，通常每年举行一次。1996—2012年间，该奖曾被称为保加利亚铜狮奖（Бронзов лъв）。

金狮奖主要设立两种奖项，其中最佳出版奖的授予对象为具有原创风格或对保加利亚文化有突出贡献的图书或个人。获奖图书须具有较高的文学价值、创意的设计、流畅的翻译、生动的插图和高质量的印刷等，应致力于推广教育和科学。所有在保加利亚出版的图书都有资格参与评选，由图书界专家组成的专家评审团选出获奖者。

另一种是媒体公众出版奖，一般将其颁发给关注社会公众问题和媒体利益的图书或出版项目。图书领域的新闻工作者负责该奖项的提名，最终由专家评审团投票决定获奖者。

3. 保加利亚图书骑士奖

保加利亚图书骑士奖授予对图书出版和传播有杰出贡献的新闻工作者、媒体和其他个人。该奖项于 2004 年由希拉出版社（Издателство Сиела）设立，2008 年将颁奖权力移交给保加利亚图书协会。该奖项在每年 4 月 23 日世界图书日颁发，这一天也标志着始于 4 月 2 日国际儿童图书日的保加利亚"图书的远足"运动（Походът на книгите）的结束。2009—2015 年间，该奖项授予仪式在国家图书馆举行。2016 年颁奖仪式在保加利亚文化宫举行，2017 年和 2018 年在索非亚历史博物馆（Музей за история на гр. София）举办。图书骑士奖项设置主要包括电子媒体（广播和电视）、印刷媒体（报纸杂志）以及互联网媒体三大类。此外，还专门设立了图书骑士特别奖，以表彰那些助力国内出版业、鼓励青少年阅读的政治家和社会公众人物。国家阅览室联盟（Съюз на народните читалища）、索非亚市市长尤丹卡·凡达科娃（Йорданка Фандъкова）和保加利亚国家电视台的节目《以文化开始的一天》（Денят започва с култура）分别于 2015 年、2016 年和 2017 年获奖。

4. 赫里斯托·达诺夫[①]国家文学奖

赫里斯托·达诺夫国家文学奖（Национална награда „Христо Г. Данов"）由保加利亚文化部、国家图书中心和普罗夫迪夫市于 1999 年共

---

① 赫里斯托·达诺夫（Христо Г. Данов）是保加利亚民族复兴时期的教师、作家，也是保加利亚图书出版的先驱。1999 年，保加利亚文化部、国家图书中心和普罗夫迪夫市以其名义设立了国家文学奖，表彰对保加利亚文学做出贡献的个人和组织。

同创办，其建立的契机来自普罗夫迪夫市举办的"欧洲文化月"活动。该奖项现于每年 5 月 24 日斯拉夫文字节在位于普罗夫迪夫市的赫里斯托·达诺夫博物馆颁发，表彰在以下九个方面对保加利亚文学文化做出贡献的个人或组织：颁发给保加利亚作家或出版商的保加利亚著作奖；颁发给翻译家或出版商的翻译著作奖；颁发给作家、翻译家或出版商的人文图书奖；颁发给出版商或艺术家图书艺术奖；颁发给作家、翻译家、出版商或儿童文学艺术家的儿童出版物奖；图书发行奖；颁发给作家或媒体的保加利亚图书推广奖；颁发给图书馆或图书馆工作人员的图书馆及相关活动奖；颁发给组织或个人的电子出版和新出版科技奖。此外，赫里斯托·达诺夫文学奖每年还有一个总贡献奖，由文化部长亲自决定并颁发。

三、图书业发展概况

（一）整体概况

2018 年保加利亚共出版了 8650 种图书和 1192 种小册子。[①] 其中图书的总印量达到 900.78 万册，每种图书平均印数为 1000 册，新出版图书 8013 种，印量 867.2 万册；再版图书 637 种，印量 33.58 万册。每种小册子平均印数为 1900 册，其中新版小册子 1145 种，印量 222.1 万册；再版小册子 47 种，印量 3.3 万册。2018 年保加利亚人均拥有图书和小册子共 1.6 册。与上一年相比，出版的图书和小册子减少了 226 种，降幅达到 2.2%；印量从 66.6 万册增加至 114.4 万册，增加了 71.7%。[②]（见图 11、表 4）

---

① 保加利亚出版物采取"除封面外，正文页数超过 48 页的为图书，正文不足 48 页（含）的为小册子"分类方法。
② 参考 infostock.bg 网站文章《2018 年出版图书种数减少，印量几乎翻了一倍》（Издадените книги намаляват, тиражът им се увеличава почти двойно през 2018 г.），2019-06-20. http://www.infostock.bg/infostock/control/bg/news/94083-izdadenite-knigi-namalyavat-tirazhat-im-se-uvelichava-pochti-dvojno-prez-2018-g。

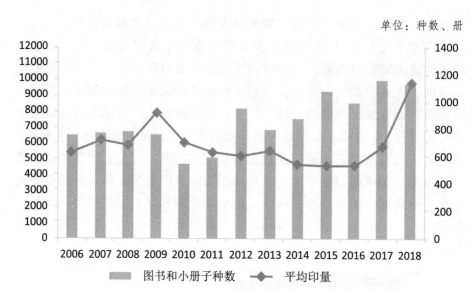

单位：种数、册

图 11   2006—2018 年保加利亚图书和小册子
出版种数与平均印册数情况

资料来源：infostock.bg 网站

表 4   2013—2018 年保加利亚图书和小册子出版数据统计

单位：种、万册

类别		2013	2014	2015	2016	2017	2018
图书	种类	5939	6443	8221	7416	8640	8650
	印量	352.7	298.23	390.06	347.53	497.44	900.78
	平均印量	0.06	0.05	0.05	0.05	0.06	0.1
小册子	种类	914	1072	1099	1114	1428	1192
	印量	91.7	104.87	100.3	103.17	173.54	225.4
	平均印量	0.1	0.1	0.09	0.09	0.12	0.19

资料来源：保加利亚国家统计局

　　该指标在 2013—2018 年间虽有波动，但基本处于增长趋势，其中 2018 年度的图书印量激增，为前一年度图书印量的近两倍。目前，保加利亚每种图书的平均印量维持在 1000 册上下。

与此同时，2018 年保加利亚已有 8237 种图书和 1079 种小册子获得了专属的国际标准书号。这意味着所有图书和小册子中有 94.7% 能够在国内外进行商业使用。

保加利亚的数字出版物种数较少，但基本呈逐年增加趋势。通常只有少数几座文化产业相对发达的城市进行数字出版，如首都索非亚市、普罗夫迪夫市、瓦尔纳市、大特尔诺沃市、普列文市、舒门市和布拉格耶夫格勒市。（见表 5）

表5 2014—2018 年保加利亚数字出版物数据统计

年份	2014	2015	2016	2017	2018
种数（种）	28	32	43	33	61

资料来源：保加利亚国家统计局

（二）细分市场情况

保加利亚对于图书有两种分类形式，一种是根据内容使用通用十进制图书分类法（UDC），另一种根据读者人群进行分类。

从内容上看，在十大内容分类当中，印数相对较多的类别为社会科学、文学、技术、医学和应用科学。其中社会科学类图书的印总量最多，文学类的种数最多，且每年印量增长量和首印量均较可观。印量相对靠后的类别是宗教，2018 年的印量不足 7 万册。（见表 6）

表6 2018 年新版图书和小册子出版情况

单位：种、万册

十进制图书分类	总计		图书		小册子	
	种数	印量	种数	印量	种数	印量
综合	550	53.6	264	16.8	286	36.9
哲学、心理学	385	27.6	360	26.4	25	1.3
宗教、神学	141	5.9	136	5.9	5	0.1
社会学	2142	685.3	1851	534.2	291	151.2

续表

十进制图书分类	总计		图书		小册子	
	种数	印量	种数	印量	种数	印量
语言学	306	30.4	296	28.5	10	2
自然科学、数学	260	33.2	230	29	30	4.2
实用学科、医学、科技	1018	37.1	971	33.8	47	3.2
艺术	438	23.1	387	19.3	51	3.8
文学	3288	154.1	2929	138.3	359	15.8
地理学、历史学	630	38.8	589	35.1	41	3.7
总计	9158	1089.1	8013	867.3	1145	222.2

资料来源：保加利亚统计局

　　保加利亚出版的文学类图书和小册子大部分面向成人读者，儿童与青少年文学的种数占比仅为总计的 7.8%，印量占总印量的 7.2%。儿童与青少年文学中，儿童文学书目相对丰富，共 408 种，占比 53.2%；印量为 33.3 万册，占比 41.1%。（见表 7）

表 7　保加利亚 2018 年文学类图书和小册子出版情况

单位：种、万册

类别	种数	印量
成人文学	3022	131.6
科学文学	1680	32.3
大众文学	1776	99.3
教育文学	2187	668.8
儿童与青少年文学	767	81
其他文学	410	113.1
合计	9842	1126.1

资料来源：infostock.bg 网站

在 2018 年出版的所有图书和小册子中，7741 种以保加利亚本国语言（包括保加利亚语）出版，占 78.7%。翻译作品有 2101 种，印量为 185.5 万册，其中一半以上将英语翻译成保加利亚语（53%），其次是俄语（9.8%）、德语（5.9%）和法语（5.3%）。（见图 12）保加利亚翻译作品内容主要集中在社会科学、文学、技术、医学和应用科学方面，且近年来文学门类比重有所下降，而社会科学门类比重逐渐提高。除翻译作品外，保加利亚图书市场每年还出版发行一定数量非本国语言的图书，其中包括英语、西班牙语、德语、俄语、土耳其语、法语等。印量居前三的外语图书为英语、德语和俄语。[19]

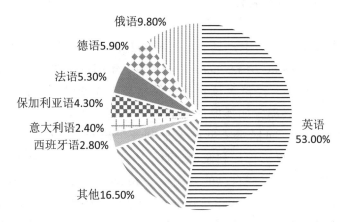

俄语9.80%
德语5.90%
法语5.30%
保加利亚语4.30%
意大利语2.40%
西班牙语2.80%
英语 53.00%
其他16.50%

图12　2018 年保加利亚出版的翻译作品源语种情况

资料来源：infostock.bg 网站

（三）畅销书情况

畅销书是出版行业创造利润的关键所在，通过比对保加利亚不同书店发布的月度、年度畅销书榜单，可以发现几乎所有热门图书的销售都伴随着 6 折~95 折不等的折扣。在保加利亚畅销书市场上，外国图书比重大，出版发行时间新，神秘惊悚题材图书火热。以保加利亚最大的书店连锁品牌之一的海利肯 2019 年畅销书情况为例，该国畅销书可大致分为小说类、非小说类和儿童青少年类畅销书。

小说类图书一直是各国畅销榜单上的常客。保加利亚本土作家玛丽亚·拉列娃（Мария Лалева）的哲理小说《生活在岩石中》（*Живот в* скалите）和多布里·博日洛夫（Добри Божилов）的历史小说《大家族》（Задругата）分别为 2019 年小说榜单的前两位，其中前者年销量为 9272 册，玛丽亚·拉列娃也被海利肯评为 2019 年最受欢迎的作家。此外，榜单最引人注目的一点是神秘惊悚类小说占较大份额，如美国知名畅销小说家约翰·格里森姆（John Grisham）的《复仇》（The Reckoning）、丹·布朗（Dan Brown）的《起源》（Origin）和乔治·R·R·马丁（George Raymond Richard Martin）的《火与血》（Fire and Blood）。排名前 30 的小说中有三分之一是保加利亚作品，主要是当代小说，但也包括保加利亚经典作家伊万·瓦佐夫（Иван Вазов，1870—1921）的作品《新大陆》（Нова земя）的最新装订版，顺应了保加利亚读者"向经典致敬"的阅读习惯。[①]

在非小说类畅销书中，具有上述神秘色彩的《保加利亚未解之谜》（Топ мистериите на България）位居榜首，年销量 7772 册。与此同时，除励志类、生活类、经济类读物外，保加利亚读者对历史类、传记类和纪实类图书颇感兴趣，如《保加利亚历史年鉴》（Алманах.История на българщината）、回忆录《见证保加利亚的转型》（Свидетелства за прехода.1989—1999）、保加利亚足球明星迪米特尔·贝尔巴托夫（Димитър Бербатов）的自传《以我自己的方式》（По моя начин）、美国著名传记作家沃尔特·艾萨克森（Walter Isaacson）的《列奥纳多·达·芬奇传》（Leonardo Da Vinci）、白俄罗斯作家 S.A. 阿列克谢耶维奇（Svetlana Alexandravna Alexievich）的纪实小说《切尔诺贝利的悲鸣》（Voices from Chernobyl）。值得一提的是，身心健康类图书越来越受当代保加利亚读者欢迎，仅前 20 名中就有 5 本涉及临床和心理，如拿破仑·希尔（Napolen Hill）的《战胜心魔：走向自由和成功的秘密》（Outwitting the Devil）和丽萨·兰金（Lissa Rankin）的《安慰剂效应》（Mind Over Medicine）。[②]

儿童青少年畅销书榜首是经久不衰的《小王子》（Le Petit Prince），同时也是 2010—2019 年海利肯书店总销量排名第四的图书。整体而言，儿童青少年畅销书市场保加利亚本土作品和外国作品平分秋色，且保加利

---

① 参考海利肯书店 2019 年小说类畅销榜单（https://lira.bg/archives/153802）。
② 参考海利肯书店 2019 年非小说类畅销榜单（https://lira.bg/archives/153739）。

亚作品更具年轻化、贴近网络媒体的特点，如位居榜单第二位的小说《你要快乐》（*Щастливей*）的作者就是一名保加利亚年轻 YouTube 博主，第三位的绘本《斯特菲的秘密》（*Тайните на Стефи*）分享了同为网络博主关于时尚、美妆和美食的心得，这些当下新鲜的事物颇受年轻人的追捧。除了与潮流并进的新兴畅销书，儿童图书界的超级"常青藤"，如"哈利·波特"系列、"小屁孩日记"系列也始终在保加利亚畅销书榜上拥有一席之地。2019 年共有 4 册《哈利·波特》（*Harry Porter*）和 12 册《小屁孩日记》（*Diary of a Wimpy Kid*）上榜。近年来展现强劲势头的《波西·杰克逊》（*Percy Jackson*）系列丛书同样榜上有名。[1]

除海利肯书店外，另一家大型连锁书店希拉发布的分析结果显示，目前最受保加利亚读者欢迎的图书类别是政治家、艺术家、音乐家、运动员等名人传记类和包括国内外科幻小说和当下流行小说在内的文学作品，其中结合小说销售情况希拉书店推出 10 本必读书目：加西亚·马尔克斯的《百年孤独》（*Cien años de soledad*）、哈珀·李的《杀死一只知更鸟》（*To Kill a Mocking Bird*）、道格拉斯·亚当斯的《银河系漫游指南》（*The Hitchhiker's Guide to the Galaxy*）、安伯托·艾柯的《玫瑰的名字》（*Il nome della rosa*）、约翰·斯坦贝克的《愤怒的葡萄》（*The Grapes of Wrath*）、米兰·昆德拉的《不能承受的生命之轻》（*L'insoutenable legerete de l'etre*）、约翰·厄普代克的《兔子，跑吧》（*Rabbit, Run*）、伊恩·麦克尤恩的《赎罪》（*Atonement*）、乔治·奥威尔的《1984》（*Nineteen Eighty-Four*）以及列夫·托尔斯泰的《安娜·卡列尼娜》（*Анна Каренина*）。

（四）重点企业情况

保加利亚比较大型的出版企业具备全流程的业务，即便没有印刷业务，也会有零售书店；即便专注于内容生产，也会以多语种或者多种类来提高自身的竞争优势。

1. 希拉出版社

希拉出版社成立于 1991 年，目前是保加利亚国内享有盛名的专业出版机构兼连锁书店品牌。它的同名连锁书店和在线电子书销售网站均属于保加利亚规模最大的图书销售机构之一。同时，希拉还提供专业的法

---

[1] 参考海利肯书店 2019 年儿童青少年畅销书榜单（https://lira.bg/archives/153674）。

律信息参考系统，拥有自己独立的印刷基地。自 2015 年起希拉年收入始终保持行业第一，2017 年超越埃格蒙（保加利亚）出版社（Иадателство ЕГМОНТ）成为保加利亚最大的出版机构，总收入超过 3100 万列弗，其中 60% 来自书店营业额，17% 来自图书出版业务。

该社出版范围涉及语言教学、科学、法律、经济、新闻、文学、教育、医学健康、大众生活等领域，年出版量可超过 250 种，已出版图书超过 1200 种，也是保加利亚唯一一家每年出版超过 20 位保加利亚本土作家作品的出版社，其中包括世界闻名的米罗斯拉夫·彭科夫（Мирослав Пенков）、鲁扎·拉扎罗娃（Ружа Лазарова）和伊利亚·特罗扬诺夫（Илия Троянов）。

希拉的印刷基地成功运营了 20 余年，拥有成熟的胶版印刷技术，并在 2012 年获得来自欧盟的 170 万列弗资助基金，用于高科技印刷设备的调试与应用。它旗下的同名连锁书店是保加利亚全国 16 家书店中最大的连锁店之一，并且是家乐福连锁店唯一的图书供应商。直接通过希拉网上书店进行的图书交易占图书总销量的 35%。这一交易量则占到了保加利亚图书交易总量的 15%。目前希拉在图书交易市场的主要竞争对手是海利肯书店。

希拉出版社斩获很多奖项和提名，如 2009 年金狮奖最佳出版项目，三次获得由保加利亚图书协会颁发的出版项目证书，由塞尔维亚文化部长亲自颁发的塞尔维亚文化促进奖，2007—2010 年连续四年获超级品牌奖等。[①]

2. 埃格蒙（保加利亚）出版社

埃格蒙（保加利亚）出版社成立于 1991 年，由丹麦埃格蒙基金会（The Egmont Foundation）[②] 支持，是保加利亚最大的出版社之一，也是首屈一指的儿童文学和少儿杂志出版社。

该社每年约出版 180 种图书和 15 种针对不同年龄段读者的儿童杂志，图书累计总发行量超过 5400 万册，期刊总出版量已超过 6600 期，其首本出版物是《米老鼠杂志》（Мики Маус）。埃格蒙（保加利亚）主要

---

① 参考希拉出版社官网（http://www.ciela.bg/）。
② 该基金会致力于支持儿童和青少年发展，其使命是通过图书、杂志、电影、音乐、游戏和移动设备促进儿童和青少年的成长。

合作伙伴包括迪士尼（Disney）、美泰（Mattel）、国家地理（National Geography）、华纳兄弟（Warner Bros）等世界知名公司，主要合作作家包括 J. K. 罗琳（J. K. Rowling）、斯蒂芬妮·梅尔（Stephanie Meyer）等。自 2000 年以来，埃格蒙（保加利亚）开始以保加利亚语出版《哈利·波特》系列丛书。2009 年该社因为对保加利亚儿童读物出版做出的贡献荣获康斯坦丁·康斯坦丁诺夫奖（Национална награда „Константин Константинов"）。

除儿童文学外，埃格蒙（保加利亚）还致力于翻译文学作品的出版。根据全球畅销书和杂志排名选择适合出版的外国作家作品，如国家地理系列丛书的保加利亚文版。与其合作的翻译人员和图书版式设计人员均来自他国，且主要从事同一类型的图书出版。同时，该社十分注重借助媒体宣传新书，几乎在保加利亚所有社交媒体上都能看到他们的广告宣传。[①]

3. 蜂鸟出版社

蜂鸟出版社（Издателство Колибри）创建于 1990 年，已出版 1200多种国内外图书，每年出版约 120 种新书，再版数十种，囊括国内外文学、历史、语言、教育、科学、健康、纪实、青少年文学、儿童读物、百科全书等各人文领域。蜂鸟出版社是保加利亚数字出版的先驱，提供 200 多种不同类型的电子书，包括当代小说、经典名著和娱乐读物等。该社下属有两家同名书店，均位于首都索非亚市，出售本版书。此外，该社还是保加利亚第一家通过亚马逊和苹果公司向世界各地输送保加利亚语图书和电子书的出版社。尽管在 2008 年金融危机后保加利亚出版业备受打击，但蜂鸟出版社却始终保持稳健增长，2017 年该社总收入是 2010 年的两倍以上。

该社出版的作品来自世界不同国家和地区的作家，如米兰·昆德拉（Milan Kundera）、何塞·萨拉马戈（José de Sousa Saramago）、村上春树、J. K. 罗琳（J. K. Rowling）、伊恩·麦克尤恩（Ian McEwan）、伊莎贝尔·阿连德（Isabel Allende）等，为保加利亚读者提供了结识不同体裁、思想和时代特征的作家及其作品的机会。蜂鸟出版社还致力于儿童和青少年读物的出版，如童话书、百科全书、拼图、着色书和青少

---

① 参考埃格蒙（保加利亚）出版社官网（https://egmontbulgaria.com/）。

年系列小说等。

与此同时，蜂鸟出版社也是外语教参图书出版业的领导者，出版英语、法语、德语、意大利语、西班牙语、葡萄牙语、俄语、土耳其语、希腊语等语种的专业辞典。作为保加利亚最大的法语、西班牙语和意大利语图书进口商，该社从法国、西班牙、意大利和其他欧洲国家进口教科书、教具和专业图书。

蜂鸟出版社曾两次荣获金狮奖——最佳出版项目和最佳出版图书。2013年，蜂鸟出版社凭借"当代欧洲散文"系列丛书荣获保加利亚赫里斯托·达诺夫文学奖。[①]

4. 东西方出版社

东西方出版社（Издателство „Изток-Запад"）成立于2002年，是保加利亚国内自然和人文学科出版的领头羊之一，2017年出版约200种图书，2018年约140余种。该社宗旨在于让保加利亚读者能够阅读东西方文学杰作，熟悉世界上最伟大的两股文学流派、东方智慧和西方知识，能够在文化、宗教和文明之间架起桥梁。它认为，保加利亚作为东西方之间的地理中心，该国读者应该了解中国、日本、印度和韩国等国的作品，只有兼容并包才能应对现代挑战。该社拥有独立的印刷基地，提供全套胶印和数字印刷服务，十分重视图书的编辑、排版和印刷质量。

东西方出版社在与中国的合作中，出版了《习近平关于实现中华民族伟大复兴的中国梦论述摘编》保加利亚文版和《红楼梦》《七侠五义》《生死疲劳》等多部中国优秀作品。此外，还出版了汉语、日语和韩语的教科书。凭借在文学领域取得的杰出成就，该社曾三次荣获保加利亚图书最高奖项金狮奖。因在保加利亚积极宣扬意大利文化文学而被意大利文化部授予奖项。此外，还荣获中国图书特殊贡献奖，表彰其在保加利亚推广中国文化做出的努力。2017年3月，外语教学与研究出版社中国主题编辑部在保加利亚东西方出版社正式挂牌成立，以翻译出版具有鲜明中华文化特色的出版物为目标，主持编辑部工作的是保加利亚著名汉学家韩裴。

该社同时也致力于推广保加利亚本土文学和西方文学，与保加利

---

① 参考蜂鸟出版社官网（https://www.colibri.bg/）。

亚知名作家亚娜·亚佐娃（Яна Язова）、伊万·哈吉耶斯基（Иван Хаджийски）、保加利亚外交官西蒙·拉德夫（Симеон Радев）、社会学家茨维坦·托多罗夫（Цветан Тодоров）等合作，并出版莎士比亚、雨果、狄更斯、塞万提斯、马克·吐温、丹尼尔·笛福等文豪作品。除文学著作外，该社还兼顾哲学、经济、政治、科学、教育、语言学、医学健康、儿童文学、百科全书等各知识领域的图书。①

5. 保加利亚畅销书出版社

保加利亚畅销书出版社（Издателство „Български бестселър"）成立于 2001 年，是一家私人出版社，以保加利亚语、英语、法语、德语、西班牙语、意大利语和俄语出版保加利亚和国外作家的作品，内容涉及历史、文化、政治、科学等各领域，希望以此丰富保加利亚国民的文化生活。《保加利亚外交评论》（Български дипломатически преглед）是其下属期刊，内容包含保加利亚的政治、外交、商业、文化和社会活动。②

受东欧戏剧在中国的推广所启发，加之自身对中国传统戏剧的喜爱，畅销书出版社的创立者朱丽安娜·多莫娃（Юлияна Томова）以《茶馆》《雷雨》保语版的首次出版为契机，策划出版"当代中国戏剧概论"系列丛书，致力于向保加利亚民族介绍中国戏剧文化，拟翻译出版《牡丹亭》《西厢记》《长生殿》等中国经典戏剧作品，《暗恋桃花源》等现当代流行话剧作品以及各类中国文化相关图书。③

6. 赫尔梅斯出版社

赫尔梅斯出版社（Издателска къща Хермес）于 1991 年在保加利亚第二大城市普罗夫迪夫成立，如今已成为保加利亚最现代化、发展最快的出版社之一，旗下连锁书店遍布保加利亚。其出版图书类别覆盖各领域，包括各种小说、流行文学、百科全书、参考书、儿童读物、文具和教育游戏等。

该社宗旨是"致力于为全家每个人提供图书"，为鼓励保加利亚民众

---

① 参考东西方出版社经理 Любен Козарев 接受保加利亚彭博电视台的采访（https://www.bloombergtv.bg/shows/2018-09-25/iztok-zapad-izdava-knigi-za-misleshtiya-chovek.）。

② 参考保加利亚畅销书出版社官网，http://www.bgbestseller.com/。

③ 参考保加利亚劳动网（Труд）文章《中保合作繁荣推进》（Китайско-българското сътрудничество процъфтява），2020-01-23，https://trud.bg/китайско-българското-сътрудничество/。

阅读，促进保加利亚青少年的阅读风气，赫尔梅斯定期向社会捐赠图书，如在其成立 25 周年之际捐赠了价值 2.5 万列弗的图书。

7. 海利肯书店

海利肯书店成立于 1992 年，是保加利亚久负盛名的独立书店品牌。与希拉书店并列为保加利亚最大的连锁书店，在全国拥有 17 家分店，上架保加利亚语图书超过 4 万种。海利肯书店以"为了图书和人民"为使命，与国内各出版社保持长期合作，为大小图书馆提供馆藏图书。海利肯网上书店（https://m.helikon.bg/）是保加利亚最早的线上书店之一，同时也是该国目前规模最大、销量最高的线上书店。

书店旗下同名月刊《海利肯书店》（Книжарница）自 2003 年起出版发行，主要介绍图书和作家，向读者推荐上架新书等。2010 年，海利肯建立了自己的新闻网站（https://lira.bg/），其主要职能也是向大众介绍图书，推荐书单和作家。此外，每家海利肯书店都会播放"海利肯无线电广播"（Радио Хеликон），节目以音乐和图书朗读为主。2002 年海利肯设立了当代保加利亚小说奖（Награда Хеликон за нова художествена проза），旨在鼓励保加利亚当代作家的创作，推广保加利亚文学。[①]

8. 利特网电子出版社

利特网电子出版社（Електронно издателство LiterNet）成立于 1999 年，是保加利亚较早进入数字出版领域的机构，致力于出版文学和人文科学领域的电子图书及期刊，供公众免费借阅。自 2002 年，该社在保加利亚国家图书馆注册带 ISBN 号的电子书。目前，该社已经出版超过 380 种出版物、3150 多位保加利亚和外国作家的作品，包括保加利亚及外国长篇小说、中短篇小说、诗歌集、学术专著、评论文章、剧本和文选等。与该社同时成立的还有同名电子杂志《利特网》（LiterNet）以及《保加利亚语和保加利亚文学》（Български език и литература）电子杂志，后者于 2011 年停刊。[②]

---

① 参考海利肯书店官网，https://g.helikon.bg/。
② 参考利特网官网，https://liternet.bg/。

四、报刊业发展概况

（一）整体情况

2018 年，保加利亚全国出版各类报纸期刊共 846 种，包括日报、周报、月报、周刊、半月刊、月刊、季刊等，其中日报出版量最大。保加利亚的主要日报包括《电报》（*Телеграф*）、《24 小时报》（*24 Часа*）、《劳动报》（*Труд*）、《日志报》（*Dnevnik*）、《言论报》（*Дума*）、《现在报》（*Сега*）、《标准报》（*Стандарт*）、《监视器报》（*Монитор*）等，其中前三种报纸销量最高。相比日报，周报的专业性和主题性更强，如从事经济新闻和分析的《资本报》（*Капитал*）和专门刊载艺术、媒体、哲学、历史和政治辩论的《文化报》（*Култура*）等，但也有非专业性的时事周报如《周末报》（*Уикенд*）和《168 小时报》（*168 Часа*）等。月报《索非亚回声报》（*The Sofia Echo*）是保加利亚的英文报纸，刊载有关保加利亚的新闻、商业信息、政治和文化及娱乐新闻。该报常被《经济学人》（*The Economist*）等外媒报纸视为保加利亚新闻来源参考。

此外，根据发行地区的不同，保加利亚报纸还可分为全国性和地区性，全国性的报纸影响力大于地区性报纸。地区性报纸种类繁多，如《今日保加利亚报》（*България Днес*）在全国不同地区发行不同的版本，《你好报》（*Ало*）只在索非亚、普罗夫迪夫、布尔加斯、斯利文、扬博尔和旧扎戈拉六个大区发行。

保加利亚报刊业的发展与国家的改革呈现同步性。1989 年后是保加利亚媒体体系变革的第一阶段，其特点是印刷、广播和电视等媒体领域蓬勃发展，报纸种类和印量日益增加。根据国家统计局数据，1990 年全国共有 540 种报纸，全年印量为 10.99 亿份；1994 年增至 1059 种，但印量大大减少至 6.11 亿份；1995 年有报纸 1058 种，总印量为 5.05 亿份；1996—1997 年报纸种数和印量均开始系统性减少。导致这一时期保加利亚报刊业波动的因素有很多，如意识形态领域的宽松状态、多党新闻的兴盛、对新型媒体的需求等。2001—2013 年保加利亚报刊业发展趋于稳定，其中 2008 年、2011 年和 2012 年印量均有所增加。2013 年后，受数字媒体冲击，保加利亚报刊业整体呈下滑趋势，直至 2018 年才开始回升。（见图 13）

图13　2010—2018年保加利亚报纸出版发行情况

资料来源：infostock.bg 网站

（二）细分市场情况

1. 日报和周报

保加利亚报纸按出版周期可分为日报、周报和月报。

2018年保加利亚共出版239种报纸，年印量为2.16亿份，人均拥有报纸数约30份。与前一年相比，种类减少了6种，降幅达到2.4%，而印量实现了最近10年内的首次回升，增加了2万份，涨幅为10.1%。（见表8）

表8　2013—2018年保加利亚报纸出版数据

单位：种、万份

类别	2013			2014			2015		
	种数	年印量	单期印量	种数	年印量	单期印量	种数	年印量	单期印量
日报	54	19687.4	54.7	55	17325.7	48.1	51	15989.3	44.4
周报（2~3次/周）	18	655.5	5.8	17	623.3	5.5	18	546.7	4.8
周报（1次/周）	137	11805.6	227	127	13339.2	256.5	124	9925.4	190.9
周报（<1次/周）	98	282.5	26.8	96	283	19.7	90	273.2	16
总计	307	32431	314.3	295	31571.2	329.8	283	26734.6	256.1

续表

类别	2016			2017			2018		
	种数	年印量	次印量	种数	年印量	次印量	种数	年印量	次印量
日报	44	13557.8	37.7	37	12464.0	34.6	37	13116.9	36.4
周报（2~3次/周）	15	482.4	4.3	13	219.2	1.9	12	578.1	5.2
周报（1次/周）	111	8583.1	165.1	105	6655.7	128.0	101	7626.3	146.7
周报（<1次/周）	92	277.5	17.3	90	290.0	16.6	89	282.4	16.4
总计	262	22900.8	224.4	245	19628.9	181.1	239	21603.7	204.7

资料来源：保加利亚国家统计局

2018 年报纸出版情况如下：37 种日报占总报纸种类的 15.5%，印量为 1.31 亿份；12 种每周出版 2~3 次的周报占总类的 5%，印量为 578.1 万份；101 种每周出版 1 次的周报占总类的 42.3%，印量为 7626.3 万份；89 种每周发行少于 1 次的周报占总类的 37.2%，印量为 282.4 万份。从内容上看，政治、哲学、宗教和文化类的报纸种类最多，共 126 种（占 52.7%），2018 年的印量为 1.08 亿份。[①]

根据报纸使用的语言划分，保加利亚语报纸有 234 种；外语报纸共 5 种，其中，土耳其语 2 种，俄语、英语和德语各 1 种。报纸发行量靠前的大区依次是索非亚大区（Област София）、旧扎戈拉大区（Област Стара Загора）、普罗夫迪夫大区（Област Пловдив）、布尔加斯大区（Област Бургас）、大特尔诺沃大区（Област Велико Търново）。其中，首都索非亚市出版的报纸最丰富，共 109 种，占保加利亚所有报纸种类的 45.6%。[19]

对印刷媒体市场的深入研究项目"印刷业—报纸的报信者"（Печат. Вестник за вестника）结果表示，占据保加利亚报纸头版的主要内容有社会、政治、世界新闻、娱乐、刑事、事变、欧盟等主题。（见图 14）

---

① 参考保加利亚国家统计局数据。

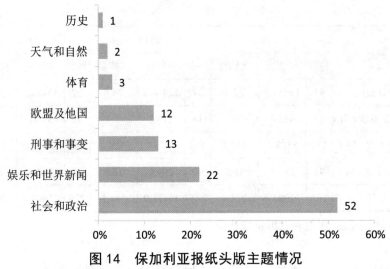

图 14　保加利亚报纸头版主题情况

资料来源："印刷业—报纸的报信者"[1]

2. 期刊通讯

保加利亚的期刊和新闻通讯包括周刊、半月刊（每月出版 2~3 次）、月刊、季刊（每年出版 5~7 次）和年刊（每年出版 1~4 次）。

2018 年保加利亚共出版 530 种期刊、77 种新闻通讯，合计 607 种刊物。与前一年相比，期刊种类增加 3.9%，而新闻通讯减少 17.2%。2018 年刊物总印量为 1478.6 万份，而 2017 年这一数字为 1698.2 万份。

其中期刊具体情况如下：2018 年共出版 6 种周刊占总期刊类别的 1%，印量为 330.3 万份；8 种半月刊（2~3 次/月）占总类的 1.5%，印量为 173 万份；129 种月刊占总类的 24.3%，印量为 742.9 万份：93 种季刊（5~7 次/年）占总类的 17.5%，印量为 83.6 万份；262 种年刊（1~4 次/年）占总类的 49.4%，印量为 76.8 万份；32 种不定期刊物占总类的 6%，印量为 31.5 万份。（见表 9）

---

① 参考 http://printmediareport.aej-bulgaria.org/front-pages/。

表9 2013—2018 年保加利亚期刊出版数据

单位：种、万份

类别	2013			2014			2015		
	种数	年印量	单期印量	种数	年印量	单期印量	种数	年印量	单期印量
月刊（2~4次/月）	24	688.5	19.8	20	492	14	21	812.0	20.2
月刊（1次/月）	168	1123.3	93.6	168	1161.2	96.8	164	1145	95.4
年刊（5~7次/年）	94	126.3	21.1	94	116.6	19.4	98	104.3	17.4
年刊（1~4次）	336	71	29.7	353	72.1	33.3	352	78.6	36.6
总计	622	2009.1	164.2	635	1841.9	163.5	635	2139.9	169.6

类别	2016			2017			2018		
	种数	年印量	单期印量	种数	年印量	单期印量	种数	年印量	单期印量
月刊（2~4次/月）	18	682.0	178.0	17	634.7	17.2	14	503.2	13.6
月刊（1次/月）	160	861.4	718.0	151	874.3	72.9	147	762.2	63.5
年刊（5~7次/年）	96	86.2	144.0	96	74.2	12.4	101	86.8	14.5
年刊（1~4次）	334	82.2	392	308	77.8	36.7	312	80.9	33.4
不定期	26	14.7	0	31	37.2	0	33	45.5	0
总计	634	1726.5	1432	603	1698.2	139.2	607	1478.6	125

资料来源：保加利亚国家统计局

96 种刊物以外语出版，年印量为 20.8 万份。其中英语刊物最多，共有 89 种，印量为 17.5 万份；其次是罗马尼亚语，共 2 种，印量 1000 份。德语、土耳其语、西班牙语和世界语刊物各 1 种，多语种刊物有 1 种，它们的总印量为 3.2 万份。[19]

期刊大致分为专门刊物和非专门刊物两类。专门期刊占比最大，面向特定人群，包括专业性期刊、工会、集团和政党出版物，联盟、协会和基金会出版物，公司和商业集团出版物，官方出版物以及其他针对特定读者群体的出版物。2018 年共出版专门刊物 396 种，总印量 252.4 万份。非专门刊物则面向大众，涵盖政治、哲学、宗教、文化、体育、娱乐、旅游、地理、历史、科技、少年儿童、画报等。2018 年共出版非专门刊物 211 种，总印量 1226.2 万份。（见表10、表11）

表 10　2018 年保加利亚专门刊物出版情况

单位：种、万份

类别	种数	发行量	
		年印量	平均印量
专业性刊物	321	182.4	0.57
工会、集团和政党出版物	1	0	0
联盟、协会和基金会出版物	26	3.8	0.15
公司和商业集团出版物	2	12.3	6.15
官方出版物	2	0.1	0.05
其他	44	53.8	1.22
合计	396	252.4	0.64

资料来源：保加利亚国家统计局

表 11　2018 年保加利亚非专门刊物出版情况

单位：种、万份

类别	种数	发行量	
		年印量	平均印量
画报类	6	71.7	12
政治、哲学、宗教、文化类	62	62.1	1
两性、家庭类	43	698.2	16.2
旅游、娱乐、体育类	8	12.9	1.6
历史、地理类	2	42	21
科技类	13	62	4.8
青少年、儿童类	26	72.9	2.8
其他	51	204.4	4
合计	211	1226.2	5.8

资料来源：保加利亚国家统计局

除期刊和新闻通讯外，保加利亚还定期出版集刊，用以刊登研究机构和学者的评论文章、学术论文和学术报道等。2018 年共出版 98 种集刊，同比减少 16 种；印量 1.8 万份，同比下降 13.1%。（见表 12）

表 12　2013—2018 年保加利亚集刊出版情况

单位：种、万份

类别	2013	2014	2015	2016	2017	2018
种数	99	98	108	108	114	98
年印量	3.8	3.2	2.9	2.1	2.1	1.8
单期印量	3.2	2.9	2.7	1.8	1.9	1.4

资料来源：保加利亚国家统计局

五、中保出版业交流合作情况

随着"汉语热"的高涨和中国文学在世界的快速传播，中国图书开始频繁出现在保加利亚的书店里，越来越多的保加利亚读者在书架上为中国图书留有一席之地。除了经典名著《红楼梦》《吾国与吾民》等，《檀香刑》《生死疲劳》等莫言的作品也备受保加利亚读者喜爱。2014 年 9 月 27 日，索非亚大学授予莫言荣誉博士学位和蓝带勋章，他也因此成为该大学建院 125 年历史上首次获得这一殊荣的中国人。

中国文学在保加利亚的传播离不开两国图书出版业的密切合作。中国图书自 2011 年起开始出现在保加利亚一年一度的"索非亚国际图书节"上。这是保加利亚最大的图书出版年度论坛和展览，为向保加利亚读者介绍中国文学和汉语图书提供了绝佳的平台。与此同时，保加利亚也在北京国际图书博览会上拥有自己的展位。2019 年是中保建交 70 周年，12 月 10—15 日，中国出版界亮相第 47 届索非亚国际图书节，成功举办"庆祝中保建交 70 周年出版成果展"，包括《习近平谈治国理政》（中英文版）在内的 400 多种中国主题、中国文化、中国文学、汉语学习类优秀作品亮相。[①]

外语教学与研究出版社是中国出版业与保加利亚出版业联系较为密切的出版机构。2016 年 6 月 3 日，该社到访保加利亚东西方出版社，双方进行了出版合作会谈，深入交流保加利亚汉语学习市场及中国主题出版情况，并随后在 8 月的北京国际图书博览会上签订了双方共建"中国主题编辑部"

[①] 参考外研社网站文章《外研社亮相索非亚国际图书节，中保文化交流开启新篇章》，2019-12-17，https://www.fltrp.com/c/2019-12-17/494981.shtml。

的协议。同年，外语教学与研究出版社与索非亚大学出版社出版《保加利亚民族：想象与再想象》保加利亚文版，开始与保加利亚多家出版社合作。2017 年 3 月 1 日，外语教学与研究出版社"中国主题编辑部"在保加利亚东西方出版社正式挂牌成立，主要工作集中在中国文化和主题类图书的翻译出版方面。此外，双方将共建"中保书界"网站（http://bookworld.cnbg.eu/），推进移动终端数字化阅读，培育互联网时代新兴阅读市场。①

参考文献

1. 马细谱 . 保加利亚史 [M]. 北京：中国社会科学出版社，2011.

2. 图书出版与发行立法规定报告 [R]. 索非亚：保加利亚国家信息和文献中心，2011.

3.（保）伊万·博格达诺夫（Иван Богданов）. 图书之路（„Пътят на книгата"）[M]. 保加利亚：布克维特出版社（Издателство„ Буквите"），2014.

4. Отчет за 2019 година[R]. Национална библиотека „Св. св. Кирил и Методий", 2019.

5. Читателски практики в България 2014 г.[R] Алфа Рисърч. 2015.

6. Издадените книги намаляват, тиражът им се увеличава почти двойно през 2018 г. [EB/OL]. Infostok.bg. http://www.infostock.bg/infostock/control/bg/news/94083-izdadenite-knigi-namalyavat-tirazhat-im-se-uvelichava-pochti-dvojno-prez-2018-g. 2019-06-20.

7. Изток-Запад издава книги за мислещия човек[EB/OL]. Bloomberg TV Bulgaria. https://www.bloombergtv.bg/a/15-shows/29721-iztok-zapad-izdava-knigi-za-misleshtiya-chovek. 2018-09-25.

8. Китайско-българското сътрудничество процъфтява[J/OL].Труд. https://trud.bg/китайско-българското-сътрудничество/. 2020-01-23.

9. 左志红 . 外研社：把编辑部开到保加利亚 [EB/OL]. 中国图书对外推广网 . http://www.chinabookinternational.org/2017/0324/153013.shtml. 2017-03-24.

10. "保加利亚中心"介绍 [EB/OL]. 一带一路国家语言服务中心 .

---

① 参考中国图书推外推广网文章《外研社：把编辑部开到保加利亚》，2017-03-24，http://www.chinabookinternational.org/2016/0607/122423.shtml。

http://www.yuyanfuwu.com.cn/class/view?id=102.

11. 外研社社长蔡剑峰访问保加利亚东西方出版社 [EB/OL]. 中国图书对外推广网 . http://www.chinabookinternational.org/2016/0607/122423.shtml. 2016-06-07.

12. 外研社亮相索非亚国际图书节，中保文化交流开启新篇章 [EB/OL]. 外语教学与研究出版社 . https://www.fltrp.com/c/2019-12-17/494981. shtml.2019-12-17.

（作者单位：中国新闻出版研究院　北京外国语大学）

柬埔寨出版业发展报告

刘沁秋　徐　辰

柬埔寨王国地处中南半岛腹地，位于东盟十国中的近中心位置，是东南亚地区重要的交通枢纽。柬埔寨东部和东南部与越南接壤，西南部濒临泰国湾，西部、北部与泰国相邻，东北部与老挝交界。柬埔寨是大湄公河次区域五国之一，国土面积18.1万平方千米，在东南亚11个国家中位居第八位。截至2019年，柬埔寨人口为1528.8万。根据《柬埔寨王国宪法》第5条规定，高棉语是柬埔寨的官方语言，此外，英语、法语也是柬埔寨政府部门的工作语言，还包括泰语、老挝语、占语等少数民族语言。柬埔寨是一个多种宗教信仰并存的国家。《柬埔寨王国宪法》明确规定，佛教为柬埔寨国教，其他宗教还包括伊斯兰教、天主教和原始宗教等。

一、出版业发展背景

柬埔寨是历史悠久的文明古国，自古就在海上丝绸之路中占据着举足轻重的地位，首都金边更有着"东方小巴黎"的美誉。柬埔寨于1953年宣布独立，当时经济发展水平极低，是全球最贫穷的49个国家之一，也是东盟国家中除老挝之外人口密度最低的国家。此后，历经30多年战乱，直到1991年签订《柬埔寨和平协定》，1993年成功举行全国第一次大选，并明确"柬埔寨是独立、主权、和平、永久中立、不结盟的国家"，才进入和平建设时期。柬埔寨将脱贫和发展经济作为政府的首要目标，制定了融入国际社会，争取外援发展经济的对外工作方针，同时大力发展制造业、旅游业、农业、建筑业四大支柱产业，历经20多年的发展，人均国内生产总值（GDP）增速明显，国际化水平日益提升。但是，柬埔寨基础设施落后，脱贫任务依然任重道远，人民群众深受佛教文化影响，更注重来世而非现实世界。受上述因素影响，该国教育发展缓慢，国民文化教育水平普遍不高，入学率和毕业率都非常低，国民识字率也较低。这些情况对柬埔寨出版业的发展造成了很大阻碍。

（一）政治经济状况

1953 年，柬埔寨确立了君主立宪制的国家体制。在 1953—1993 年这 40 年间，国家政体中断过几次，直至 1993 年才得以恢复。1993 年 5 月，柬埔寨在联合国主持下举行首次全国大选，此后在重建国家经济方面取得了一些成绩，但政局持续动荡严重冲击了刚刚复苏的经济。直至 1998 年 12 月，柬埔寨举行第二次全国大选，民族和解取得重大进展后，才进入了和平与发展的新时期。柬埔寨政府奉行对外开放和自由市场经济的总体思路，经过二十多年发展，其国民经济、人民生活水平、国际地位均有了不同程度的改善，社会秩序也渐趋稳定。

在经济方面，柬埔寨坚持开放的经济政策，并且严重依赖出口，将其作为国内生产总值和就业增长的重要来源。2004 年，柬埔寨以第一个全球最不发达国家的身份加入了世界贸易组织（WTO），但受国情限制，并没有完全遵守世贸组织成员通常要求遵循的所有法律和法规。2011 年以来，柬埔寨国内生产总值一直保持 7% 左右的增幅。到 2016 年，柬埔寨终于超越了世界银行的人均国民总收入最低门槛，从低收入国家转变为中低收入国家。与此同时，贫困率从 2004 年的 53% 下降到 2014 年的 13.5%。近年来柬埔寨经济显著增长，主要是因为柬埔寨制定了非常具有吸引力的投资激励政策；加入世贸组织后，柬埔寨作为最不发达国家享有特殊权利；柬埔寨丰富而廉价的劳动力为经济发展提供了重要保障。

在投资方面，1994 年，柬埔寨政府颁布了全新的《柬埔寨王国投资法》，该法曾被誉为"亚洲最优惠的一部外资法"，并专设柬埔寨投资委员会负责吸引外资，不断改善国内投资环境，对外资实施"一站式"审批制度，简化投资程序，提供各项优惠政策，大力吸引海外投资。但是，新闻媒体（广播、电视、报刊）均不享受投资优惠。[①] 1997 年，柬埔寨正式加入东盟经济共同体，为经济发展带来了新的机遇。1994—2014 年，对柬埔寨投资前三名的国家分别是马来西亚、中国、韩国。从 2015 年起，中国超越马来西亚，成为柬埔寨最大的投资国，也是柬埔寨第一大贸易伙伴和第一大进口来源地，是柬埔寨最大的外资来源国和最大的外来援助国。

---

① 《柬埔寨王国投资法实施细则》，第二部分：不享受投资优惠项目，1997 年 12 月 29 日颁布，中华人民共和国驻柬埔寨大使馆网站，http://kh.china-embassy.org/chn/ljjpz/tzjpz/t400676.htm。

1953—1969 年，柬埔寨正式成立国家公共教育部（后改为国民教育部），以初等教育、中等教育和高等教育三个阶段实施全国统一的教育体系。此后，因战乱等原因，教育体系遭到严重破坏，直至 1994 年政府才重新成立教育部，此后，柬埔寨的教育模式更趋向于开放和包容，对西方教育模式的接受度明显提高，将教学重点更多地放在科学、技术、工程和数学方面，同时大力发展高等教育和职业教育。根据联合国数据，柬埔寨政府 2014 年的教育开支仅占国内生产总值的 2%。[1] 但与往年同期比较，已经呈现上升势头。目前，柬埔寨仍未能全面普及基础教育，小学入学率较高，但留级现象严重，平均 10 年才能小学毕业，肄业的学生超过半数。中学入学率低，且性别差距大，男生入学率约 30%，而女生只有 10%，毕业率则更低。[2] 2019 年，柬埔寨教育青年与体育部（Ministry of Education, Youth and Sports）专门制定《国家终身学习政策》（*National Lifelong Learning Policy*）、《2019—2023 年教育战略计划》（*The Education Strategic Plan 2019-2023*），以及柬埔寨《SDG4—2030 年教育发展规划路线图》（*SDG4-Education 2030 Roadmap*）等规划，以期通过扫盲和推进青年和成人的学习，确保"到 2030 年，所有青年和较大比例的成年人，无论男女，都能够识字和计算"。

近年来，柬埔寨经济实力稳步发展，连续 8 年经济增速超过 7%，位列东南亚国家之首，被誉为"亚洲经济新虎"。国际货币基金组织等国际机构预计，未来几年柬埔寨仍将实现高速增长。伴随着经济的增长和国民受教育程度的逐渐提高，柬埔寨出版业的未来发展前景可期。在 2021 年正式加入《伯尔尼公约》之后，政府部门对出版业的管理将趋于规范，该国出版业在本国乃至中南半岛的地区影响力也将在现有基础上实现一定的提升。

（二）出版相关法律

柬埔寨多年来政局动荡，其法律制度并不完善。自 1953 年至今，国家经历了民盟时期、金边政权时期、王国政府成立时期。这三个时期颁布的法律法规（除明确废止的条款外）均具法律效力，在实际执行过程中缺乏明确的界定，造成司法标准不一，对各类知识产权案件的裁决随意性

---

[1] Data about Cambodia. http://data.un.org/CountryProfile.aspx/_Images/CountryProfile. aspx?crName=Cambodia.
[2] 刘亚萍 等.《柬埔寨国情报告 2015—2016》.经济管理出版社，2018.8.

较强。

柬埔寨现行的与出版相关的法律，主要有《知识产权法》（*Intellectual Property Law*）、《新闻法》（*Press Law*）、《版权法》（*Copyright Law*）等。近年来颁布的与版权相关的法律法规还有：2003 年颁布的《版权和相关权利法》（*Law on Copyright and Related Rights*）、《立即停止所有侵犯版权和邻接权行为的宣言》（*Prakas [Declaration] on Immediately Stop All Infringement of Copyrights and Related Rights*），2016 年颁布的《集体管理组织的宣言》（*Prakas [Declaration] on Collective Management Organization*）、《关于版权侵权的通知》（*Notification Regarding Copyright Infringement*）。[①]

柬埔寨政府在加入世贸组织和东盟之前，对于作为知识产权（IPR）一部分、包括商标和专利在内的版权法这个概念已经给予了充分关注。柬埔寨商业部（Ministry of Commerce）于 1995 年起草了《版权及邻接权法》（*Law on Copyright and Allied Right*），此后，柬埔寨与美国（1996 年）、泰国（1997 年）、中国（2011 年）[②]分别签署了双边协议或备忘录，承诺将"提供适当和有效的知识产权保护和执法"。此后，柬埔寨商业部将知识产权中对版权的管理移交柬埔寨文化艺术部（Ministry of Culture and Fine Arts）。柬埔寨政府在颁布相关法律前，必须举行公开听证会，就法律草案进行讨论，充分论证其积极和消极影响。

1.《新闻法》

1995 年，柬埔寨颁布《新闻法》。该法"确定了新闻体制，并根据《宪法》第 31 条和第 41 条，确保了新闻自由和出版自由"。它确保了资料来源的保密权，特别是禁止发布前的审查，并规定了在一定范围内发布官方信息和访问政府保存的记录中的信息。

该法概述了新闻工作者的详细权利和责任，包括建立新闻工作者协会

---

① Law on Copyright and Related Rights - 2003 - [English, Khmer]；Prakas (Declaration) on Immediately Stop All Infringement of Copyrights and Related Rights - 2003 - [Khmer]；Prakas (Declaration] on Collective Management Organization - 2016 - [Khmer]；Notification Regarding Copyright Infringement - 2016 - [Khmer].

② Agreement between the United States of America and the Kingdom of Cambodia on Trade Relations and Intellectual Property Rights Protection - 1996 - [English]; MOU on Intellectual Property Cooperation between Cambodia and Thailand - 1997 - [English, Khmer]; MOU on Co-Operation of Intellectual Property between Cambodia and China - 2011 - [English].

的权利。法律的主要原则包括：尊重真理和公众享有真理的权利；发布真实的信息；仅根据原始来源的事实进行报道；仅使用公平的方法收集新闻；避免发布任何会引起歧视的信息；尊重隐私；不侵犯个人获得公正审判的权利；将欺诈性的虚假陈述、亵渎、诽谤或毫无根据的侮辱视为严重的职业滥用；不得收受贿赂。

该法还规定必须"严格遵守高棉语言的语法规则"和"禁止发布淫秽文字或图片以及带有暴力色彩的材料"。出版社或报刊负责人必须在正式出版前30天在柬埔寨新闻部（Ministry of Information）注册，并提供详细信息，包括出版社或报刊负责人的姓名、简历以及犯罪记录，公司注册地址，出版周期、页码、书名或刊名等信息，以及印刷厂信息。如果新闻部认定即将出版的内容令人反感或具有煽动性，会要求出版商更改标题或相关内容。

该法明确规定，柬埔寨每个公民或法律实体，最多只能注册两份柬文报纸。外国人所拥有的报刊数量，不得超过柬埔寨柬文报刊总量的20%。

2.《知识产权法》

该法于2003年通过实施，旨在保护符合本法律规定的条款及发明专利合作条约，以及在柬埔寨注册获得专利证书的发明、模型及工业设计图案等。该法旨在鼓励科学技术研究创新和开发；推动和鼓励国内外投资经营等商业活动；鼓励把科技成果引进柬埔寨并协调其商业活动，以利于发展市场经济；保护发明专利所有权，打击不法商业活动，对所有侵权行为进行法律制裁。

该法首次对柬埔寨的知识产权保护进行了较为全面的界定，并明确了在实操过程中，面对多种法律并行，口径不一的情况，首先应以国际公约的条款作为判断依据，在其他法律与《知识产权法》相悖的情况下，以该法为准。该法为柬埔寨国内知识产权纠纷案件的裁决提供了比较明确的标准。

3.《版权与相关权利法》

该法于2003年颁布，旨在明确作家、表演者对其作品享有相关的权利，保护文学作品、文化表演、表演者、唱片制作人、广播机构节目，以保证相关文化产品能够得到公正合法的使用。其宗旨是提供对柬埔寨作品的版权保护，同时也确保柬埔寨公民能够拥有最大限度的权利获取来自海外的作品。

该法规定作者对其作品享有可针对任何人行使的专有权，包括精神权利和经济权利。作者的精神权利永久有效，不可剥夺，且不得扣押或设定追溯期限。作者的经济权利是指通过授权复制、公开发表或创作衍生作品等，实现其作品价值的专有权，经济权利保护自作品创作完成之日起开始，至作者去世后 50 年终止。《版权法》第 18 条规定，根据 1992 年联合国柬埔寨临时权力机构 ① 颁布的《刑法和程序》（第 48 条），禁止盗用涉及《伯尔尼公约》所定义的版权。

必须注意的是，柬埔寨于 2004 年成为世贸组织《与贸易有关的知识产权协议》（*Agreement on Trade-Related Aspects of Intellectual Property Rights*，简称 TRIPS）的成员国，理论上应当遵守《伯尔尼公约》，同时也要对源自其他成员国的作品版权给予与对本国国民同样的保护。但是，柬埔寨作为最不发达国家加入世贸组织时，已经获准推迟履行相关义务。最迟期限是，柬埔寨必须在 2021 年 7 月 1 日之前履行《与贸易有关的知识产权协定》（例外情况除外），从而履行《伯尔尼公约》的主要标准。这是根据世贸组织《关于有利于最不发达国家措施的决定》（*Decision on Measures in Favor of the Least Developed Countries*）第 66.1 条所规定的过渡期的延长，该条款将最不发达国家应在 2013 年起遵守相关协定的截止日期延长了 8 年，这也是对柬埔寨的第二次延长期限。②

4. 其他法律法规

根据法律规定，出版者必须将每期杂志或报纸的六份副本呈缴给柬埔寨新闻部，另外再向柬埔寨国家图书馆提供两份副本。但是，两个机构所收藏的已出版报刊都并不完整。

1989 年，柬埔寨部长会议通过了关于文化作品付酬的第 17 号法令，宣布各类"文学 / 艺术作品，研究作品，技术和科学作品，教科书"在报纸、杂志上发表，以及在广播或电视上使用"艺术品、戏剧、电影和录像、管弦乐作品、音乐、照片、雕塑和建筑作品"，应当由使用作品者按当时的信息和柬埔寨文化艺术部（Ministry of Culture and Fine Arts）以及财经部（Ministry of Economy and Finance）确定的支付比例支付给权利人，即稿费或版税。

---

① 联合国柬埔寨临时权力机构（United Nations Transitional Authority in Cambodia）是联合国在 1992—1993 年期间存在于柬埔寨的联合国维和行动组织。

② https://www.wipo.int/treaties/en/ShowResults.jsp?lang=en&treaty_id=15.

（三）出版管理机构

柬埔寨有许多政府组织和非政府组织，在积极开展人口识字率和阅读普及工作，推动出版业的复兴。除柬埔寨新闻部外，柬埔寨教育青年与体育部、柬埔寨文化艺术部、国家知识产权委员会（National Committee for Intellectual Property）等官方机构，以及高棉作家协会（Khmer Writers Association）、柬埔寨图书馆员和文献学家协会（Cambodian Librarians and Documentalists Association）、高棉研究中心（Center for Khmer Studies）、国际儿童读物联盟柬埔寨分会（IBBY Cambodia）等机构，也都在不同程度上涉及出版相关业务。

1. 政府部门

柬埔寨新闻部是出版业的政府主管部门，其下设部长办公厅、新闻与传播总司、柬埔寨新闻社（Agence Kampuchea Presse，简称 AKP）、柬埔寨国家电视台、柬埔寨国家广播电台。其职能包括：监督报纸、公报、杂志和其他印刷出版物、以及电子媒体的内容；监察印刷厂和音像制品机构；审批印刷出版物和音像制品的进出口；审批商业性印刷厂、音像制品商及相关厂商的建立、终止和暂停营业，等等。

柬埔寨教育青年与体育部于 1996 年成立。该部的主要职责是顺应柬埔寨社会经济和文化发展的需要，管理和发展教育、青年和体育部门。其具体职能包括制定相关国家政策法规，以提高本国青年人的文化教育水平，以及通过体育训练提高身体素质。

国家知识产权委员会隶属于柬埔寨商业部，主要负责出台知识产权政策，促进有关部委和机构拟定、传播和执行知识产权法律法规，遵守柬埔寨加入世贸组织的承诺，接受和有效利用国际组织和其他国家在知识产权领域提供的技术援助。委员会下设知识产权部、工业产权部、版权部。

柬埔寨文化艺术部则主要负责管理柬埔寨文化艺术的保护与发展，传播高棉语言、诗歌、古典音乐和舞蹈、民间故事等文化遗产，并出台相关法律文件和标准、颁发许可证等。

2. 行业协会

高棉作家协会于 1955 年成立，1956 年被诺罗敦·西哈努克国王（Norodom Sihanouk）正式认可，历经磨难后于 1993 年重建。协会主要负责鼓励柬埔寨的文学创作，举办文学比赛，推广高棉文学，促进图书阅读等。1994 年，该协会为小说和诗歌创作分别设立"西哈努克奖"和"1

月 7 日奖"。2007 年起，多次开设短期培训课程，课程主题包括：高棉文学、艺术研究、小说撰写、诗歌和歌曲、创作者的道德规范等。[①]

柬埔寨图书馆员和文献学家协会成立于 1996 年，其宗旨是提升图书馆和信息中心等机构价值；提升图书馆员和信息专家的专业化程度；鼓励柬埔寨人民终身学习、终身阅读等。[②]

高棉研究中心则致力于柬埔寨高等教育的发展，尤其注重出版和传播柬文的柬埔寨和东南亚主题学术图书。除组织出版技能培训外，还发起了"翻译能力建设计划"，每年培训 6 名译者。[③]

国际儿童读物联盟柬埔寨分会成立于 2011 年，牵头举办童书出版的研讨、培训项目，组织参加"国际儿童图书日"活动及其他国际儿童读物联盟区域和国际大会活动。以上协会为柬埔寨文学、文化的推广，出版翻译人才的培养，促进图书阅读，都起到了一定作用，为柬埔寨出版事业做出贡献。

（四）国民阅读情况

柬埔寨国民阅读环境不尽如人意，国民识字率相对较低。根据联合国统计数据，2015 年柬埔寨青少年（15~24 岁）识字率为 92.21%，文盲人数 24.91 万人，而 65 岁以上老年人的识字率仅为 53.08%。[④]柬埔寨出版基础十分薄弱，优质的柬文图书品种不多，主要分布在大城市，偏远地区教育资源匮乏、阅读材料稀缺。

进入 21 世纪后，随着经济水平的提升，政府部门开始意识到建立阅读文化对未来发展的重要性，逐渐加大对国民阅读的投入力度。2015 年 9 月 14 日，政府宣布将每年 3 月 11 日定为"国家阅读日"。2016 年起，每年定期举办"国家阅读日"文学比赛、免费赠书、公众阅读推广等活动，号召全民参与阅读活动，经过数年推广，已经取得一定成效。

图书馆是柬埔寨国民阅读的重要渠道。其中，柬埔寨国家图书馆、洪森图书馆、佛教学院图书馆、国家议会图书馆等大型图书馆资料保存相对比较丰富和完整，大多位于金边。（见表 1）2011 年，柬埔寨教育青年与体育部出台了小学图书馆标准。

---

① https://khmerwriters.org.
② https://www.facebook.com/cambodianlibrary/.
③ https://khmerstudies.org.
④ http://uis.unesco.org/country/KH.

表 1　柬埔寨主要图书馆情况

图书馆名称	成立时间	藏书量	所在地	其他情况	网址
柬埔寨国家图书馆（National Library of Cambodia）	1924年	馆藏包括柬文、法语、英语、德语等图书约103635册，以及8327份国家文件、305份手稿等特别收藏。	金边	国家图书馆由柬埔寨文化艺术部下属图书与阅读局管理。曾于1975—1979年间短暂关闭，1980年重新开馆。	https://www.facebook.com/NLC.gov.kh
柬埔寨国家档案馆（National Archives of Cambodia）	其历史可追溯至1863年	保存有自1863年法国殖民时期以来3万多个文件记录，以及图书、杂志、报纸、海报、地图、新闻照片等海量印刷品。	金边	该馆藏品在1975—1995年期间遭到严重破坏，1995年以来，一直致力于重新整理归档其大量文献资料。	http://nac.gov.kh/en/
参议院图书馆（Senate Library）	2001年	中国政府资助了图书馆大楼建设。该图书馆有两层，占地面积为1791平方米，有一个阅览室。藏书量近万册。	金边	图书馆为参议员、政府官员、学生和公众提供研究服务。另有线上图书馆供查阅电子书。	https://senate.gov.kh/kh1/templates/protostar/library.php
洪森图书馆（Hun Sen Library）	1997年	截至2012年，图书馆藏有逾10万册柬文、英语和法语图书，也有少量日语、泰语、中文和越南文图书。	金边	金边皇家大学的图书馆，首相洪森主持成立并冠名。总面积4160平方米，设有500个座位。	http://www.rupp.edu.kh/center/library/
佛教学院图书馆（The Buddhist Institute Library）	其历史可追溯至1921年。于1992年重建。	主要收藏宗教、文化类图书，也提供多种报纸借阅。	金边	该馆于2017年建立了图书查找电子系统。并配备了免费Wifi供读者使用。	http://budinst.gov.kh
高棉研究中心图书馆（Center for Khmer Studies Library）	2001年	馆藏数量1.4万余册，主要为柬埔寨和东南亚历史文化类图书。	暹粒	设立在达姆拉克寺，是金边以外最大的一家公共图书馆，免费对外开放。	https://khmerstudies.org/library/
柬埔寨发展资源研究所图书馆（Library of Cambodia Development Resource Institute）	1992年	提供关于社会经济和发展问题的广泛信息，包括1万多种图书、音像制品及数据库。	金边	柬埔寨发展资源研究所所是该国重要的发展研究中心，其附设的图书馆是该国较为领先的社会科学类图书馆。	http://library.cdri.org.kh/
法国亚洲研究学院暹粒图书馆（Library of the French School of Asian Studies in Siem Reap）	1992年	藏有3000册法语、各类柬埔寨地图，以及一些电子资源。其藏品多为1908年至1975年吴哥文化保护的相关资料，另有柬埔寨古代历史、考古和建筑、铭文、社会科学类图书。	暹粒	只有该中心的研究人员才能将图书和文件带出图书馆。普通读者可付费印相关资料。	https://www.efeo.fr/base.php?code=265

资料来源：根据相关图书馆官方网站数据整理。

柬埔寨的小型图书馆、阅览室、图书角等，因得到各类政府组织和非政府组织的支持，发展也十分迅速：金边皇家大学在其分校区和各个院系都设立了小型图书馆；柬埔寨性别研究与发展组织、"手牵手"（Chab Dai）非政府组织都专设图书借阅室；法国非政府组织"支持柬埔寨"（Sipar）在柬埔寨发起"永久图书馆和流动图书馆"计划[①]；法国文化中心、日本国际协力机构等海外文化机构也都在柬埔寨设立了小型图书馆。为解决无法获取更多阅读资源的问题，柬埔寨还尝试通过发展全国性的电子图书馆，为身处偏远地区的年轻人提供更广泛的学习资源，以提高教育质量。[②]

（五）互联网使用情况

由于柬埔寨经济社会发展程度不高，互联网起步较晚。但自2013年以来，柬埔寨互联网用户增长明显。据统计，柬埔寨的互联网渗透率从2005年的0.32%上升至2019年的48.6%，已接近亚洲国家的平均值54.2%。（见图2）[③④]

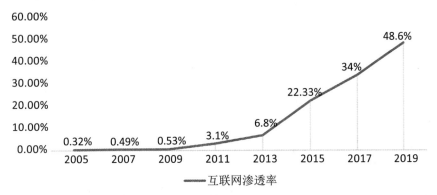

图1　2005—2019年柬埔寨互联网渗透率情况

资料来源：根据互联网数据统计公司Statista及"互联网世界统计"网站（Internet World Stats）数据整合而成。

[①] 该组织在柬埔寨的310所学校配备图书馆，在医院、监狱、纺织厂等公共场所创建阅读角，在公路上用8辆小型面包车和1辆摩托车流动为贫困地区分发图书。Sipar还培训了2600多名图书管理员。

[②] *Nationwide e-Library the answer for "remote education"*. October 17, 2019. https://www.khmertimeskh.com/651860/nationwide-e-library-the-answer-for-remote-education/.

[③] Internet penetration rate in Cambodia 2005-2017. Statista Research Department. https://www.statista.com/statistics/766013/internet-penetration-rate-cambodia/.

[④] Internet World Stats. https://www.internetworldstats.com/stats3.htm.

　　柬埔寨政府于 2019 年 9 月专门成立数字经济委员会（Digital Economy Committee），规划柬埔寨数字经济发展战略。到 2019 年底，柬埔寨的移动运营商主要有六家，其中规模最大的智能亚通（Smart Axiata）已经开始与华为合作，进行了 5G 测试。2020 年，柬埔寨皇家集团旗下 Cellcard 电信公司正在柬埔寨推行 5G 网络建设，将分 5 个阶段在全国推出 5G 网络，首先覆盖金边、西哈努克和暹粒主要商业城区。手机应用程序的开发应用正在飞速发展。2020 年 2 月，脸书（Facebook）已经成为柬埔寨用户首选平台，注册人数超过 1000 万人，占总人口的 60.4%。用户对社交媒体的依赖日益增加。[1]调查数据显示，在柬埔寨脸书用户年龄分布中，25~34 岁用户最多，其次为 18~24 岁，35~44 岁用户、13~17 岁用户紧随其后，其中男性用户比例均大于女性用户。（见图 3）

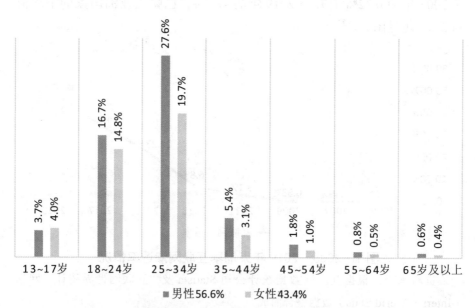

图 2　柬埔寨脸书用户分析（2020 年 2 月数据）
资料来源：拿破仑猫（napoleoncat）[2]

---

① https://napoleoncat.com/stats/facebook-users-in-cambodia/2020/02.

② 该网站受欧盟赞助，是一家 B2B 社交媒体服务和分析平台，可帮助用户在 Facebook、Messenger、Instagram、Twitter 和 YouTube 上与客户进行沟通，将所有重要的社交媒体渠道都集中在一个地方。

调查显示，柬埔寨社交媒体的使用已经非常广泛，87%的受访者表示他们每天至少发布五次社交媒体内容。（见图3）脸书、推特（Twitter）的使用频率也相当高。

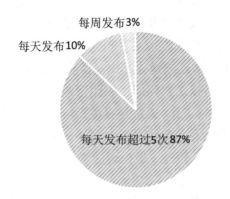

图3　柬埔寨网民的社交媒体使用频率

资料来源：柬埔寨独立媒体研究中心

与社交媒体广泛应用相伴随的是在线内容的蓬勃发展。科技的发展正在促进更大的媒体自由。但是也可能导致未经审核的信息或错误信息的广泛传播。为了整顿网络环境，柬埔寨内政部于2015年9月成立了反电子犯罪局，以监管网络犯罪案件，同时加快立法出台专门的《网络犯罪法》（*Internet Crime Law*），保障国家网络的安全。[①]

二、图书业发展概况

（一）整体情况

在柬埔寨1953年独立后至1970年初的时间里，柬埔寨政局较为稳定，出版业蓬勃发展。柬埔寨新闻工作者协会于1962年11月正式成立，陆续出版了《柬文大词典》《柬法词典》《英柬词典》《柬华词典》等语言类工具书，《柬埔寨民间故事集》《甘露降临》等文学作品，以及从中国译介作品《毛泽东》《鲁迅》《大灰狼的故事》，从苏联译介的《会学习会工作》，从越南译介的《从监狱到冬瓜岛》，等等。此后的20多年间战

---

① 内政部加快立法对付网络犯罪，2019年7月11日，https://cc-times.com/posts/5621。

乱不断，出版业遭受重创，市面上基本没有可供阅读的图书，只能通过复印来作为阅读的权宜之计。直至 1993 年大选之后，柬埔寨出版业才开始缓慢恢复。

当今柬埔寨出版业非常脆弱：印刷材料基本靠进口，导致书价过高；专业作者、编辑和翻译人员都非常有限，致使出版和翻译能力低下；国内的发行网络并不发达；在低收入水平和低识字率的双重影响下，读者数量稀少，买书和读书的习惯还未建立起来。目前，柬埔寨出版市场管理混乱，往往省略出版流程，直接送到印刷厂去印制销售。本土作家要凭借一己之力完成编辑、出版和销售工作，通常是直接卖给朋友，或者是交给书摊销售，只能勉强糊口。市面上人文和社科图书欠缺，学术图书通常以英文或法文原版书为主，价格昂贵，超过一般读者的购买能力。

（二）细分市场情况

柬埔寨现存的语言混杂。除了官方使用的高棉语之外，还呈现出英、法、中并存的势头。柬埔寨历史上两次受法国殖民统治，法语长期成为柬埔寨国民教育的第一外语，1970 年之前，法语是柬埔寨政府的官方语言。1970 年之后，随着美国和国际组织与柬埔寨交流的增加，英语逐渐取代法语；近年来，随着中柬交往合作的不断加深，汉语也已经发展成为柬埔寨一种主要的外来移民语言，中文版的报纸杂志日渐增多。此外，外来文化不断融入。柬埔寨的小乘佛教文化深受印度佛教影响；其语言文化也深受外来语，如梵语、巴利语、泰语的影响；其传统文化在法国殖民文化的影响下，至今在官方语言、政府治理模式、制度体系等方面仍留有痕迹。因此，柬埔寨的出版业形成了自己独特的风格，一是各语种都占有一定的市场份额，英法中等语种图书在书店均有销售，各有其特定的读者群体；二是对外来文化的包容程度也比较高，颇有兼收并蓄、为我所用的架势。

从出版门类来看，柬埔寨市场上主要有以下几类出版物：

1. 教材与教辅类图书

近年来，随着柬埔寨政府对教育投入力度的增大，各类学校对教材教辅图书的需求也不断增长。因此，这类图书占据了较大的市场份额。除柬埔寨教育部印刷厂外，柬埔寨还有一些出版社和机构也致力于对教育图书的出版和印刷工作。比如，非政府组织"阅读空间"（Room to Read）关注青少年教育中的识字率和性别平等问题，其在柬埔寨所设分部很早就致力于柬文儿童读物的出版工作。他们与柬埔寨教育青年与体育部合作，为柬埔寨小学生撰写扫盲教科书，培养小学生的读写能力和阅读习惯，并提出了图书馆标准和阅读活动指南。

2. 文学类图书

20世纪90年代以来，柬埔寨文学得到恢复和发展，诗歌、小说、戏剧、散文等题材不断涌现，渐渐呈现出兼容并蓄、丰富多彩的发展特点。男性读者更愿意阅读反思历史、刻画战后生活、思考腐败问题的小说。爱情和宗教题材的本土小说，以及翻译成柬文的韩国小说则广受女性读者的喜爱。柬埔寨书展、高棉文学节、贡布作家和读者节、努·哈奇文学奖、湄公河文学奖等一系列活动和奖项评选也为鼓励柬埔寨原创文学出版的发展做出了贡献。

3. 少儿类图书

随着柬埔寨对教育重视程度的提高，少儿类图书也开始蓬勃发展起来。加强母语学习，提高儿童读写能力，是柬埔寨政府推进的重要项目。柬埔寨教育青年与体育部、亚洲基金会和其他合作伙伴合作推出了"每天阅读计划"（Read Everyday）。[1] 这项全国性的阅读运动旨在进一步培养全体柬埔寨人，尤其是儿童的阅读习惯，使他们形成终身学习的好习惯。柬埔寨出版社积极响应政府号召，不断开发生产专门为儿童创作的阅读材料和绘本。其中，"支持柬埔寨"出版社表现十分突出。该社自1992年成立后，一直致力于通过促进阅读向贫困人口提供图书等举措来减少文盲人数。目前，"支持柬埔寨"已出版图书逾180种，发行量超230万册，多次获得国际儿童读物联盟奖项。其图书定价通常为1~2.5美元，一些精装绘本、引进版童书定价4~6美元。[2]

4. 学术类与专业知识类出版物

柬埔寨的大学仅有50多所，从事科研和学术研究的人员也比较匮乏。政府教育部门及高棉研究中心等民间组织通过多项举措来推进学术出版，如：举办研讨会和学习班，培训年轻译者的学术专著翻译能力，出版外文版和柬文版研究材料等。高棉研究中心出版了许多以柬埔寨或东南亚为主题的柬文学术图书，包括"东南亚研究系列"（已出版6册）、柬埔寨研究杂志《知识之轮》（*Siksacakr*）、学术会议专著和报告等。2005年，

---

[1] Cultivating Cambodia's reading culture，March 9, 2020 https://www.khmertimeskh.com/699849/cultivating-cambodias-reading-culture/.

[2] http://www.sipar.org/en.

高棉研究中心出版了柬文版的大卫·钱德勒（David Chandler）著作《柬埔寨史》（*A History of Cambodia*）。该书首发六个月之后重印，在柬埔寨持续畅销。米尔顿·奥斯本（Milton Osborne）的《东南亚历史入门》（*Southeast Asia: An Introductory History*）柬文版于 2009 年出版，销售状况也较好。这些学术入门类图书定价在 7 美元左右，学术会议专著的价格则在 10~20 美元[1]。

（三）主要出版机构

柬埔寨国家图书馆于 2007 年发布的一份调查报告[2]显示，该馆登记备案图书合计 356 种，其中柬文图书 167 种，英法语图书 189 种。报告还列出了具体书目以及出版商和作者清单。从这份报告中可以看出，柬埔寨正规出版机构很少，管理和审查制度也未得到严格执行，出版社、印刷厂、书店、协会，乃至作者个人，均可出书，随意性相当大。截至目前，我们仍未找到国家图书馆或其他文化机构发布比这个版本更新的出版调研报告。目前，柬埔寨境内比较重要的出版机构有：

1. 高棉出版社

该出版社于 2013 年 4 月 11 日经柬埔寨新闻部批准成立，隶属于高棉国际传媒集团有限公司。它是柬埔寨第一家拿到政府牌照的综合性出版社，出版范围涵盖图书、杂志、报纸、音像制品等。出版门类包括哲学、政治、法律、经济等学术著作、励志类青年思想教育读物、科技、文艺、文史、旅游、美术摄影、外语读物及上述各门类的辞书、工具书、电子音像制品、中小学课本等。已经出版的图书包括《习近平谈治国理政》（柬文版）、《柬埔寨文明基础》等；历时三年精心打造的精品图书工程《中柬英三语词典》也将马上付印。高棉出版社还将积极酝酿策划适应柬埔寨国家进步、反应东南亚地区风情、推动中柬友谊发展等的重大、重要选题，致力于为柬埔寨国家的出版业探索道路，为柬埔寨出版业制定行业标准。

2. 柬埔寨教育部印刷厂

该厂是柬埔寨最大的官方教育出版机构，隶属于柬埔寨教育青年与体育部，2002 年起成为部属企业，为全资国有公司，其董事会成员均为柬埔寨教育青年与体育部官员，员工人数 166 人。主营业务是图书的印刷与发

---

① https://khmerstudies.org/publications/.

② Cambodia Books in Print/Vol 2, Published by the National Library of Cambodia, Phnom Penh 2007.

行。年出版 70 种教材，总印数达 500 万册，向 9000 所学校发行。其销售网络包括批发业务、零售书店，以及在各省的代理商。总收入的 65% 来自柬埔寨教育青年与体育部拨款，其余 35% 来自销售收入。

3. 柬埔寨佛教协会印刷厂

该机构建立于 2001 年，起初受场地限制，仅有 5 名员工，每月印装 500 册图书。2002 年德国援助提供了 4 台印刷机（包括 1 台小型胶印机），并新建了印刷车间，生产能力和印装质量明显提高。佛教协会同时还设有研究部、编辑出版部、翻译部、图书馆和书店。专门从事高棉语研究，并负责出版各种柬文图书。尊纳僧王（1883—1969）编著的《柬文大辞典》至今仍是当地最具权威的语言工具书。佛教协会于 1926 年创办了佛教杂志《柬埔寨之曦》（*Kambuja Soriya*），该杂志侧重于文化、传统与宗教相关内容，于红色高棉时期停刊，自 2014 年起恢复出版至今。

（四）数字内容生产情况

柬埔寨政府十分重视数字技术发展，这给柬埔寨的数字出版带来了机遇目前，柬埔寨的数字阅读产品以免费内容居多，每用户平均收入为 1.8 美元，较之全球每用户平均收入 14.2 美元还有比较大的发展空间。"高棉图书馆"（Khmer Library）是一个非营利性应用程序，有数千本柬文和外语图书供用户免费阅读。用户可以通过出版商、出版日期、图书简介等出版信息进行检索。图书所有者或数据创建者授权用户阅读、复制和传播应用程序中的图书，用户下载图书后，可随时随地离线阅读。[1]一项对柬埔寨数字出版发展的预测[2]显示，2020 年其数字出版业务收入将达到 700 万美元，且预计将以每年 10.7% 的速度增长，2024 年的市场规模将达到 1100 万美元。柬埔寨数字出版的最大细分市场是电子书，2020 年市场规模将达到 300 万美元。数字出版渗透率预计在 2020 年为 15.0%，2024 年将增长到 19.5%。

在图书馆的数字发展方面，多数图书馆都配备有电脑和数字编目。参议院图书馆设有电子图书馆[3]，网民可登录官网查阅数千本电子书，注册后即可免费阅读。洪森图书馆设有教育资源中心数字馆藏网站，馆藏主要为幼儿教育至高等教育的研究和历史文献。其开发目的是为了满足柬埔寨

---

① https://www.khmertimeskh.com/104715/read-share-books-khmer-library-app/.

② https://www.statista.com/outlook/204/185/epublishing/cambodia.

③ http://elibrary.senate.gov.kh.

金边皇家大学教育硕士课程研究需求,以及供柬埔寨教育青年与体育部、国际组织、非政府组织等机构研究柬埔寨教育政策。

在少儿教育方面,得益于对教育的重视和对数字技术发展的支持,柬埔寨涌现出一大批线上学习产品,例如:"一起阅读"(Let's Read)数字图书馆免费提供数以百计的柬文及英语儿童图书;"学与知"(Komar Rien Komar Cheh)[①] 在优兔网(YouTube)的频道有 41 本书的解读视频,帮助低年级小学生学习柬文和数学;"小安学高棉语"(Anh Khmer)是一款基于游戏的柬文早期阅读应用软件,与一年级柬文教科书同步,可下载到手机或平板电脑设备上使用;电子书应用软件"智慧图书"(Smart Books)针对小学二、三年级的阅读能力提供阅读材料、练习与测试。最值得关注的是,柬埔寨教育青年与体育部开设了开放教育资源(Open Educational Resources)网站,为柬埔寨的老师、学生和公众提供了各式各样的教材教辅,覆盖了从学前教育到高等教育的全部范围,包括语言学习、艺术手工、数学、生物、化学、自然科学、社会科学等 23 个常见学科。

(五)重要书展情况

1. 柬埔寨书展

柬埔寨书展(Cambodia Book Fair)是由柬埔寨文化艺术部主办,教育青年与体育部、新闻部等政府部门协办的本土重要书展。举办该书展目的是让柬文及其他语种的图书,特别是有关柬埔寨的图书和儿童读物走近读者;支持柬埔寨的作家和插画家;促进柬埔寨出版业发展;培养年轻一代的写作热情;帮助各个年龄段的柬埔寨读者培养阅读爱好。该书展首次举办时间为 2011 年,自 2013 年举办第二届后改为每年定期举办。(见表 2)展商包括国家图书馆、柬埔寨图书馆员和文献学家协会、各国在柬的文化机构、许多致力于提升人口识字率的教育组织,书店、作者以及当地的大学等。书展通常为期三天,现场的活动包括:出版商、书店、作者进行图书展销,并组织图书签售等活动;新锐作者和插画师宣传自己的新作品,寻求出版机会;面向青少年和幼儿的各类教育活动;其他如音乐会、面部彩绘、幸运抽奖等活动。

2018 年 12 月 7 日至 9 日,第七届柬埔寨书展举办木偶戏、口述故事

---

① 该项目由柬埔寨教育青年与体育部针对低年级学生的柬文和数学学习而设立,受到联合国教科文组织及其他许多非政府组织的支持。*Komar Rien* 的意思是学生学习,*Komar Cheh* 的意思是学生获取知识。

和歌舞等文化活动，其间还正式开放了国家图书馆内的儿童图书馆。书展上，洪森首相免费分发了三种图书共计 8 万册。当年书展的销售记录超过 1 万美元，足以证明柬埔寨青年人日益浓厚的阅读兴趣。2019 年 12 月 13 日至 15 日，第八届柬埔寨书展以"读书，实现梦想"为主题，吸引了 17 万观众参观书展。洪森首相再一次在国家图书馆举行赠书活动。（见表 2）

表 2　历届柬埔寨书展展台数和人数统计

年份	届数	展台数量	人数	主题
2011	一	10	1000	共同阅读以求发展
2013	二	30	4500	柬埔寨与图书出版
2014	三	40	7500	读书以览世界
2015	四	50	12000	今日读书，明日成就自己
2016	五	63	25000	养成阅读习惯，激发写作灵感
2017	六	83	51000	读书带来机遇
2018	七	110	130000	图书让我们增长知识
2019	八	—	170000	读书，实现梦想

资料来源：根据柬埔寨书展官网数据整理。[①]

2. 高棉文学节

高棉文学节（Khmer Literature Festival）每年举办一次，旨在弘扬高棉文学的价值，培养对民族文学的热爱，支持柬埔寨作家交流，拓展图书市场，并培养年轻人的阅读习惯。高棉文学节的理念是："带给柬埔寨人民独特的高棉文学作品和更多的知识。"首届高棉文学节于 2017 年 10 月 20—22 日在古高棉文明的中心暹粒省举办，第二届高棉文学节于 2018 年 4 月 21—23 日在马德望省举办。2019 年 10 月 11—13 日，在金边举办了第三届高棉文学节，活动包括 20 世纪 60 年代的图书展览、写作研讨会、新书发布会、朗读会、诗歌创作等。2020 年第四届文学节因新型冠状病毒肺炎疫情暂停举办。高棉文学节还将获奖诗歌和短篇小说结集出版，将销售收入用于其运营。[②]

---

① http://www.cambookfair.org/themes.html，http://www.cambookfair.org/statistics.html.
② https://www.facebook.com/khmerliteraturefestival/.

3. 大坏狼书展

2020 年 1 月 9 日至 20 日，"大坏狼书展"（Big Bad Wolf Book Sale）首次在金边举行。书展期间，逾 100 万册全新的英语图书以一折至五折进行销售。这些图书涵盖了虚构类、非虚构类、绘本、建筑设计类图书等各个门类。展方还承诺向当地图书馆捐赠 500 本图书。

"大坏狼书展"由马来西亚"图书之径"（BookXcess）书店的创始人于 2009 年发起，在泰国、印度尼西亚、斯里兰卡、巴基斯坦、缅甸、韩国、菲律宾、阿拉伯联合酋长国等国家巡回展出。展方通过收购清库图书来实现极低的零售价格。在其官网披露的 2020 年"大坏狼书展"金边站畅销书榜单中，不乏诸如斯蒂芬·埃德温·金（Stephen King）的《黑暗塔 I: 枪侠》（*The Darktower: The Gunslinger*），斯蒂芬妮·梅耶（Stephenie Meyer）的《化学家》（*The Chemist*）等畅销书，以及迪士尼、小猪佩奇、小马宝莉等全球流行形象。[1]

4. 贡布作家和读者节

受印度尼西亚巴厘岛的"乌布作家和读者节"的启发和支持，柬埔寨于 2015 年发起了"贡布作家和读者节"（Kampot Readers and Writers Festival），以提升民众识字率、阅读率，同时刺激柬埔寨新艺术新文化的活力。2019 年 11 月 20—24 日，贡布作家和读者节以"和谐"为主题，举办了诗歌朗诵、音乐会、新书发布、交换图书、写作工作坊等丰富多彩的活动。[2]

（六）重要奖项

1. 努·哈奇文学奖

2002 年，为了支持柬埔寨现代文学的恢复和发展，在日本人山田教授（Teri Shaffer Yamada）等人的推动下，高棉研究中心和丰田基金会（Toyota Foundation）合作，以著名作家努·哈奇的名义，设立努·哈奇文学奖（Nou Hach Literary Project），同时推出努·哈奇文学项目，主要涵盖四个子项目：每年定期召开努·哈奇文学会议（Nou Hach Literary Conference），与会者约 150 名，其中包括研讨会成员，文学奖得主，以及来自海外的主旨演讲人；定期出版电子版《努·哈奇文学期刊》（*Nou Hach Literary Journal*）；设立作家工作室，由外国知名作家担任客座讲师；推进高棉诗

---

[1] https://bigbadwolfbooks.com/event/big-bad-wolf-book-sale-phnom-penh-2020/.
[2] http://www.kampotwritersfestival.com/about-us/.

歌和短篇小说的英语翻译项目。①

2. 小说与叙事诗创作大赛

该比赛旨在激发民众才能，提高柬埔寨文学水平。从 1999 年开始每年举办一届，每届比赛以一位著名作家冠名，设定的主题均与文化相关。该赛事面向大众，不限主题，于 1 月 29 日开启，5 月 4 日结束报名。2016 年第十八届"班登杯"小说与叙事诗创作大赛以"青年为国家文化"为主题，共吸引 27 部小说和 10 篇叙事诗参赛，最终 4 部小说和 1 篇叙事诗获奖。第十九届"杭·吞哈杯"小说和叙事诗创作大赛在 2017 年举行，比赛不限定写作主题，共有 20 部小说和 10 首诗歌参赛，有 6 部小说和 2 首诗歌获奖。2018 年第二十届小说和叙事诗创作大赛以"李添丁"冠名，颁奖仪式于柬埔寨书展期间在国家图书馆举行。

3. 湄公河文学奖

湄公河文学奖由越南、柬埔寨和老挝三个国家于 2006 年 10 月共同创立，首届奖项于 2007 年在越南河内颁发。湄公河文学奖旨在搭建湄公河流域国家和地区之间的文学艺术交流平台。2014 年，泰国、缅甸和中国云南省相继成为湄公河文学奖成员。金边皇家大学的高棉文学教授塞塔林·佩恩（Setharin Penn）凭借她的短篇小说《生命之水》（*Kongkear Chivit—Water of Life*）赢得了 2019 年第十届湄公河文学奖短篇小说奖。暹粒省的诗人莫恩·桑南（Moeun Samnang）以《相思河畔》（*Love Along the River*）赢得了 2019 年第十届湄公河文学奖最佳诗歌奖。

4. 东南亚（东盟）文学奖

东南亚（东盟）文学奖（S.E.A Write Award）由泰国设立，奖项只授予东盟各国有名望的尚在世的作家，而且作品必须是在过去的五年内出版的。1999 年至 2018 年，共有 16 名柬埔寨作家和诗人获得该奖项。

三、报刊业发展概况

（一）整体情况

柬埔寨报刊业的发展速度远超书业。在西哈努克时代（1953—1970），报刊业蓬勃发展，涌现了《柬埔寨太阳》《柬埔寨日报》（*Cambodia Daily*）、《大众》（*Popular*）、《柬语民族化》《柬埔

---

① https://www.nouhachjournal.net/about-us/

寨之光》（*Rasmei Kampuchea Daily*）、《柬中友协》（*Khmer Chinese Cultural Friendship*）、《文学》（*Literature*）、《柬埔寨画报》（*Cambodia Pictorial*）等一批柬文报刊，《棉华日报》《工商日报》等华文报纸，还有4种法语报纸和2种越南语报纸。

此后，柬埔寨历经战乱，出版印刷业被彻底破坏，文盲率在东南亚国家中居首位。到1993年大选时，柬埔寨的新闻机构仅有20家，一年后即发展到50家，到1998年第二次大选时，激增至200家。不过，有很多新闻媒体都只是昙花一现，真正活跃的并不多。国际标准刊号（ISSN）官方网站显示，柬埔寨目前仍为非成员国，目前能够在该网站检索到的已登记国际标准刊号的柬埔寨报刊仅有十个。①

历经二十多年发展，柬埔寨的报刊业规模不断扩大。与此同时，政府对报刊业的监管力度也不断加大，在2017年下半年清理了300多家仅注册、没有出版活动的报刊。清理之后，柬埔寨仍有388种活跃报纸、207种杂志和25种内部刊物。② 到2019年，柬埔寨境内共有274种报纸、27种期刊、74种杂志，发行量较大的包括《柬埔寨之光》、《人民报》（*Cambodia People's News*）、《和平岛报》（*Koh Santepheap*）、《金边邮报》（*Phnom Penh Post*）、《高棉时报》（*Khmer Times*）等。中文报纸有《华商日报》《柬华日报》等5家。柬埔寨政府门户网站③ 是柬埔寨主要官方网络媒体。④ 根据柬埔寨独立媒体研究中心（Cambodian Center for Independent Media，简称CCIM）的资料，《柬埔寨和平岛报》（*Koh Santepheap*）是该国最受欢迎的报纸，其网站也是柬埔寨最受欢迎的网站之一。拥有2%印刷品份额的《罗望子树报》（*Deum Ampil Daily*）网站⑤ 也在当地十大网站中占有一席之地。⑥

---

① List of Member Countries of the ISSN Network，www.issn.org.
② 《高棉时报》，2017年12月19日，*Unions back newspaper closures*，https://www.khmertimeskh.com/96706/unions-back-newspaper-closures/.
③ 网址是 www.cambodia.gov.kh。
④ 《对外投资合作国别（地区）指南：柬埔寨（2019年版）》，商务部国际贸易经济合作研究院、中国驻柬埔寨大使馆经济商务处、商务部对外投资和经济合作司联合发布。
⑤ 该报纸网站在当地十大网站中占一席之地。该报全称为 *Deum Ampil Daily*，母公司为 Soy Sopheap。2006年创刊时为周报，后转型为日报，是柬埔寨最受欢迎的报纸之一。其同名网站也很受欢迎。
⑥ http://cambodia.mom-rsf.org/en/media/print/.

新闻媒体的飞速发展使得柬埔寨对新闻记者的需求急剧增加。为配合需求，柬埔寨专门成立了柬埔寨新闻工作者俱乐部（The Club of Cambodian Journalists）和柬埔寨新闻工作者联合会联盟（Union of Journalist Federations of Cambodia）。柬埔寨新闻工作者俱乐部成立于 2000 年 8 月，目的是加强和提高柬埔寨新闻工作者的专业水平，保护柬埔寨新闻工作者的权利和职业精神。柬埔寨新闻工作者联合会联盟则于 2016 年 8 月成立，此后逐渐发展成为该国主要的新闻工作者协会，受到广大从业人员的支持，目前已经拥有 1000 多名成员。两家协会为培训新闻记者做出了很多努力，如设立新闻奖项、举办研讨会或编辑论坛等，此外，不定期地邀请各省的新闻工作者参加在金边举行的培训课程，主要针对新闻写作、采访、新闻业务、媒体法等进行专业知识培训。协会还与欧洲委员会驻柬埔寨代表团合作组织定期举办新闻发布会，邀请记者进行报道。

数据显示，仅有 11% 的柬埔寨人阅读杂志或报纸，或两者都读。[①] 因此，柬埔寨报刊业同样面临着发行量持续下滑、受众流失、印刷成本提高等挑战。柬埔寨的报刊业正在经历从传统纸媒向科技化、网络化的快速转型，以抵消平面媒体持续下滑造成的经济损失。

（二）主要报刊情况

柬埔寨在报纸、期刊领域的出版各具特色，在 1993 年大选后，报刊业蓬勃发展，其发展水平和层次也有比较大的差异。下文中选取了在柬埔寨比较具有代表性的报纸和期刊来进行介绍。

1. 主要报纸

《柬埔寨之光》创刊于 1993 年，是独立的商业性日报，在柬埔寨本土及海外柬埔寨侨胞中深具影响力。其办报宗旨是：为读者提供准确、可靠的信息；坚持国家主流报纸的地位；追求财政独立。该报日发行量为 1.5 万 ~2 万份，其读者群遍布柬埔寨全国，其中包括政府官员、国会议员、非政府组织、各大政党、各国驻柬外交官、普通民众等。随着读者群的不断扩大，《柬埔寨之光》决定把报纸从原来的 12 版增加到 20 版，内容涵盖当前热点、经济、环境、社会、国际、文化、体育、娱乐等各个领域。《柬埔寨之光》的主要收入来源是广告、发行以及信息服务。该报共有约 100 名雇员，其中 50 名是记者，遍布柬埔寨各个省份。

---

① http://cambodia.mom-rsf.org/en/media/print/.

表 3　柬埔寨主要报纸

序号	报刊名称	中文名	出版语种	创刊时间	出版频率	网址
1	Cambodia Daily	柬埔寨日报	英文、柬文	1993	日报	https://english.cambodiadaily.com/
2	Rasmei Kampuchea Daily	柬埔寨之光	柬文	1993	日报	http://www.rasmeinews.com/
3	Cambodian Times	柬埔寨时报	英文、柬文	2002	周报	https://www.cambodiantimes.com/
4	Khmer Times	高棉时报	英文	2014	每周 5 期	https://www.khmertimeskh.com/
5	Koh Santepheap Daily	柬埔寨和平岛报	柬文	1967	日报	kohsantepheapdaily.com.kh
6	Phnom Penh Post	金边邮报	英文、柬文	1992	双周刊	https://phnompenhpost.com/
7	The Commercial News	华商日报	中文	1993	日报	https://thehuashangnews.com/
8	Phnom Penh Evening News	金边晚报	中文	2010	日报	http://www.jinbianwanbao.cn/
9	Jianhua Daily	柬华日报	中文	2000	日报	http:// www.jianhuadaily.com/
10	Khmer Daily	高棉日报	中文、柬文	2013	日报	http://khmerdaily.info/
11	Sin Chew Daily	柬埔寨星洲日报	中文	2000	日报	www.camsinchew.com
12	Angkor Today	吴哥时报	中文	2015	线上	微信平台，微信号：Angkortoday
13	The Cambodia China Times	柬中时报	中文	2018	线上	https://cc-times.com/

资料来源：根据上述报纸官方网站数据整理。

《金边邮报》创刊于 1992 年，有柬文和英文双语版。该报可以说是柬埔寨中现存的历史最悠久的独立报纸。在柬埔寨本土及海外 35 个国家的读者都可以通过征订来阅读该报。《金边邮报》专注于报道柬埔寨时事新闻，内容权威，信息全面，提供高品质的阅读体验，读者群主要是政府官员和受过高等教育的公民。独特而全面的分析报道使其成为在柬埔寨乃至全世界订阅量最多的柬埔寨新闻媒体，具有较大影响力。

《柬埔寨时报》创立于 2002 年，是一家在线媒体，由澳大利亚的中西部广播网（Midwest Radio Network）控股，旨在提供最新的国内和国际头条新闻、商业和金融报道，为会员门户网站提供优质服务。该报的座右铭是"捕捉时代"，被誉为柬埔寨最有影响力的媒体，每日通过社交媒体网站和外网推送全网新闻资讯，特别是有关柬埔寨的重大新闻。

《高棉时报》2014 年 2 月作为线上媒体成立，5 月起改为周报，2015 年 7 月起，改版为日报。旨在以传统印刷和新媒体两种渠道，为柬埔寨读者提供最新的国内外新闻。该报有柬文和法文副刊，每周定期提供"今日青年""本周儿童""本周特刊"等内容。该报拥有一支经验丰富的记者团队，特别是外国记者团队，每天收集并撰写第一手新闻材料，精准报道海外新闻和观点。其新闻报道经常被《曼谷邮报》《经济学人》和《太阳报》转载。该报每周一至周五刊发五期，周五特刊发行 8000 份，平时发行量为 6000 份。其网站则每天更新。该报读者中，柬埔寨人占 65%。

《柬埔寨和平岛报》创立于 1967 年。因战乱停刊 20 多年后，又于 1993 年重新申请了许可证。因为对犯罪故事的独家报道，特别是以图文的形式详细描绘犯罪现场和事故现场，该报已成为该国阅读最广和最受欢迎的报纸之一。报纸的主要收入来自销售和广告。公司还拥有同名电视台，并以社交媒体，如脸书和优兔网来推送新闻，吸引受众。

《柬埔寨日报》创立于 1993 年，其目标是建立负责任的新闻服务平台，以向柬埔寨公众以及国家政策制定者提供信息，并培训将成为民族支柱的新一代新闻工作者。该报被称为最强硬的英文独立报纸，以其对政府的监督和批评力道为民众熟知。2017 年 9 月，由于自身深陷税务危机，该报不得不关闭金边办事处，并停止发行纸质版报纸。此后，该报转型成为以英文版和柬文版双语推送的纯数字版媒体。通过官网、脸书、优兔网等渠道，主要聚焦高棉语音频、视频内容，以扩大对母语为高棉语的受众的影响力。

2000 年，柬华理事会主办的《柬华日报》正式创刊。该报作为柬华理事总会的机关报，得到中柬政府官方的支持，在宣传中柬两国大政方针、经济贸易、交流与合作上最具权威性，在柬埔寨华人中最具影响力。2012年创刊的《高棉日报》是经柬埔寨新闻部批准发行、由柬埔寨国际合作机构主管、高棉国际传媒主办的柬中双语日报；是"柬埔寨参议院指定参考读物"，以"让世界了解柬埔寨、让柬埔寨了解世界"为宗旨，是沟通柬国内、外交流合作的桥梁纽带。目前，柬埔寨每日都发行《华商日报》《柬华日报》《高棉日报》《柬埔寨星洲日报》和《金边晚报》五种华文纸质报纸。2015年，柬埔寨首份纯电子版中文报纸《吴哥时报》正式创刊，为当地华侨华人提供了一个全新的信息平台。此后，柬埔寨的华文报纸陆续向新媒体转型。[①] 2019年11月，《柬中时报》与《华商日报》整合成为柬埔寨最大的中文媒体集团。

2. 主要期刊

《大众》（*Popular*）为柬埔寨最受欢迎的杂志之一。该杂志创刊于1994年，每月刊发两期。从2015年起开始通过脸书等网络渠道发布信息，专注于报道最新、最热门的娱乐新闻和爆炸性的社会新闻。

《吴哥窟》（*Angkor Thom*）于1995年起以报纸形式发行了三年，1998年2月起改为周刊。《吴哥窟》是柬埔寨最受欢迎的杂志之一，仅次于《大众》杂志，每10天出版一次。《吴哥窟》杂志在柬埔寨信息部注册时登记的发行量为5000册，但实际发行量达到3.5万册，其中超过85%在国内销售，其余的在海外发行，发行国家包括美国、加拿大、法国、澳大利亚、新西兰、韩国、泰国和越南。该杂志主要关注娱乐新闻、经济、艺术与文化、体育、健康与美容、教育、科技等。该杂志所属的吴哥窟传媒集团，还拥有双周刊《达拉》（*Dara*），同名网站和日报。

《努·哈奇文学期刊》（*Nou Hach Literary Journal*）是旨在支持柬埔寨现代文学发展的努·哈奇文学计划的一部分。第一本《努·哈奇文学期刊》于2004年出版，收录了2003年和2004年各次努·哈奇会议的最佳获奖者的短篇小说和诗歌。截至2020年3月，该期刊已经出版八期。期刊向柬埔寨读者提供从第三期开始的电子期刊，为阅读并享受现代高棉文学提供便利。

---

① 陈世伦，王一苇：《媒体报道框架与中国海外形象建构——以柬埔寨主流媒体对一带一路倡议报道为例》，广西民族大学学报（哲学社会科学版），第41卷第1期。

《知识之轮》（*Siksacakr*）是 2000 年创刊的半年刊，但发刊频率并不稳定。期刊投稿采用同行评审盲审的形式，最终以柬文、英文、法文三语对照呈现。刊名"知识之轮"反映了该杂志在传播新学术知识，推动学术交流方面的宗旨。[①]

《高棉经济》（*Khmer Economy*）由高棉资源投资控股集团和高棉第一煤矿集团有限公司于 2012 年联合创办，以柬文、中文两种语言报道有关柬埔寨的经济情况，每月分别出刊柬文版和中文版各一期，首期发行量是柬文版 1 万本和中文版 5000 本，发行范围包括首都金边和全国各省市。杂志向柬埔寨政府部门、机关免费赠阅，市场零售价格为 3 美元。《高棉经济》杂志办刊宗旨是提供高效、及时、独特的新闻报道。

《健康时代专业版》（*Healthtime Pro*）隶属于同名公司，该公司通过科研、杂志和网站为公众和健康从业者提供健康教育。该公司拥有三个平台，读者可以通过"走向健康"（Healthogo）应用程序，网站（www.healthtime.tips）以及每月在杂志上刊登的文章来了解健康知识。该杂志设有病理学、案例研究、患者教育、药学和医疗保健等多个栏目，也提供健康相关的培训计划，包括医疗保健人员的职业规划、业务管理和健康从业的心态调整等。

（三）主要企业情况

1. 萨拜传媒

公司成立于 2007 年，经过十多年发展，已成为柬埔寨娱乐和科技领域的领导者，其业务范围涵盖新闻和娱乐资讯、影视、游戏、图书、购物平台等多种业态。旗下萨拜新闻（Sabay News）是柬埔寨访问量最大、最受欢迎的柬文网站，提供文字和视频形式的高棉数字新闻和娱乐内容，每月浏览量超过 2000 万，每月独立访客近 200 万。萨拜电子小说（Sabay eNovel）电子书平台定期发布高棉文学作品电子书，可以通过网站或者客户端进行阅读。萨拜电视（Sabay TV）在线视频提供丰富的影音产品，eCamshopping 是柬埔寨领先的在线购物门户网站。2018 年，公司荣获第二届柬埔寨信息通信技术奖和 2018 年最佳数字内容奖。集团在新加坡、缅甸、中国等均设有办事处。[②]

---

① https://khmerstudies.org/publications/siksacakr-journal-of-cambodia-research/siksacakr-articles/.
② http://sabay.com.kh/#what-we-do.

2. 吴哥窟传媒集团

集团成立于 1995 年。除《吴哥窟》杂志外，还有《达拉》杂志，创建于 2005 年，每月出版 2 期，主要关注社会和经济新闻以及娱乐新闻。吴哥窟传媒（Angkor Thom Media）网站于 2011 年上线，报道国内和国际新闻。《诺哥窟》（*Nokor Thom*）日报于 2013 年首次出版。该集团由家族控制，自筹资金进行运作。

3. 金边传媒网

该网站是由柬埔寨中国商会主办，金边晚报传媒有限公司承办的柬埔寨中文新闻网站。金边传媒网和《金边晚报》是金边晚报传媒有限公司旗下两大中文媒体。金边传媒网的职责是：充分运用互联网传媒手段和《金边晚报》新闻资源，以其权威、全面、快捷、亲切的特点，介绍柬埔寨在政治、经济、文化、体育等方面情况，为世界了解柬埔寨、特别是中国企业了解柬埔寨铺设一条高速、快捷的信息通道。金边传媒网目前开设有新闻、文化、教育、体育、财经、旅游、健康、图片等频道，十多个一级栏目，数十个二级子栏目。其宗旨是：将其打造成"世界了解柬埔寨，柬埔寨了解世界"的窗口，成为柬埔寨容量大、品位高、网民参与性强的中文新闻门户网站。[①]

四、中柬出版业交流合作情况

中国同柬埔寨地理相近、文化相通，两国历来是友好邻邦。作为东盟国家中与我国关系最为友好的国家之一，柬埔寨长期奉行对外开放和亲华政策，中柬两国的文化交流不断深化，日趋深入。近年来，中柬在教育、文化等领域不断拓宽交流合作内容，发展空间巨大。2013 年，习近平主席访问东盟期间，提出建设"21 世纪海上丝绸之路"构想，借此机遇，中柬成为"一带一路"倡议的重要合作伙伴。2016 年 11 月，习近平主席对柬埔寨展开历史性访问，对巩固中柬传统友谊和进一步深化双方全面战略合作具有重大意义。2019 年 1 月，《中华人民共和国政府和柬埔寨王国政府联合新闻公报》发布，将 2019 年确定为"中柬文化旅游年"，并以此为契机，进一步扩大人文交流，推动两国民心相通。中柬两国文化和旅游部门合作举办了"感知中国·江苏文化周"等文化交流活动，让柬埔寨民众近距离

感受中国文化。此次活动已经于 2020 年 3 月落幕，柬埔寨民众借此对中国有了更深的认识，这将为两国未来各领域合作创造更多便利。2019 年 4 月 28 日，在李克强总理和洪森首相共同见证下，中柬双方签署《关于构建中柬命运共同体行动计划》。行动计划涵盖政治、安全、经济、人文、多边等五大领域合作 31 项具体目标和举措，标志着中柬全面战略合作伙伴关系进入提质升级的新阶段。①

（一）中柬出版合作与文化交流

20 世纪末，我国陆续出版了第一部内容较全面的《柬汉辞典》，还有《柬埔寨语语法》《柬埔寨语口语教程》等语言教程，以及《柬埔寨文学简史及作品选读》《柬埔寨现当代文学作品选读》等文学研究图书。2017 年以来，中国人民大学出版社、天津人民出版社陆续向柬埔寨输出《选择：中国与全球治理》《文化复兴：传统文化的现代价值》《全面依法治国新征程》《京剧知识词典》等精选图书的柬文版，供柬埔寨广大读者阅读。同时，以外研社为代表的中国出版社也陆续译介了《首相洪森：柬埔寨政治与权力 40 年》《柬汉词典》《西哈努克画传》《神奇的丝路民间故事：柬埔寨民间故事》等一批柬埔寨优秀出版物，受到中国读者欢迎。

2019 年，习近平主席在亚洲文明对话大会上提出"实施'亚洲经典著作互译计划'"，凤凰出版传媒集团以江苏省委宣传部"中柬互译项目"为依托，积极推动中柬经典作品的版权交流。2019 年 2 月，国务院新闻办公室在柬埔寨金边举办"感知中国·江苏文化周"，江苏凤凰文艺出版社作为中国出版界代表，在"感知中柬文化魅力"赠书活动上，向柬埔寨高棉出版社社长赠送"中柬互译项目"首批作品：柬埔寨名家涅·泰姆的《珠山玫瑰》和中国作家苏童的《万用表》。2019 年，由江苏凤凰少年儿童出版社承担的第二期"中柬互译项目"已进入翻译阶段，中国首位国际安徒生奖得主曹文轩的名作《青铜葵花》和柬埔寨儿童文学代表作品《小女孩兰娜》将很快与两国读者见面。

中柬关系发展学会是柬埔寨非常重要的对华文化交流机构。协会成立于 2010 年，会长克罗缇达（Khlot Thyda）是柬埔寨皇家科学院前院长，也是洪森首相私人顾问。学会宗旨是与中国友人共同努力，提高中柬关系研究成果的质量，增进两国人民的友谊。学会多位成员为柬埔寨参众两院

---

① 《2019 年中柬关系十大新闻》，北外柬埔寨研究中心。

重要官员，与当地企业合作开展多项中柬文化、体育及慈善活动。克罗缇达也因此荣获 2012 年度第六届中华图书特殊贡献奖。[①] 截至 2018 年底，该学会已经出版关于中柬友谊的《从三国到西哈努克》，周达观的《真腊风土记》[②]，以及《西哈努克亲王（1922—2012）》等图书。

（二）文化机构落地柬埔寨

中柬两国的交流合作不断深化，在教育文化方面的合作日益深入，孔子学院陆续成立、柬语报刊书店不断设立，"凤凰书架"等品牌示范项目悄然落地，这些文化项目，为促进两国的繁荣发展，增进两国人民的友谊与合作方面做出了重要和积极的贡献。

1. 教育文化合作不断深入

2009 年成立的柬埔寨皇家孔子学院是全球最大的孔子学院之一，年招生规模逾 12000 人。柬埔寨皇家孔子学院致力于在柬埔寨推广中国优秀传统文化，积极展开面向柬埔寨官员、企业、社会的汉语教学，七年来连续举办"中柬友好研讨会"，并配合中柬建交 60 周年，积极承担《习近平治国理政》（第一卷）的翻译审校工作。2017 年 4 月 11 日，该书柬文版在柬埔寨首都金边举办了首发式，成为中柬友好合作关系史上的一件大事，为增进柬埔寨对我国文化的正面认知，推动中柬出版合作做出了积极的贡献。2018 年 12 月，国立马德望大学孔子学院正式挂牌，成为柬埔寨的第二家孔子学院。经一年多的运作，在促进柬埔寨高等教育质量提升和向普通民众教授汉语方面也起到了重要作用。

2. 柬语报刊、书店不断设立

2011 年 8 月 30 日，柬文《高棉》杂志创刊，成为云南省政府新闻办主办、中国唯一在柬发行的柬文外宣杂志。2011 年 10 月，云南新知集团在柬埔寨设立新知图书金边华文书局。2014 年 12 月，中国文化部、云南省和新知集团共建的柬埔寨金边中国文化之家正式揭牌。2015 年 2 月，云南日报报业集团设立金边办事处，并与《柬埔寨之光》报社签约，共同创办《柬埔寨之光·美丽云南》柬文版新闻周刊，暨发行柬文《高棉》杂志之后成为全国省级党报中首家实现在柬埔寨落地出版的新闻周刊，通过丰

---

① 金边传媒网，2012 年 8 月 30 日，http://jinbianwanbao.cn/news/2504.html。

② 该书对当代及现代研究真腊及吴哥窟起了非常重要的作用，是现存与真腊同时代者对该国的唯一记录。

富的新闻资讯向柬埔寨读者展示中国的发展现状。2015 年 7 月，由中国驻柬大使馆出资筹划、新知图书金边华文书局负责实施建设的"大使图书角"举行授牌仪式。柬埔寨亚欧大学、金边皇家大学、端华学校、民生学校、立群学校各获得价值 8 万元人民币的图书。

3. 凤凰书架成为示范项目

2019 年 12 月，凤凰出版传媒集团与柬埔寨皇家科学院孔子学院签署协议，凤凰书架正式在柬埔寨金边落地，首批捐赠 400 册图书，涵盖两国文学、中国历史文化、科技创新、当代中国等类别。凤凰书架是由凤凰集团发起建设的品牌文化交流项目，选取海外重要文化机构作为共建合作伙伴，精选凤凰版精品图书在图书馆（室）陈列，为当地读者了解中国以及中国文化提供阅读便利，并适时组织凤凰作家赴现场，通过"阅读中国"沙龙等活动形式与当地读者互动交流，共同品读中国文学及文化故事。

（三）借助展会平台交流合作

国际书展的真正意义是实现不同文化间的有效传播。书展的最大价值并非卖书或者简单地销售一些图书版权，而是依托书展这个平台，实现中柬两国的文化交流与发声，更好地展示两国文化的特质与精髓，让两国读者通过书展，加深对彼此文化的了解，加速文化的交流，促进"民心相通"。

1. 中国图书展销会

2008 年 11 月，广西壮族自治区新闻出版广电局首次举办越南、柬埔寨中国图书展销会暨版权贸易洽谈会，旨在开辟东盟图书市场，推动中国出版与周边国家的文化交流。2014 年，再次举办柬埔寨、印度尼西亚中国图书展销会，共展览优秀中国图书近 2400 册，总码洋近 10 万元，达成版权输出合同 30 多种。

2. 中国原创童书及期刊巡回展

2015 年 12 月，中国少年儿童新闻出版总社在柬埔寨金边和老挝万象同步举行"2015 年中国原创童书及期刊巡回展"，展示儿童文学、科普、绘本等近千种优秀原创精品图书，同时举办"中国原创优秀插画展"。本次巡回展第一站是柬埔寨首都金边举办的第四届柬埔寨书展，既是中国展团第一次参加柬埔寨书展，也是柬埔寨书展第一家正式参展的外国展团。本次巡回展旨在推动中国文化走向东盟，展示中国少儿出版风貌，加强中柬出版界的了解和合作。①

3. 中国主题精品图书联展

2016年10月，中国主题精品图书联展开幕。本次联展由中国国务院新闻办公室、中国驻柬埔寨大使馆联合主办，中国外文局（中国国际出版集团）、中国国际图书贸易集团公司、《中国报道》杂志社承办。联展为期一周，在柬埔寨和平书局、新知集团柬埔寨（金边）华文书局等多家连锁书店同步进行。此次图书联展以中、柬、英、法等语种，集中展示《习近平谈治国理政》等1000余种中国主题精品图书，内容涵盖中国政治、经济、文化、历史等各个方面，介绍当今中国的最新发展成就，为中柬两国文化交流、出版合作提供了一个崭新平台。书展期间，中国国际出版集团与柬埔寨合作与和平研究所签订合作意向，今后5年内每年向柬方免费赠送300册中国图书，帮助柬埔寨社会及时全面地掌握中国资讯，更好地感知中国文化、关注中国发展。②

4. 东南亚中国图书巡回展

该展由中国书刊发行业协会、福建省新闻出版局等共同主办，自2017年以来已经连续举办三届。从首届的柬埔寨、泰国、老挝、缅甸四国增加到泰国、马来西亚、菲律宾、老挝、柬埔寨、缅甸六国。80余家出版机构携1万余种、3万余册涵盖中国优秀主题图书、文化教育、少儿读物、文学艺术、哲学与社会科学、医学、科学技术等类别的图书赴展。除图书展销外，还举办出版合作论坛、版权对接洽谈会、系列赠书活动以及中国非遗文化展演等丰富交流活动，深受柬埔寨读者喜爱。③

参考文献

1. 段立生.《柬埔寨通史》.上海社会科学院出版社，2019年1月.

2. 刘亚萍 等.《柬埔寨国情报告（2015—2016）》.北京经济管理出版社，2018年8月.

3. 商务部国际贸易经济合作研究院，中国驻柬埔寨大使馆经济商务处，

---

① "'2015年中国原创童书及期刊巡回展'在柬埔寨、老挝举行"，《出版广角》，2015年第17期。

② "柬埔寨涌动'中国热'"，中国—东盟博览会官网，2016年10月11日，http://www.caexpo.org/index.php?a=show&c=index&catid=120&id=215310&m=content。

③ "厦门自贸片区走出特色文化出口之路"，《国际商报》，2019年05月22日。

商务部对外投资和经济合作司.《对外投资合作国别（地区）指南：柬埔寨（2019 年版）》. http://www.mofcom.gov.cn/dl/gbdqzn/upload/jianpuzhai.pdf.

4. Jarvis, Helen; Afranis, Peter; et al. *Publishing in Cambodia—A Survey and Report*. Phnom Penh: Commissioned by the Publishing in Cambodia Project Co-Sponsored by the Center for Khmer Studies, Reyum Institute & the Toyota Foundation. December 2002.

5. 黎国权. 2018 年柬埔寨文化发展报告 [R].《东盟文化发展报告（2019）》. 2019 年 10 月.

6. 黎国权. 2017 年柬埔寨文化发展报告 [R].《东盟文化发展报告（2018）》. 2018 年 8 月.

7. 郑军军 等.《柬埔寨现当代文学作品选读》. 世界图书出版社，2016 年版.

8. 彭晖.《柬埔寨文学简史及作品选读》. 外语教学与研究出版社，2003 年版.

9. 杨锡铭.《越南老挝柬埔寨华侨华人史话》. 广东教育出版社，2019 年 7 月.

10. 王贵国 等.《"一带一路"沿线国法律精要：柬埔寨，马来西亚，新加坡卷》. 浙江大学出版社，2019 年 9 月.

11. 陈世伦，王一苇.《媒体报道框架与中国海外形象建构——以柬埔寨主流媒体对一带一路倡议报道为例》[J]. 广西民族大学学报（哲学社会科学版），第 41 卷第 1 期.

12. National Institute of Statistics, Ministry of Planning. *General Population Census of the Kingdom of Cambodia 2019.*

13. The National Library of Cambodia. *Cambodia Books in Print/Vol 2.* Phnom Penh, 2007.

（作者单位：江苏凤凰出版传媒股份有限公司）

孟加拉国出版业发展报告

游　翔　徐仟慧　王娇杨

位于南亚次大陆东部的孟加拉人民共和国（Bangladesh）于 1971 年独立，东、西、北三面与印度毗邻，东部与缅甸接壤，南濒孟加拉湾。俯瞰整个国家，河流纵横，河网密布，故有"万河之国"之称。截至 2020 年 7 月，孟加拉国人口总数约 1.65 亿人，占全球人口的 2.11%，其中 98% 为孟加拉族，其余少数民族包括梅特伊、特里普拉、恰克马、比哈尔邦和罗辛亚族等。孟加拉国人民平均寿命为 72.7 岁，城市人口占 39.4%。孟加拉国官方语言为孟加拉语，常用语有英语和阿拉伯语，日常交流中使用地方方言。该国信众最多的宗教为伊斯兰教，教徒占 89.1%；其次为印度教，占 10%；另外还有佛教、基督教等宗教，占 0.9%。2018 年孟加拉国国民识字率为 73.9%。[①]

一、出版业发展背景

（一）政治经济状况[②]

根据 1972 年《宪法》，孟加拉国为议会代议制民主共和国，总理是政府首脑，实行多党制。政府行使行政权，政府和议会行使立法权。孟加拉国主要有三大党派。2009 年至今孟加拉国人民联盟为执政党，总理为谢赫·哈西娜（Sheikh Hasina）。

2018 年 3 月，孟加拉国联合国发展政策委员会宣布，本国从"最不发达国家"进入到发展中国家行列。孟加拉国经济发展水平较低，国民经济主要依靠农业。孟加拉国近两届政府均主张实行市场经济，推行私有化政

---

① 资料来源：世界实时统计数据网站 Worldometer、Statistia，以及金融数据网站 Macrotrends 等。

② 政治经济状况资料来源：中华人民共和国外交部孟加拉国国家概况 https://www.fmprc.gov.cn/web/gjhdq_676201/gj_676203/yz_676205/1206_676764/1206x0_676766/。

策，改善投资环境，大力吸引外国投资，积极创建出口加工区，优先发展农业。人民联盟政府上台以来，制定了庞大的经济发展计划，包括建设"数字孟加拉"、提高发电容量、实现粮食自给等，但面临资金、技术、能源短缺等挑战。

孟加拉国如今为世界上增速最快的十个经济体之一，被列为"N-11 国家"之一[①]，其经济为发展中的市场经济。2017—2018 财年（2017 年 7 月 1 日—2018 年 6 月 30 日）孟加拉国国内生产总值为 2741.1 亿美元，增长率 7.86%；人均收入为 1751 美元，同比增长 8.76%。

孟加拉国与 130 多个国家和地区保持贸易关系。2018 年，孟加拉国出口总额为 422 亿美元，同比增长 5.3%。根据经济复杂性观察站（The Observatory of Economic Complexity，简称 OEC）的数据[②]，孟加拉国主要出口市场依次为美国、德国、英国、法国和西班牙等，中国位列第 13 位。2018 年，孟加拉国进口总额为 530 亿美元，同比增长 6.2%，主要进口市场依次为中国内地、印度、新加坡、日本和中国香港。孟加拉国是 D-8（Developing-8）经济合作组织[③]、南亚区域合作联盟、国际货币基金组织、世界银行、世界贸易组织和亚洲基础设施投资银行等的成员。

近年来，孟加拉国的电信业得到了外国公司的大量投资，发展迅速。政府推广"数字孟加拉国"计划，作为其努力发展该国日益增长的信息技术产业的一部分。根据联合国教科文组织统计研究所数据，2018 年孟加拉国政府教育支出占国内生产总值的比例为 1.99%。

（二）出版相关法律

孟加拉国《宪法》于 1972 年经议会通过并生效，其中第 31 条和第 39 条中明确规定宪法保护孟加拉国公民的言论自由。以此为依据，孟加拉国有较为完备的法律与行政规定来维护出版业秩序。现行与出版业相关

---

① N-11 指的是继"金砖四国"之后，即将在 21 世纪成为全球最大经济体的 11 个国家。高盛集团（Goldman Sachs Group）在 2005 年一篇探讨"金砖四国"和 N-11 潜力的论文中，提到了韩国、墨西哥、孟加拉国、埃及、印度尼西亚、伊朗、尼日利亚、巴基斯坦、菲律宾、土耳其和越南。这 11 个国家，在经济发展潜力上仅次于"金砖四国"。https://www.investopedia.com/terms/n/next-eleven.asp。

② 资料来源：https://oec.world/en/profile/country/bgd/。

③ D-8 又称发展中 8，是促进下列国家发展合作的组织：孟加拉国、埃及、印度尼西亚、伊朗、马来西亚、尼日利亚、巴基斯坦和土耳其。http://developing8.org/about-d-8/brief-history-of-d-8/。

的法律主要有《印刷出版社和出版物（宣告和注册）法》（*The Printing Presses and Publications Declaration and Registration Act*，1973）、《图书出版（管制和控制）条例》（*The Publication of Books Regulation and Control Ordinance*，*1965 East Pakistan Ordinance*）以及《教科书印刷法》（*The Note-Books* Prohibition *Act*，1980）。

孟加拉国现行《印刷出版社和出版物（宣告和注册）法》生效于1973年8月，该法规定了出版社、报纸印刷、出版和图书登记等事项的规则，是孟加拉国印刷出版行业的最重要的法规之一。该法案概述了印刷机的运作、报纸的印刷和出版以及图书的登记制度。如欲成为报纸或杂志的拥有人或出版人，必须获得政府的批准、声明及登记。从市政公司获得适当的营业执照是进一步的要求。根据本法，想要出版报纸，必须有经认证的相关声明或者完全符合本法中所包含的所有印刷和出版要求。任何警察或经政府授权的任何人，均可没收未经许可的报纸，并交由政府。

《印刷出版社和出版物（宣告和注册）法》第3条规定，在孟加拉国印刷的每本书，均应在其上清楚地印上出版社名称、印刷地、主编姓名和发行地点。第12条第2款规定，拟出版的报纸的标题应不同于与在该国任何地方已经出版的报纸标题；编辑者在五年内没有被判犯有道德败坏的罪行，并且应当具有教育资格或已接受过足够的新闻学培训或有足够的经验。第20条第1款规定，如果印刷者或出版者不再为孟加拉国公民，或者被判定有道德败坏罪以及头脑不健全，该出版物都将被取消印刷许可。第20A条规定如果政府认为在任何地方制作的任何图书或纸张含有不雅、淫秽的任何文字、标志或图示，则政府可在官方公报中通知，此类图书或纸张将被没收给政府，任何警察都可以在孟加拉国的任何地方没收该图书。

孟加拉国的大众传媒法倾向于约束新闻自由。1973年的《印刷出版社和出版物（宣告和注册）法》也显示出政府约束报刊出版的趋势。例如，第9条规定，如果一份报纸在声明获得认证或被认为获得认证之日起3个月内未出版，则该声明将无效。在同一节中说，当一份已建立的日报3个月不出版，而其他非日报类报纸6个月不出版时，出版权就无效，需要重新声明。这些约束使新闻界难以有效地履行其职责。尽管此法有许多负面的性质，但它也有一些积极的方面。记者经常用它来捍卫他们自由报道的权利。无论是好是坏，它都为记者群体提供了言论自由的基础。孟加拉国新闻委员会（Bangladesh Press Council）有权对违反行业规定的报纸出版社或新闻机构采取一定的惩罚措施。

《图书出版（管制和控制）条例》公布于 1965 年，是东巴基斯坦①条例②中的一部分。这项条例规定了图书或作品首次印刷和出版的管理规则。该条例是基于《巴基斯坦伊斯兰共和国宪法》第 79 条制定的。其中第 3 条第 1 款规定，除得到政府或特别授权的官员的许可外，任何人不得印刷首次出版的图书或作品。第 4 条第 2 款规定，特别授权的政府或官员，如果该书或作品损害传统文化或国家利益，则应拒绝其印刷或出版。

《教科书印刷法》公布于 1980 年，规定了教科书印刷、出版、进口、分发和销售的相关规则，除学校外任何人不得印刷、出版、进口、销售、分发或流通任何教科书。

除上述与出版业直接相关的法律外，孟加拉还有《信息与通信技术法》（*The Information and Communication Technology Division*）、《著作权法》（*Copyright Act*）、《官方保密法》（*The Official Secrets Act*，1923）、《刑事诽谤法》《特别权力法》等法律对出版业也有重要的指导作用。

由前总理卡莉达·齐亚（Khaleda Zia）政府于 2006 年 11 月颁布的《信息与通信技术法》用以规范数字通信，该法在 2013 年由谢赫·哈西娜政府强化，第 57 条授权对任何以电子形式发布被视为虚假、淫秽、诽谤性材料或任何可能使观众堕落或腐败的材料的人提起诉讼。

于 2000 年 7 月颁布的《著作权法》第 24 条规定了已发表的文学作品的版权期限均为 60 年；第 75—97 条规定权利受到侵犯的作者或出版商可以寻求民事、刑事和行政三种类型的救济。

（三）出版相关政策

除法律和行政法规外，孟加拉国政府还通过设立行业促进计划打造适合出版业发展的国内阅读环境和国外传播渠道。

在国内阅读环境建设方面，图书业的政策包括，一是为了使学生和一般读者能够得到优质的图书，合资企业采取的措施及区域间分销合作可以解决大多数价格、大小、质量、供应以及适应市场方面的障碍；二是为了

---

① 1947 年印巴分治时，孟加拉地区被分为两部分，西孟加拉并入印度，东孟加拉选择加入巴基斯坦。1955 年，东孟加拉更名为东巴基斯坦。1971 年东巴基斯坦独立为孟加拉国。

② 该条例一直在使用。1973 年《孟加拉国法律（修订和声明）法》（第 1 号法令）第 3 节和第二附表（第 1 号法令）将本条例中的"东巴基斯坦"和"省政府"替换为"孟加拉国"和"政府"，将"卢比"替换为"塔卡"。

促进本土出版，图书业实施在区域一级针对有共同市场的图书进行合作的政策，例如促进以英语、孟加拉语、乌尔都语、泰米尔语等多种语言的图书出版。此外，由美国国际开发署（United States Agency for International Development，简称 USAID）支持的"阅读"（READ）项目等对提升孟加拉国幼龄儿童阅读能力提供了帮助。

在与国际图书出版组织的合作上，针对各国本土图书充足与进出口匮乏的矛盾现状，南亚区域合作联盟（South Asian Association for Regional Cooperation，简称南盟）国家签署的《南亚优惠贸易协定》为区域内贸易开辟了新的前景，"协定"第 3 条鼓励潜在贸易伙伴之间的图书进出口合作。《孟加拉国进出口业务分配报告》（*Assignment of Export and Import Business—A Bangladesh Perspective*）对进口的出版物有所规定，如禁止恐怖、淫秽、反动以及会煽动改变任意公民阶层宗教信仰的图书、报纸、期刊、海报、电影、视听音频等出版物进口至孟加拉国。此外，一些孟加拉国出版商已经建立了国际链接，并制定了联合出版安排，如孟加拉国为国际出版商协会（International Publishers Association，简称 IPA）等组织的成员国。

在孟加拉国，政府管理的国家课程和教科书委员会（National Curriculum and Textbook Board，简称 NCTB）是唯一一个可以为中小学和大学出版教科书的机构，他们的书免费提供给 1~10 年级的所有学生。孟加拉国国内的图书阅读与出版机构除了加强与外界联系之外，还在推动改进教育行业方面做出持续贡献，如在每年书展前后举行的对相关图书专家的访谈、见面会上询问教育改革相关问题，再如孟加拉国阅读协会曾在 2013 年举行以孟加拉国中小学教育的总体问题和实践为主题的全国会议。

（四）出版管理机构

孟加拉国出版业的政府机构主要有孟加拉国文化部（Ministry of Cultural Affairs）、孟加拉国印刷和出版物部（Department of Printing and Publications）及其下属部门以及孟加拉国国家图书档案馆（National Archives and National Library of Bangladesh）。除此之外，孟加拉国新闻学院（Press Institute of Bangladesh，简称 PIB）和孟加拉国国家表演艺术学院（Shilpakala Academy）两家机构也与出版管理有密切关系。

1.孟加拉国文化部，全称为孟加拉国人民共和国文化部，又名孟加拉国文化事务部。因为认识到了保护和传播文化的重要性，因此在孟加拉独立后的第二年，即 1972 年，在教育部内成立了文化事务和体育部。从那时起，新部门致力于促进国民文化和体育的发展。1975 年、1978 年、1979 年，该部门几经合并和分离，最终更名为宗教事务、文化和体育部，在原有对文化体育关注的基础上，新增加了对国家宗教的关注。随着对宗教关注的提升，1980 年该部门被划分为两个不同的部门：宗教事务部和体育文化事务部。1982 年侯赛因·穆罕默德·艾尔沙德下达政令，将体育文化事务部改称为体育与文化部，隶属于总统秘书处。1984 年体育与文化部重新合并到了教育部中。同年，与体育有关的工作从体育与文化部分离出来，独立成立了一个部门，命名为青年与体育部。而原本的文化部成为一个单独的部门，被命名为文化事务部。从 2001 年至今，该部都以文化事务部名义运作。

孟加拉国文化部下属的公共图书馆、国家图书中心以及孟加拉国版权办公室直接参与出版业管理。

2. 隶属于孟加拉国公共管理部附属部门的孟加拉国印刷和出版物部建于 1972 年 8 月，为多个机构的合并组织。孟加拉国政府出版社（Bangladesh Government Press）、政府印刷出版社（Government Printing Press）和孟加拉国安全印刷出版社（Bangladesh Security Printing Press）隶属该部门。此外，该部门有两个下属局，孟加拉国文书局（Bangladesh Stationery Office）与孟加拉国表格和出版物办公室（Bangladesh Forms & Publications Office）。除吉大港市、库尔纳市和博格拉市的三个分区办公室外，该部在达卡还设有五个部门办公室。其中，孟加拉国政府出版社是政府出版物的发行处，出版保密材料、报告、预算、法案、条例、决议、传单及海报等；政府印刷出版社是孟加拉国独立之前巴基斯坦工业部下属的附属部门，其总部位于卡拉奇，在卡拉奇、拉合尔、伊斯兰堡和达卡设有部门办公室；孟加拉国安全印刷出版社是政府建制部和财政部联合设立的出版社，用于印刷国家机密文件及支票等出版物，计划生育部门的培训、研究、评估和咨询（TREC）计划也由该机构印刷出版，政府对该机构下达了各种防伪打印要求，安全印刷需求逐渐增加；孟加拉国表格和出版物办公室汇编各类表格和出版物，并在政府的相关机构中进行出版物的印刷和传播。

3. 孟加拉国国家图书档案馆于 1973 年合并而成，包括孟加拉国图书馆和孟加拉国档案馆。该馆根据数据库实行了一个创新计划和小型开发项目（SIP—小型改进项目），通过为工作人员、研究人员和读者提供安全、便捷的服务，来达到改进服务水平的效果。2018—2019 年该馆的财政预算约为 7029 万塔卡，其中用于图书和期刊的预算为 25 万塔卡。孟加拉国国家图书馆建于 1973 年，是根据孟加拉国版权法建立的政府的法定机构。该图书馆在图书出版方面采取了许多措施，如制定出版物、发展图书出版和营销、创造越来越广泛的阅读机会和吸引公众的阅读兴趣、鼓励印刷艺术精品图书、颁发"最佳印刷商"荣誉等。此外，该图书馆还在政府批准下组织和举办国际研讨会、讲习班、书展等活动，以倡议公众阅读、推广图书出版。

孟加拉国新闻学院和孟加拉国国家表演艺术学院两家机构除承担本身机构职能外，还肩负着出版与自身领域相关的图书、期刊等出版物。

孟加拉国出版业的行业组织[1]主要有孟加拉国学术与创意出版协会、孟加拉国国家课程与教科书委员会。

孟加拉国学术与创意出版协会（Academic and Creative Publishers Association of Bangladesh，简称 ACPAB）建立于 1944 年，2015 年正式成为国际出版商协会的会员。由此，国际出版商协会能够与孟加拉国驻日内瓦使团合作，支持在孟加拉国工作的 1000 多家出版商。

孟加拉国国家课程和教科书委员会（National Curriculum and Textbook Commission，简称 NCTC），前身为 1972 年成立的"东孟加拉学校教科书委员会"，是教育部下最大的自治机构。该委员会负责创编教科书，发展和完善学前、小学、中学和高中课程，并根据国家课程发展完善教科书和其他学习材料等。其下一级机构仅一个，二级机构有五个，其中教科书部是二级机构之一。二层结构之下分为教育编辑部和"班达分行"[2]，再向下为配送部和生产部。（见图 1）

孟加拉国新闻理事会（Bangladesh Press Council，简称 BPC）成立于 1979 年，是一个准司法机构，维护孟加拉新闻自由，致力于提高该国报纸和新闻社的专业水平，并保护个人或机构免受媒体人的过高侵害。孟加拉

---

[1] 行业组织情况来自于孟加拉媒体网站 http://www.bangladeshimedia.com/Bangladesh-Press-Council.html。

[2] "班达"为从孟加拉语到英语的音译，"分行"是因这个结构是一个分支，因此译作"班达分行"，该部分属于教科书部。

国于 1974 年通过了《孟加拉国新闻理事会法》。因此，除了维护新闻自由外，孟加拉国新闻理事会还根据该法第 12 条对报纸或新闻社提出的任何投诉采取合法行动。该委员会还一直在努力确保提高报纸的标准，同时防止黄色新闻的出现，在确保大众传媒自由方面发挥有效的作用。

孟加拉国新闻与电子媒体研究所（Bangladesh Institute of Journalism and Electronic Media，简称 BIJEM）是孟加拉国私营部门中著名的动态媒体研究所。其成立主要是为了在新闻学、印刷与电子媒体、公共关系、大众传播、电影编辑与出版、信息技术、广告等领域提供适当的培训、研究、出版和教育。该研究所与孟加拉国立大学（National University，简称 NU）有从属关系。

图 1　孟加拉国国家课程和教科书委员会组织架构

资料来源：http://www.nctb.gov.bd/

（五）国民阅读情况

1. 图书馆建设情况

孟加拉国的图书馆绝大部分位于城市，极少位于农村。孟加拉图书馆系统主要分为固定图书馆和流动图书馆。固定的图书馆指中央图书馆或各大学图书馆，截至目前共有 975 家。（见表 1）

表 1　孟加拉国各地区及全国图书馆数量情况

单位：家

地区	图书馆数量
达卡	365
吉大港	211

续表

地区	图书馆数量
拉杰沙希	136
库尔纳	103
迈门新	73
博里萨尔	46
锡尔赫特	41
朗普尔	0
合计	975

资料来源：https://mapforplaces.com/countries/bd-bangladesh

孟加拉国国家图书馆收藏丰富，基于 2013 年能源与资源研究所（简称 TERI）调查数据，通过检索相关图书[1] 整理出了孟加拉国国家图书馆相关条目（报纸、期刊等）馆藏情况，信息材料的数量大约在 50 万份以上，加工和可用的标题数量超过了 120 万份。（见表 2）该图书馆的资料来源为购买、捐赠、交换及版权法令等。语言（英语、孟加拉语）为图书等馆藏的首要分类依据之一。

表 2 2013 年孟加拉国国家图书馆馆藏情况

单位：册

种类	图书	孟加拉语日报	孟加拉语周报	孟加拉语期刊	英语日报	英语周报	英语期刊
数量	500000	168	313	627	28	36	235

资料来源：International Conference on Digital Libraries (ICDL) 2013: Vision 2020

除了该国每年所有的新出版物外，孟加拉国国家图书馆还购买外国图

---

[1] Shantanu Ganguly , P K Bhattacharya. International Conference on Digital Libraries (ICDL) 2013: Vision 2020: Looking back 10 years and forging new frontiers. India Habitat Centre Complex, New Delhi, India: 2013, Shantanu Ganguly , P K Bhattacharya, p430-431.

书，尤其是有关亚洲国家的图书和南亚研究的图书。孟加拉国国家图书馆的馆藏资源主要为学生、国内外研究人员使用，另有部分普通读者。由表3可知，国家图书馆整体读者数量呈现波浪式上升，其中读者是研究人员的数量稳定。

表3 2009—2013 年国家图书馆读者数量情况

单位：人

类别	2009	2010	2011	2012	2013	合计
国内研究人员	217	149	200	172	183	921
国外研究人员	19	32	16	27	11	105
读者总数	4095	3245	5977	7224	6742	27283

资料来源：https://mapforplaces.com/countries/bd-bangladesh

孟加拉国国家图书馆的数字化在逐步发展，目前各馆正试图通过建立数字图书馆来增强政策宣传力度。在这方面，国家图书馆已经开始由传统图书馆进入数字图书馆模式。

首都达卡的中心公共图书馆是孟加拉国公共图书馆的总馆，截至2007年5月，共有藏书119750册，藏书中的图书主要是孟加拉语和英语，以及乌尔都语、印地语、阿拉伯语和波斯语。其中60%是孟加拉语，40%是英语和其他语种。苏菲亚·卡马尔（Sufia Kamal）全国公共图书馆是孟加拉国最大的公共图书馆，由孟加拉国文化部直属，收藏了大部分孟加拉国日报和期刊，还专门收集青少年读物。1972年在孟加拉国立宪会议成立后，在达卡建立的孟加拉国议会图书馆拥有超过8.5万册图书和报告、议会辩论、政府公报、期刊、杂志和报纸，主要目的是支持立法者、议会秘书等人员。

达卡大学图书馆也被称为中央图书馆，是孟加拉国最大的图书馆，始建于1921年，占地390平方米。每年约有5700名读者到此读书。该图书馆藏书50万册，包括文学、历史、哲学和许多其他种类的书刊，主要以英语和孟加拉语图书为主，英文占65%，孟加拉文占30%，其他文占5%。该图书馆几乎收藏了孟加拉国所有的报纸和期刊，有外文期刊413种，孟加拉语期刊 150 种。

孟加拉国发展研究所（Bangladesh Institute of Development Studies，简称 BIDS）图书馆是孟加拉国最大的社会科学图书馆，收藏了超过 14 万册图书、文件、期刊和缩微胶片等；数字化进程始于 1991 年，且自 1995 年以来，实现了有关新书、文件、期刊文章和招标出版物数据的数字化，目前在内部数据库中大约有 6.5 万条记录，由图书馆提供内部数据库的服务。因为孟加拉国的图书馆数量、藏书量有限，因此人们更倾向于在家中阅读。为了能够满足人们的需求并且增强国家的认知基础，孟加拉国全国各地建立了流动图书馆。这些流动图书馆的本质是装满了图书的旅游车。旅游车根据装书的不同有 7 种类型，分别是可以装载 4000 本图书、6000 本图书、8000 本图书、11000 本图书和 17000 本图书的车。每个流动图书馆平均每周在各个城市及乡村里停留半个小时到两个小时不等的时间，供人们借书还书。1999 年流动图书馆首次在达卡、吉大港、库尔纳和拉杰沙希运行，至 2018 年全国已经在 58 个地区运行了 1900 多个流动图书馆。

2. 个人阅读情况

除发展数字化外，孟加拉国正在推广国内外合作的各类阅读大赛。

从 2013 年 9 月至 2018 年 3 月由美国相关机构开设的"阅读"（READ）项目，历时四年半，旨在提升 1~3 年级学生的阅读能力、降低低年级学生辍学率、提高低年级教师交互式识字教学能力、扩充适合各年龄的阅读材料以及加强社区对低龄学生读写能力的支持等。截至 2018 年，此项目得到了孟加拉国国家课程和教科书委员会批准的 155 种补充阅读材料，培训了超过 1.1 万名教师和管理人员，建立了近 1500 个社区阅读营，吸引了近 12 万学生。

自 2010 年起，英国文化协会（British Council）与不同的教育机构合作举办了图书阅读比赛，为学生提供阅读世界各地简化英语文学作品的机会。2018 年英国文化协会和孟加拉国的水仙花教育网络（简称 DEN）联合举办了为庆祝 2018 年世界图书日的读书比赛，旨在鼓励孟加拉国儿童和成人探索阅读的乐趣。

除了各种阅读比赛外，孟加拉国还通过在网站上发布美文来促进公民阅读兴趣，强调书的好处，如知识范围广、改变思维方式和生活方式、增加知识、提供创意、获取信息，并且鼓励赠书给他人。

此外，根据《2010年孟加拉国读写能力调查》（*Bangladesh Literacy Survey*, *2010*）公布的统计数据可以获知：

孟加拉国国民阅读海报或小册子的比例高于阅读报纸和杂志，阅读海报或小册子的比例为21.19%，报纸和杂志的阅读率只有9.97%；故事和小说的阅读率相比报纸和杂志更低，分别为7.59%和3.91%；手册和参考书的阅读比例则更小。值得注意的是，超过40%的受访者无法阅读，因为他们根本没有阅读能力。还有部分受访者尽管有阅读能力，但仍有很大的比例从未使用过这些材料。这些阅读材料的使用存在城乡差异。在城市，所有阅读材料的使用都比农村地区多。（见表4）

表4　2010年按阅读材料类型划分的阅读情况

单位：%

类别	阅读频率	报纸和杂志	故事小说	手册参考书	图表地图等	海报
全国范围	不能读	38.85	38.57	38.54	38.35	38.66
	从来没读过	33.14	40.6	51.44	53.21	20.03
	过去三个月读过	9.97	7.59	2.39	1.96	21.19
	一月内读过	3.91	2.74	0.71	0.37	7.36
	一周内读过	2.62	1.03	0.26	0.14	3.51
	每日	5	2.54	0.4	0.11	5.57
	未记录	6.52	6.93	6.25	5.86	3.68
农村地区	不能读	41.65	41.41	41.13	41.13	41.47
	从来没读过	33.67	39.02	50.37	51.25	19.25
	过去三月读过	9.39	7.19	2.48	1.9	20.62
	一月内读过	3.54	2.53	0.61	0.35	7.13
	一周内读过	2.27	1	0.12	0.14	3.4
	每日	2.81	2.53	0.14	0.09	4.53
	未记录	6.66	6.32	5.16	5.16	3.59

续表

类别	阅读频率	报纸和杂志	故事小说	手册参考书	图表地图等	海报
城市地区	不能读	29.63	29.26	29.22	29.24	29.43
	从来没读过	31.38	45.77	57.88	59.66	22.6
	过去三月读过	11.85	8.9	2.89	2.16	23.04
	一月内读过	5.11	3.43	0.86	0.45	8.13
	一周内读过	3.77	1.13	0.23	0.15	3.85
	每日	12.19	2.57	0.48	0.18	8.99
	未记录	6.07	8.94	8.44	8.17	3.97

资料来源:《2010 年孟加拉国读写能力调查》

表 5 显示了 2011 年受访者关于多种阅读方式的使用率,如读报、听广播、看电视和使用互联网。在全部样本中,25.8% 的人曾阅读报纸,4.1% 曾听收音机,68.9% 曾看电视,3.9% 曾使用互联网。此外,这些媒介的使用率都是城市高于农村。

表5 2011 年受访者关于多种阅读方式的使用率

单位:%

类别	农村	城市	全国范围
读报纸	12.7	25.8	25.8
听广播	3.9	4.1	4.1
看电视	39.1	68.9	68.9
使用网络	0.5	3.9	3.9

资料来源:《2011 年孟加拉国读写能力调查》

表 6 列出了 2010 年国民访问公共场所(例如图书馆、书摊、报摊和乡村教育社区中心)以进行阅读的情况。结果显示,只有 2.58% 的人多次访问过图书馆,参观书摊、报摊和乡村教育社区中心等其他地方的比例分

别为 8.91%、1.32% 和 0.64%。一个月中访问此类场所的比例分别是：图书馆 0.83%、书摊 2.24%、报摊 0.45% 和乡村教育社区中心 0.15%。一周访问这些地方的比例分别为：图书馆 0.36%，书摊 0.36%，报摊 0.19%，乡村教育社区中心 0.08%。图书馆的每日访问比例为 0.43%，书摊为 0.26%，报摊为 0.27%，乡村教育社区中心为 0.34%。这些地方的使用情况因性别和居住地而异，与城市地区相比，农村地区访问这些地方的人数更少。这意味着孟加拉国与其他国家相比不仅拥有较少的公共阅读场所，这些场所使用的频率还很低。

表6 2010年国民访问公共场所的阅读情况

单位：%

类别	访问频率	图书馆	书摊	报摊	乡村教育社区中心
全国范围	没机会去	19.63	17.66	17.65	17.81
	从没去过	67.43	63.35	71.53	71
	过去三个月去过	2.58	8.91	1.32	0.64
	一个月内去过	0.83	2.24	0.45	0.15
	一周内去过	0.36	0.36	0.19	0.08
	每日	0.43	0.26	0.27	0.34
	没有范围	8.42	6.86	8.21	9.59
	未记录	0.31	0.36	0.37	0.39
农村地区	没机会去	18.59	16.71	16.49	1734
	从没去过	69.13	65.22	73.33	71.82
	过去三个月去过	2.31	8.45	1.16	0.74
	一个月内去过	0.76	2.14	0.39	0.16
	一周内去过	0.32	0.32	0.16	0.09
	每日	0.43	0.26	0.26	0.38
	没有范围	8.16	6.53	7.82	9.07
	未记录	0.31	0.37	0.39	0.41

续表

类别	访问频率	图书馆	书摊	报摊	乡村教育社区中心
城市地区	没机会去	23.06	20.77	21.46	1936
	从没去过	61.84	57.23	65.59	68.29
	过去三个月去过	3.45	10.4	1.85	0.3
	一个月内去过	1.08	2.58	0.65	0.1
	一周内去过	0.51	0.52	30	0.06
	每日	0.45	0.26	0.32	0.23
	没有范围	9.3	7.94	9.5	11.31
	未记录	0.32	0.31	0.32	0.35

资料来源：《2010年孟加拉国读写能力调查》

（六）互联网使用情况

2018年孟加拉国步入发展中国家行列，而它的数字时代的旅程基本上开始于20世纪90年代初个人电脑的使用。尽管落后于世界上许多其他国家，但孟加拉国《信息与通信技术法》的使用率正在迅速增长。在20世纪90年代末，孟加拉国移动电话开始被大众使用，并逐渐占领了市场。孟加拉国电信监管机构公布的数据显示，截至2019年6月底，该国互联网用户总数接近1亿，2019年前7个月新增用户约500万。孟加拉国电信管理委员会（BTRC）的数据显示，该国的互联网用户数量从2013年的3048万增加到了2019年的9619.9万，略低于该国人口的2/3。在总用户中，有9040.9万移动互联网用户和573.4万宽带互联网用户，其余的链接是通过全球微波互访操作（WiMAX）进行的。

2010年孟加拉国国民互联网使用情况见表7。网络使用与教育程度呈正相关，教育水平越高，互联网设施的使用率越高。只有0.48%的受教育程度为6~8年级学生使用互联网，17.76%的受教育程度为硕士学位的学生使用互联网，27.35%的受教育程度为工程/医学学位的学生使用互联网。网络使用存在性别差异，在各个教育水平中，男性使用网络的比例高于女性。

表7　2010年孟加拉国国民互联网使用情况

单位：%

学业等级	男性			女性			全部		
	使用网络情况		全部	使用网络情况		全部	使用网络情况		全部
	使用	不使用		使用	不使用		使用	不使用	
全部	1.49	98.51	100	0.74	99.26	100	1.12	98.88	100
未受教育	0.00	100.00	100	0.00	100.00	100	0.00	100.00	100
1~5 年级	0.00	100.00	100	0.00	100.00	100	0.00	100.00	100
6~8 年级	0.54	99.46	100	0.43	99.57	100	0.48	99.52	100
9~10 年级	4.25	95.75	100	2.95	97.05	100	3.60	96.40	100
中学毕业	4.27	95.73	100	2.83	97.17	100	3.65	96.35	100
高中毕业	6.74	93.26	100	4.62	95.38	100	5.95	94.05	100
大学学位	13.47	86.53	100	12.59	87.41	100	13.21	86.79	100
硕士学位	18.19	81.81	100	16.57	83.43	100	17.76	82.24	100
工程师	27.20	72.80	100	27.96	72.04	100	27.35	72.65	100
专业技术	8.05	91.95	100	7.84	94.16	100	8.00	92.00	100
其他	6.36	93.64	100	0.00	100.00	100	4.28	95.72	100

资料来源：《2010年孟加拉国读写能力调查》

二、图书业发展概况

孟加拉国非常重视出版业的发展，有较为完备的法律和行政规定来维护出版业的秩序，同时还实施了一系列的有力政策来支持其发展，出版社的现代化程度在显著提高，但仍然存在图书质量低、盗版猖獗、私营图书出版不规范等问题。

（一）整体情况 [1]

1847 年，孟加拉国第一台印刷机出现，1856 年创办了最早的英文周报《达卡新闻》。1860 年孟加拉乔德拉出版社成立，出版了许多孟加拉语

---

[1] 此部分内容主要参考孟加拉国学术和创意出版商协会发布的数据。

的图书与报纸。19 世纪 70 年代，欧洲人、印度教徒、穆斯林开始在孟加拉的达卡开展出版业务。70 年代，孟加拉印刷的市场价格很高，市场竞争虽然激烈，但价格一直保持不变，直到市场扩大之后，孟加拉国的印刷厂和出版社才纷纷降低了价格。当时的出版社也是社会经济交流的中心。作家、出版商、编辑、工人等总是聚集在出版社进行交流。

截至 2015 年，孟加拉国共有 1200 家出版商，其中包括 400 家贸易公司，650 家教育机构和 150 家宗教和其他图书的出版商，使用英语和孟加拉语出版的大多数是国家出版社。2015 年孟加拉国出版业的总营业额（包括印刷和数字）增长了 15%。大众出版收入下降了 8%，学术出版收入下降了 6%，但是教育出版增长了 22%；儿童读物的收入增长了 10%，而成人小说则下降了 12%。

2003—2014 年，孟加拉国出版印刷业产值处于上升状态，其中出版业的增长幅度较大，2013—2014 年的产值较 2005—2006 年增长 1 倍。2005—2008 年是出版业的飞跃期，出版产值从 217.7 亿塔卡增加到 351.2 亿塔卡，增幅达到 61%。（见表 8）

表 8　2003—2014 年孟加拉国出版印刷业年度产值

单位：亿塔卡

类别	2005—2006	2006—2007	2007—2008	2008—2009	2009—2010	2010—2011	2011—2012	2012—2013	2013—2014
出版业	217.65	271.35	331.62	351.24	373.75	386.49	423.38	434.89	452.50
印刷及服务	65.89	82.15	100.39	106.33	113.15	117.01	128.17	131.66	136.99

资料来源：《孟加拉国国民核算统计：来源和方法（2003—2014 年）》

近些年，通俗小说的读者大幅增加，大约有 12 位作家占据了通俗小说市场的主要地位。在过去十年中，关于孟加拉国解放战争和政治的图书也吸引了很多读者。私营部门的出版业发展迅速，据估计大约 35~40 家出版公司每年出版 10~15 种一般大众类图书，许多中小型出版社每年出版 5~10 种此类图书，数量在 100~150 本之间。孟加拉国每年出版大约 200 种学术图书。

　　除了常规图书外，孟加拉国内的"创新出版图书"[①]逐渐兴起。从 20 世纪 60 年代开始，创意图书出版公司的数量持续增长。根据各种出版公司和书商提供的信息，该国目前大约有 550~600 家创意出版公司。2013 年孟加拉国知识和创意出版者协会的书目中已包括 118 家创意出版公司。近年来，这些出版公司已经出版了 4000 多种图书，平均每年售出约 1200 万~1500 万册图书。孟加拉国平均每年出版约 6000 种图书，其中有 75% 的图书在 2 月份的"二十一日书展"（Ekushey Boi Mela，又名 Ekushe Boi Mela、Amar Ekushey Boi Mela 或 Ekushey Book Fair）上展示。

　　孟加拉语学院在世界孟加拉语地区进行了 110 年的努力之后，制定和出版了《标准孟加拉语词典》；发行了三册共 3000 页的《孟加拉语进化词典》；编写和出版有关孟加拉和孟加拉历史的图书；编写和出版与孟加拉国 64 个地区的民间文化有关的系列图书；撰写有关杰出文学和文化名人的生活和作品的图书，收集其作品；发行五本孟加拉语文学史，出版总计约 5000 多种图书。2018—2019 年孟加拉语学院共发行《孟加拉语拼写词典》15000 册、《现代孟加拉语词典》15000 册、《孟英词典》22000 册、《孟加拉语发音词典》5000 册、《简单孟加拉语词典》10000 册，全年出版销售约 30 万美元[②]。

　　孟加拉国出版的所有图书大部分是以孟加拉语出版的，只有少数是以英语出版的。由表 9 可知孟加拉国图书按语言分类出版的数量情况。

表 9　不同语种图书出版数量情况

单位：种

语言	2010	2011	2012	2013
孟加拉语	700	318	251	489
英语	100	100	21	23
其他语种	100	90	2	12
总计	900	508	274	524

　　资料来源：https://thenewpublishingstandard.com

---

① 是指使用人工智能及数字出版方式出版的数字图书及有声读物等。
② 资料来源：《孟加拉学院年报（2018—2019）》。

3. 购买能力

根据 2012 年 6 月在《达卡大学市场营销杂志》（*D. U. Journal of Marketing*）上发布的调查结果，全国有 82 所大学、约 40 万的大学生规模，每位学生每年必修 10 门课程，所有学生每年共需要近 409 万本教科书。在 200 美元的原版英文书、10 美元的原版孟语书、2 美元的盗版书对比下，学生对原版书的购买价格意愿约 6.5 美元。北美出版的教科书在大学供不应求，然而高昂价格与孟加拉国民众支付能力的矛盾仍持续阻碍版权保护，也是当今国际国内社会在版权方面关注的焦点。几年前著名公司培生（Pearson）在达卡开设了一个分配中心，但未在孟加拉国内引起注意。

（二）细分市场情况

1. 学术类

对民主制度的关注、民族认同、善政等是孟加拉国历史上的一些关键问题，这些问题是孟加拉国学术辩论和研究的主题。有关这些内容的图书由少数私营和公共部门的出版商出版。学术出版的其中一个领域是教育和发展问题，通过出版有关该主题的图书，孟加拉国可以分享其在援助、贸易、环境、灾难管理以及著名的孟加拉国小额信贷模式（格莱珉银行）等方面的经验。今天的学术图书在孟加拉国的影响可能不是很大，但是孟加拉国有着悠久的学术追求和著作传统。

孟加拉国学术和创意出版商协会（Academic and Creative Publishers Association of Bangladesh，简称 ACPAB）是孟加拉国图书出版业中唯一的创意出版商代表机构，它致力于发展学术和创意出版业，维护和扩大出版商的商业利益。

2. 教育类

在孟加拉国，由政府管理的国家课程和教科书委员会是唯一可以为学校和大学出版教育教科书的机构，负责出版 5500 万册初等教科书（1~5 年级）、2600 万册中等教科书（6~10 年级），以及为高等年级（10~12 年级）出版 60 万册英语和孟加拉语教材。1983 年的《国家档案条例》禁止私人出版教科书、练习册、指南和参考书等。

目前，在孟加拉国大约有 20~30 家大公司生产中学、高等中学和大学的课本。私营部门出版第二类小学和中学的图书。中小学和高校教师协会是教科书行业的积极参与者，这些教师群体能够制作课程书单。每年约有

500～700 种新书由作者自己出版，包括诗歌、小说、大学课本和一些专业图书，且这一类别的图书出版呈逐年增长趋势。

孟加拉国当前教科书的市场规模很大，拥有 82 所大学，约 40 万名学生。孟加拉国的大学生每年必修 10 门课程，这意味着每年大约需要 409 万册教科书。中小学有 4200 万儿童，截至目前，总计投放了约 3.5 亿册教科书。

根据政府官网上的 2020 年各个年级的教科书清单，该国各年级教科书特点之一为多语言教学，清单包含多语种教育、地方教材以及各年级专业教材等，比如标准孟加拉语、孟加拉国地方语言以及英语。对于高等年级（10～12 年级），其文学的主要课程是散文和诗歌，次要课程为小说和戏剧。

各地方政府时常根据本地中小学图书需求量向各机构免费分发图书，以促进教科书的使用，且教科书处于定期更新状态。此外，政府正在做出多方面努力来扩展教育规模，如向教师增加薪水、提供福利以及削减学生教育费用、免费提供图书等。除此之外，政府还提供奖学金等各种援助，以促进教育。如今基础架构得到了明显改善，小学整体环境良好，所有小学都已国有化。孟加拉国正向打造"教育友好型政府"做出努力。

3. 文学类

孟加拉语文学中现存的最早作品是《乔迦帕达》（*Charyapada*），孟加拉语文学界中最著名的是伟大的诗人拉宾德拉纳特·泰戈尔[①]（Rabindranath Tagore）和卡齐·纳兹鲁尔·伊斯兰（Kazi Nazrul Islam）的作品。拉宾德拉纳特·泰戈尔凭借《吉檀迦利》于 1913 年获得诺贝尔文学奖，而伊斯兰则被誉为孟加拉国的吟游诗人。

根据 2019 年度孟加拉国畅销书调查，目前，孟加拉国畅销书前五分别为《黄金时代》（*A Golden Age*）、《红砖巷》（*Brick Lane*）、《优秀的穆斯林》（*The Good Muslim*）、《这对新婚夫妇》（*The Newlyweds*）以及《耻辱》（*Lajja: Shame*）。此外，由孟加拉国最大的英语日报《每日星报》（*Daily Star*）首席新闻编辑赛义德·阿什法古尔·哈克（Syed Ashfaqul Haque）推荐的国内最好的五本书为《七十天》（*Ekattorer Dinguli*）、《黄金时代》（*A Golden Age*）、《道路颂歌》（*Pather Panchali*）、《精选短故事》（*Selected Short Stories*）以及《那些天》（*Those Days*）。其中有三本是小说，可见

[①] 泰戈尔是印度诗人，但他用孟加拉语写作，因此将他的作品放入孟加拉语文学中。

小说在孟加拉图书市场十分畅销。

4. 儿童类

在孟加拉国出版的图书中，儿童类图书的出版数量很高，销量也很高。孔雀出版社（Mayurpankhi）是一家专门出版儿童读物的出版社。他们的目标是成为孟加拉国最大的读书会，其出版的图书都具有高质量的内容和设计，同时，售价也充分考虑读者的承受能力。自 2015 年以来，孔雀出版社已经出版了 75 种图书，一直在儿童领域备受关注。除了出版大量的孟加拉语图书外，孔雀出版社还为儿童引进并出版包括英语、土耳其语、印度尼西亚语、意大利语和葡萄牙语等多语言优秀作品。

（三）数字内容生产情况[①]

随着智能手机和平板电脑在全国范围内的迅速普及，电子书在精通技术的读者中越来越受欢迎。随着数字化转型，书迷们对购买电子书越来越感兴趣，电子书普及的另一个原因是可以在任何地方、任何时间通过移动设备阅读电子书，而不必携带笨拙的纸书。孟加拉国电子书的推广才刚刚起步，尽管增长迅速，但电子书市场仍然很小。

2019 年的"二十一日书展"上设立了一个电子书摊"书屋（Boighor）"。用户只需要在其设备或具有互联网访问权限的博卡斯（Bkash）账户上建立电信连接即可阅读 1000 本免费的电子书，从小说、诗歌、哲学、历史、政治、传记、戏剧、期刊、教科书、英语孟加拉语词典、食谱、科幻小说、漫画到儿童读物，不同类型的图书都可以通过交互式搜索选项进行分类。

岩石网（Rokomari.com）是该国最大的图书销售在线平台，该平台通常每天成交 1000~2000 册图书，其订单在 2019 年 2 月份每天可以达到 5000~6000 册。该平台的图书库存超过 20 万册。第一网（Prothoma.com）于 2019 年 1 月 31 日成立，迄今已在平台上发布约 500 种图书，该平台主要销售文学图书和小说，大部分订单来自达卡、查塔图和西尔赫特。2018 年，孟加拉国网络书店销售额达 2.09 万美元，其中岩石网占了 1.4 万美元。目前，孟加拉国大约有 50 家在线书店，包括盒子出版物（Panjeree Publications）、孟加拉出版物（Bengal Publication）等。其中，盒子出版物现已向印度和英国出口图书，将来还会销往其他国家。

---

① 数字内容生产情况资料来源：https://www.dhakatribune.com/bangladesh/dhaka/2019/02/12/hundreds-of-books-in-your-pocket-at-amar- 二十一书展 -book-fair。

（四）主要出版机构情况 ①

孟加拉国出版机构分为政府出版机构和私营出版机构。政府出版机构负责政府部门、公共事业单位文件的印刷与出版，如政府印刷出版社（GPP）负责所有与以下部委及其下属机关（单位）有关的非标准和标准表格、政府刊物、出版物、规章、图书等的印刷出版工作。私营出版则倾向于印刷出版个体、私人组织作家、图书商等的图书、期刊等。此外，孟加拉国有针对基础设施服务方面的公有私有合作模式（Public-private Partnership in Bangladesh）。

据全球出版商网站（Publishers Global）统计，孟加拉国的出版社（Publishing House）有 21 个，其中比较知名的有另者（Ananna）、明日出版社（Agamee Prakashani）、无与伦比出版社（Anupam Prokash）、学者出版（Biddya Prokash）、世界文学大厦（Bishwosahithy Bhaban）、誓言出版社（Dibbya Prokash）、莫拉兄弟（Maowla Brothers）、自由流（Muktadhara）、时代出版（Samoy Prokashani）、苏帕纳（Suborna）等。

孟加拉国的私营出版社主要有大学出版社（University Press Limited，简称 UPL）、珍珠出版社（Pearl Publications）、时代出版社（Somoy）。

大学出版社（UPL）是孟加拉国的领先出版商。它以英语和孟加拉语出版教育和学术图书。自 1975 年以来，该出版社已出版了 800 种出版物，其中有 600 种出版物现存于该出版社的出版物名单中，并且计划每年出版 50 种出版物。

珍珠出版社最初出版儿童读物，后来逐渐出版了一些文学类图书，该出版社总计出版了 400 多种图书。

时代出版社是孟加拉国第一个在互联网上出版图书的出版社，自成立至今已有 25 年的历史，出版了超过 1000 种不同类别的图书。时光出版社出版的内容主要集中于儿童文学和战争文学等，如《解放战争百科全书》（*MUKTIJUDDHA KOSH 12 VOL*）。

明日出版社是位于孟加拉国首都达卡市的出版公司，由沃斯曼·格尼（Osman Gani）于 1986 年创建。根据 2015 年的数据，它有超过 2000 种孟加拉语和英语的出版物。明日出版社曾获得多个奖项，如孟加拉文学奖（Bangla Academy Award），沙希德·穆尼尔·乔杜里（Shaheed Munier

---

① 资料来源：http://thenewpublishingstandard.com。

Choudhury）纪念奖，国家图书中心最佳出版社奖以及孟加拉国出版商和书商协会奖。

服务出版社（Sheba Prokashoni）是孟加拉国首都达卡市的出版公司，由卡齐·安瓦尔·侯赛因（Qazi Anwar Hussain）建立，其图书主要面向孟加拉国的年轻读者，包括西方文学名著的孟加拉语翻译作品。从一开始，该出版社的重点就是生产畅销的孟加拉语平装书。它的第一部成功作品是现代罗宾汉风格的冒险系列小说《侠盗罗宾汉》（*Kuasha*）（1964 年 6 月第一版），紧随其后的是间谍惊悚系列小说《马苏德·拉纳》（*Masud Rana*），为该出版社留下了最持久、最受欢迎的印记。另外，该出版社首次将西部牛仔系列引入孟加拉语文学中。

（五）主要书展和奖项

1. 主要书展

孟加拉国最有名的书展为"二十一日书展"，是孟加拉国每年一次在达卡举行的最大的书展；其次为达卡国际书展。除此之外，各地也会定期举办大大小小的书展。书展也是宗教节日的组成部分，通常于冬季举行。

据表 10 可知，"二十一日书展"呈现繁荣发展态势，图书年销量呈逐年上升趋势。2020 年书展用地扩大到了 74 万平方米，总共为 560 个出版商及机构提供了 873 个展位，还提供了 34 个展馆。部分个人售书商在国家图书中心的摊位以 25% 的佣金发行图书，孟加拉邦学院安排小型出版公司以及该类个人售书商展示和出售图书。

表 10　2017—2020 年"二十一日书展"基本情况

类别	2017	2018	2019	2020
参与者数量（家）	450	460	550	560
新书印制数量（种）	3646	4591	—	—
总销售额（美元）	87 万	94 万	—	—

资料来源：孟加拉国新闻报《第一缕光》

排名在"二十一日书展"后的第二大书展为达卡国际书展，通常在每年 12 月举行。除了孟加拉国，来自印度、伊朗等的出版商也参展。现场的展位有时不代表国家，而代表组织机构。大部分的外国摊位都不出售图书，只进行展示。每年的书展都没有特定主题。佣金按照一定数额（通常为

25%）收取，博览会还设有研讨会、音乐会、新书剪彩和讨论节目等活动。

2. 重要奖项

孟加拉学院奖（Bangla Academy Award）是孟加拉国最大的文学类奖项。自 1960 年设立以来，60 年间共有 307 位文学家获得了该奖项。孟加拉学院奖分为诗歌、小说、散文、研究、翻译、解放战争文学、传记或回忆录、戏剧、研究 / 技术 / 环境、儿童文学等 10 个子项，2018 年只有 4 个类别出现了获奖人选，2019 年有 10 个获奖者。

BRAC 银行（BRAC Bank）和《今日现代》（*Daily Samakal*）在 2011 年设立了 BRAC 银行—现代文学奖（BRAC Bank-Samakal Literature Award）以激励作家和文学家们用他们的创意作品进一步丰富孟加拉文学。奖项分为诗歌小说类、散文自传游记及翻译类、胡马云·艾哈迈德青年作家类（Humayun Ahmed Young Writer Category）共三个奖项。该奖自从设立以来在孟加拉文学界引起了极大的热情，每年有 400 多种书角逐该奖。2015 年这三个类别的书目共提交了 472 种图书。

三、报刊业发展概况

（一）整体情况 [①]

1. 报业

报纸在孟加拉国的解放战争和民主政治与斗争中发挥了历史性作用。尽管随着许多知名报纸的关闭，美国和欧洲的印刷业正在消亡，但在亚洲，情况却不像西方那样黯淡。孟加拉国是少数几家报纸业可以生存多年的国家之一，尽管在过去的二十年中，一些旧报纸关闭了，而另一些则大幅度减少了发行量。《团结报》（*Daily Ittefaq*）是该国最古老的报纸，在 20 世纪 90 年代中期之前一直保持良好的发行量（超过 42.5 万份）。目前，该日报的发行量已降至 5 万份以下。另一方面，于 2010 年成立的《每日孟加拉国》（*Bangladesh Pratidi*）的发行量是《团结报》的几倍。

《第一缕光》（*Prothom Alo*）是最受欢迎的孟加拉日报。《每日孟加拉国》（*Bangladesh Pratidin*）是孟加拉国发行量最大的报纸。孟加拉国自建国以来出版的第一种报纸为 1936—1992 年的《孟语日报》（*The Azad*）。历史上第一份以孟加拉语为印刷语言的报纸为 1831 年发行的《孟

---

① 报刊业整体概况资料来源：https://medialandscapes.org/country/bangladesh/media/print。

语周报》（*Weekly Bangalee*），该报纸在 1839 年被改为日报。

　　孟加拉国出版的报纸由孟加拉语或英语书写。大多数孟加拉国日报为大报，很少有日常小报存在。孟加拉国的日报在首都达卡以及主要的城市如吉大港、库尔纳、拉杰沙希、锡尔赫特和巴里萨尔出版。所有的日报都是晨报，没有晚报。一些报纸提供在线版本。据 2018 年 "孟加拉新闻直播 2.0"（Bangla News Live 2.0）[①] 统计数据显示，孟加拉国共有 70 余种孟加拉语周报。

　　尽管该国出版了 1000 多种日报和期刊，但根据 2008 年的调查结果，只有大约 25% 的人口每周阅读一次报刊。城市地区的读者人数相对较高，约为 43%，而农村地区的读者人数非常低，仅为 16%。周刊阅读率为 3%。孟加拉国新闻机构 1998 年进行的一项研究表明，只有 12% 的读者认为报纸是可信的，大约 55% 的读者认为报纸具有言论自由。

　　报纸发行量始终很低，这主要是由于识字率低、消费水平较低、24 小时电视台、互联网服务和社交媒体使报商难以维持发行量。年轻一代对阅读纸质报纸几乎没有兴趣，他们选择数字新闻服务。根据 2016 年国家媒体调查（NMS），印刷媒体是该国第二大传播媒体，拥有 23.8% 的读者群，读者人数略有下降，自 2014 年以来下降了 1.4%。一个有趣的特征是，即使在电视和互联网崛起之后，印刷版读者人数实际上并未下降太多。2012 年的网络管理系统科技有限公司（Network Management System Technologies Limited）发现，有 25.8% 的人阅读报纸，高于 1995 年的 12% 和 1998 年的 15%。孟加拉国 2017 年全国媒体和人口调查也显示了类似的趋势，2011 年为 26.9%，2015 年为 25.68%，但 2017 年的读者人数突然下降至 13.45%。

　　根据各种估计，孟加拉报纸的发行总量约为 150 万份。10 家领先的全国性报纸的发行量超过 90%。英语报纸的发行量很低，大约为 7 万份。跟孟加拉语报纸一样，首都居民是英文报纸的购买者。

　　2. 期刊业

　　孟加拉国期刊出版产业持续稳步发展。1818 年发行的月刊《观点》（*Digdarshan*）为第一份孟语期刊。大部分期刊出版所需花费较少，各领域研究人员为期刊内容提供者，期刊发表具有独立性，社会及政府进行选

---

① 该网站是个新闻平台汇总网站，可以通过首页点击进入孟加拉国各个新闻平台。

择性资助。除此之外，一般情况下期刊在当地产生的手稿足以满足需要。除农业期刊外其余期刊很少受媒体及政治家的重视，某些作物或动物的基因组测序因为涉及国家的专利和文化 / 国家身份而备受关注。期刊出版有国际作者但数量有限。

为了更好地保证期刊质量，相关部门建立了"孟加拉国期刊观察"（Bangladesh Journal Watch）平台以供监督期刊质量；为了帮助编辑，也有建议声要求在主管组织的主持下设立"编辑帮助台"（Editing Helpdesk）。

对于期刊产业盈利情况，据国际科学与政策促进网络（International Network for Advancing Science and Policy，简称 INASP）在 2014 年对孟加拉国奖金资助型期刊进行的"经济稳定性"调查，近一半的调查答复者表示其所属的期刊正在遭受损失，而剩余回复者中大部分表示刚好收支相抵，只有 10% 正在产生盈利，还有 20% 表示在接下来的 3~5 年将持续遭受损失。造成该现象的原因众多，其中重要的一点是外部基金的匮乏（57%根本无资金支持）。绝大部分期刊出版的最大花销在印刷、排版、邮寄、分配以及办公用品的支出上。

（二）细分市场情况

根据 2018 年 1 月国民议会新闻部长的披露，孟加拉国共有 3025 个注册印刷媒体，其中 1191 个是日报。日报中有 470 份设在首都达卡。周刊数量同样很高，该国各地出版的注册周刊多达 1175 个。由表 11 可知，报纸期刊数量整体上随年份增加而增长，日报和周报的数量都高于月报的数量。

表 11　2010—2014 年孟加拉国报纸期刊出版数量

单位：份

类别	2010	2011	2012	2013	2014
日报	294	518	580	623	863
周报	126	322	376	349	831
月报	30	97	114	205	161
其他	20	8	11	9	15
总计	470	495	1081	1186	1870

资料来源：https://medialandscapes.org/country/bangladesh/media/print

1. 日报、周报和月报

《曙光日报》和《每日孟加拉国》是孟加拉的两家主要报纸，它们在全国的发行量总计近一百万份。根据表 12 可知《每日孟加拉国》是每日发行量最高的报纸，发行量为 55.33 万份，而《曙光日报》则排名第二，发行量为 50.18 万份。在质量和信誉方面，《曙光日报》比《每日孟加拉国》更好，但是更多的人倾向于购买《每日孟加拉国》，因为其售价仅为《曙光日报》的一半。

表 12　孟加拉国发行量超过 10 万的孟语日报

单位：万份

报纸名称	发行量
《每日孟加拉国》（*Bangladesh Pratidin*）	55.33
《曙光日报》（*Prothom Alo*）	50.18
《时代之声》（*Kaler Kantho*）	29.02
《划时代报》（*The Daily Jugantor*）	29.02
《团结报》（*The Daily Ittefaq*）	29.02
《人民之声》（*The Daily Janakantha*）	27.50
《同时代》（*Samakal*）	27.00
《我们的时代》（*Amader Shomoy*）	27.00
《晨报》（*Bhorer Kagoj*）	16.12
《人类安全日报》（*Daily Manab Zamin*）	16.11
《耀眼的孟加拉国》（*Alokito Bangladesh*）	15.20
《新闻》（*The Sangbad*）	12.70
《革命报》（*The Daily Inqilab*）	12.55
《每日 go》（*Jaijaidin*）	11.60

资料来源：维基百科"孟加拉国报纸列表"（2018 年 6 月）

英语日报约 32 种，大多数集中在首都地区发行。像许多孟加拉语日报一样，并不是所有的英文日报都定期出版。孟加拉国对英语日报的需求很少，发行量很少。据报道，《每日星报》的发行量为 4.48 万份，占英文报刊总发行量的 77%。每日发行量第二高的英语报纸是《金融快报》，这是一种商业文件，发行 3.9 万份（实际数量较少）。其他英文报纸的发行量也很小。

表 13　孟加拉国发行量上万的英语日报

序号	报纸名称	发行量（份/日）
1	《每日星报》（*The Daily Star*）	44814
2	《金融快报》（*The Financial Express*）	39010
3	《观察家日报》（*The Daily Observer*）	38500
4	《新时代日报》（*The Daily New Age*）	38500
5	《达卡每日论坛报》（*The Daily Dhaka Tribune*）	38000
6	《太阳报》（*The Daily Sun*）	33800
7	《独立报》（*The Daily Independent*）	32600
8	《新民族日报》（*The Daily New Nation*）	32510
9	《亚洲时代日报》（*The Dailly Asian Age*）	30000
10	《今日新闻》（*The Daily News Today*）	24010
11	《我们的时代》（*The Daily Our Time*）	21500
12	《今日孟加拉国》（*The Daily Bangladesh Today*）	20150
13	《人民时代》（*The Daily Peoples Time*）	18000
14	《工业日报》（*The Daily Industry*）	12510

资料来源：维基百科"孟加拉国报纸列表"（2018 年 6 月）

一些地方报纸发行良好。[①] 总部位于港口城市的《每日阿扎迪》（*Daily Azadi*）是首都以外发行量最高的日报，发行量达 2.7 万份。《每日普尔班查》（*Daily Purbanchal*）的发行量为 1.5 万份，《每日卡拉托》（*Daily Karatoa*）和《每日普尔巴邦》（*Daily Purbadesh*）的发行量均为 1.4 万份。

在电子报纸领域，排名第一的线上新闻网站为 2006 年建立的 bdnews24.com，排名第二的为 2010 年建立的 Banglanews24.com，两者均为 24 小时直播的网络新闻网站，在优兔（Youtube）、脸书（Facebook）等上均可观看，听众众多。

---

① 资料来源：https://medialandscapes.org/country/bangladesh/media/print。

2. 学术和大众期刊 [1]

孟加拉国网上期刊（BanglaJOL）为孟加拉国已发布期刊的数据平台，由国际科学与政策促进网络在 2007 年与孟加拉国编辑出版协会（EPAB）合作建立，全方位覆盖学术规范。该平台初步目标是将孟加拉国期刊转化为全球共享资源。孟加拉国网上期刊平台目前拥有 142 种期刊和超过 2.16 万篇可开放获取的文章。自 2007 年起已吸引了 232 个国家的 300 万访客，提供了 1500 万文章下载量。该平台受到国际科学与政策促进网络的持续资助，网站正被转由孟加拉科学学术（BAS）接管。该平台利于削减出版商花销，并提供办公空间资源和免费的期刊自营服务。

从 2016 年到 2018 年期刊获得的途径看，仅有纸质版的期刊生存能力几乎不存在了，仅有电子版的期刊增加了，而纸质版和电子版均有的期刊逐渐占据了期刊市场的绝大部分。期刊正在借助便捷的互联网等服务，由传统的纸质向电子版本转变。此外，相较于 2016 年，2018 年可按时发表的期刊增多了，无法按时发表的期刊急剧减少。这一现象背后的原因有出版商产业意识的增强、竞争的日渐激烈等因素。同时，这期间期刊发表费用上升了约 300 塔卡（约为 3.5 美元），2016 年期刊发表费用在 100~1140 塔卡（1.2~13.4 美元）间，而 2018 年期刊发表费用在 180~3640 塔卡（2.1~43 美元）间，最高发表费用翻了近 3 倍。在期刊的国际化方面，从 2016 年到 2018 年，期刊的国际参与编辑者增多了，但是发表外国作者期刊的、有国外访客的期刊平台比例有所下降。

孟加拉国排名靠前的大众类期刊为《独特》（Anannya）、《周末》（Shaptahik）、《疯》（Unmad）、《快乐之光》（Ananda Alo）、《比吉特拉周刊》（Weekly Bichitra）等。《他者》是孟加拉国于 1987 年首次出版的非常受欢迎的女性期刊，总发行量是两万份，主要沟通有关女性以及生活方式的问题。除此之外，1969—1971 年出版的人权期刊《论坛》（Forum）于 2006 年重办；《达卡信使》（Dhaka Courier）英文新闻期刊创刊于 1984 年，是国内历史最悠久的英文时事期刊；还有《今日之冰》（ICE Today）等英文时尚生活类期刊。由此可见，当前孟加拉国大众期刊种类正在主动迎合大众审美偏好，向多样化、大众化方向发展。

---

[1] 资料来源：*Journal Publishing in Bangladesh: What Can Bangladesh Tell Us About Research Communication*。

四、中孟出版业交流合作情况

孟加拉国于 1971 年宣布独立，1975 年 10 月 4 日与中国建立外交关系，两国先后签订了经济技术合作、科技合作、海运、文化、长期贸易、航空和贷款等协定，建立了经济贸易科学技术合作联合委员会等。孟加拉国在北京有大使馆，在香港和昆明有领事馆。中国在达卡有大使馆。两国都是孟中印缅区域合作论坛成员。2013 年孟加拉国正式加入"一带一路"倡议，2016 年与中国的双边关系升至战略合作伙伴关系。目前中国已经成为孟加拉第一大贸易伙伴，孟加拉国则是中国在南亚第三大贸易伙伴和第三大工程承包市场。2016 年习近平主席访问孟加拉国，中孟正式升级为"战略合作伙伴关系"，并将 2017 年确定为"中孟友好交流年"，举办丰富多彩的交流活动，扩大在文化、教育、旅游等领域合作，促进两国媒体、青年、妇女、地方交流互动，便利人员往来。

孟加拉国南北大学孔子学院（Confucius Institute at North South University），于 2006 年 2 月 14 日正式成立，是南亚第一所孔子学院，也是孟加拉国第一所孔子学院。2015 年云南大学承办孟加拉国第二所孔子学院，地点在达卡大学。达卡大学始建于 1921 年，是孟加拉国最著名、规模最大的国立大学，也是当地最早设立汉语专业的高校。

在中国出版的孟加拉语图书为数不多，有一定数量的译本，以对孟加拉语诗人泰戈尔的译作为主，著名的译者有冰心、白开元等。1981 年中国社会科学院南亚研究所的刘建的《试论泰戈尔的短篇小说创作》成为我国研究泰戈尔作品的经典学位论文；北京外国语大学孟加拉语系副教授曾琼投身孟加拉文学的传播、翻译工作，研究比较了我国《吉檀迦利》的多个译本。2010 年中国社会科学文献出版社出版了由刘建撰写的《孟加拉国列国志》，2011 年东方出版社出版了国别史系列图书《孟加拉国史》。此外还有中文、英文、孟加拉语互译的字典，以及作为教科书的孟加拉语教程等书目。中国国际广播电台等机构也对中孟交流起到了重要的推动作用。

在孟加拉国也有一定种类、数量的中文图书得到出版。除了个体经营者的游记等外，大部分中文图书出版、中孟文化月等交流活动在"一带一路"倡议、孟中印缅经济走廊等外交背景下举行，并且有中国驻孟加拉国大使馆等机构的参与。2019 年 8 月 22 日，中国出版集团研究出版社发布孟加拉语版《中国梦·复兴路》；2019 年，有 21 年媒体工作经验的孟加拉国作家、流行诗人、现任云南民族大学南亚学院教授孟加拉语课程教师山达·玛丽安（Shanta Maria）将在中国生活中的所见所闻和生活趣事作为素材撰写出版了《从月光集市到中国》（*Chawk Bazar to China*），成为孟加拉国的畅销书；2019 年 7 月 27 日，由中国驻孟加拉国使馆主办的"2019 中国文化月"文化活动在孟加拉国首都达卡开幕。

　　出版文化交流是中孟友好关系得以全面发展和提升的重要纽带，是新时代中孟战略合作伙伴关系的重要内容和坚实基础。目前，中孟两国在出版业的交流合作仍不充分，但从孔子学院的成立，双方出版的图书以及各种中孟文化活动的举办来看，两国都在积极推动彼此更深入的了解，未来相信在出版领域会有更广阔的合作前景。

参考文献

1. 孟加拉语学院 2018—2019 年度报告. Bangla Academy Annual Report，2018—2019.

2. 孟加拉国扫盲 2010 年调查. Bangladesh Literacy Survey，2010.

3. 孟加拉国扫盲 2011 年调查. Bangladesh Literacy Survey，2011.

4. 国民账户统计（2015—2016 年度 GDP 临时估算和 2014—2015 年度 GDP 最终估算）. National Accounts Statistics（Provisional Estimates of GDP, 2015—16 and Final Estimates of GDP, 2014—15）.

5. IPA 年度报告. IPA_Annual_Report_2015—2016_interactive.

6. 档案和图书馆局 2014—2015 年度报告. 2014—2015 Annual Report of the Directorate of Archives and Libraries.

7. 孟加拉国印刷和出版物部. https://www.dpp.gov.bd/.

8. 孟加拉国教育部. http://old.moedu.gov.bd/.

9. 孟加拉国发展调查部. https://www.jstor.org/.

10. 孟加拉国图书与档案馆. http://www.nanl.gov.bd/.

（作者单位：中国书籍出版社　北京外国语大学）

缅甸出版业发展报告

徐丽娟

缅甸联邦共和国（The Republic of the Union of Myanmar），简称缅甸，位于中南半岛西部，东北与中国毗邻，西北与印度、孟加拉国相接，东南与老挝、泰国交界，西南濒临孟加拉湾和安达曼海。截至 2020 年 4 月，缅甸人口总数 5458 万人，共有缅族、克伦族、掸族、克钦族、钦族、克耶族、孟族和若开族等 135 个民族，缅族约占总人口的 65%。官方语言为缅甸语，英语是流行的主要外国语，各少数民族均有自己的语言，其中克钦族、克伦族、掸族和孟族等民族有文字。全国 85% 以上的人信奉佛教，约 8% 的人信奉伊斯兰教。[①]

一、出版业发展背景

（一）政治经济状况

缅甸正在朝向民主与联邦联盟过渡，积极推进真正的民族和解、包容性发展和法治建设来实现持久和平与繁荣。2010 年 11 月 7 日，缅甸举行全国多党民主制大选。根据缅甸联邦选举委员会公布的选举结果，联邦巩固与发展党（简称"巩发党"）以绝对优势赢得大选。2011 年 1 月 31 日，缅甸联邦议会召开首次会议，正式将国名改为"缅甸联邦共和国"，并启用新的国旗和国徽。2015 年 11 月 8 日举行新一轮全国大选，昂山素季（Aung San Suu Kyi）领导民盟赢得胜利，获组阁权。在民盟的带领下，2017—2018 财年缅甸经济逐步走入正轨，经济增长开始提速。根据缅甸中央统计局的统计，2017—2018 财年[②] 缅甸国内生产总值（Gross Domestic

---

① 资料来自中华人民共和国外交部网站缅甸国家概况 https://www.fmprc.gov.cn/web/gjhdq_676201/gj_676203/yz_676205/1206_676788/1206x0_676790/。
② 2017 年 4 月 1 日—2018 年 3 月 31 日。

Product，简称 GDP）增长率为 6.8%，较 2016—2017 财年提高了 0.9%，服务业、贸易和工业等增长迅速，对整个经济的带动作用明显。

自 2012 年以来，缅甸的总体增长战略建立在一系列互补政策的基础上，这些政策共同促进工业、农业和基础设施的现代化，使出口基础多样化，并扩大国内和国际市场的增值生产。截至 2018 年 3 月 31 日，缅甸政府共审批通过涵盖 11 个领域的 1361 个国内投资项目，审批金额达 97.85 亿美元。其中，国内投资的首选行业是制造业，达到了 25.63 亿美元，占国内投资总额的 26.19%。[①] 制造业、交通运输业、房地产业以及酒店与旅游业，这些收益高、见效快的行业是缅甸国内资本投资比较集中的领域。而投资收益周期较长的文化、教育、医疗等关乎民生的基础行业却鲜有涉及，这在一定程度上阻碍了缅甸经济的可持续发展。

缅甸政府鼓励对社会和环境产生积极影响的外来投资。因此，某些部门的投资活动受到禁止或限制，或可能需要更复杂的批准流程、采取国内和国外机构联合经营的方式或要求提前进行环境和社会影响评估，以避免对社区居民生计、环境以及民族和平与发展产生不利影响。加之，虽然自 2016 年以来缅甸政府极力改善国内经济环境，但因政局的不确定，外来投资者对缅甸投资仍持观望态度。2017—2018 财年，缅甸政府批准的外资总额为 57.18 亿美元，较 2016—2017 财年的 66.50 亿美元减少了 9.32 亿美元，降幅达 14.02%。缅甸外资来源依然集中在亚洲地区。自 2012—2013 财年以来，新加坡连续六年为缅甸第一大外资来源国，2017—2018 财年投资领域主要集中在房地产业。但从投资存量上看，自 1988 年至 2018 年 3 月 31 日，中国对缅甸累计投资额最大。（见表 1）为了促进经济增长，缅甸政府设立了"土瓦经济特区""迪洛瓦经济特区"及"皎漂经济特区"三个经济特区，为投资者提供了投资激励措施并简化了投资流程。这些具有国际标准的工业设施将成为缅甸经济增长的新引擎。

---

① 邹春萌，孙建华.缅甸经济发展形势.缅甸国情报告（2019），2019 年 11 月，第 20 页.

表 1 对缅甸累计投资额前五位的国家和地区（截至 2018 年 3 月 31 日）

单位：亿美元

排名	国家和地区	累计投资额
1	中国	199.50
2	新加坡	190.12
3	泰国	110.47
4	中国香港	78.16
5	英国	43.40

资料来源：缅甸投资与公司管理局

对于外商投资出版和传媒项目，缅甸政府采取了谨慎和保守的政策。2016 年 3 月 22 日，缅甸投资委员会发布了《禁止外企投资项目种类目录》。该目录中禁止外国企业投资的项目种类包括未经政府批准的出版和传媒项目，以及用缅文及其他民族文字出版出版物等项目。[①] 根据《缅甸投资法》（*Myanmar Investment Law*）第 42 条和第 100 条规定，经联邦政府批准，缅甸投资委员会于 2017 年 4 月 10 日发布通告，公布了限制投资行业清单。使用缅文或缅甸少数民族语言的新闻出版业是 12 个禁止投资的行业之一，并且使用外语出版刊物、广播节目需获宣传部批准才可开展。[②]

（二）出版相关法律

缅甸现行法律体系是英国殖民时期英国法、传统缅甸海关法和现代缅甸法律的结合体。从 19 世纪开始，法律改革和更新进程一直在持续。[③]2011 年缅甸开启了民主化的改革之路，重视法制在民主化建设中的作用。根据《缅甸联邦共和国宪法》（*Constitution of the Republic of the Union of Myanmar*）规定，国家立法权由联邦议会行使，联邦议会实行由人民院和民族院组成的两院制。在对原有法律进行梳理后，联邦议会于 2011 年 9 月起陆续颁布、修订和废除了一系列法律法规，涉及政治、经济、金融、

① 资料来自中华人民共和国驻缅甸联邦共和国大使馆经济商务参赞处网站 http://mm.mofcom. gov.cn/article/ddfg/201604/20160401288254.shtml。
② 资料来自中华人民共和国驻缅甸联邦共和国大使馆经济商务参赞处网站 http://mm.mofcom. gov.cn/article/ddfg/201704/20170402563356.shtml。
③ 李勇. 在缅中国企业税收风险防范.《理论研究》，2018 年 09 总第 182 期，105 页.

国际贸易与投资、社会保障及教育、行政等方面。

2017 年颁布的《缅甸公司法》（*Myanmar Companies Act*）于 2018 年 8 月 1 日正式生效。新《公司法》规定外国投资者最多可持有本地公司 35% 的股份，超过 35% 才被定义为外国公司。同时，外国人也可入股缅甸国内公司，以解决国内公司资金短缺、技术短缺的问题。这些规定有利于加强本国商人与外国投资者的合作，促进更多外资进入缅甸。

缅甸知识经济发展落后，知识产权立法和管理还处于较低的水平。在印刷、出版、广播和电视等领域，为改变现状，政府采取了应对措施，陆续制定并颁布了相关法律。[①]（见表 2）

表 2 2011—2018 年缅甸文化传媒相关领域的法律颁布情况

序号	颁布时间	法律中文名称
1	2012 年 9 月	《进出口商品法》
2	2014 年 2 月	《儿童早期培育与发展法》
3	2014 年 3 月	《印刷与出版业法》
4	2014 年 3 月	《新闻媒体法》
5	2014 年 9 月	《国民教育法》
6	2015 年 6 月	《国民教育法修正案》
7	2017 年 3 月	《考试委员会法第三次修正案》
8	2018 年 6 月	《电视与广播法修正案》
9	2018 年 6 月	《电视与视频法修正案》

资料来源：缅甸联邦共和国联邦议会网站

此外，陆续颁布的《外交关系法》《电信法》《投资法》《公司法》《2018 年联邦税收法》等，虽非文化传媒领域直接相关法律，但其中相关条款对文化传媒行业同样适用。

从 2011 年开始，缅甸新闻检查部门开始逐渐放宽政策。2012 年 3 月底，缅甸政府批准美联社、路透社、法新社、日本放送协会 4 家外国媒体

[①] 李堂英. 政治转型以来缅甸的法制建设.《缅甸国情报告（2019）》，2019 年 11 月. http://pyidaungsu.hluttaw.mm/enactment.

常驻仰光①。2012 年 8 月 20 日，缅甸宣传部宣布废除出版物"预审"制度。2013 年 4 月 1 日，缅甸允许私营日报发行。2014 年 3 月 14 日通过的《印刷与出版业法》规定，在缅甸欲从事印刷出版，须向宣传部提交完整而真实的材料，缴纳有关费用并通过审核之后取得为期 5 年的印刷出版许可证。该法律没有明确规定对印刷出版物的审查，放松了管制。另外，该法规定从国外进口书刊或向国外出口书刊，须向宣传部提交相关书刊书名、种类和数量，如在国内印刷出版某书刊，印刷者需要向宣传部依照规定提交该书刊注册和著作权方面的相关材料。该法律还规定，获得出版许可者可以使用网络方式出版发行。外国日报可在缅甸印刷出版发行，表明缅甸媒体改革进入一个新阶段。该法案还废除了有期徒刑的处罚，取而代之的是罚款。同日通过的《新闻媒体法》，涉及新闻媒体从业人员的权利、应承担的责任和义务、建立新闻媒体业务、成立媒体委员会及其职责等方面，在一定程度上保障了媒体人的新闻言论自由，为缅甸新闻界走上自由、法制的轨道提供了可能性，从而保障缅甸新闻界能够更加体现公共理性精神。

2001 年 5 月，缅甸成为世界知识产权组织的成员。至今，缅甸国内仍没有一套完整的知识产权体系。2018 年 2 月 15 日，缅甸议会民族院通过《商标法》《专利法》《外观设计法》《版权法》4 部关于知识产权保护工作的法律，但由于制定相应的实施条例等配套工作仍未完成，一直未得到总统签署成效。即将出台的这 4 部法律是消除国际压力、打击国内盗版、改善营商环境、吸引外来投资的一项重要举措。缅甸政府在撰写相应条例时已向世界知识产权组织寻求帮助，力求制定出与国际接轨的条例。

根据缅甸法律，依据 1914 年《缅甸公司法》注册成立的公司及分支机构，以及缅甸投资委员会依据 2012 年《缅甸外商投资法》和 2016 年《缅甸投资法》批准成立的外资企业，都应缴纳缅甸法律规定的各项税收。缅甸税制较为全面，但税基狭窄，主要税种包括所得税、资本利得税、商业税、特殊商品税、关税和印花税等。为加强税收，2015 年 4 月通过的《税收法修正案》规定，除特殊商品及免征税商品外的所有国产及进口商品征收 5% 商业税。

---

① 仰光：缅甸全国分为 7 个省、7 个邦和 2 个中央直辖市（内比都和仰光）。仰光是缅甸第一大经济中心，是仰光省的省会，地处伊洛瓦底江三角洲东部，仰光河下游，距出海口 34 公里，地势低平，是缅甸最大城市，全国经济、文化、交通中心。仰光市下辖 33 个镇区，面积 785 平方千米，人口 761 万，其中华人华侨约 20 万。

（三）出版管理机构

1. 政府机构

缅甸主管文化的政府部门有两个：一是宗教事务与文化部（Ministry of Culture and Religious Affairs），主管表演艺术、文学艺术、图书馆、博物馆、大众文化等。二是宣传部（Ministry of Information），主管广播电视、新闻出版等大众传媒。宗教事务与文化部侧重文物保护、非物质文化遗产保护以及宗教交流等，宣传部是民众和司法、立法和行政三大支柱领域之间建立关系的桥梁。宣传部[①]成立于 1946 年 9 月 26 日，担负政府与民众之间沟通的重任，向民众及时提供相关信息、报告政府的工作内容。宣传部下设广播电视局（Radio and Television Department），负责国家广播电视台的经营；信息和公关局（Information and Public Relations Department），负责经营管理国有图书馆；新闻与期刊局（News and Periodical Enterprise），负责三家国有报纸的出版经营；印刷与出版局（Printing and Publishing Department），负责书刊的出版管理；影视局（Film Corporation），负责娱乐节目、教育片、电影和录像等的管理。随着国内互联网用户的不断增加，宣传部除了通过广播和电视传播信息，现已启用缅甸数字新闻（Myanmar Digital News，简称 MDN）新媒体平台，及时发布国内外资讯。众所周知，随着信息技术进步，新媒体得到迅速发展，传统印刷媒体的发展因而逐步衰退。

宣传部印刷与出版局[②]起源于 1880 年为缅甸政府秘书处提供印刷服务的中央出版社（Central Press），旨在通过现代通信技术传播信息、传授知识和娱乐民众，现下设 5 个行政部门和 7 个印刷厂，包含中央出版社、国有私营印刷厂（Nationalized Private Printing Presses）、文学殿堂管理委员会（Sarpay Beikman Administration Board，前称缅甸翻译协会）、苗瓦迪出版社（Myawaddy Publishing House）等。该局主要工作任务是印刷和发行《缅甸联邦共和国公报》（*Gazettes of the Republic of the Union of Myanmar*）、教育部订购的基础教育校本教材，并执行政府部门安排的印刷工作（如印制由联邦选举委员会订购的选票）。承担的具体工作还包括颁发年度"国家文学奖（National Literary Awards）"、颁发年度"文

---

① 根据缅甸宣传部网站信息编译 https://www.moi.gov.mm/moi:eng/?q=about-moi。
② 同上。

学作品原稿奖（Sarpay Beikman Manuscript Awards）"；出版年度《缅甸百科全书》（*Myanmar Encyclopedia*）、发行《常识类月刊》（*Thuta Padetha*）、发行《儿童周刊》（*Shwe Thway*）；开放仰光和曼德勒的公共图书馆，在仰光、内比都和曼德勒开设书店或图书中心，不定期举办读书会或书展等。宣传部新闻与期刊局依据 2014 年 3 月颁发的《印刷与出版业法》向印刷企业、出版发行企业、新闻通讯社颁发出版发行执照和媒体认证。从这样的管理方式可以看出，缅甸对包含出版业在内的大众传媒的管理是比较严格的。

宣传部批准发行的刊物、图书以及从国外进口的刊物、图书，整个供应链需缴纳的商业税和收入所得税由缅甸计划与财政部（Ministry of Planning and Finance）负责征收。据计划与财政部统计，2014—2015 财年向刊物、图书出版业征收的税收为 2.8 亿缅甸元，2015—2016 财年为 7.25 亿缅甸元，2016—2017 财年为 6.23 亿缅甸元，2017—2018 财年截至 2017 年 10 月为 2.36 亿缅甸元。

缅甸中央统计局（Myanmar Central Statistical Organisation）在缅甸各地区建立了完善的国家统计系统，按照《缅甸统计法》，执行《国家统计发展战略》，发布全面、准确和高质量的社会经济统计数据。每年发布统计年鉴，其中包括新闻出版业相关数据。中央统计局计划未来与私营部门合作共同开展大众传媒调查。

2. 行业协会

缅甸印刷商与出版商协会（Myanmar Publishers and Booksellers Association，简称 MPPA）[1]，现任主席吴敏罕（U Min Han）。协会发展目标[2]包括团结印刷、出版、纸张和装订企业家；支持印刷厂、造纸厂和装订厂用于出版的机器和设备的现代化；优先考虑提高印刷和出版企业家的生产和生活水准；从国外获得必需的设备和备件；获得印刷、出版和装订方面的现代技术；增进从业者的友谊和关系。

缅甸核心期刊委员会（Myanmar Core Journal Committee）于 2012 年 8 月 9 日由缅甸联邦政府（The Government of the Union of Myanmar）宣布成立。该委员会由 20 名成员组成，其核心任务是依法维护期刊自由；

---

[1] 办公室设在仰光 Kyauk tada 区第 37 街 152 号（152，37th Street, Kyauktada Tsp., Yangon）。
[2] 王以俊.《缅甸和老挝的印刷行业组织》.东南亚之窗，2009 年 10 月。

监管期刊内容不损害人民利益、不损害国家尊严、不损害国家主权；成为人民、国家政府、期刊之间的桥梁；制定期刊行业职业操守；培训从业者掌握期刊技能和职业操守；提升期刊的质量与水平；审查外国进口的期刊是否符合国家利益。核心期刊委员会的职权包括制定期刊委员会的规则；促进期刊的发展；联系国际机构；协调采编时的争端；影响国家政府针对期刊管理的决策；对违反操守的期刊给予教育或加以追究等。[①]

2018 年 10 月 30 日，缅甸总统府发布通令，宣布依照《新闻媒体法》第 13 条条款成立缅甸报刊委员会（Myanmar Press Council），同时取代核心期刊委员会。报刊委员会共有 29 名工作人员组成，由一名主席、两名副主席、一名财务主管、一名审计员、一名秘书长、两名联合秘书长及其他成员组成。为有效杜绝假记者，培养高素质新闻工作者，推动媒体领域发展，2019 年 6 月，报刊委员会开始向全国新闻工作者发放资格认证。

（四）国民阅读情况

缅甸首次以东道主的身份于 2018 年 5 月主办了第 17 届东南亚图书馆管理员会议（Congress of Southeast Asian Librarians）[②]，国务资政昂山素季参会并发言。昂山素季呼吁，儿童须从小养成"阅读"习惯，在阅读中汲取知识，促进健康成长。缅甸执政党对阅读的重视不仅体现在口号上，而且积极推动增设具有现代信息技术的图书馆，并要求图书馆向中小学生提供宣扬热爱祖国的文学、社科、历史、人文等优秀出版物。

2015 年民盟执政后对民众文化发展的影响是积极的，民众渴望通过阅读获得新知的趋势逐年向好，并且由馆藏新书种类的逐年增加也可知图书、刊物的出版事业逐步走向繁荣。在缅甸中央统计局于 2018 年 11 月发布的《缅甸统计年鉴 2018》（*Myanmar Statistical Yearbook 2018*）中，记载了国家图书馆的相关统计数据。数据显示，2017 年到馆访问人数与 2005 年相比增加了 2 倍，缅甸民众对图书馆的依赖程度正在递增；图书馆借出图书和刊物次数在 2016 年达到自 2005 年以来的最高值，为 169172 人次；国家图书馆的英文版图书、期刊的新增馆藏数量逐年增加，缅甸的国际化

---

① 资料来自缅甸《金凤凰》中文报社——缅甸核心期刊委员会成立 http://www.mmgpmedia.com/buz/1551-2012-08-27-08-04-49。
② 东南亚图书馆管理员会议旨在促进东南亚地区图书馆发展成为提供知识和信息的平台，在过去 50 多年里，为区域内图书馆管理员提供互相交流的机会，增进东南亚图书馆之间的合作。

水平逐渐提高。（见表3）

表3 国家图书馆来访、出借与馆藏统计情况

年份	来访人数（人次）	图书馆借出图书和刊物次数（次）	新增馆藏种类（种）					
			图书		杂志和期刊		手稿	
			缅文版	英文版	缅文版	英文版	缅文版	英文版
2005	6833	21443	7467	537	11504	1640	—	—
2010	3166	13710	8102	1742	11709	1582	—	—
2013	3314	62790	2208	948	12052	316	—	—
2014	12106	87901	10698	4496	13214	2692	4030	
2015	17326	78754	8192	1521	17952	683	78	
2016	32362	169172	10318	4225	35030	3308	4078	
2017	21426	126841	13054	3175	23400	3718	6604	

资料来源：《缅甸统计年鉴 2018》

仰光国家图书馆为内比都国家图书馆的分馆，自 20 世纪 50 年代以来，这里一直是学者、师生撰写论文、探究学术问题的圣地，在缅甸学术界的地位非凡。目前有藏书 172556 册，报纸杂志 435580 份，贝叶书[1]12323 份，手稿（手写类著书）345 份，珍贵文件（稀有类图书）25468 份及其他领域图书。[2]（见表 4）

表4 仰光国家图书馆馆藏情况

类别	藏书	报纸杂志	贝叶书	手稿	珍贵文件
数量	172556 本	435580 份	12323 份	345 份	25468 份

资料来源：《缅甸统计年鉴 2018》

---

[1] 古书，缅甸古时书写在贝叶上的文件。

[2] 资料来自缅甸《金凤凰》中文报社 http://www.mmgpmedia.com/local/16462-%E4%BB%B0%
E5%85%89%E5%9B%BD%E5%AE%B6%E5%9B%BE%E4%B9%A6%E9%A6%86%E5%B0
%86%E6%90%AC%E8%BF%81%E8%87%B3%E5%B8%82%E4%B8%AD%E5%BF%83。

在《缅甸统计年鉴2018》中关于文学殿堂公共图书馆借阅情况统计数据显示，2010年举行全国多党民主制大选前夕，图书馆新增缅文版藏书是2005年的3倍，新增英文版藏书种类更是2005年的7.25倍；2011年，国名更改，国家政治处于相对稳定阶段，宣传部在2012年宣布废除出版物"预审"制度也在一定程度上助力出版物的繁荣；在2013年和2014年，图书馆新增缅文版和英文版图书种类都有大幅增加；2014年图书馆图书流通数量达到近年来的峰值，同期，图书馆的借阅人数达到2010年以来的最高；2016年和2017年，在民盟党的带领下，缅甸图书出版规模相对稳定地增长，主要表现在缅文版图书的出版和发行上，这与《缅甸投资法》要求的"使用外语出版刊物、广播节目需获宣传部批准才可开展"不无关系。（见表5）

表5　文学殿堂公共图书馆借阅与馆藏情况

年份	借阅人数（人）			图书流通数量（册）	新增藏书种类（种）	
	特殊会员	普通会员	儿童会员		缅文版	英文版
2005	—	3161	—	15292	797	83
2010	45	2	—	1688	2391	602
2013	281	106	—	4118	6128	2748
2014	534	166	4	18219	2603	479
2015	263	69	40	9480	745	619
2016	229	35	42	12471	757	149
2017	114	11	40	11193	2109	158

资料来源：《缅甸统计年鉴2018》

（五）互联网使用情况

缅甸的公用事业发展落后，基础设施条件较差。联邦议会于2013年10月8日颁布的《电信法》推动了缅甸电信业快速发展，改变了缅甸民众的生活。据交通与通讯部（Ministry of Transport and Communication）数据显示，2018年缅甸手机普及率达110.43%，比2016年增长了22%。[1]

---

[1] 资料来自缅甸《金凤凰》中文报社 http://www.mmgpmedia.com/update-news/29801-2019-02-13-08-11-06。

据非官方统计，2014 年缅甸互联网用户超过 250 万，其中 100 万拥有 Facebook 账户。[①] 2014 年起，较多国内外企业陆续在缅甸通讯领域进行投资，自此通讯领域逐步得到改进。据缅甸交通与通讯部统计，互联网带宽（Bandwidth）由原先的 55.82 Gbps 提升至目前的 614.30 Gbps，互联网用户占总人口的百分比由 2016 年的 55.41% 提升至 2019 年的 82.56%。[②] 如今，缅甸全国手机用户已有 5000 万，通过手机阅读信息的用户越来越多。但相比其他国家，缅甸手机用户的媒体信息素养不高。为了提高教育水平和提供就业机会，数字阅读制度至关重要。仰光省仰景选区（Yanking）议员杜欣玛昂在 2019 年 1 月 28 日人民院会议上敦促联邦政府规划国家级计划和数字化阅读框架。

二、图书业发展概况

（一）传统图书出版情况

2014 年 3 月 14 日通过的《印刷与出版业法》规定，在缅甸欲从事印刷出版，须向宣传部登记注册后获得印刷出版许可证。截至 2015 年，在缅甸宣传部登记注册的印刷商有 1336 家、出版商有 1783 家 [③]。每年只有大约 20 家出版商出版 20~25 种以上的图书，其他的出版商每年只出版 1~2 种，每种图书平均印量为 1000 册。这些图书是大多数缅甸国民通过阅读获取知识的渠道之一。整体上，缅甸的图书出版业面临着巨大的挑战。

销售渠道少。由于国家基础设施状况不佳，物流体系不健全，造成图书的分销渠道少。缅甸故都仰光，拥有 761 万人口，只有大约 25 家独立书店。而在缅甸的第二大城市曼德勒，独立书店则更少。在其他城市，市民只能获得接受基础教育的教科书。

图书定价低。在缅甸图书市场上，每本书的定价通常在 2.25~3.75 美元（3000~5000 缅甸元）之间。这样的定价，对于经销商来说，定价低，利润微薄，从而影响图书市场的繁荣。但与缅甸普通市民的收入相比，这样的价格又是难以接受的。

从业人员专业知识不够。缅甸至今不是《伯尔尼公约》缔约国，知识

---

① 胡帅. 缅甸拟规范国民在新媒体上的行为.《计算机与网络》，2014 年 9 月.
② 资料来自缅甸《金凤凰》中文报社 http://www.mmgpmedia.com/local/30505-2019-05-22-09-56-06.
③ 缅甸出版商协会. 中央情报局世界概况.

产权、版权、著作权相关法律相对欠缺。因缺乏完善的行业规范，并且管理部门没有建立良好的职业教育培训机制，导致出版人对出版行业的认识不够，有些人甚至不理解使用国际标准书号（ISBN）的意义。例如，据缅甸印刷商和出版商协会统计，在2015年缅甸共印刷出版了14135种新出版物，但自2013年以来，每年ISBN的使用量不足400个。

缅甸政府重视发展教育和扫盲工作，全民识字率约94.75%。缅甸实行小学义务教育。教育分学前教育、基础教育和高等教育。学前教育包括日托幼儿园和学前学校，招收3~5岁儿童；基础教育学制为10年，1~4年级为小学，5~8年级为普通初级中学，9~10年级为高级中学；高等教育学制4~6年不等。缅甸现共有基础教育学校40876所、大学与学院108所、师范学院20所、科技与技术大学63所、部属大学与学院22所。著名学府有仰光大学、曼德勒大学等。另据世界银行统计，缅甸中等教育入学率为49%，高等教育入学率为12%，均处于世界较低水平，整个国家对于高级管理人才和技术人才的缺口较大。[①]

一直以来，教材、儿童读物、政治、英语学习、励志自助、商务类出版物在缅甸图书市场上表现较为突出。根据缅甸国家图书馆藏书种类统计，可窥见缅甸图书出版细分市场的基本状况。自2005年以来，缅甸出版的整体规模比较稳定且稳中有升。2013—2017年五年出版规模的平均值为13726种，2017年略低于平均值。从出版物的种类看，文学类、科技类、应用科学类等图书都有较稳定的阅读市场。因宗教意识浓厚，宗教和神学类的图书自2005年至2017年保持较活跃的阅读量，长盛不衰。缅甸民众重视精神世界的满足，通过阅读宗教和神学类以及小说故事类文学作品，抚慰心灵，寻求慰藉，了解外面的世界，所以，这些类别的图书年阅读量始终远超其他类别。2014—2017年间语言和文学类的出版物品种数下降幅度较大，2017年较2005年减少近2倍，应用科学类的出版物品种数持续增长，2017年是2005年的近4倍，体现出缅甸民众越来越注重科学在各领域的应用，可预见此种类的出版规模仍有上升空间。2016—2017年艺术和文化类出版数量陡降，历史和传记类出版物随社会大众的需要出现大幅增长。

---

① 《对外投资合作国别（地区）指南缅甸》（2018年版）. 商务部国际贸易经济合作研究院，中国驻缅甸大使馆经济商务参赞处，商务部对外投资和经济合作司.

表 6　缅甸国家图书馆藏书种类统计情况

类别	2005	2010	2013	2014	2015	2016	2017
哲学和心理学	147	145	157	166	306	308	312
宗教和神学	550	490	848	762	757	540	452
政治和社会科学	450	360	324	356	601	740	712
语言和文学	357	139	297	103	111	157	129
自然科学	119	360	247	180	140	382	118
应用科学	62	133	148	172	255	274	247
艺术和文化	1419	700	303	303	394	72	47
历史和传记	24	63	250	195	297	428	453
小说和故事	1510	1528	1494	1378	1415	1483	1651
期刊	5500	7367	10175	9506	9751	9239	8337
概论	487	89	192	99	108	365	394
总计	10625	11374	14435	13220	14135	13988	12852

资料来源：缅甸国家图书馆

（二）数字内容生产情况

近年来，缅甸宣传部重视图书数字内容的加工和生产，积极推进建设公共数字图书馆服务平台（Public Library Service），更广泛普及文化和传播知识。2015 年 7 月，缅甸开始在各省邦主要城市的港口、医院、汽车站、火车站、飞机场等人员密集的地区建设公共数字图书馆服务平台 200 个，缅甸市民通过无线连接即可实现在线阅读。目前，已有 7125 种电子出版物在平台上线，包括小说、杂志、文学作品、画册、儿童读物、经典著作以及国外译本、外文书等读物。同时，市民可在平台上进行图书捐赠或好书推荐，开展图书交换和买卖，并及时反馈阅读需求。[1]

面对逐渐成熟的读者需求，缅甸企业也预见到了数字图书的出版潜力和广阔市场。缅甸 Xan 信息技术解决方案公司（Xan IT Solutions）在

---

[1] 资料来自缅甸《金凤凰》中文报社——全国将设 200 台公共数字图书馆 http://www.mmgpmedia. com/buz/10570-%E5%85%A8%E5%9B%BD%E5%B0%86%E8%AE%BE200%E5%8F%B0%E5% 85%AC%E5%85%B1%E6%95%B0%E5%AD%97%E5%9B%BE%E4%B9%A6%E9%A6%86。

2015 年正式开放了其电子书网站（ebook.xan.com.mm）。读者登录网站，可以在线阅读经济类、教育类、科技类、健康与医学类、体育类、宗教类和报纸等多种出版物，下载 Xan 软件即可开展购买、租赁等互动活动。网站每周上新 10~20 种电子书，租赁价格分别是 200 缅甸元、300 缅甸元、400 缅甸元不等，租赁期限为 5~10 天。电子书的售价大概是实体书定价的四分之一。读者可以选择缅甸或国际通用的多种银行卡进行付款，购买后可将电子书存放在个人书架，支持离线阅读模式。[1]

2020 年全球应对疫情期间，缅甸国家图书馆官方网站（www.nlm.gov.mm）在 4 月 3 日正式向公众开放电子图书资源库（e-Resources）。资料库按图书、文书、报纸、杂志、期刊、图片、音乐、视频、贝叶书、儿童读物、教育报告、考古文件和佛教书等分类，提供 3 万多种数字内容资源。目前为止，该资料库是缅甸收录数字内容资源较多的网站。[2]

三、报刊业发展概况

（一）报纸出版情况

缅甸宣传部发行三份报纸，分别是缅文版《镜报》（*The Mirror*）、缅文版《缅甸之光报》（*Myanmar Alinn Daily*）、英文版《缅甸新光报》（*The New Light Of Myanmar*）。《缅甸之光报》和《缅甸新光报》均创办于 1914 年，《镜报》创办于 1957 年。《镜报》和《缅甸之光报》由宣传部新闻与期刊局全权经营。英文版《缅甸新光报》由新闻与期刊局与环球直连（Global Direct Link）联合经营。缅甸发行的国营报纸除了以上三种外，还有一种隶属国防部的军报《缅瓦底报》（*Myawaddy News*）。除了《镜报》《缅甸之光报》《缅甸新光报》三种印刷报纸以外，宣传部还与 Megalink 先进技术公司（Megalink Advanced Technologies）合作开通了新媒体网站发行数字报纸。随着读者阅读信息方式的改变，宣传部设立了《缅甸数字新闻》（*Myanmar Digital News*）数字报纸。读者可通过网

---

[1] 资料来自缅甸《金凤凰》中文报社——购书足不出户！缅甸推出电子书网站 http://www.mmgpmedia.com/buz/10569-%E8%B4%AD%E4%B9%A6%E8%B3%B3%E4%B8%8D%E5%87%BA%E6%88%B7%EF%BC%81%E7%BC%85%E7%94%B8%E6%8E%A8%E5%87%BA%E7%94%B5%E5%AD%90%E4%B9%A6%E7%BD%91%E7%AB%99。

[2] 资料来自缅甸《金凤凰》中文报社——缅甸国家图书馆开通网上阅读 http://www.mmgpmedia.com/local/34489-2020-05-15-04-09-29。

站在线阅读每天发行的数字报纸，版面同印刷报纸版面一致。《缅甸统计年鉴2018》中缅甸主要报纸在2005—2017年发行数量数据显示，2010年缅甸主要报纸经历了非同寻常的低谷时期，缅文版报纸日发行量降至24.9万份，英文版报纸日发行量降至1.1万份。随后的5年间，缅文版报纸发行量逐年稳步上升，英文版日发行量在2014年经历了异常下降后，2015年快速反弹。在新媒体的影响下，缅文版报纸从2016年日发行42.3万份下降到2017年的42.1万份。2017年《缅甸新光报》日发行量达1.7万份，略超2016年。

表7　报纸日发行情况

年份	缅文版		英文版	
	数量（家）	日发行量（万份）	数量（家）	日发行量（万份）
2005	4	34.5	1	19
2010	4	24.9	1	1.1
2013	5	36.9	1	1.5
2014	5	37.9	1	1.0
2015	5	39.1	1	1.6
2016	5	42.3	1	1.6
2017	5	42.1	1	1.7

资料来源：《缅甸之光报》《镜报》《缅甸新光报》和《缅瓦底报》

《镜报》《缅甸之光报》《缅甸新光报》三份报纸，依靠缅甸政府财政支持、丰厚的广告收入以及巨大的发行量，在未开放民间私营报纸出版之前，每年盈利约40亿缅甸元。近年来，受新媒体的影响，国营报纸的广告收入也有所下降，盈利下降明显，加之2018—2019年度政府财政预算出现赤字，2018年这三家国营媒体也面临着入不敷出的窘境。每种缅文报纸，各有32个版面，成本约115缅元，但以50缅元的单价向民众发行。雪上加霜的是，纸张、油墨以及物流等各项费用也开始上涨，迫不得已，三份国营报纸自2019年4月1日起开始提价，提高到每份100缅元。即使涨价，还是远低于民间私人报纸的售价。[1]

（二）期刊出版情况

缅甸国内发行的期刊共有 10 种。文艺、卫生、幼儿、科技、体育等第一批杂志期刊和经济与刑事第二批期刊分别于 2011 年 6 月上旬和 12 月上旬获准自由出版。2012 年 3 月 1 日起，缅甸准许教育杂志期刊自由出版。根据缅甸计划与财政部综合行政局（General Administration Department）和信息与公共关系局（Information and Public Relation Department）的统计，2005 年缅甸境内私营期刊有 5500 种，2012 年增至 9486 种，2013 年进一步增加至 10175 种，之后，随着市场的变化，2017 年私营期刊种类降至 8337 种。

（三）报刊业管理

缅甸宣传部于 2012 年 8 月 20 日取消了报刊审查制度，缅甸报刊从此获得自由出版权。另外，私营报刊从 2013 年 4 月起获准出版。有数据显示，截至 2019 年 8 月，宣传部批准发行的报刊共有 44 份，其中相关机构发行的报刊有 7 份、私营报刊有 37 份。在私营报刊中，4 份是英文版。另外，用少数民族语言发行的报刊有 47 份。[2] 短短几年间，越来越多的企业选择在电子报刊和新媒体上登载广告，私营报刊广告收入不断下跌，导致遭遇困境，甚至停办。

宣传部把新闻与期刊业务当作经营机构。宣传部所属 7000 名左右的工作人员运营报纸业务。缅甸政府不但需要推动国营媒体迅速发展，而且需要帮助和支持私营媒体稳步发展。只有私营媒体健康发展，才能培养出更多国际化高素质媒体人。

四、中缅出版业交流合作情况

中缅两国政府高度重视双方的文化交流合作，于 1996 年签订了《文化合作议定书》，2014 年签署了《互设文化中心备忘录》和《促进文化遗产领域交流与合作协议》等。近年来，两国各领域的交流合作逐渐扩宽、程度不断加深，出版业合作硕果累累。《汉缅大辞典》于 1987 年出版，

---

[1] 资料来自缅华网 https://www.mhwmm.com/Ch/NewsView.asp?ID=36900。

[2] 资料来自缅甸《金凤凰》中文报社——缅甸成立报纸发行业与报纸印刷业协会 http://www.mmgpmedia.com/update-news/32023-2019-08-23-06-09-29。

由归国华侨、全国缅甸语资深翻译家王子崇教授耗费 30 余年潜心编修而成。辞典共收录汉语单字、多字条目 65000 余条，内容丰富，囊括百科知识。所收条目以现代规范汉语为主，均用现代缅语释义，用汉缅双语对照方式举例。随着语境的演变以及交流的频繁，时代呼唤修订版的出现。历经三年编撰，2018 年云南人民出版社与缅甸《金凤凰》中文报社联袂首次修订再版了《汉缅大辞典》，凝聚了中缅双方编辑出版团队 100 余人的心血，补充了"一带一路""中国梦""可持续发展"等时代气息浓厚、内容鲜活的词条。词典的出版，是中缅双方精诚合作结出的硕果，有利于中缅外交、政治、军事、经贸、教育、文化等方面的交流，对夯实两国的文化基础，有着重要意义。

2020 年是中缅建交 70 周年。为了深化中缅两国的文化交流，广西出版传媒集团联手广西作家协会启动中缅当代文学互译出版项目，有计划地选择一批中缅两国当代文学精品在两国翻译出版，进一步巩固中缅两国地缘相近、人缘相亲、文缘相通的深厚情谊。

参考文献

1. 缅甸国家概况 https://www.fmprc.gov.cn/web/gjhdq_676201/gj_676203/yz_676205/1206_676788/1206x0_676790/

2. 祝湘辉. 缅甸国情报告（2019）. 社会科学文献出版社. 2019 年 11 月.

3. 缅甸发布禁止外企投资项目种类目录. http://mm.mofcom.gov.cn/article/ddfg/201604/20160401288254.shtml.

4. 缅甸公布限制投资行业. http://mm.mofcom.gov.cn/article/ddfg/201704/20170402563356.shtml.

5. 李勇. 在缅中国企业税收风险防范. 理论研究，2018 年 09 总第 182 期，第 105 页.

6. 中央统计局.《缅甸统计年鉴 2018》.

7. 王以俊. 缅甸和老挝的印刷行业组织. 东南亚之窗，2009 年 10 月，第 63 页.

8. 缅甸核心期刊委员会成立. http://www.mmgpmedia.com/buz/1551-2012-08-27-08-04-49.

9. 仰光国家图书馆将搬迁至市中心. http://www.mmgpmedia.com/local/16462-%E4%BB%B0%E5%85%89%E5%9B%BD%E5%AE%B6%E5%9B%

BE%E4%B9%A6%E9%A6%86%E5%B0%86%E6%90%AC%E8%BF%81
E8%87%B3%E5%B8%82%E4%B8%AD%E5%BF%83.

10.国民未充分利用手机. http://www.mmgpmedia.com/update-news/
29801-2019-02-13-08-11-06.

11.胡帅.缅甸拟规范国民在新媒体上的行为.《计算机与网络》，
2014年9月，第9页.

12.缅甸通讯领域得到突出改进. http://www.mmgpmedia.com/local/
30505-2019-05-22-09-56-06.

13.《对外投资合作国别（地区）指南缅甸》（2018年版）.商务部
国际贸易经济合作研究院，中国驻缅甸大使馆经济商务参赞处，商务部对
外投资和经济合作司.

14.购书足不出户！缅甸推出电子书网站. http://www.mmgpmedia.com/
buz/10569-%E8%B4%AD%E4%B9%A6%E8%B6%B3%E4%B8%8D%E
5%87%BA%E6%88%B7%EF%BC%81%E7%BC%85%E7%94%B8%E6
%8E%A8%E5%87%BA%E7%94%B5%E5%AD%90%E4%B9%A6%E7%
BD%91%E7%AB%99.

15.缅甸国家图书馆开通网上阅读. http://www.mmgpmedia.com/loc
al/34489-2020-05-15-04-09-29.

16.缅甸成立报纸发行业与报纸印刷业协会. http://www.mmgpmedia.
com/update-news/32023-2019-08-23-06-09-29.

（作者单位：中国水利水电出版传媒集团有限公司）

尼日利亚出版业发展报告

蔡 鸿

位于西非东南部的"非洲巨人"尼日利亚，全称尼日利亚联邦共和国（The Federal Republic Of Nigeria），面积 92.3 万平方千米，北与尼日尔、乍得接壤，南毗非洲几内亚湾，西靠贝宁、东邻喀麦隆，首都阿布贾，是非洲人口最多的国家，总人口约 2.06 亿，位列全世界人口数量第七，平均年龄 18.1 岁。① 尼日利亚实行联邦制，设联邦、州和地方三级政府，全国划分为 1 个联邦首都区、36 个州和 774 个地方政府。尼日利亚的法定货币是奈拉（Naira）。尼日利亚是一个语言文化、宗教信仰、部落族裔复杂多样的国家：英语是尼日利亚的官方语言，民族语言包括豪萨语、约鲁巴语、伊博语、富拉尼语等 500 多种土著语言。居民中 50% 信奉伊斯兰教，40% 信奉基督教，10% 信仰其他宗教。尼日利亚拥有 250 个族裔，人口数量和政治影响力最大的四个族裔分别为豪萨（Hausa，25.1%）、约鲁巴（Yoruba，21%）、伊博（Ibo，18%）和伊贾夫（Ijaw，10%）。②

一、出版业发展背景

（一）政治经济状况

尼日利亚拥有丰富的自然资源。耕地广阔，富产石油、天然气、煤炭、铁矿石等 30 余种矿产资源。尼日利亚是非洲第一大产油国和第一大天然气储量国，煤炭资源也十分丰富，且环保（含硫量和灰分很低）。尼日利亚各类自然资源有待开发。

尼日利亚是非洲第一大经济体，市场潜力大，投资机会多。尼日利亚是世贸组织的正式成员国，非洲联盟组织成员，西非国家经济共同体成员，

① 资料来源：https://www.worldometers.info/world-population/nigeria-population/。
② Justin Findlay：https://www.worldatlas.com。

对周边国家有很强的影响力，是我国企业投资非洲主要的目的国之一。有研究表明中尼贸易联系紧密，竞争性弱，发展潜力巨大，具有明显的产业间贸易特征。[①]预计到 2025 年，尼日利亚中上层社会人士年均消费能力会增加 300 亿美元，主要消费领域为食品、住宅、教育和交通。[②]

尼日利亚的基础设施有待改善。尼日利亚现有公路承担着全国 90% 以上的客货运输重担；其现建铁路运输能力欠佳（90% 以上为窄轨铁路），全国铁路呈"H"形路网布局；尼国建有 23 座大型机场，航空飞行是出入尼日利亚的主要交通方式，机场主要分布在各州首府及联邦首都区，拉各斯、阿布贾等城市与北京、上海、广州等地通航；尼日利亚对外贸易的主要方式是海上运输，借助本国海港城市先进的设施，尼与西非众多国家与地区开展进出口贸易，拉各斯港是尼货物吞吐量最大的港口。[③]

尼日利亚国内民族数量多、宗教问题复杂，各地区发展不平衡。尼各州对外国投资在税收、补贴等政策上有差别，当地议会、各党派的选举换届情况以及当地酋长对外资的态度等问题会引发投资政策的变化。尼日利亚实行三权分立制度，因此，如果计划投资尼的国际出版市场，中国出版企业既需要同当地政府、议会等立法机构积极沟通、保持联络、协同合作，还需要充分了解当地文化习俗，积极融入所在社区，认真对待与当地部族酋长、宗教领袖之间关系，与当地工会组织、媒体和社区居民建立友善互助的关系，尽量减少因文化差异产生的矛盾冲突，树立良好社会形象。[④]

尼日利亚的人口红利大，人口众多且年龄结构呈金字塔形分布，年轻人口在总人口中的比例较高。尼日利亚人口中，0~14 岁的人口占总人口的比例高达 44%，15~64 岁的人口占总人口的比例为 53%，青年劳动力供应旺盛，老龄人口少，社会整体负担小，人口结构成为尼日利亚快速发展的一大优势。[⑤]尼日利亚的年轻劳动力十分充足，但受教育程度普遍偏低，全国拥有大学 128 所，普通高中 14555 所，大多数学校面临经费不足的问题。全国文盲率近 40%，高素质劳动力稀缺，普通劳动力需要较长时

---

① 黄子桐.中国与尼日利亚贸易合作的竞争性与互补性研究 [J].外资经贸，2017（6）：21-23.

② 资料来源：https://www.sohu.com/a/298366135_694008.

③ 乔龙，任天舒，王国梁.尼日利亚共和国投资环境分析 [J].对外经贸，2019（4）：28-54.

④ 同上.

⑤ 同上.

间的专业培训后方可满足不同种类工作岗位的需求。[①]

（二）出版相关法律及政策

尼日利亚人力、政策方面的优势为投资尼日利亚出版业提供了一些有利条件。具体来说，尼日利亚人力资源丰富、年轻、用人成本低（其法律规定职工月薪最低 50 美元，约 350 元人民币；18~40 岁人口占总人口的 65%）。尼日利亚政府在外资市场准入方面基本没有限制，鼓励外国投资并在注册、用地、税收和资本流动等方面有一系列优惠政策。[②]尼政府设立了自由贸易区和关税保护区，实行贸易投资减免税等优惠政策，对包括印刷、通讯领域在内的 69 个产业和产品授予"先锋产业"地位，投资这些产业的外资企业可享受 5 年免税期，在经济落后地区可享受 7 年免税期。投资研发的企业还可以享受多项税收优惠。尼日利亚政府对国内出版的图书免征消费税，对进出口图书免税。尼日利亚是"世界版权公约"成员国，采用国际标准书号。[③]

我国出版商对投资尼日利亚应该有充分的风险防范意识。目前主要投资风险包括：政治风险，例如反政府武装与恐怖主义威胁尼日利亚经济稳定；治安风险，如宗教势力引发的社会动乱仍时有发生；行政管理与司法风险，如政府效率低，办事手续繁琐、周期较长，官员腐败、行政人员索要小费等问题较普遍，劳工纠纷问题也比较多；经济金融风险，如汇率风险与通货膨胀；传染病风险，尼日利亚处于热带地区，是疟疾、黄热病、埃博拉病毒等传染病高发地区；教育风险，由于尼日利亚教育较为落后造成技能人才制约瓶颈突出。[④]由于尼日利亚的基础设施条件欠佳、物流成本高、工作签证时限短，这些问题都可能对中国出版社投资效率产生影响。根据《投资促进委员会法令》，尼日利亚商业银行贷款利率一般在 20% 左右浮动，贷款期限一般不超过 360 天，中资企业在尼日利亚当地融资成本高，贷款相对困难。此外，由于文化差异和司法效率因素，中国企业在尼日利亚投资过程中产生的经济纠纷较难妥善解决。所以，在尼中资企业应全面了解尼日利亚《劳工法》《工会法》等相关法律法规，熟悉当地工

① 资料来源：https://www.worldometers.info/world-population/nigeria-population/。

② 郑怡，刘烁，冯耀祥. 中企在尼日利亚投资情况调研发现：安全、行政效率低下、腐败等挑战中企投资 [J]. 中国对外贸易，2016（4）：12-13.

③ 王大可. 走出去指引下的中国出版业国际化之路 [J]. 科技与出版，2020（1）：1-5.

④ 王晓红. 中国对非洲投资：重点、难点及对策 [J]. 全球化，2019（2）：41-51.

会组织运行模式，加强与尼日利亚行业性组织的沟通联系，以便预防化解潜在风险。[1]

（三）出版管理机构

尼日利亚是非洲出版业较为发达的国家。尼日利亚联邦新闻与文化部（The Federal Ministry of Information and Culture）的印刷与出版局（Nigerian Bureau of Print and Publishing）主管该国的出版业事务，新闻出版委员会受理新闻出版投诉、监管出版业职业道德条例遵守情况、更新出版业文献资料并审核出版机构申请。尼日利亚目前拥有200多家出版机构，主要集中在拉各斯、伊巴丹等大城市。为了协调出版社之间的竞争，尼日利亚设立了一些全国性行业组织，尼日利亚出版商协会（Nigeria Publishers Association，简称NPA）是尼日利亚出版商的主要行业机构，其他相关专业协会包括尼日利亚作家协会（The Association of Nigerian Authors）、书商协会（Nigerian Booksellers Association）、印刷商协会（The Society of Printers Practitioners of Nigeria Printing Association）、图书馆协会（The Nigerian Library Association）、大学书商协会（University Booksellers Association）等。[2]

尼日利亚出版商协会是尼日利亚出版机构的专业协会。它自称是"尼日利亚出版商唯一的集体声音（the only collective voice of Nigerian publishers）"，旨在促进和保护尼日利亚出版商的权利，通过有效协调会员之间矛盾促进知识产业发展。[3]自1965年成立以来，它是尼所有图书、期刊和电子出版商的汇集组织。该协会每年举办年会和培训项目，召集出版商们聚集一起，讨论影响出版业和整个图书贸易的各种问题，并制定确保在尼日利亚境内和海外享有有利贸易条件的政策。目前该协会拥有近300家成员，外资出版社也可以申请加入。[4]

（四）国民阅读情况

1. 图书馆和书店建设情况

目前尼日利亚拥有316家公共图书馆，[5]遍布36个州和1个首府，

① 乔龙，任天舒，王国梁. 尼日利亚共和国投资环境分析 [J]. 对外经贸，2019（4）：28-54.

② National Publishers' Association: http://nigerianpublishers.com/list-of-members/.

③ National Publishers' Association: http://nigerianpublishers.com/about-us/.

④ National Library Association：http://nigerianpublishers.com/membership/.

⑤ Victor Ejechi. 2018. Public libraries in Nigeria: The need for a state of emergency. https://www.thecable.ng/public-libraries-in-nigeria-the-need-for-a-state-of-emergency.

尼日利亚的主管行业组织是尼日利亚图书馆协会（The Nigeria Library Association），又分为学术和研究，政府图书馆协会，尼日利亚新闻媒体图书馆员协会，尼日利亚女图书馆员协会，编目、分类和索引，尼日利亚法律图书馆协会，全国图书馆与信息科学教育家协会，公共图书馆，信息技术，尼日利亚学校图书馆协会，视障人士图书馆协会，保存和保护，医学图书馆等 13 个分支。

相比其庞大的人口数量，尼日利亚的实体书店数量不多，主要分布在城市中例如拉各斯（Lagos）有 35 家书店，但大部分书店的设施状况和信息资源欠佳。[①] 拉各斯是非洲第四大富有城市，是尼日利亚的旧都和最大的城市。这座城市拥有发达的港口贸易，经济繁荣富裕，拉各斯大学、国立图书馆和博物馆也设在该市，市民的精神需求和图书购买力强。最有名的 10 家尼日利亚实体书店有 6 家在拉各斯，包括教会使命（CSS）、格兰朵拉（Glendora）、灯笼书店冒险园（Laterna Bookshop Ventures）、地域文化（TerraKulture）、爵士乐（Jazz Hole）和枢纽中心（The Hub），这些书店装饰艺术性强，能提供多种类型和主题的图书；其他四家中，布克维尔世界（Bookville World）位于哈考特港（Port Harcourt），佛罗里达书店（Florida Bookshop）位于欧韦里城（Owerri），扎马尼书店（Zamani Books）位于卡诺城（Kano），读者就是领导者书店（Readers are Leaders）位于阿布贾城（Abuja）。[②]

2. 个人阅读情况

尼日利亚国民的阅读氛围不浓，这与尼日利亚国内经济发展水平、公民受教育程度、图书馆设施资源状况和社交媒体的兴起较晚有关。尼日利亚实行 9 年制义务教育（6~14 岁）。2018 年尼日利亚成人（15 周岁以上）识字率 62.02%，与中国改革开放初期相仿，其中男性与女性的识字率分别是 71.26% 和 52.66%。15~24 岁年轻人的识字率为 75.03%（男性为 81.58%，女性为 68.26%）。[③] 尽管尼日利亚人口众多，存在着庞大的

---

① 资料来源：https://qz.com/africa/1196458/chimamanda-adichie-and-nigerias-bookshops。

② 资料来源："Top 10 Bookshops in Nigeria You Should Check Out." https://idonsabi.com/top-10-bookshops-in-nigeria-you-should-check-out/。

③ 资料来源：http://uis.unesco.org/country/NG。

图书市场和消费需求，但国民的读书文化一直没有培养起来。[1] 尼日利亚的纸质图书价格越来越高，许多年轻人一年只读一本书（包括教材）。学生把读书视为"必要的恶魔"（"necessary evil"）。有感于在 2019 年"世界读书日"尼日利亚民众普遍冷漠的反应，尼日利亚《卫报》（*The Guardian*）的一篇评论号召国民关注图书阅读，认为一个国家的发展水平与读写习惯有密切关系；因为在受知识驱动的地球村国家之间对各种资源和整体优势的残酷竞争中，思维能力越强、反应越快，才能摆脱被支配和殖民的命运。图书是知识的宝库，是实现国民的教育目的和可转移信息的便携式储存库。[2]

为培养年轻人的阅读习惯，多年来，尼日利亚政府和各界采取了多种干预措施。例如，尼日利亚阅读协会（Reading Association of Nigeria）、尼日利亚图书发展委员会（National Book Development Council）和尼日利亚图书馆协会一直赞助该国的读者推广活动。"回归读书倡议"（Bring Back the Book Initiative）由尼日利亚前总统古德勒克·乔纳森发起，目的之一是重振年轻人的阅读习惯。然而，该倡议没有得到适当执行，这也证明了资助地方政府公共图书馆和全国中学建立学校图书馆的困难性和必要性。培养阅读习惯应该从小做起，但是目前大多数中小学都没有能够促进教育阅读的功能性图书馆、图书和教师，难以激励学生养成良好的阅读习惯。缺乏阅读习惯的一部分小学毕业生占据了尼日利亚文盲人口中的相当大比例。随着社交网络应用的日益广泛，尼日利亚学生的图书阅读热情正在消退，他们更喜欢访问社交媒体网站，缺乏阅读图书、杂志和小说等的习惯。2019 年 8 月全球网络参数市场调研公司（Global Web Index）对 46 个国家 57.5 万名年龄在 16~64 岁之间社交媒体使用者[3] 进行了调研，结果显示尼日利亚人在社交媒体上每日平均花费 3 小时 30 分钟，仅次于菲律宾，超过了美国和印度。尼日利亚人社交媒体的高水平参与度可能与其人口年轻化有关。[4] 在尼日利亚大学图书馆，师生对快速获取有效信息以支撑

---

① Akande S. O. & Oyedapo R. O., 2018. Developing the reading habits of secondary school students in Nigeria: The Way Forward [J]. *International Journal of Library Science 2018, 7(1): 15-20.*

② Guardian: https://guardian.ng/opinion/needed-urgently-a-reading-culture/.

③ 平台包括 Facebook、Whatsapp、Twitter、FacebookMessenger、LinkedIn、Skype、Snapchat、Instagram、YouTube、Pinterest 等。

④ All Africa: https://allafrica.com/stories/201908160540.html.

教学和科研的需求很大。为了满足这种需求,目前尼日利亚大学图书馆积极推动开放存取和电子资源、数字化书目工具、提供无线接入和为笔记本电脑提供插件等以用户为中心的策略方案,从而提供随时随处可得的网络资源和数字交流平台。①

（五）互联网使用情况

尼日利亚人口结构非常年轻化,"互联网 + 服务"模式早已融入尼日利亚人民的社会生活,2018 年尼日利亚拥有 9230 万互联网用户,预计到 2023 年,这一数字将有望增长到 1.88 亿。目前尼日利亚 1.7 亿移动用户中只有大约 10%~20% 的人口使用智能手机,大多数移动用户仍在使用具有语言呼叫和短信基本功能的手机。预计到 2025 年,智能手机普及率将增长至 60% 左右,这预示着尼日利亚图书出版业的数字化发展是大势所趋,值得提前做好准备。②鉴于尼日利亚智能通讯消费市场潜力庞大,前景看好,如何拓宽数字出版、电子化图书市场以降低图书出版成本、缓解阅读需求与低水平的传统纸质图书购买力之间的矛盾成为中国投资当地出版市场时需要重点考虑之处。

二、图书市场发展概况

（一）整体情况

相比现代出版业发达的国家,尼日利亚的出版业发展相对落后。2018 年,尼日利亚所注册的拥有国际标准图书编号（ISBN）的图书仅为 2465 种。③究其原因,第一,尼日利亚的图书出版商多为私人企业,资本不足,纸质图书价格昂贵,图书出版量低,图书盗版率高。第二,尼日利亚缺乏国民阅读文化。几乎所有尼日利亚文化活动中,参与者和媒体都谈论到该国缺乏阅读文化的话题。主要原因有几个方面,即对图书阅读兴趣的下降、该国教育水平的下降、较为贫困的经济发展水平以及社交媒体与互联网的兴起。尼日利亚全国各地书店销售低迷。由于尼日利亚人不重视阅读,小说的销量急剧下降,很多人在阅读教育类图书时通常是为了考试或实用,

① 赵秋利. 基于用户诉求的尼日利亚高校图书馆创新策略实证研究 [J]. 图书馆理论实践, 2019
  （9）: 21-26.
② 资料来源: https://www.statista.com/statistics/467187/forecast-of-smartphone-users-in-nigeria/。
③ WIPO (2020). *The Global Publishing Industry in 2018*. Geneva: World Intellectual Property
  Organization.

售出大约 2000~3000 册纸质图书需要三到五年的时间，即便尼日利亚诺贝尔奖获得者沃莱·索因卡（Wole Soyinka）的作品也是如此。[①] 尼日利亚人普遍认为图书是不必要商品，他们负担不起高价的新书。如表 1 所示，在 2018 年该国 11 类文化产业收入排行榜中，图书出版收入排名第九，仅有 2800 万美元，其中约 90% 图书是教科书。[②]

表 1 2018 年尼日利亚娱乐和媒体业收入情况

单位：万美元

排名	媒体	收入
1	互联网（Internet）	327200
2	电视和视频录像（TV and video）	73200
3	户外（Out-of-home）	11800
4	杂志（Magazines）	10900
5	报刊（Newspapers）	9000
6	游戏（Video games）	6700
7	广播（Radio）	4200
8	音乐（Music）	3400
9	图书（Books）	2800
10	电子商务（Business-to-business）	1500
11	电影（Cinema）	1200
合计		451900

资料来源：Statista 数据统计

在尼日利亚的图书销售市场，本土非洲裔作者撰写的图书和二手书比较受欢迎。这与尼日利亚人的购买力普遍低下有关，约有 70% 尼日利亚

[①] 资料来源：https://cityvoiceng.com/the-secret-of-nigerian-book-sales/。

[②] Statista：https://www.statista.com/statistics/614838/nigeria-entertainment-media-spending-by-segment/.

人每天的生活费不足 1 美元。外国图书的价格取决于奈拉对美元的汇率，鉴于汇率不断上涨，本国或非洲裔作者作品的图书定价大约在 800 奈拉，比外国图书便宜得多，读者阅读本国或非洲裔作者作品的意愿越来越高，外国小说的销量不断下降。许多书店的非洲图书直接由当地出版商提供。二手书在尼日利亚变得很流行，尼日利亚的新书价格通常是二手书的 10 倍，二手书价格一般为 150 奈拉（75 美分）至 500 奈拉（2.5 美元）。最受欢迎的二手书作者包括约翰·格里森（John Grisham）、西德尼·谢尔顿（Sidney Sheldon）、弗雷德里克·福赛斯（Frederick Forsyth）、杰基·柯林斯（Jackie Collins）、朱迪思·麦克诺（Judith McNaught）、约翰娜·林赛（Johanna Lindsey）。尼日利亚读者还喜欢购买布莱恩·特雷西（Brian Tracy）、杰克·韦尔奇（Jack Welch）和拿破仑·希尔（Napoleon Hill）等作家的励志图书。[①]

（二）细分市场情况

尼日利亚主要有两种出版机构，教育出版商和大众出版商。前者出版学校系统教科书，后者关注大众类图书（指小说、传记、自传和一般兴趣之类图书）。尼日利亚的大多数出版商热衷于出版学校系统教科书；大众出版商数量少，且大众图书能否出版取决于手稿的商业价值和利润。

1. 教材与教辅类图书

教科书是尼日利亚图书的主要种类，中小学的教科书比例高达 90%。尼日利亚本土教材与教辅类图书出版的发展与其民族意识觉醒进程密切相关。尼日利亚曾经为英属殖民地，英语为其官方语言，为了塑造民族文化自信心，自 1960 年独立后，尼日利亚政府非常注重民族语言的使用和发展，在中小学要求使用民族语言进行教学，许多地区的学校也都使用以民族文字编写的教科书，其中豪萨语、约鲁巴语、伊博语三大民族语言作为"国家或联邦语言"，成为尼日利亚各级教育语言；此外 1977 年颁布的《尼日利亚企业促进法令》（*Nigeria Enterprise Promotion Decree*）规定企业至少 60% 的股权由尼日利亚国民参与管理。这两项法规大力推动了尼日利亚图书出版本土化进度，出版了许多满足多民族需求的本土文化图书，包括宗教、法律、经济、科学、历史等专业图书以及大量的通俗读物。一些欧美出版机构为适应尼日利亚民族主义思潮，也加大用其民族语言出版

① 资料来源：https://cityvoiceng.com/the-secret-of-nigerian-book-sales/。

图书的力度。例如，英国的北方出版公司（Northern Nigerian Publishing Company）出版了一系列的豪萨文著作，英国牛津出版公司尼日利亚分社（Oxford University Press Nigeria）出版本地语写成的教科书和豪萨文词典，美国的巨人出版公司（The Giant Press）出版了很多豪萨文教科书和民族语言工具书。

2. 大众类图书

尼日利亚大众类图书出版形式主要分纸质图书和电子图书两种。年度出书品种在 500 至 1000 种左右，主要包括政治、贸易、回忆录、领导力、营销、宗教、惊险小说、诗歌、科学、人际关系、自助与励志、非洲、健康、历史、哲学、儿童图书等种类。[1] 卡什弗出版社（Kachifo）的法拉芬娜图书品牌在尼日利亚颇受欢迎，该系列的出版方向为宗教或教育类图书，而非小说。出版商大多通过出售教育类、自学和励志性的图书来赚钱，大量各种题材的小说则通过免费的网络阅读软件（例如 TNC Stories App）出版。[2] 图书通过出版商与书商（书店）的合作发行渠道，以实体店和线上书店两种方式销售给读者。表 2、表 3 为 2019 年尼日利亚最受欢迎的非虚构类图书和虚构类图书。[3]

表 2　2019 年尼日利亚最受欢迎的 10 本非虚构类图书

书名	作者	内容简介
《尼日利亚的财富士兵：阿巴查和奥巴桑乔之年》（Nigeria's Soldier of Fortune: The Abacha and Obasanjo Years）	麦克斯·西伦（Max Siollun）	尼日利亚生活的这段历史反映了一个灾难性的十年和三个时代中亿万富翁商人、统治者和民选领导人的代表人物的故事。
《阿德尼克》（Adenike）	阿登尼克·奥耶通德（Adenike Oyetunde）	这本回忆录记述了律师阿德尼克右腿截肢后，在父母关爱下继续追求梦想抓住机会的故事。

[1] Roving Heights: https://rhbooks.com.ng/product-category/.

[2] Leading reporters: 2018. Nigeria has produced some of the world's best authors—so why is its reading culture so poor? https://www.leadingreporters.com/arts-lifestyle/books-crafts/nigeria-has-produced-some-of-the-worlds-best-authors-so-why-is-its-reading-culture-so-poor/.

[3] The Lagos Review：https://thelagosreview.ng/afonja-becoming-nigerian-the-top-nigerian-books-of-2019-channels-television/.

续表

书名	作者	内容简介
《新财富法典的数字化》（*Digital in the New Code of Wealth*）	贾菲斯·奥莫朱瓦（Japheth Omojuwa）	社会媒体专家亚弗·欧穆瓦（Japheth Omojuwa）在该书中论述了技术在数字空间中对非洲和非洲人的发展，特别是在经济和社会政治方面的重要性。
《创业方式》（*Entrepreneurship the SLOT Way*）	纳穆蒂·俄格波格（Nnamdi Ezeigbo）	该书中，作者分享了他将槽道系统有限公司打造成尼日利亚成功品牌的独特经验。
《如何成为尼日利亚人：指南》（*Be（com）ing Nigerian: A Guide*）	埃纳森·约翰（Elnathan John）	书中作者取笑权力拥有者和权力本身，讲述了权力在政治、商业、宗教机构和家庭中的表现、谈判和滥用。
《我的创造：我的商业冒险》（*The Making of Me: My Odyssey in Business*）	德勒·法杰米罗（Dele Fajemirokun）	在这本自传中，尼日利亚首富法杰米罗（Fajemirokun）讲述了自己的故事、经商经历以及与已故父亲亨利·法耶米罗肯的关系。
《来到非洲》（*Oyinbo Came to Africa*）	德尔火（Dele Ogun）	该书用插图讲述了欧洲人和阿拉伯人如何从 15 世纪中叶开始带着他们的宗教和文明模式来到非洲，以及如何改变非洲生活方式的故事。它包括外国宗教的到来，奴隶贸易和废除，殖民和非殖民化，非洲在世界大战中的中心地位，民主和军事政变等内容。
《我在讲事实，我也在说谎》（*I'm Telling the Truth, but I'm Lying*）	贝西·伊克皮（Bassey Ikpi）	该书作者从自身的心理健康和双相情感障碍 II 诊断的角度探讨了她作为尼日利亚裔移民、黑人女性、诗人、母亲、女儿和艺术家的生活和焦虑。
《企业家》（*The Entrepreneur*）	奥拉波德·阿德托伊（Olabode Adetoyi）	该自传讲述了农业企业家奥拉波得·阿德托伊（Olabode Adetoyi）横跨尼日利亚农业价值链各个方面的职业生涯，这也是一本帮助创业者成长和实践的手册。
《从煎锅到杉木》（*From Frying Pan to Fire*）	奥卢塞贡（Olusegun Adeniyi）	该书是关于非洲移民如何冒着一切危险，徒劳地在欧洲寻求更好生活的阿迪尼伊兄弟的悲伤故事。

资料来源：《拉各斯评论》

表 3　2019 年尼日利亚最受欢迎的虚构类图书 [①]

书名	作者	内容简介
《我的姐姐是连环杀手》（My Sister the Serial Killer）	欧因堪·不雷维特（Oyinkan Braithwaite）	这本小说是一部关于姐妹争夺战、充满暴力的暗黑小说。该书荣获 2019 年公鸡奖（Rooster Award）、安东尼奖最佳首部小说奖（Anthony Award for Best First Novel），拍成电影后荣获 2019 年洛杉矶时报最佳犯罪片惊悚片（LA Times Award for Best Crime Thriller）。
《众议院之子》The Son of The House）	彻卢驰·欧耶么卢克维·欧罗比尔（Cheluchi Onyemelukwe-Onuobia）	该小说作家赢得了 2019 年沙迦国际书展上最佳小说作家奖称号（The Award for Best Fiction Writer）。该小说展示了性虐待、阶级冲突和婚姻家庭压力下的女性抗争。
《繁荣》（Boom Boom）	裴德·伊达达（Jude Idada）	这本儿童读物获得了 2019 年尼日利亚液化天然气（NLNG）文学奖。该小说探讨镰刀状细胞疾病，以一个孩子第一人称视角讲述了厄运面前，如何保持由爱、友谊、忠诚和信任编织的家庭纽带。
《一类特殊的黑人》（A Particular Kind of Blackman）	托普·佛拉林（Tope Folarin）	这部作品出自罗德学者和凯恩非洲写作奖得主弗莱兰（Tope Folarin），讲述了一个住在犹他州的尼日利亚家庭以及他们在美国不愉快的文化同化经历。
《女人和青蛙》（Of Women and Frogs）	比斯·阿加彭（Bisi Adjapon）	该小说故事涉及加纳女孩和女性在爱情和性方面面临的困苦，挑战尼日利亚的陈规习俗。
《少数民族乐团》（An Orchestra of Minorities）	赤格基·欧比玛（Chigozie Obioma）	该小说获得了 2019 年布克奖和 2019 年数字图书世界奖的决赛入围（A Booker Prize 2019 and Digital Book World Awards 2019 Finalist），讲述一位尼日利亚家禽农场主为赢得自己所爱的女人而牺牲一切，展现了独立后的尼日利亚和当代世界的残酷现实。
《小沉默》（A Small Silence）	乔莫克·韦里西莫（Jumoke Verissimo）	该抒情小说以监狱释放的一名维权人士和一名孤儿为叙事中心，对尼日利亚政治历史，创伤影响以及从黑暗与沉默中恢复状况进行探索。作者乔莫克·韦里西莫（Jumoke Verissimo）的诗歌被翻译成法文、中文、日文、马其顿文和挪威文。
《阿方加——崛起》（Afonja – The Rise）	通德·莱耶（Tunde Leye）	一部基于奥约帝国传奇的历史小说，记载了省长奥勒·阿罗甘甘和战营酋长伊洛林两人的冲突如何导致该帝国的衰落。
《猴子王子》（Prince of Monkeys）	纳姆迪·埃里姆（Nnamdi Ehirim）	这部小说通过讲述现年 26 岁的纳姆迪·埃里姆（Nnamdi Ehirim）在拉各斯和马德里的成长经历，大胆探讨了政治、宗教、阶级和友谊的话题。

① The Lagos Review：https://thelagosreview.ng/afonja-becoming-nigerian-the-top-nigerian-books-of-2019-channels-television/.

续表

书名	作者	内容简介
《劳拉与达拉历险记》（*The Adventures of Lara and Dara*）	拉拉和达拉（Lara & Dara）	该书讲述了吉瓦姐妹十几岁时在寄宿学校保持对彼此忠诚的友情故事。

资料来源：《拉各斯评论》

如表 2 和表 3 显示，尼日利亚读者喜欢阅读体现反压迫、抗逆境、追求美好生活和成功的励志图书，他们也非常关注与自身身份相关的历史故事类图书。

3. 少儿类图书

尼日利亚潜在少儿图书读者人口数量大。尼日利亚约有 44% 的人口在 14 岁以下，构成了尼日利亚图书市场上庞大的潜在读者群。表 4 介绍了尼日利亚最受欢迎的 8 本儿童图书。从下表中可以看出，尼日利亚的儿童读物以教育科普、价值观培养为主，反映出特殊历史时期孩子们的成长经历。

表4 尼日利亚最受欢迎的儿童图书 ①

书名	作者	内容简介
《没有银匙》（*Without a Silver Spoon*）	埃迪·铁（Eddie Iron）	1998 年出版，荣获"国际青少年图书奖"（Winner of the International Board on Books for Young People）。这个故事告诉读者诚实是最好的品德。乌雷来自一个贫穷但诚实的家庭，做家庭佣工来支付自己的学费。上小学时，他被指控偷钱，父母和老师对他的信任使他得救。
《血与骨之子》（*Children of Blood and Bone*）	托米·阿德耶米（Tomi Adeyemi）	2018 年出版的《血与骨之子》中四位主人公发现自己身处黑暗、魔幻之中，追求着权力。他们的旅程伴随着暴力和背叛，也有友谊甚至是穿越星际的爱情。
《以西上学》（*Eze Goes to School*）	欧诺拉·恩泽乌（Onuora Nzekwu）	1966 年出版。主人公以西的父亲虽然不识字，却知道教育的重要性。本故事讲述了以西和姐姐在学校的多种经历，反映了尼日利亚教育、童婚、凌霸、童工、性别平等方面的问题。

---

① Njideka Agbo，April 2018. https://guardian.ng/life/childrens-book-day-an-appraisal-of-the-nigerian-reading-culture/.

续表

书名	作者	内容简介
《乌龟阿贾帕》（*Ajapa the Tortoise*）	玛格丽特·鲍曼（Margaret Baumann）	1929 年出版的尼日利亚传统民间故事集，包括 30 个故事，充满了诚实、忠诚和真正友谊的教育课程。
《厨房里的鸡》（*Chicken in the Kitchen*）	尼迪·奥科拉福（Nnedi Okorafor）和阿米尔（Mehrdokht Amini）	2015 年出版，讲述一个小女孩发现一只巨大的鸡在山药节上试图偷她的山药。当她质问这只鸡时，鸡现身为精灵，并给予她很好的生活建议。
《托比参观保护中心》（*Tobi Visits the Conservatory*）	欧路本米·奥波德林·塔拉比（Olubunmi Aboderin Talabi）	2020 年出版的一个精彩的插图故事，讲述了一个小女孩托比与父母住在尼日利亚拉各斯。托比、妈妈、爸爸和最好的朋友奥利在市中心发现了一个惊人的野生动物栖息地。该书是参观保护中心的有用指南。
《奇克和河》（*Chike and the River*）	池努阿·阿彻贝（Chinua Achebe）	1966 年出版，讲述了一个充满神奇，勇敢和成长的故事。
《鼓手男孩》（*The Drummer Boy*）	塞浦路斯·埃克文西（Cyprian Ekwensi）	1961 年出版，讲述了一个天才盲人鼓手男孩从一个地方搬到另一个地方，用他的表演娱乐人们并寻找真正的幸福的故事。

资料来源：《尼日利亚卫报》

（三）数字内容生产情况

尼日利亚拥有广阔的、潜在的数字出版市场发展空间。线上书店和数字出版是尼日利亚图书业与出版界新兴的业务发展领域。目前，除了传统的出版模式，自助出版（Self-publishing）、有声书（Audiobooks）、电子书（E-books）也越来越受欢迎。如今尼日利亚人更多在网上书店购买图书或通过网络 App 免费下载图书阅读，冈田图书（Okada Books）2018年接待逾 10 万访客并售出 17000 本图书[①]，世界观点（Worldview）每月的访问量达到 33.5 万人次。这些出版商认为数字出版的最大好处是可以快速进入国际市场、接触更广泛的受众、增加利润并创建可访问的内容。[②]

苦于出版纸质图书繁琐的过程和高昂的价格，街头图书（StreetLib）这种跨国界的数字出版方式成为尼日利亚图书出版销售市场的新宠。街头图书是数字图书的全球门户经销商，总部位于意大利，为全球作家和出版

---

① 资料来源：https://www.finelib.com/cities/lagos/education/bookstores-and-bookshops。
② 资料来源：https://www.publishersweekly.com/pw/by-topic/international/international-book-news/article/79286-a-peek-inside-african-publishing.html。

商提供服务，在所有数字分销商中具有广泛的国际影响力。作者和出版商可以将他们的书以数字方式提供给世界上几乎每一个国家的读者，并通过每一次销售获得报酬（10% 的佣金）。通过街头图书出版，作者不需付预付费。上传到街头图书尼日利亚门户网站的电子图书可以通过其国际商店在尼日利亚、整个非洲以及全球购买。

（四）主要出版商情况

欧美英语出版物占据尼日利亚图书市场主导地位，主要为英国、美国进口书刊。1977 年颁布的《尼日利亚企业发展法》允许一些外国出版发行公司在尼日利亚建立本地分部。目前在尼规模较大的出版社多为欧美出版社在尼日利亚设立的分支机构，如牛津大学出版社、朗文、麦克米伦、海涅曼、埃文斯等。目前，尼日利亚比较知名的本土出版社主要出版多主题领域的纸质图书、电子书、数字内容、视听和有声读物（见表5）。除了这些主要出版机构，尼日利亚还有很多小型的专注于某个读者群体的出版社类别，如以出版儿童读物为主的 "聪明的木屐出版公司"（Clever Clogs Publishing Company）。该公司是一家新兴的小型出版社，专注于为 9 岁以下的小读者制作尼日利亚主题的儿童图画书。根据全球出版社网，尼日利亚主要的出版商包括如下：

表5　尼日利亚主要出版商 [①]

类别	出版商	出版业务
大众类出版机构	逐字传播有限公司（Verbatim Communications Limited）	主要出版宗教信仰方面的文学作品，出版英语杂志和英语图书。
	尼日利亚语文学出版社（Literamed Publications Nigeria Ltd）	以出版农业、学术、文学小说、语言、教育、戏剧和漫画方面图书为主，出版语言包括约鲁巴语、豪萨语、法语和英语。其 "灯笼书" 是尼日利亚和西非家喻户晓的儿童图书品牌，包括冒险、健康、童话、民间故事、圣经故事、英雄、戏剧和文学系列。出版社针对不同年龄（如学龄前、青少年前、青少年和进阶）进行了仔细的分级，发起了一项名为 "灯笼伙伴学校" 的倡议，参与者可以折扣价购买自己选择的故事书。公司在全国设有 10 个仓库。
	泽德克资源出版部（Zedek Resources Publishing Ministry）	专门从事商务印刷，出版商务内容的数字资料、电子书和图书。

① 资料来源：https://awajis.com/blog/publishing-companies-nigeria/。

续表

类别	出版商	出版业务
大众类出版机构	马蹄声出版公司 (Hoofbeatdotcom)	出版数字内容、日历和图书。出版语言包括意大利语、法语、西班牙语、英语和德语。
	大拉夫罗有限公司 (DeRafelo Ltd)	出版浪漫系列英语电子书和英语图书。
	格雷斯斯普林斯非洲出版社 (Grace Springs Africa Publishers)	出版传播基督教以及涉及宠物、养育子女、自然、医学、文学、法律、健康和园艺等内容的英语图书。
	SOS 出版社	出版家族史、诗歌、回忆录、儿童、小说、非虚构作品、文学、传记、历史、艺术、自助、健康指南类图书。用约鲁巴语、法语和英语出版电子书、日历和图书。
	派录希儿出版社 (PAROUSIA)	出版多种类型的期刊、电子书和图书,主题包括宗教、诗歌、摄影、回忆录、文学、励志、小说和随笔。出版语言包括约鲁巴语和英语。
学术类出版机构	ICIDR 出版社 (ICIDR Publishing House)	用英语出版多种教育领域的数字内容,期刊和图书。业务领域涉及学术界、国际机构、团体机构、教学、商业、环境、农业、技术、科学、工程、经济、管理、治理、法律、社会学、心理学、人类学、劳动、组织、语言、沟通、外交、卫生和医学、能源、水、市场和运输、旅游、采矿、天然和精炼石油和天然气、统计、数学、计算机、建筑、信息和通信技术。
	巴布科克大学出版社 (Babcock University Press)	是巴布科克大学的官方出版社,巴布科克大学是尼日利亚的一个基于信仰的高等教育机构,出版以下主题的期刊和图书:学术、金融、家庭、随笔、教育、经济学、戏剧和饮食。出版语言是英语。
	韦洛路德期刊出版社 (Wilolud Journals)	出版理论或实验方面的原创研究作品,出版语言包括英语、法语、西班牙语、波兰语和意大利语;出版28种不同的期刊,主题包括学术、护理、音乐、医学、数学、文学、历史和健康。

资料来源:全球出版社网

三、报刊业发展概况

(一)报纸出版情况

尼日利亚出版的报纸种类比较多,发行量较大的日报有 20 余种,周报有 10 余种,最具影响力和知名度的报纸有《今日报》(*This Day*)、《尼日利亚卫报》(*The Guardian of Nigeria*)、《抨击报》(*The Punch*)、《先锋报》(*Vanguard*)、《每日信报》(*Daily Trust*)、《领导者报》(*Leadership*)和《尼日利亚论坛报》(*Nigerian Tribune*)等。由于尼日利亚的纸质报纸比较昂贵，广播成为广大普通民众主要的媒体信息来源。①近些年来，随着新媒体在尼日利亚更多领域中的运用，尼日利亚的知名报纸分别开设了在线版本。②

在尼日利亚当今最受欢迎的报纸中，《先锋报》每周出版《每日先锋报》《周六先锋报》和《周日先锋报》，在全国发行，栏目涉及体育、广告、管理和营销、海事、能源、高科技和计算机、航空、商业和银行、旅游、卫生、劳工、人文和妇女事务、政治、教育和保险等内容。③《抨击报》是尼日利亚第二大流通量日报，每天发行 8 万多份，对尼日利亚的政治和文化舞台产生较大影响。④《尼日利亚国民报》（The Nation）是尼日利亚国家级报纸，主要向公众提供自由和自治的民主社会信息。《撒哈拉记者报》（Sahara Reporters）是尼日利亚最独特的在线报纸之一，是国际记者社会倡导者，从尼日利亚—非洲的角度为读者提供特色评论和新闻报道，该报以无畏和不妥协的新闻报道而闻名。《尼日利亚太阳报》（Sun News）是由太阳报出版有限公司拥有和出版的一份尼日利亚日报，在尼日利亚超过 42 家分支机构。⑤《今日报》主要报道尼日利亚商业和政治新闻。1997年，该报成为第一家推出全彩纸印刷的尼日利亚报纸。《尼日利亚论坛报》是尼最古老的私人报纸，为读者提供尼日利亚国内和国家热门新闻信息，以及增值服务。《尼日利亚卫报》主要报道尼日利亚最新消息、商业新闻，大部分读者是精英人士。《尼日利亚国家镜报》（National Mirror）是尼日利亚具有分散印刷系统的少数几家报纸之一，位于尼日利亚六个地缘政治区域。《领导者报》是位于尼阿布贾的尼日利亚领导报刊集团出版的一份全国性报纸，其职责是为维护尼日利亚国家和领导人利益。⑥《尼日利亚世界》（Nigerian World）致力于尼日利亚新闻和事件的在线网站，受尼日利亚人认可，提供关于尼日利亚的最新信息，刊登尼日利亚作家的文章。⑦《每日信报》与《每周信报》一起出版，是一份多功能的、以市场

---

① 吴传华."中国在非洲的舆论环境及非洲媒体对中非关系发展的影响——以尼日利亚为"[J]. 非洲纵横，2012（4）：7-11.

② 尚秋芬.数字鸿沟：尼日利亚的数字化走了多远？[J].电视指南，2019：125-126.

③ 资料来源：https://www.vanguardngr.com/about/。

④ 资料来源：http://www.nigeriandailynewspaper.com/nigerian-punch.htm。

⑤ 资料来源：http://www.kguowai.com/news/621.html。

⑥ 资料来源：http://www.kguowai.com/news/621.html。

⑦ 资料来源：http://nigeriandailynewspaper.com/nigerian-world.htm。

为导向的报纸。两份报共同构成尼日利亚北部发行量最大的报纸。[①]《独立日报》（The Daily Independent）是一份多功能的、以市场为导向的报纸，与《每周信报》一起共同构成尼日利亚北部发行量最大的报纸。《独立日报》出版旗舰日报《独立日报》《周六独立报》和《周日独立报》，日报涵盖商业、政治、金融、体育和生活方式等话题。[②]《凯旋报》（Triumph Newspaper），由凯旋出版公司创办，该公司还生产《周末凯旋报》《周日凯旋报》《阿尔比希尔报》和《阿尔菲吉尔报》。加诺州政府积极参与该报纸的出版，其新闻报道多具北方风味。[③]

（二）期刊杂志出版情况

除了报纸，尼日利亚有四家主要的学术图书期刊出版商。其中，韦洛路德期刊出版社（Wilolud Journals）运用学术语言，出版有关护理、音乐、医学、数学、文学、历史和健康等方面的期刊。出版语言包括波兰语，意大利语，法语和西班牙语。融合发展国际研究出版社（International Centre for Integrated Development Research Publishing House）用英语出版学术、建筑、经济学、生态学、文化研究、犯罪、建筑和计算机领域期刊。基督复临杂志（Parousia Magazine）用约鲁巴语和英语出版基督教艺术和文学类期刊。巴布科克大学出版社（Babcock University Press）用英语出版学术、金融、家庭、随笔、教育、经济学、戏剧和饮食领域的期刊[④]。

尼日利亚主要有四家大众杂志出版社，出版语言均是英语。世界文字传媒有限公司（WORDKRAFT Communications Limited）出版新闻、教育、时事、商业、传记、自传类杂志。逐字传播有限公司（Verbatim Communications Limited）出版信仰和心理情感类、文学类大众杂志。追求杂志社（Aspire Magazine）出版技术、体育、灵性、自助、学校、浪漫、宗教和人际关系方面杂志。新锣出版社（New Gong）提供广泛的大众媒体服务，包括图书、杂志和图像出版（为印刷和在线出版商提供照片和插图），没有出版主题和题材的限制。[⑤]

---

① 资料来源：http://nigeriandailynewspaper.com/daily-trust.htm。
② 资料来源：http://nigeriandailynewspaper.com/daily-independent.htm。
③ 资料来源：http://nigeriandailynewspaper.com/triumph-newspaper.htm。
④ 资料来源：https://www.publishersglobal.com/directory/nigeria。
⑤ 资料来源：https://www.publishersglobal.com/directory/publisher-profile/6960。

四、中尼出版业交流合作情况

（一）整体情况

中尼两国已建立起良好的双边关系。自 1971 年建交以来，两国关系发展顺利。中国是尼日利亚铁路、机场航站楼扩建、公路、水力发电等众多基础设施项目建设的主要合作伙伴，中国企业在尼日利亚稳步发展。[1]自 2005 年两国结成战略伙伴关系以来，中尼双方在经济技术、文化、教育和军事等方面都有合作。2011 年起人民币成为尼日利亚官方储备货币，两国货币可直接兑换。中尼两国近年来签署了一系列有利于双边投资的政府间协议，例如《中华人民共和国政府和尼日利亚联邦共和国政府互相促进和保护投资协定》和《中华人民共和国政府和尼日利亚联邦政府共和国避免双重征税协定》。[2]尼日利亚是"一带一路"沿线重要国家之一，是未来十年非洲最大的消费市场，也是中国在非洲的第一大工程承包市场、第二大贸易伙伴和主要投资目的地。至今，中尼在汽车、通信、铁路、自贸区建设、农业等多方面已开展合作。例如一汽、广汽、比亚迪、吉利等汽车厂商已经进入尼日利亚市场，华为在尼最大城市拉各斯设立创新中心，中国"万村通"非洲卫星数字电视项目已经在阿布贾正式启动，中铁建中土集团承建并提供运营服务的阿布贾城铁一期于 2018 年正式开通运营，尼日利亚莱基自贸区也发展为中国企业集聚的重要平台。[3]中尼还在家禽饲养和农作物种植（例如木薯）领域合作密切。[4]

除了经贸合作，中尼两国的人文交流也很频繁。汉语在尼日利亚受到欢迎。中国在尼有两所孔子学院：拉各斯大学和纳姆迪·阿齐克韦大学孔子学院。中文在尼日利亚的影响力与日俱增，学生通过汉语水平考试（简称 HSK），便意味着学生成为一名高素质人才，通过汉语水平考试四级的学生在尼日利亚的就业率为 100%，收入是非中文生平均收入的 4~5 倍；通过汉语水平考试五级、六级（最高级）的学生收入是非中文生收入的 10~15 倍以上。[5]尼国中文学习热潮促动着中国的出版行业实施"供给侧"

① 人民日报：https://baijiahao.baidu.com/s?id=1665561769599733609&wfr=spider&for=pc.
② 中国网，2014. http://news.china.com.cn/world/2014-04/30/content_32252665.htm.
③ 王晓红. 中国对非洲投资：重点、难点及对策 [J]. 全球化，2019（2）：41-51.
④ 腰文颖. 中国与尼日利亚家禽领域合作前景分析 [J]. 中国畜牧业，2017（16）：59-60.
⑤ 资料来源：http://www.hanban.org/confuciousinstitutes/node_10961.htm.

结构性转变，也拓展了汉语教材走出去的发展空间。河南科学技术出版社与尼日利亚文化传媒机构——瑞哈布有限公司的"中尼汉语教材出版合作"项目，向包括尼日利亚在内的非洲国家推出图书、光盘、电子书、电子词典和视频教学软件等 300 多种出版物，其中汉语国际教育出版物占三分之二。

除了教材，中国的电视节目也走进了尼日利亚人的视野。为帮助尼日利亚人民了解中国当代社会，中国国际广播电台自 2011 年起分别制作了豪萨语版的《北京爱情故事》《媳妇的美好时代》两部中国电视剧和首部豪萨语版纪录片《豪萨人的中国梦》，均在尼日利亚国家电视台豪萨语频道黄金时段播出。在"第四届中非媒体合作论坛"期间，尼日利亚非洲新闻网加入"非洲视频媒体联盟"，发掘尼日利亚当地新闻价值，聚合中尼新闻内容，推动中尼媒体内容共享。中国图书出版商也围绕国民阅读、实体书店、数字出版、中国题材图书等与尼日利亚展开深入交流，多家出版社（例如河南科学技术出版社和人民教育出版社）与尼日利亚文化传媒机构（例如瑞哈布有限公司）合作出版汉语教材，通过介绍中国传统手工工艺（内容包括中国的汉字文明、剪纸手艺、功夫、中医药、瓷器、茶文化、古代园林建筑等），让尼日利亚汉语学习者在轻松的汉语学习过程中生动直观地认识中国。[1]

（二）发展建议

中尼日益频繁的经贸合作和人文交流助长了尼日利亚人了解中国当代社会的兴趣和阅读中国图书的需求。从《习近平谈治国理政》和《中国震撼》进入尼日利亚图书市场后颇受欢迎的事实可以看出，国内出版机构需要加大市场定位调研，掌握尼日利亚读者的中国图书阅读兴趣和习惯，通过精准的当代中国主题图书选题策划和在尼日利亚的多渠道推广，推出更多研究中国道路、阐发中国发展经验和中尼合作、服务于中尼基础设施建设和行业合作的知识普及和技能培训类的图书。[2]

尼日利亚具有潜在的广大数字出版消费市场，尤其是教材类图书。尽管尼日利亚目前的图书消费存在阅读文化不浓、传统纸质图书价格贵、出版图书种类主要以教科书为主、线下销售渠道单一、书店数目不多等问题，

① 资料来源：http://xueshu.baidu.com/usercenter/paper/show?paperid=c97cd3350695af74720b58a5
7f73eab3&site=xueshu_se。
② 王大可. 走出去指引下的中国出版业国际化之路 [J]. 科技与出版，2020（1）：1-5.

但是尼日利亚人口众多，社交媒体使用人数基数大，电子图书消费兴盛，是个值得重视的大型图书市场。

为了打开尼日利亚的图书市场，中国出版商可通过参加国际/尼日利亚图书博览会、举办中尼高端出版论坛、中尼出版对话等活动，借助于既有新媒体平台或新建图书购阅平台，同时参与设施先进的图书馆建设等方式，开设中国图书专题讲座，推广电子平台中国阅读，合作开发教材。鉴于尼日利亚近一半人口生活在经济欠发达的农村地区，在尼日利亚的中国主题图书可分为公益性图书和营利性图书两类。公益性图书主要是为尼日利亚读者编写对外汉语教材，旨在弘扬中国优秀传统文化，介绍中国现代文化与社会，展现中尼多领域合作与交流。除了英语，还可适当增加运用尼日利亚民族语言出版的读物，服务于职业教育。营利性图书应大力开发数字出版内容，降低印刷成本。

总之，图书出版业是促进中尼人文交流、提升中国在尼日利亚形象的一条可持续发展渠道。"一带一路"相关国家的出版业发展呈现差异化特点，尼日利亚的文化发展比较落后，出版业基础薄弱，为了推动中尼出版交流合作高质量发展，我们应该因地制宜，实施"一国一策"合作模式，开展版权贸易合作，深入推动本土化，在尼日利亚建立出版平台或机构，并依托文化产品和技术培训优势，开展出版合作项目[1]。此外，着重设立定制化中非/尼出版人才培养项目或基地，积极打造高精尖复合型传媒出版人才，培育具备国际传播视野、通晓国际出版规则、能够参与中尼出版事务的国际化人才[2]，从而推动双方全方位、多领域、深层次的出版合作，依据中国出版界的自身定位实现产业多维延伸，紧密结合中尼经贸合作和基础设施建设业务，出版定制性图书，服务实践，建立相应的合作机制，扩大双方图书业务交换协议，鼓励中国出版商走进尼日利亚，邀请更多的尼日利亚学生、作者、学者、教育者到中国来进行交流学习。通过"引进来"和走出去双向多重互动架构，建立翻译出版物的合作开发机制，将中国故事融入翻译出版物的链化开发，借助融媒体技术，本着本土化、差

① 甄云霞，王珺. 服务"一带一路"倡议，推动出版交流合作高质量发展. 魏玉山（编）"一带一路"国际出版合作发展报告 [R], 2020（1）: 3-18.
② 罗璇. 关于图书出版走出去的若干思考 [J]. 新闻研究导刊, 2020（3）: 203-204.

异化、服务本土读者需求的原则[①]，精准对接尼日利亚文化传播的主渠道，[②]通过整合文化资源和销售渠道，系统出版将中国传统文化与改革开放高度结合，并能反映近几十年中国经济、政治、文化成就的中国图书，将会提高中国国际出版业务在尼日利亚的社会融入度。

参考文献

1. Akande S. O. & Oyedapo R. O. (2018). Developing the reading habits of secondary school students in Nigeria: The way forward [J]. International Journal of Library Science 2018, 7(1): 15-20.

2. Ihebuzor, L.A. & Ihebuzor, N.A. (2016) The political economy of the publishing industry in Nigeria[J]. Open Access Library Journal (3): http://dx.doi.org/10.4236/oalib.1102674.

3. Findlay，Justin: Largest ethnic groups in Nigeria: https://worldatlas.com.

4. 柯于国.中国对非出版的动因、路向及前景钩沉 [J]. 出版发行研究，2018（3）：79-83.

5. 黄子桐.中国与尼日利亚贸易合作的竞争性与互补性研究 [J]. 外资经贸，2017（6）：21-23.

6. 罗璇.关于图书出版走出去的若干思考 [J]. 新闻研究导刊，2020（3）：203-204.

7. 乔龙，任天舒，王国梁.尼日利亚共和国投资环境分析 [J]. 对外经贸，2019（4）：28-54.

8. 尚秋芬.数字鸿沟：尼日利亚的数字化走了多远？ [J]. 电视指南，2019：125-126.

9. 宋毅.南非出版业发展报告，魏玉山（编）"一带一路"国际出版合作发展报告（第一卷）[R]. 2020：285-307.北京：中国书籍出版社.

10. WIPO (2020). *The Global Publishing Industry in 2018*. Geneva: World Intellectual Property Organization

11. 孙晓萌.尼日利亚新闻出版业发展概况及中尼合作前景 [J]. 出版发

[①] 宋毅.南非出版业发展报告，"一带一路"国际出版合作发展报告（第一卷）[R]. 2020: 285-307.北京：中国书籍出版社.

[②] 吴传华."中国在非洲的舆论环境及非洲媒体对中非关系发展的影响——以尼日利亚为"[J]. 非洲纵横，2012（4）：7-11.

行研究，2016（3）：88-92.

12. 王大可 . 走出去 指引下的中国出版业国际化之路 [J]. 科技与出版，2020（1）：1-5。

13. 王晓红 . 中国对非洲投资：重点、难点及对策 [J]. 全球化，2019（2）：41-51。

14. 腰文颖 . 中国与尼日利亚家禽领域合作前景分析 [J]. 中国畜牧业，2017（16）：59-60.

15. 吴传华 ."中国在非洲的舆论环境及非洲媒体对中非关系发展的影响——以尼日利亚为"[J]. 非洲纵横，2012（4）：7-11.

16. 赵秋利 . 基于用户诉求的尼日利亚高校图书馆创新策略实证研究 [J]. 图书馆理论实践，2019（9）：21-26.

17. 甄云霞，王珺 . 服务"一带一路"倡议，推动出版交流合作高质量发展 . 魏玉山（编）"一带一路"国际出版合作发展报告（第一卷）[R]，2020（1）：3-18. 北京：中国书籍出版社 .

18. 郑怡，刘烁，冯耀祥 . 中企在尼日利亚投资情况调研发现：安全、行政效率低下、腐败等挑战中企投资 [J]. 中国对外贸易，2016（4）：12-13.

（作者单位：北京外国语大学）

葡萄牙出版业发展报告

黄逸秋　马星凝　傅璃何

葡萄牙共和国，简称"葡萄牙"，是一个位于欧洲西南部的共和制国家。东邻同处于伊比利亚半岛的西班牙，葡萄牙的西部和南部是大西洋的海岸，首都里斯本以西的罗卡角是欧洲大陆的最西端。除了欧洲大陆的领土以外，大西洋中的亚速群岛和马德拉群岛也是葡萄牙领土。截至2017年，葡萄牙人口总数1029.1万人，主要为葡萄牙人。外国合法居民约40万人，主要来自巴西、安哥拉、莫桑比克等葡语国家及部分欧盟国家。官方语言为葡萄牙语。约85%的居民为天主教徒。截至目前，葡萄牙识字率（15岁以上拥有读写能力的人口占其总数百分比）为95.2%。

一、出版业发展背景

与欧洲发达国家相比，葡萄牙出版业于15世纪的大航海时代便开始萌发。20世纪初，葡萄牙现代出版业兴起，由于政治经济动荡，与欧洲发达国家相比发展水平一直在低位徘徊且缺乏国际影响力。近年来在互联网与电子资源的冲击下，出版业下滑趋势愈加明显。为了更好地保护并推广本国文化，经济日渐复苏的葡萄牙通过各种政策措施大力发展文化产业，出版业是其中十分重要的一环。

（一）政治经济状况

葡萄牙为欧洲古国之一。1143年成为独立王国。15、16世纪在非洲、亚洲、美洲建立大量殖民地，成为海上强国。1910年10月成立共和国。1974年4月25日，一批中下级军官发起的"武装部队运动"推翻极右政权，开始民主化进程，同时放弃在非洲的葡属殖民地，葡萄牙正式成为西方民主制度国家。1986年1月1日加入欧共体，1999年成为首批加入欧元区的国家。

葡萄牙为议会制共和国。权力机关包括总统、议会、内阁政府，总统依照议会决定任免政府首脑。葡萄牙是联合国、欧盟、北约组织和世贸组织成员。

葡萄牙是欧盟中等发达国家，工业基础较薄弱。纺织、制鞋、酿酒、旅游等是国民经济的支柱产业。软木产量占世界总产量的一半以上，出口位居世界第一。2015 年其国内生产总值达到 1794 亿欧元，人均国内生产总值达 17283 欧元。近年来，葡萄牙政府推行经济外交，吸引外国投资。截至 2017 年底，外国对葡萄牙年直接投资存量为 1436 亿欧元，同比增长 2.3%。主要投资领域为批发零售贸易、金融保险、加工、电力、天然气及自来水、信息通信、科技咨询、建筑、房地产等。投资来源国主要为西班牙、法国、英国、卢森堡、荷兰、德国、瑞士、比利时、奥地利、爱尔兰等。在对外投资方面，20 世纪 90 年代和 21 世纪初，葡萄牙对西班牙和巴西投资额巨大。自 2001 年以来，对欧盟成员国投资额大幅增加。2018 年，葡萄牙对外直接投资量为 140 亿欧元，同比增长 1.2%。投资领域主要包括金融保险、加工、科技咨询、建筑、批发零售贸易、电力、天然气及自来水、房地产、信息通信等。主要投资目的地为荷兰、西班牙、巴西、安哥拉、卢森堡、美国、英国、波兰、莫桑比克、丹麦、爱尔兰等。

中国与葡萄牙于 1979 年正式建交，为了发展两国间的经贸关系，中华人民共和国政府和葡萄牙共和国政府于 1980 年 7 月 4 日在北京签订《中华人民共和国政府和葡萄牙共和国政府贸易协定》。1998 年签署《避免双重征税和防止偷漏税协定》，2005 年签署《中葡经济合作协定》并重签《鼓励和相互保护投资协定》。[①] 葡萄牙在华投资始于 1988 年，据中国海关统计，2017 年中葡货物贸易总额为 49.61 亿欧元，其中中国自葡萄牙进口 18.76 亿欧元，同比增长 31.23%。中国是葡萄牙第九大贸易伙伴，也是葡萄牙在亚洲第一大贸易伙伴。[②] 据中国商务部统计，截至 2018 年 10 月底，葡萄牙在华投资项目达 255 个，实际使用资金总额 2.1 亿美元，主要投资领域涉及金融、高科技、能源、贸易、汽车等。[③]

中国对葡萄牙投资近年来发展迅猛，目前已有 11 家中资企业在葡萄牙开展各种类型的业务，领域涉及能源、通信设备、金融、水务、保险、

---

① 中国驻葡萄牙大使馆 . http://pt.chineseembassy.org/chn/jmhz/t1101000.htm.
② 葡萄牙驻沪总领事：进博会将成葡企进入中国市场的机会 . http://www.oushinet.com/ouzhong/ouzhongnews/20181031/304561.html.
③ 商务部：愿与葡萄牙密切贸易往来 . https://www.sohu.com/a/278637800_123753.

医疗等。截至 2018 年，中国企业和公民在葡萄牙投资总额已超过 90 亿欧元，葡萄牙成为中国对欧投资的第五大对象国。[①]

（二）出版相关法律及政策

与许多欧盟国家相似，葡萄牙出版业拥有较为完备的法律和行政规定来维持行业秩序，葡萄牙政府也制定了一系列扶持政策促进出版业发展。

1. 相关法律法规

葡萄牙现行宪法颁布于 1976 年。2019 年 3 月最新修改版第 37 条明确规定，宪法保护葡萄牙公民言论自由。以宪法为依据，葡萄牙建立了较完备的法律与行政规定来维护出版业秩序。与出版业相关的现行法律主要有《新闻法》（Lei de Imprensa）[②]、《版权与邻接权法》（Código do Direito de Autor e dos Direitos Conexos）[③] 以及《固定书价法》（Regime do preço fixo do livro）[④]。

葡萄牙现行《新闻法》于 1999 年 1 月颁布，后经多次修改。《新闻法》划分了出版物的不同种类，规定了报刊记者、出版社编辑等媒体从业人员的相关民事规则，为该领域行政法规的制定提供了法律依据。《新闻法》第 1 条规定，根据葡萄牙《宪法》，新闻界享有言论自由权，应实现公民获得可靠信息、公开公共生活以及对社会批评的权利；第 4 条规定，为了确保表达和对抗不同意见的可能性，国家将根据一般法律和客观标准，通过具体法规确定一种非歧视性的激励机制，以支持新闻界工作；第 18 条就版本收缴做出规定，出版社都应该按照法律定期向相关部门在规定时间内提交规定数目的出版物副本。

葡萄牙现行《版权与邻接权法》于 1985 年 3 月颁布，后经多次修改。该法主要在版权、邻接权、著作权、版权归属、作者命名、著作人格权等各方面进行定义与规定，明确了版权的主体、客体、基本概念、特殊形式、效力范围和法律对版权主体的保护，规定了作品完成、制作和发布的权利等。第 31 条法令规定，在没有任何特殊规定的情况下，版权将在作者去

---

① 中国动力嫁接全球资源　中企深耕葡语国家市场．人民网，http://world.people.cn/n1/2018/1123/c1002-30417689.html.

② 新闻法. https://dre.pt/web/guest/legislacao-consolidada/-/lc/34439075/indice.

③ 版权与邻接权法. https://dre.pt/web/guest/legislacao-consolidada/-/lc/34475475/view?q=direitos+de+autor.

④ 固定书价法. https://dre.pt/web/guest/legislacao-consolidada/-/lc/70300359/view?q=lei+do+pre%C3%A7o.

世 70 年后失效，即使该作品是在作者死后出版或发布的；根据第 38 条法令，超过法律规定的版权保护期后，该作品便属于公共资源；根据第 56 条法令，著作归为公共资源后仍不影响著作者的精神权利，此权利不受时效约束。

同欧洲相关法律相似，葡萄牙国内也制定了《固定书价法》，该法律最早颁布于 1996 年 9 月，先后经过多次修改，并于 2015 年 9 月经过重大修改重新颁布。其中第 2 条规定，任何编辑、重新编辑、重新印刷、向市场进口或重新进口图书的人员都有义务为图书设定一致的公开售价；第 4 条第 1 款规定，零售商设定的图书零售价必须在出版商或进口商所定价格的 90% 至 100% 之间；第 4 条第 3 款规定，零售商可以通过为消费者提供其已认可的服务来适当提高图书售价；第 8 条规定，对于进口的葡萄牙语图书，进口商定价不得低于出版商所设定的该书在葡萄牙的销售价，若此售价不确定，其价格需根据出版商在其本国的建议零售价来定价。根据第 21 条第 2 款，零售商向公众出售固定价格的图书的强制性期限为 18 个月，其起始日期以出版商在图书首页标记的出版时间为准；对于进口图书，其起始日期以购买发票上的日期为准。在强制期限的 18 个月中，只有出版商和进口商可以更改价格，第 9 条规定，如需更改，出版商和进口商需至少提前 15 天告知零售商，而零售商须在获得新定价后的至多 15 天内更换定价。《固定书价法》适用于任何出版物形式，即所有印刷、音频和电子形式出版物均适用于此法律。

此外，葡萄牙《增值税法》[①]（Código do Imposto sobre o Valor Acrescentado）第 9 条第 16 款规定，持有人本身、其继承人、受遗赠人或第三方在转让版权或相关权、使用知识作品授权以及在转让或分配各自在集体管理实体[②]所收到的款项时，若是用于社会、文化和研究目的，可对其免除增值税。

2. 扶持政策

除法律和行政法规外，葡萄牙政府还通过资金补助、开设各类项目、创立各类奖项来促进国内阅读环境和国外传播渠道建设，推动出版业

[①] 增值税法. https://dre.pt/legislacao-consolidada/-/lc/34500675/view?p_p_state=maximized.

[②] 集体管理实体：Entidades de gestão coletiva，多为非营利性实体，其法律形式是私营实体或公共实体。作者、表演者、制作者及其他权利人通过授权或者委托专业的集体管理实体管理其权利，可以简化权利管理。

发展。

根据葡萄牙国家统计局（Instituto Nacional de Estatística）统计，自 2008 年起葡萄牙政府为出版企业提供一定的经营补贴，补贴额度在 2013—2014 年达到峰值（超过 83.3 万欧元），此后开始逐渐下跌，2017 年为近年来最低，仅为 50.9 万欧元，较高峰时期降幅达 28%（见图 1）。

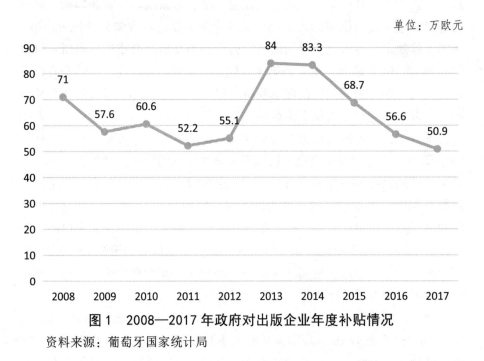

单位：万欧元

图 1　2008—2017 年政府对出版企业年度补贴情况

资料来源：葡萄牙国家统计局

与此同时，葡萄牙政府也为图书零售企业提供一定的经营补贴，2017 年为补贴金额最高年份，达 23 万欧元，比 2016 年（13.4 万欧元）增长了 72%；比 2008 年（12.3 万欧元）增长了 88%。自施行补贴政策以来，政府对图书零售企业的年度经营补贴一直高于 12 万欧元，其中仅 2012 年例外，补贴值仅为 5.3 万欧元（见图 2）。

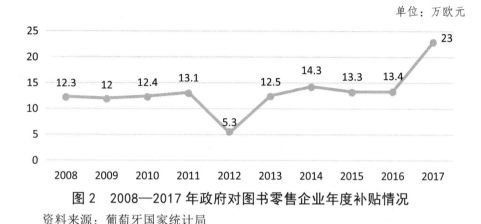

图2 2008—2017年政府对图书零售企业年度补贴情况

资料来源：葡萄牙国家统计局

为了促进葡萄牙文学在世界各地的推广，图书、档案和图书馆总局（Direção-Geral do Livro, dos Arquivos e das Bibliotecas，简称DGLAB）还设立了各类海外推广项目。所有来自葡语国家的作者，如安哥拉、莫桑比克、佛得角、几内亚比绍、东帝汶、圣多美和普林西比的作者均可参与。该局还为巴西出版商设立了专项资助。海外推广项目主要包括以下几类。

（1）翻译资助（Apoio à Tradução）：① 图书、档案和图书馆总局通过一年一度的比赛遴选出优秀的葡萄牙作家和葡语国家作家的作品（除巴西外），以资金奖励的形式向出版商提供翻译资助。资助金额根据不同的作品情况占翻译总费用的20%至80%不等。申报方需满足以下条件：作品为从未翻译过的葡语作品；一般情况下仅接受已在葡萄牙出版的作品；作品类型可为小说、诗歌、文学、社会科学和人文科学论文以及儿童文学等。该翻译资助项目每年仅有一次申报机会，申报者须在每年3月31日前提交作品和申请。图书、档案和图书馆总局根据作品目标语言翻译的相对重要性、目标语言在传播葡语文学方面的战略重要性、翻译者的个人履历、该翻译作品对出版社的发展帮助等各方面进行评估，每年评选出一名获资助者。

（2）巴西出版资助（Apoio à Edição no Brasil）②：专为巴西出版商

① http://livro.dglab.gov.pt/sites/DGLB/Portugues/noticiasEventos/Documents/DSL%202016/REG.%20APOIO%20TRADU%c3%87%c3%83O%20COM%20NACIONAIS.pdf.

② http://livro.dglab.gov.pt/sites/DGLB/Portugues/apoios/Paginas/REGULAMENTO%20APOIO%20EDICAO%20BRASIL%20DGLAB.pdf.

而设，提供在巴西出版葡语作品的部分费用。资助额度根据不同的作品情况占出版总费用的 20% 至 60% 不等。申报方需满足以下条件：作品从未在巴西出版过，且作者为非巴西国籍；一般情况下仅接受在葡萄牙已出版但尚未在巴西出版的作品；作品类型可为小说、诗歌、文学、社会科学和人文科学论文以及儿童文学等。该出版资助项目每年仅有一次申报机会，申报者须在每年 11 月 30 日前提交作品和申请。图书、档案和图书馆总局根据该作品在巴西境内的相对重要性、作者在葡萄牙文学中的影响力、作品与葡萄牙文化传播的相关性和在目标市场的战略意义等各方面进行评估，每年评选出一名获资助者。

（3）插图和漫画资助（Apoio à Ilustração e BD）[1]：该项目面向葡萄牙国内外所有出版商，资金覆盖入选插画、漫画作品的部分或全部出版成本。如果文本的作者符合该项目的条件，还可申请部分翻译费用资助。申报方需满足以下条件：作品在作者本国从未出版；作品内包括葡萄牙插画家作品，或葡萄牙作家文字；若申报者不是葡萄牙人，则此插画、漫画作品作家须为长期定居在葡萄牙或主要在葡萄牙工作的外国人。该资助项目每年仅有一次申报机会，申报者须在每年 5 月 31 日前提交作品和申请。图书、档案和图书馆总局每年评选出一名获资助者。

（4）作者参加海外活动资助（Apoio à Participação de Autores em Eventos no Estrangeiro）[2]：图书、档案和图书馆总局根据每年的财政状况，资助作者参加节日、书展、发行和其他国际出版活动。

（5）海外推广葡语作者特殊项目资助（Apoio a Projetos Pontuais de Divulgação dos Autores no Estrangeiro）[3]：图书、档案和图书馆总局支持葡萄牙作家或以葡萄牙为主题的文学作品的推广活动。主要形式为提供促销材料或其他的技术支持，在某些特殊情况下，可能会在直至年底之前向项目发起人支付财政补贴。

由于第（4）、（5）项不是年度例行项目，因此申报人须在目标活动开始的前一年末或当年初提出申请。该资助面向所有葡萄牙作家以及葡语

---

[1] http://livro.dglab.gov.pt/sites/DGLB/Portugues/noticiasEventos/Documents/DSL%202016/REG.%20%20ILUSTRACAO%20E%20BD%20COM%20NACIONAIS.pdf.

[2] http://livro.dglab.gov.pt/sites/DGLB/Portugues/divulgacaoEstrangeiro/apoioDivulgacaoAutores/Paginas/Outrosapoios.aspx.

[3] http://livro.dglab.gov.pt/sites/DGLB/Portugues/divulgacaoEstrangeiro/apoioDivulgacaoAutores/Paginas/Outrosapoios.aspx.

国家作家（除巴西外）。

在促进海外推广的同时，葡萄牙也设立了各类奖项来激励葡语作家的发展，其中最著名的为卡蒙斯文学奖（Prémio Camões de Literatura）。该奖项根据葡萄牙和巴西政府签订的《文化协定附加议定书》（Protocolo Adicional ao Acordo Cultural）于 1988 年设立，用以表彰葡语作家、作品及其为丰富葡语文学和文化遗产所做出的贡献。这一奖项由葡萄牙图书、档案和图书馆总局，文化秘书处（Secretaria de Estado da Cultura）和巴西国家图书馆基金会（Fundação Biblioteca Nacional）共同设立 [1]。卡蒙斯文学奖被认为是葡语国家最重要的文学奖项，每年都有来自葡语国家共同体（Comunidade dos Países de Língua Portuguesa）的作者入围参赛。评审委员会由巴西、葡萄牙和非洲葡语国家的代表组成。

另一大文学奖为若泽·萨拉马戈文学奖（Prémio Literário José Saramago）。该奖项以诺贝尔文学奖获得者若泽·萨拉马戈命名，由读者社基金会（Fundação Círculo de Leitores）于 1999 年设立。每两年在虚幻小说、中篇和长篇小说三类中各评选出一名获奖者 [2]。

（三）出版管理机构

1. 政府机构

图书、档案和图书馆总局，于 2012 年由档案总局（Direção-Geral dos Arquivos，简称 DGARQ）、图书和图书馆总局（Direção-Geral do Livro e das Bibliotecas，简称 DGLB）合并成立，由部长理事会和文化部部长主持，是一个隶属于文化部、具有直接自治权 [3] 的中央部门。其下设有一名总干事和三名副总干事作为一、二级领导。

档案总局成立于 2006 年，其前身可以追溯到 1988 年成立的葡萄牙档案研究院（O Instituto Português de Arquivos），该院主要负责规划、建设和协调整理国家档案系统。1997 年在该院基础上成立了国家档案 / 卷宗室（Arquivos Nacionais/Torre do Tombo），由葡萄牙文化部主持。

图书和图书馆总局成立于 2007 年，旨在确保协调和执行关于非教科

---

① https://www.bn.gov.br/explore/premios-literarios/premio-camoes-literatura.

② https://web.archive.org/web/20090408051540/http://www.portaldaliteratura.com/armazem/noticias/regul_premio_lit_saramago_sextaed.pdf.*"O Prémio distingue uma obra literária no domínio da ficção, romance ou novela"*.

③ 直接自治权（Autonomia Administrativa）：指实体有权根据其存在的制度规则以及行政管理原则在任何方面制定自己的法律并管理自己的业务。

书、图书馆图书和读物的综合政策。图书和图书馆总局源于多个组织：葡语图书研究院（Instituto Português do Livro），成立于1980年，其前期职责为支持在非洲葡语国家的图书编辑出版及在海外宣传作家，后期还承担了推广阅读的职责，因此于1987年被葡萄牙图书和阅读研究院（Instituto Português do Livro e da Leitura）取代。1992年，葡萄牙图书和阅读研究院与国家图书馆（Biblioteca Nacional）合并为国家图书馆和图书研究院（O Instituto da Biblioteca Nacional e do Livro）。1997年，葡萄牙图书和图书馆协会（O Instituto Português do Livro e das Bibliotecas）成立，随后被图书和图书馆总局取代。

图书、档案和图书馆总局的主要职责是确保国家档案系统的协调及非教科书、图书馆和阅读综合政策的实施，同时负责实施国家档案政策，促进葡萄牙文学的创作、出版和阅读，并通过巩固和扩展国家公共图书馆网络来促进公众阅读。该局有自行出版的能力，同时也提供资金支持出版研究，保障出版社和作家权益。

该局资金主要来自文化部的预算拨款，同时接受各方捐款、补助，并通过提供技术服务和研究成果转化、开展培训注册等获得资金。根据该局近年来发布的年度报告，其预算支出情况如下（见图3）：

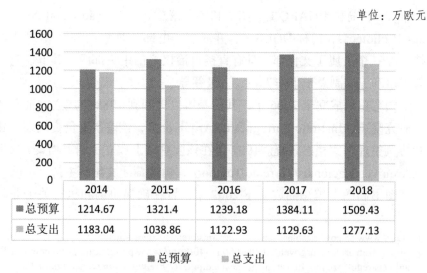

单位：万欧元

	2014	2015	2016	2017	2018
■总预算	1214.67	1321.4	1239.18	1384.11	1509.43
■总支出	1183.04	1038.86	1122.93	1129.63	1277.13

■总预算　　■总支出

图3　2014—2018年图书、档案和图书馆总局总预算与总支出情况

资料来源：葡萄牙图书、档案和图书馆总局

2. 行业协会

葡萄牙出版商和书商协会（Associação Portuguesa de Editores e Livreiros）是葡萄牙出版业主要的行业组织。协会前身是成立于 1927 年 7 月的葡萄牙书商协会（Associação de Livreiros de Lisboa）。1931 年举行了第一届里斯本和波尔图书展（Feiras do Livro de Lisboa e Porto）。1939 年更名为全国编辑和书商协会（Grémio Nacional dos Editores e Livreiros）。1974 年 5 月更名为葡萄牙出版商和书商协会。1995 年 5 月被确认为公共事业单位。它是国际标准书号（ISBN）系统的成员，也是国际出版商协会（International Publishers Association，简称 IPA）、欧洲书商联合会（European Banking Federation，简称 EBF）、拉丁美洲和加勒比地区图书推广区域中心（Centro Regional para o Fomento do Livro na América Latina e no Caribe，简称 CERLALC）成员，是欧洲出版商联合会（Federação dos Editores Europeus，简称 FEE）的创始成员之一。

协会的首要任务是促进及维护会员的合法权益，具体包括：采取必要措施，提供所需服务，以促进图书的出版及销售等活动；在葡萄牙境内外推广公共演出、展览、集市等活动以促进图书销售，推广能使所有享有协会权利的会员共同受益的任何社会和文化活动（例如举办里斯本书展和波尔图书展）；维护、促进及宣传版权和邻接权，抵制盗版；作为国际ISBN 中心在葡萄牙的国家级代理机构，为所有图书从业者提供便利；为出版商、书商和其他图书从业者提供交流合作的平台；在《版权和邻接权法》及其他适用法律范围内，保障会员及其所代表的单位所享有的权利，尤其是他们所拥有的知识产权；向会员提供其领域相关信息以及协助健全会员涉及领域的相关立法。

协会的资金来源主要有：会员会费（根据其销售额进行分配），境内外举办书展的产品收入，协会提供服务取得的收入，协会入股或控股企业的盈利，协会自行出版的收入，自身价值产生的收入，捐款、补助及其他收入。

（四）阅读政策与公共图书馆建设情况

为了有效促进国民阅读，葡萄牙政府大力实施国家阅读计划（Plano Nacional de Leitura，简称 PNL），还通过建立国家公共图书馆网络（Rede Nacional de Bibliotecas Públicas，简称 RNBP）不断加强葡萄牙公共图书馆建设，取得了显著成效。

1. 阅读政策

考虑到教育与文化对于国家治理的重要性，葡萄牙第十七届政府于 2006 年发起了国家阅读计划。阅读计划为期十年（2007—2016 年），旨在通过制定并实施一系列政策措施发展全民阅读和写作能力，培养公民尤其是学生的阅读习惯。计划分两个阶段实施，第一阶段（2007—2011 年）主要的目标群体是幼儿园、小学、初中及其他有特殊需要的学生。第二阶段（2012—2016 年）将受众扩大到全体青少年，主要目标为扩大阅读覆盖面并使在学校、家庭和医院、监狱等其他社会环境中的阅读行为多样化，创造一个适宜阅读的社会环境，为技术人员（图书馆员、老师、动画师、其他阅读推广人员）提供职业培训和技术支持，增加阅读资源并优化青少年写作技能。

在上述阅读计划[①]完成后，葡萄牙政府于 2017 年开始实施新十年计划（2017—2027 年）[②]。目标为：支持和促进各类旨在通过不同媒介阅读来促进社会融合的计划，融合社会各年龄段——儿童、青少年和成人并包容社会特殊需求人群，确保科学、文学和艺术文化的明确发展，包括以信息和通信技术为手段的知识和文化获取的各类项目。同时也将加强图书、阅读和图书馆政策，以便在社区环境下全面促进阅读习惯培养，在教育环境下加强阅读习惯，以达到终身学习的目的。

新十年计划明确了十个干预领域，涉及学校、家庭、社会等不同实施范围，并在国家和各级地方建立了一系列多样化的项目和伙伴关系，如：促进学校、市立及高校图书馆之间的协作，将阅读与写作纳入学校教学重点，利用网络作为共享、传播和交流的空间等。为了让儿童和青少年更便捷地接触到图书、期刊等读物，计划还包含数字图书馆（Biblioteca de Livros Digitais）板块。数字图书馆与国家阅读计划下的多项行动相集成，用于开展与阅读和写作相关的计划，馆内的作者与图书均获得国家阅读计划的认可与批准。

数字图书馆旨在创建一个互联网社区空间。不同于网络上传统的"作品发布地"概念，数字图书馆是"作品的存放地"和分享经验的平台，它试图聚集所有喜欢并希望促进阅读、对扩大朋友圈感兴趣的读书爱好者，

---

① 国家阅读计划成立：http://www.apel.pt/pageview.aspx?pageid=131&langid=2。
② 新十年计划：http://www.pnl2027.gov.pt/np4/quemsomos.html。

其主要目标对象为 5~15 岁的想要提高读写能力、以多种阅读和写作形式分享知识的青少年。

国家阅读计划给葡萄牙青少年的知识学习带来了积极的影响。2000—2018 年，葡萄牙是经合组织成员国中阅读识字率呈现积极且显著变化的国家之一：从 2018 年举行的国际学生评估计划（Programme for International Student Assessment，简称 PISA）① 测试结果来看，葡萄牙学生在阅读素养板块的平均得分为 492 分，比经合组织平均水平（487 分）高出 5 分。这一成绩比 2009 年葡萄牙学生的平均成绩高 3 分，比 2000 年的平均成绩高 22 分。②

2. 公共图书馆建设

为了更好地满足公民的阅读需求，葡萄牙政府也积极推动公共图书馆建设，并于 1987 年设立国家公共图书馆网络计划，旨在为所有葡萄牙城市提供公共图书馆。在该计划范围内，葡萄牙图书、档案和图书馆总局为市政当局创建和完善公共图书馆提供技术或财政支持。截至 2019 年，已有 239 个公共图书馆加入此网络系统。随着国家公共图书馆网络计划的不断推进，网络系统内的图书馆藏书也在逐步完善，藏书量呈递增趋势，2017 年藏书量较 2016 年相比增幅达 33%，增加了超过 200 万册图书（见图 4）。

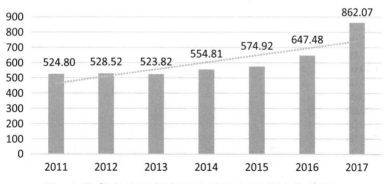

单位：万册

图 4　国家公共图书馆网络系统内图书馆藏书情况

资料来源：国家公共图书馆网络年度报告（2011—2017）

① 由经合组织（OECD）所创立，旨在评估学生是否可以运用其阅读、数学或科学技能来解决与日常生活相关的情况，与此同时还测试学生的协作问题解决能力和财务素养。
② PISA 测试：http://www.pnl2027.gov.pt/np4/Pisa2018.html。

与此同时，公共图书馆的使用人数[1]也在稳步增长。2017年的使用人数达151.23万人，与2011年相比增长了34.88万人，涨幅达29%（见图5）。

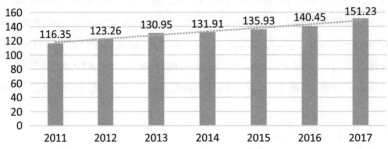

图5 国家公共图书馆网络系统内公共图书馆使用人数情况

资料来源：国家公共图书馆网络年度报告（2011—2017）

系统内公共图书馆的访问人次[2]在2017年达到了历年来的最高点，为718.38万人次，与2015年（611.70万人次）、2016年（628.43万人次）两年相比，分别提高了14%及17%，为自2011年以来涨幅最大的一年（见图6）。这也体现了葡萄牙国家阅读计划对葡萄牙国民阅读的积极促进作用。

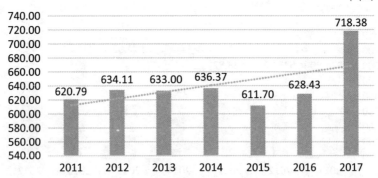

图6 国家公共图书馆网络系统内公共图书馆访问人次情况

资料来源：国家公共图书馆网络年度报告（2011—2017）

---

[1] 使用人数（utilizador）：计每一位在图书馆办借书卡的人。
[2] 访问人次（visitas）：计每一个访问图书馆的人，同一个使用者可能反复去图书馆，计多次访问人次。

国家阅读计划的开展所带来的积极影响在藏书借阅数上也有所反映。2017 年，网络系统内公共图书馆的藏书借阅数达到了 116.12 万次，与 2016 年借阅数相比，涨幅高达 78%（见图 7）。

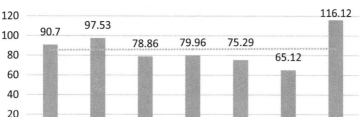

单位：万次

图 7　国家公共图书馆网络系统内图书馆藏书借阅情况

资料来源：国家公共图书馆网络年度报告（2011—2017）

除了线下图书馆，线上图书馆也在不断发展中，葡萄牙国家图书馆（Biblioteca Nacional de Portugal）推出了国家数字图书馆（Biblioteca Nacional Digital），免费提供约 25000 份在线文档，对应超过 150 万张图像。该数字馆藏包括开放访问文档以及受版权保护的内容，因此只能在葡萄牙国家图书馆的内部网络上才能访问。

（五）互联网使用情况[①]

葡萄牙互联网覆盖率较高，使用广泛。根据葡萄牙国家统计局统计，截至 2018 年，葡萄牙有 349 万人订阅了互联网服务。15 岁以上葡萄牙公民中有 71% 使用互联网，其中 55% 的用户通过电脑上网，52% 的用户通过手机上网，17% 的用户通过平板电脑上网。越来越多的网民选择使用手机作为日常的上网工具。截至 2019 年上半年，移动互联网服务的有效用户已达到 780 万，与 2018 年上半年相比增长了 8.6%。其中有 727 万有效用户使用手机上网，这也意味着平均每 10 名互联网用户中就有 9 名使用

[①] 葡萄牙互联网使用情况来自 Bareme Internet 年度报告：https://www.marktest.com/wap/a/n/id~2563.aspx，葡萄牙国家统计局数据：https://ine.pt/xportal/xmain?xpid=INE&xpgid=ine_pesquisa&frm_accao=PESQUISAR&frm_show_page_num=1&frm_modo_pesquisa=PESQUISA_SIMPLES&frm_modo_texto=MODO_TEXTO_ALL&frm_texto=internet&frm_imgPesquisar=。

过手机作为上网工具。

葡萄牙互联网正在快速发展，2019 年度移动宽带互联网访问量比 2018 年同期增长了 36.1%。每个活跃移动互联网用户的月流量增加了 26.6%，每个移动宽带用户平均每月消费 3.5GB。在葡萄牙三大主流运营商中，米欧（MEO）为份额最高的运营商（42.1%），其次为沃达丰（Vodafone）（30.3%）和诺斯（NOS）（25%）。

葡萄牙近八成的 16~74 岁国民使用互联网作为阅读图书、下载报纸杂志的媒介，且该使用率逐年递增。一半左右的葡萄牙国民也会通过互联网来收听广播，观看电视或下载游戏、电影和音乐等（见表 1）。

表 1　葡萄牙 16~74 岁国民互联网在线服务使用情况 [①]

活动类型	使用率		
	2013	2014	2015
在线阅读或下载新闻、报纸、杂志	72.1%	73.7%	77.5%
听广播或看电视	59.7%	45.8%	50.4%
播放或下载游戏、图像、电影或音乐	47.3%	49.3%	47.5%

资料来源：葡萄牙国家统计局

葡萄牙政府也十分重视互联网在教育中的运用。根据葡萄牙教育和科学统计总局（Direção-Geral de Estatísticas da Educação e Ciência）统计，[②] 2002—2010 年期间，政府不断加大对葡萄牙各公立小学、初中和高中的电脑投入，由 2002 年的 63084 台电脑增长至 2010 年的 604493 台，其中小学与初中共计 539986 台，高中 64507 台。此后，随着各类新式网络设备的发展，如平板电脑、智能手机等，葡萄牙公立小学、初中的电脑数量逐步降低，于 2016 年降至 310052 台，2017 年降至 244329 台。葡萄牙公立高中的电脑数量基本维持不变。

---

① https://www.ine.pt/xportal/xmain?xpid=INE&xpgid=ine_indicadores&indOcorrCod=0006678&contexto=bd&selTab=tab2.

② https://www.pordata.pt/Portugal/Computadores+no+ensino+b%c3%a1sico+e+secund%c3%a1rio+p%c3%bablico+total+e+por+n%c3%advel+de+ensino++%e2%80%93+Continente-1114.

二、图书业发展概况

葡萄牙图书业可获取的公开数据整体较少，尤其缺少出版物出版、发行情况的统计数据。但从出版机构及其营收情况的相关信息中可以判断，近年来葡萄牙图书业发展状况欠佳，有日益衰退的趋势。值得注意的是，葡萄牙图书行业中的大企业通过不断收购兼并，业务覆盖出版和零售两大领域，兼顾线上和线下，从而在行业中处于绝对优势地位。

（一）出版情况

1.出版机构

葡萄牙从事图书出版活动[①]的公司数量近年来不断增长，从2004年的387家到2017年的440家，增长率达14%。在增长过程中也存在不同年份间的涨跌变化，尤其是2013年，葡萄牙出版公司数量创下了2005年以来的新低（407家）。此后逐步上涨到了2017年的440家这一较高水平（见图8）。

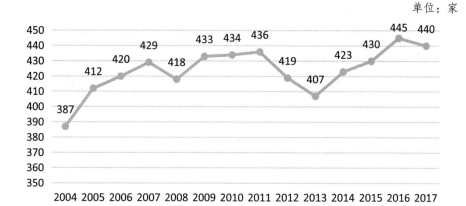

单位：家

图8　2004—2017年葡萄牙图书出版公司数量情况

资料来源：葡萄牙国家统计局，2004—2017年企业综合统计系统

---

① 根据葡萄牙经济活动分类——第三次修改版（https://www.ine.pt/ine_novidades/semin/cae/CAE_REV_3.pdf），出版活动包括获取内容（信息产品）的版权，并以复制、分销等多种形式使公众能够获取这些内容。包括所有形式的出版（纸质、电子、音频、网络、CD-ROM等多媒体产品等）。其中，图书出版包括图书、字典、百科全书、手册、地图、地图册、作品集，包括印刷形式、电子形式（CD等）、网络形式以及音频形式，不包括地球仪的生产、电话簿的编辑、独立作家的活动。

2. 从业人员

2018 年，葡萄牙图书出版行业员工人数为 2281 人，这一数据自 2014 年以来一直保持相对稳定，其中在 2016 年有小幅上升，2017 年又恢复常规水平（见图 9）。

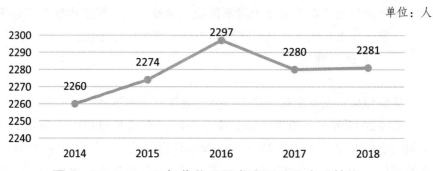

单位：人

图 9　2014—2018 年葡萄牙图书出版从业人员情况

资料来源：葡萄牙国家统计局

3. 出版公司收入

在出版公司销售额方面，2004 年至 2017 年，销售额以 2008 年为分界，总体呈现两种趋势：2008 年前的上涨趋势，以及 2008 年后的下降趋势，其下降程度在近年来尤为突出。2017 年销售额为统计年份中最低，为 3.16 亿欧元，比 2004 年的 3.49 亿欧元下降了 9%（见图 10）。

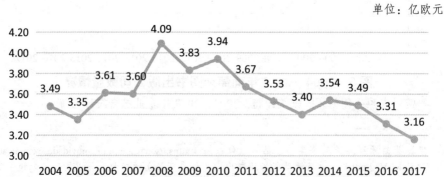

单位：亿欧元

图 10　2004—2017 年葡萄牙图书出版公司销售情况

资料来源：葡萄牙国家统计局，2004—2017 年企业综合统计系统

出版公司总增加值 ① 在 2006—2010 年总体保持稳定，均超过 1 亿欧元。与销售额的变化曲线相呼应，总增加值自 2010 年开始呈现下降趋势，2014 年出现了一次小幅上涨之后继续下滑，近年内总体甚至低于 2004 及 2005 年阶段，在 2017 年达到最低点，较 2004 年的 0.93 亿欧元下降了 10%（见图 11）。

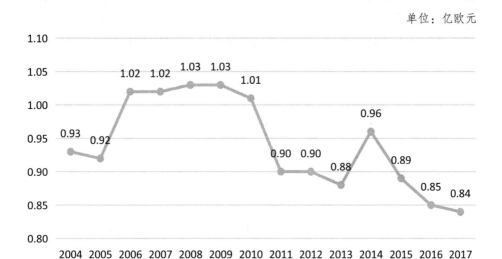

单位：亿欧元

图 11　2004—2017 年葡萄牙图书出版公司总增加值

资料来源：葡萄牙国家统计局，2004—2017 年企业综合统计系统

　　总体来看，葡萄牙出版公司的销售额和总增加值自 2008 年左右开始不断下滑。究其原因，很多新建出版公司的规模小，体量小，受到市场集中化趋势下大型出版集团势力的挤压，销售额少，盈利空间小，加之政府近年来对出版企业的补贴也逐渐减少，导致出版业的整体销售表现不佳。

　　与销售下滑形成鲜明对比，出版公司的数量稳中有升。可能的原因是，一方面，随着图书出版业的发展和演变，部分作者不愿将作品交给内部结构复杂、出版流程较长的大型出版公司而想要交由规模更小、能更专注于其作品的小出版社负责，从而催生了不少小型独立出版商；另一方面，由于统计范围包括了所有形式的出版，随着人们对于电子、音频、网络、只

---

① 总增加值（Valor Acrescentado Bruto）：即 Gross Value Added（GVA）。

读光盘（CD-ROM）等各种多媒体图书产品的需求扩大，出版公司数量的增长也部分体现在以电子出版等其他形式为主的出版公司的增加。

（二）零售情况

1. 零售机构

2008 年葡萄牙有图书零售公司 732 家，这是有统计以来数量最多的年份，此后数量呈减少趋势，仅在 2014 年、2015 年有小幅回升。2017 年葡萄牙图书零售公司仅有 608 家，较 2004 年（694 家）跌幅达 12%。与葡萄牙出版公司的情况相同，零售公司数量的下跌主要源于小企业的不稳定性（见图 12）。

单位：家

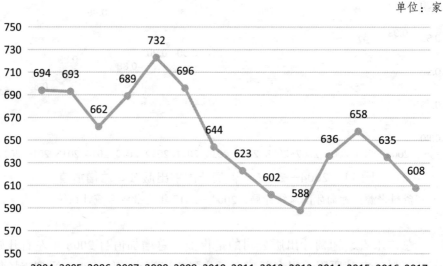

图 12　2004—2017 年葡萄牙图书零售公司情况

资料来源：葡萄牙国家统计局，2004—2017 年企业综合统计系统

2. 零售人员

2018 年，葡萄牙在专门机构从事图书零售的人员为 1767 人。这一人数在 2015 年有大幅上涨，此后便呈逐步下降趋势，2018 年降幅增大到 3%。这与图书零售公司数量自 2015 年开始的下降相呼应。值得注意的是，和出版业员工人数相比，零售业员工人数整体略少（见图 13）。

单位：人

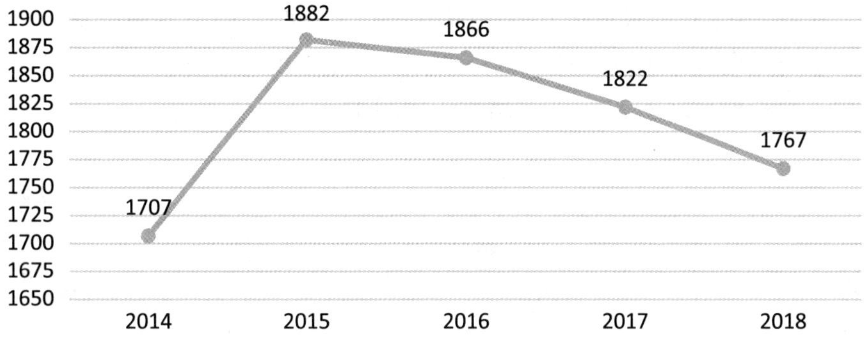

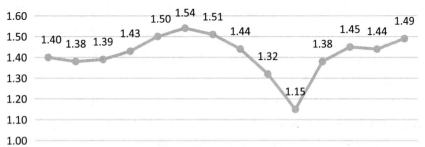

图 13　2014—2018 年葡萄牙专门机构的图书零售从业人员情况

资料来源：葡萄牙国家统计局

3. 零售公司收入

2017 年图书零售公司的销售额达到 1.49 亿欧元，延续了自 2013 年跌至谷底（1.15 亿欧元）后图书市场营业额逐步回升的势头。这一数字也是近年来最接近 2009 年峰值（1.54 亿欧元）的市场表现。

根据葡萄牙统计局数据显示，图书零售公司销售额在 2004 年后的十余年间波动明显：2005—2009 年，持续微涨；2009—2013 年，显著下跌；2013—2017 年，逐步复苏，但整体水平仍与峰值时期稍有距离。值得注意的是，这些变动都是以四年为一个连续周期（见图 14）。

单位：亿欧元

图 14　2004—2017 年葡萄牙图书零售公司销售情况

资料来源：葡萄牙国家统计局，2004—2017 年企业综合统计系统

图书零售业的总增加值在 2017 年达到了 0.31 亿欧元，为近年来最高值，比起 2013 年的最低值 0.21 亿欧元增长了 49%。图书零售业总增加值的波动与其营业额波动总体步调一致，但变化幅度较小。在所记录统计年份中，此指标呈现了 16% 的正增长（见图 15）。

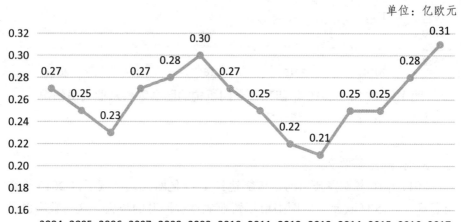

单位：亿欧元

图 15　2004—2017 年葡萄牙图书零售公司总增加值
资料来源：葡萄牙国家统计局，2004—2017 年企业综合统计系统

总体来看，2008—2013 年葡萄牙的图书零售业呈现出整体的大幅下滑，这和多方面因素有关。一方面，自 2008 年起，葡萄牙遭受国际金融危机和主权债务危机双重打击，经济严重受挫。同时也需考虑到，自 1985 年大型超市"大陆超市"（Continente）开张以来，超市这一新的零售渠道也在不断瓜分图书零售市场的份额，但根据葡萄牙经济活动分类第三次修改版的定义，超市并不算作在专门门店内的图书零售机构，因此其图书零售情况没有纳入国家统计局的统计范围。

2013 年葡萄牙大选，新的政府带来新的气象，政局安稳加上经济逐渐复苏，使得 2013 年成为了一个重要转折点。2013 年之后，整体经济环境向好，政府对零售企业的补贴也逐渐增加，双重利好下零售公司的数量有所增加。但行业集中化的现象还在持续，加之受到互联网等各种新兴媒体的冲击，居民对于纸质图书的消费减少，造成近年来零售公司的数量再次呈下降趋势。在此背景下，图书零售业整体销售额和总增加值能够实现稳步上升，主要得益于居于垄断地位的大型图书集团的稳定表现。葡萄牙图书市场以中小企业居多，自 2007 年左右开始产业集中化趋势越发显著。通过不断合并、收购，大型出版集团不仅变得更加强势，集团业务也从单一的出版或零售迈向"出版销售一体化"，进而引发了整个图书出版和零售市场的重组，大集团同时在两个市场都占有极大比重，对市场整体表现有显著的带动作用。根据葡萄牙《晨邮报》（*Correio da Manhã*）的报道①，波尔图出版集团（Grupo Porto Editora）是葡萄牙出版行业的龙头企业，2008 年总收入达到 9150 万欧元，排名第二的乐雅集团（Grupo LeYa）2008 年总收入为 8980 万欧元，这两大集团的收入就占到了该年整个出版市场的 47%。2010 年波尔图出版集团又收购了另一巨头伯特兰集团（Grupo Bertrand Círculo）（2008 年收入为 7000 万欧元），从而同时拥有波尔图出版社（Porto Editora）、伯特兰书店（Livrarias Bertrand）、线上图书网站"我看"（WOOK）三个领域巨头，在整个图书业中占有绝对领先地位。②

（三）畅销书情况

根据波尔图出版集团旗下的线上图书网站"我看"（WOOK）统计，截至 2020 年 4 月，③葡萄牙畅销书前 10 名如下（见表 2）。

表 2　截至 2020 年 4 月葡萄牙畅销书前 10 名情况

序号	书名	作者	出版社	年份	类别
1	《做你想做的人》（*Tu És Aquilo que Pensas*）	詹姆斯·爱伦（James Allen）④	信天翁出版社（Albatroz）	2020	个人发展及心理指导类
2	《失去你后我获得重生》（*Ganhei uma Vida Quando te Perdi*）	劳尔·米尼奥马（Raul Minh'alma）	手稿出版社（Manuscrito Editora）	2019	长篇小说
3	《鼠疫》（*A Peste*）	阿尔贝·加缪（Albert Camus）⑤	巴西之书出版社（Livros do Brasil）	2019	长篇小说

① https://www.cmjornal.pt/cultura/detalhe/porto-editora-com-luz-verde-para-ser-maior-grupo-editorial.

② Rui Manuel Monteiro de Oliveira Beja. *A Edição em Portugal (1970–2010): Percursos e Perspectivas*.

③ https://www.wook.pt/，2020-04-12.

④ 译本，网站并未标注译者信息。

⑤ 译本，网站并未标注译者信息。

续表

序号	书名	作者	出版社	年份	类别
4	《奥斯维辛的纹身师》（*O Tatuador de Auschwitz*）	海瑟·莫里斯（Heather Morris）译者：米格尔·罗迈拉（Miguel Romeira）	普雷森萨出版（Editorial Presença）	2018	长篇小说
5	《怀孕了！下一步呢？》（*Estamos Grávidos! E Agora?*）	卡门·费雷拉（Carmen Ferreira）	手稿出版社（Manuscrito Editora）	2020	生活与健康（育儿类）
6	《新来的女孩》（*A Rapariga Nova*）	丹尼尔·席尔瓦（Daniel Silva）	哈珀柯林斯出版（HarperCollins）	2020	悬疑惊悚小说
7	《神圣的女性》（*Sagrado Feminino*）	伊内斯·盖亚（Inês Gaya）	信天翁出版社（Albatroz）	2020	个人发展及心理指导类
8	《西尔卡的旅程》（《奥斯维辛的纹身师》续篇）（*A Coragem de Cilka*）	海瑟·莫里斯（Heather Morris）译者：米格尔·罗迈拉（Miguel Romeira）	普雷森萨出版（Editorial Presença）	2020	长篇小说
9	《失明症漫游记》（*Ensaio sobre a Cegueira*）	若泽·萨拉马戈（José Saramago）	波尔图出版社（Porto Editora）	2019[①]	长篇小说
10	《+生活+健康+时间》（*+Vida+Saúd+Tempo*）	曼努埃尔·平托·柯艾略（Manuel Pinto Coelho）	图书工坊出版社（Oficina do Livro）	2020	生活与健康

资料来源：葡萄牙线上图书网站"我看"（WOOK）

（四）进出口情况

1. 文化产品进出口

2018 年，葡萄牙文化产品的出口额为 1.68 亿欧元，较 2017 年下降 6.9%。自 2014 年开始，文化产品的出口呈现逐年下降趋势，其中只有 2017 年出现了增长，且涨幅高达 20.9%。主要的出口目的国家是欧盟 28 国，占到出口总额的 65.5%，其中贡献较大的有西班牙（16.2%）、法国（14.6%）、德国（10.4%）。出口到世界其他地区的金额占总额的 34.5%，其中主要目的国是包括莫桑比克、安哥拉等在内的非洲葡语国家（13.5%），其次是美国（7.5%）和巴西（1.2%）。主要的出口产品包括手工艺品（35.0%）、文具用品（24.9%）、期刊（16.1%）、图书（2.4%）。

2018 年，葡萄牙文化产品的进口额为 3.99 亿欧元，较上年增长 5.9%。自 2014 年开始，文化产品进口呈现逐年增长的势头，其中 2017 年的增

---

① 经典作品再版。

长尤其显著，高达20.8%。最主要的进口来源国家是欧盟28国，占到进口总额的88.4%，其中贡献最大的是西班牙（47.7%），其次依次是德国（7.8%）、英国（7.4%）和法国（5.7%）。剩下11.6%的进口额来自世界其他地区，其中美国3.5%，中国2.3%。最主要的进口产品是文具用品（19.5%），其次是图书（15.7%）、期刊（13.3%）、视听及互动媒体产品（12.1%）和手工艺品（9.0%）。

整体来看文化产品的贸易逆差不断增加，2018年达到2.31亿欧元，比2017年增加3470万欧元。其中逆差最大的是视听及多媒体产品（出口额1391万欧元，进口额11316.9万欧元），达到9925.9万欧元；其次是图书和出版物①（出口额3105.3万欧元，进口额11631万欧元），达到8525.7万欧元（见图16）。

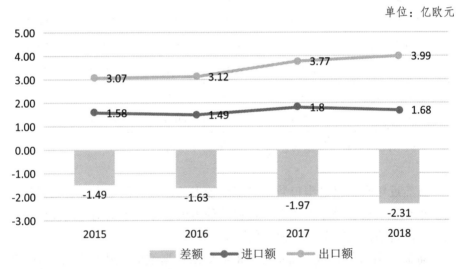

单位：亿欧元

图16　2015—2018年葡萄牙文化产品进出口情况

资料来源：葡萄牙国家统计局文化数据统计报告

2. 图书进出口

图书出口情况近年来相对稳定，仅在2017年出现了小高峰，与文化产品整体在这一年的出口增长势头一致。2017年图书出口额达到578.8万

① 图书和出版物包括：图书、期刊、地图及其他地理图表。

欧元，占文化产品出口总额的 3.2%。2018 年回落至 408.2 万欧元，占文化产品出口总额的 2.4%，与 2014—2016 年的水平相当。

图书进口额自 2014 年起呈现不断下降的趋势，2017 年跌幅较大，2018 年较 2017 年稍有回升，但整体表现依然呈下滑趋势。这与文化产品进口额的上涨趋势相反，可以看出图书进口所占比例逐年缩小。2018 年图书进口额为 6274.8 万欧元，占文化产品进口总额的 15.7%，尽管是近年来最小的比例，还是在所有文化产品中排名第二，体现了图书在进口文化产品当中的重要地位（见表 3）。

表 3　2014—2018 年葡萄牙图书进出口情况

单位：万欧元

类别	2014	2015	2016	2017	2018
图书出口额	407.3	414.5	401	578.8	408.2
占文化产品比例	2.4%	2.6%	2.7%	3.2%	2.4%
图书进口额	7198.3	6662	6430.1	5109.2	6274.8
占文化产品比例	24.4%	21.7%	20.6%	13.6%	15.7%
贸易逆差	6791	6247.5	6029.1	4530.4	5866.6

资料来源：葡萄牙国家统计局文化数据统计报告

虽然近年来图书进出口贸易呈现出较大的逆差，但令人惊喜的是这一逆差正在呈现逐步缩小的趋势。这在某种程度上体现了葡萄牙越发注重本国文化的传播，正在努力扩大文化输出。

葡萄牙国家统计局发布的 2018 年文化数据统计报告统计了 2016 年以来葡萄牙图书和出版物对中国的进出口情况。2018 年向中国出口图书和出版物金额预计为 0.5 万欧元，仅占图书和出版物总出口额的 0.02%，这一比例 3 年来从未超过 0.1%，可见葡萄牙图书和出版物对中国的出口业务有较大缺口。而 2018 年从中国进口图书和出版物的金额预计达到 200.3 万欧元，占图书和出版物总进口额的 1.72%，3 年来这一比例维持在 1.5%~2% 之间。由于葡萄牙从除欧盟国家之外的其他国家进口图书和出版物的金额只占总额的 6.11%，中国所占的这一比例相当可观。但由于数据范围有限，未来趋势还较难判断（见表 4）。

表 4　2016—2018 年葡萄牙图书和出版物对中国进出口情况

单位：万欧元

类别	出口			进口		
	2016	2017	2018（预计）	2016	2017	2018（预计）
总额	2555	3207.8	3105.3	11201.6	10088.8	11631
中国	0.9	1.9	0.5	223.1	159.4	200.3
占比	0.04%	0.06%	0.02%	1.99%	1.58%	1.72%

资料来源：葡萄牙国家统计局文化数据统计报告

（五）主要企业情况

如上文所述，葡萄牙的图书业行业集中度较高，主要的两大集团波尔图出版集团和乐雅集团旗下同时拥有出版企业、零售企业和网上书店，业务覆盖线上、线下，营收规模占整个行业的半壁江山。

1. 波尔图出版集团[①]

波尔图出版集团是目前葡萄牙最大的出版集团，其前身为 1944 年由一群教师创立的波尔图出版社。自成立之初波尔图出版社就致力于教育和参考图书的出版，因而在学术界享有较高声誉。在 21 世纪初，波尔图出版社收购了两家教育出版社——阿里奥出版社（Areal Editores）和里斯本出版社（Lisboa Editora，现拉伊兹出版社，Raiz Editora），并由此转变为波尔图出版集团。集团中还包括自 20 世纪 50 年代起就成为出版社一部分的布洛古印刷公司（Bloco Gráfico）。

国际化一直以来都是创始人瓦斯柯·特谢拉的一大抱负，从 20 世纪 90 年代起这一进程就在不断深化，并在 21 世纪初取得了实质性进展。波尔图出版集团 2002 年成立了莫桑比克分社（Plural Editores Moçambique），2005 年成立了安哥拉分社（Plural Editores Angola），2014 年成立了东帝汶分社（Plural Editores Timor-Leste）。除了在这些葡语国家出版教育和技术类图书以提高教育质量，集团也注重在其他国家推广葡语外语教学。

2006 年，集团进一步进军文学市场，出版内容日益多样化，包括虚构类、非虚构类、青少年文学的出版，于 2010 年合并了伯特兰集团，该

---

① https://www.portoeditora.pt/sobre-nos/historial.

集团旗下包括以下出版社：伯特兰出版社（Bertrand），格查尔出版社（Quetzal），羊皮纸出版社（Pergaminho），主题与辩论出版社（Temas e Debates），对位出版社（Contraponto），多元艺术出版社（Arteplural），管理加出版社（Gestão Plus），书友圈出版社（Círculo de Leitores）以及 11X17 出版社。除此之外，集团下还包括：阿西里奥与阿尔文出版社（Assírio & Alvim），六分仪出版社（Sextante），巴西之书出版社（Livros do Brasil），酷书出版社（Coolbooks），阅读灵感出版社（Ideias de ler），信天翁出版社（Albatroz）和五感出版社（5 Sentidos）。

但目前集团最主要的业务还是集中于其本体波尔图出版社。波尔图出版社向来具有创新和先驱精神，是葡萄牙出版社中最早一批接触数字出版和多媒体资源的出版社之一，先后开发了信息百科（Infopédia，葡语国家最大的在线教育文化信息搜索网站），虚拟校园（Escola Virtual，致力于开展中小学生线上教育）等数字形式的教育文化产品，并于 2008 年将其线上电子书商城 Webboom.pt（1999 年成立，葡萄牙国内最主要的电子图书平台）更名为 WOOK.pt。2011 年推出了出版社旗下字典的手机 app，2012 年又推出了手机阅读 app "e 我看"阅读器（eWook Reader，2016 年更新了版本）。

波尔图出版社还推出了一系列促进阅读和葡语传播的倡议，例如 2009年在葡萄牙推出的"年度词汇"旨在强调词汇的丰富性和葡萄牙语的活力，这一活动于 2016 年推广到了安哥拉和莫桑比克。为了培养阅读兴趣和批判思维，波尔图出版社于 2011 年推出了"相遇波尔图"（Porto de Encontro）作家对谈活动，该活动每月在波尔图举行，公众可免费参与；于 2015 年推出"文学之旅"（Viagem Literária）活动，让文化去中心化，能遍布每一个城市，使作家能与读者见面。波尔图出版社还开展了"葡萄牙语在身边"（Português Mais Perto）海外葡萄牙语教学项目，并在安哥拉、莫桑比克、东帝汶、佛得角、圣多美和普林西比等葡语国家进行投资。2017 年卡蒙斯学院授予波尔图出版社"葡萄牙语推广公司"（Empresa Promotora da Língua Portuguesa）的称号，以表彰其在促进葡萄牙语海外扩展上的成果。

2015 年，波尔图出版社又推出了针对初高中学生的文学、数学和科学能力评估项目——"3D 素养"（LITERACIA 3D）。从 2017—2018 年第三届活动开始，又与剑桥语言测评考试院合作，增加了对英语能力的评估，项目也更名为"3Di 素养"（LITERACIA 3Di）。未来，出版社会进一步在教育、文化、休闲、创新等领域发展，面向更广大的群众。

2. 乐雅集团[①]

乐雅集团成立于 2008 年 1 月，旗下拥有图书学院出版社（Academia do Livro），ASA 出版社，BIS 出版社，卡德诺出版社（Caderno），卡米尼奥出版社（Caminho），文学之家出版社（Casa das Letras），堂吉诃德出版社（D. Quixote），北极星出版社（Estrela Polar），盖里弗罗出版社（Gailivro），今日之书出版社（Livros d'Hoje），纸月亮出版社（Lua de Papel），新盖亚出版社（Novagaia），图书工坊出版社（Oficina do Livro），第五质出版社（Quinta Essência），塞本塔出版社（Sebenta），蒂奥莱玛出版社（Teorema）和泰仕途出版社（Texto）共十七家出版社与遍布全国的十家书店（八家直营书店、两家合伙书店）。除了在葡萄牙本土处于业界领先地位，乐雅集团同样在安哥拉、莫桑比克和巴西设有分支。

其主要涉及领域除了综合性出版，也包括教育类图书的出版（旗下的 ASA 出版社、盖里弗罗出版社、塞本塔出版社和泰仕途出版社主要经营教科书教辅书出版）。同时，乐雅集团也是世界上主要的在葡语国家开展线上教育的机构。多年来，为适应对教育质量和效率要求的不断提高，集团一直和教师、学校管理者、家长、大学和国内外教育技术专家紧密合作，开发创新高效、与学校教学高度融合的线上教学模式。针对不同国家的不同背景，集团提供个性化、多样化的服务。在葡萄牙，乐雅向学校、学生和教师推出了"电子课堂"（Aula Digital）平台，上面包含各种高质量多媒体形式资源（包括视频、动画、游戏、互动测试等），充分利用最新科技服务于个性化教学。

"UnYLeYa–线上学习"（UnYLeYa - e-learning）则是乐雅与波尔图大学、新里斯本大学、阿威罗大学等多所高等学校合作推出的针对高等教育（主要是研究生阶段）、技术与职业教育、继续教育和自学者的企业创新项目，旨在推广线上学习。

同时，乐雅积极参与各大书展，于 2008 年首次参与里斯本书展。对于葡萄牙语新秀人才的寻觅和对其的国际推广是乐雅集团一大宗旨，为此，乐雅于 2008 年推出了"乐雅奖"（Prémio LeYa），评选未出版的优秀葡

---

① https://www.leya.com/pt/gca/leya-quem-somos/.

萄牙语小说，奖金高达 10 万欧元，并且集团会在葡萄牙和所有葡语国家对获奖作品进行推广。这一奖项的设立很好地团结了整个葡语共同体，并且激发了大众读者对葡语小说的关注和兴趣。

乐雅奖 2019 年入围的作家有：卡洛斯·卡瓦列里（Carlos Cavalieri）、马尔科·格雷戈里奥（Marco Gregorio）、狄安娜·佩纳（Diana Pena）（均为笔名）。2018 年（十周年）的获奖作家为巴西作家小伊塔马尔·维埃拉（Itamar Vieira Junior），其获奖作品《倾斜的犁》（*Torto Arado*）是一部旨在反映社会和男性对女性压迫的现实题材小说。

（六）主要书展情况

1. 里斯本书展（A Feira do Livro de Lisboa）

里斯本书展于每年 5 月底至 6 月初在葡萄牙首都里斯本最大的公园——爱德华七世公园举办，为期两周左右，是葡萄牙历史最悠久的文化活动之一，首次举办于 1930 年[①]，自 1931 年起由葡萄牙出版商和书商协会负责承办。书展对公众免费开放，观众可以买到旧书或珍藏版图书，也可以以折扣价格购入新书。

根据葡萄牙《新闻周刊》（*Diário de Notícias*）网站的报道[②]，2019 年第 89 届里斯本书展于 2019 年 5 月 29 日至 6 月 16 日举办，共设有 328 个展位，达到了历史新高，其中 32 个是新增展位。同时还有 25 家新参展商、10 家新出版商加入，使参展商总数达到 138 家，出版商总数达到 636 家。本次书展的主旨为"更好，更绿色，更亲近"，这体现在不仅场地范围扩大，绿化面积增加，并且提供可再利用的纸袋。书展的重点目标人群是家庭和儿童，为此书展开辟了专门的儿童阅读区域。2019 年里斯本书展的累计参观人数达到了 50 万人次。

2. 波尔图书展（A Feira do Livro do Porto）

波尔图书展[③]历史也十分悠久，自 1930 年开始几乎每年稳定举办。2014 年之前一直由葡萄牙出版商和书商协会负责承办，自 2014 年起改由波尔图市政厅直接组织，每年 9 月在波尔图的水晶宫花园举办，为期两周左右。波尔图书展不仅有出版商和书商参与，也有不少作家参与讲座、辩

---

① https://pt.wikipedia.org/wiki/Feira_do_Livro_de_Lisboa.

② https://www.dn.pt/cultura/esta-vai-ser-a-maior-e-mais-verde-feira-do-livro-de-lisboa--10929358. html.

③ https://www.facebook.com/feiradolivrodoporto.cmp.

论等文化活动。阿尔梅达·加勒特图书馆为书展提供支持。

2019 年的波尔图书展 ① 于 9 月 6 日至 9 月 22 日举办，共设 130 个摊位，以致敬散文家爱德华多·劳伦索为主题。

三、报刊业发展概况

葡萄牙报刊业 ② 近年来呈现出整体下行的发展趋势，其中纸质报刊的发行量和流通量都有大幅下降。然而随着越来越多的报刊推出数字版本，不少报刊在网络渠道的流通量有了显著增长，虽然这一增长暂时仍无法抵偿纸质流通量的下降，但未来网络等电子平台的覆盖率越来越广将成为一个必然的趋势。

（一）整体情况

根据葡萄牙文化数据统计报告，2018 年葡萄牙共出版了 1087 种报刊，总发行量 3.25 亿份，总流通量 2.32 亿份，其中出售 1.71 亿份，免费派发 0.61 亿份。与 2017 年相比，种数减少了 3.5%，总发行量下降了 7.9%，总流通量下降了 9.6%，出售量下降了 9.5%，派发量下降了 9.9%，均延续了近年来的整体下降趋势。

销售方式上，2018 年，所有报刊中免费派发的份数占发行总量的 26.2%，较上年下降了 0.1%。2013 年免费派发的比例曾高达 46.2%，可见时至今日免费派发已不再是葡萄牙报刊流通的主要形式（见表 5）。

表 5　2014—2018 年葡萄牙报刊出版发行流通整体情况

单位：种、份

类别	2014	2015	2016	2017	2018
出版种数	1382	1306	1271	1126	1087
总发行量	560217455	514115362	420471116	352474268	324702123
总流通量	449728451	412351153	322156032	256730570	232045054
出售量	250347023	234102102	192880082	189193508	171179212
免费派发量	199381428	178249051	129275950	67537062	60865842

资料来源：葡萄牙国家统计局文化数据统计报告

---

① http://www.cm-porto.pt/feiradolivro.
② 指所有周期性出版物，包括报纸、杂志及其他期刊出版物（如年报、简报等）。

从 2018 年葡萄牙报刊出版发行流通情况来看，报纸和杂志占据了绝大部分市场。在发行、流通、出售和免费派发几个环节，报纸均占有绝对优势，占比均超过 50%，其次是杂志，两者所占比例之和超过 90%（见图 17）。

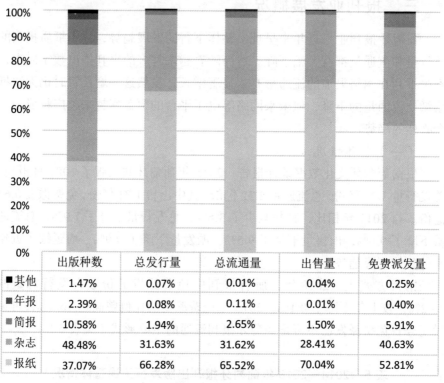

	出版种数	总发行量	总流通量	出售量	免费派发量
■其他	1.47%	0.07%	0.01%	0.04%	0.25%
■年报	2.39%	0.08%	0.11%	0.01%	0.40%
■简报	10.58%	1.94%	2.65%	1.50%	5.91%
■杂志	48.48%	31.63%	31.62%	28.41%	40.63%
■报纸	37.07%	66.28%	65.52%	70.04%	52.81%

图 17　2018 年葡萄牙报刊出版发行流通情况

资料来源：葡萄牙国家统计局文化数据统计报告

在 2018 年发行的所有报刊中，56.2% 仅有纸质版本，43.8% 纸质和数字版本均有。纸质和数字版本混合发行的报刊在 2012 年仅占总出版种数的 34.3%，此后开始不断增加，与之相伴的是仅有纸质版本的报刊所占比例的下降。按照这个趋势，这一比例很有可能在未来达到甚至超过 50%，这也意味着仅发行纸质版本的报刊将很难生存。随着网络和各类电子设备的普及，以及社会对环保问题的担忧，数字版本将逐渐成为报刊流通的重要形式，甚至将占据主导地位，纸质版本未来也许仅仅是对数字版本的一种补充（见图 18）。

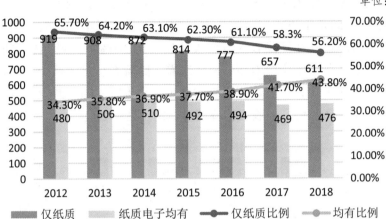

图 18 2012—2018 年葡萄牙纸质与电子报刊发行情况

资料来源：葡萄牙国家统计局文化数据统计报告

　　2018 年，报刊业总收入为 3.11 亿欧元，其中约 58.1% 来自报刊出售的收入，35.8% 来自广告费。与 2017 年相比，总收入下降 6.9%，售出份数（-7.4%）、广告收入（-5.8%）和衍生产品（-29%）等数据指标的减少对总收入产生较大影响。2018 年报刊业支出为 2.90 亿欧元，较上年也下降了 3.2%（见图 19）。

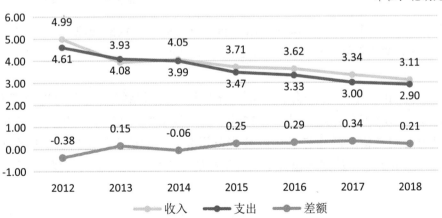

图 19 2012—2018 年葡萄牙报刊收入及支出变化情况

资料来源：葡萄牙国家统计局文化数据统计报告

　　从近年来的收入构成来看，销售和广告收入始终是两大支柱。销售收入始终占到 58% 上下，广告收入占到 35% 上下，捐赠收入的比例很小，仅在 0.5% 左右，衍生产品收入虽然从 2014 年的 2.1% 下降到 2018 年的 1%，但对整体收入的影响十分有限。总体来看，随着发行量的减少，报刊业的销售收入随之减少；随着产业规模的缩小，广告收入随之减少，因而行业整体收入呈下降趋势，但收入构成相对稳定（见图 20）。

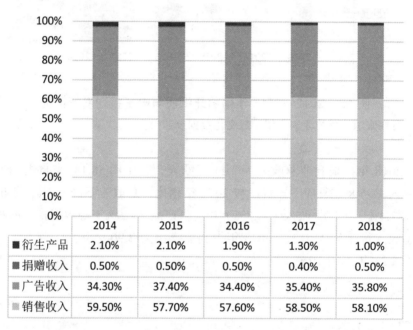

	2014	2015	2016	2017	2018
■ 衍生产品	2.10%	2.10%	1.90%	1.30%	1.00%
■ 捐赠收入	0.50%	0.50%	0.50%	0.40%	0.50%
■ 广告收入	34.30%	37.40%	34.40%	35.40%	35.80%
■ 销售收入	59.50%	57.70%	57.60%	58.50%	58.10%

图 20　2014—2018 年葡萄牙报刊收入构成情况

资料来源：葡萄牙国家统计局文化数据统计报告

　　从 2014 年开始，从事报纸、杂志和文具用品零售的专门机构不断减少，2017 年共有此类门店 4215 家，较上年减少 3.8%。但从销售额来看，呈现的则是相反的趋势，2017 年专门零售机构的销售额达到了 8.36 亿欧元。但由于这一数据还包含了文具用品的零售额，故无法表明报刊零售的真实情况。

表6 2014—2017 年葡萄牙报刊零售机构^①情况

单位：家、亿欧元

类别	2014	2015	2016	2017
专门零售机构数量	4723	4537	4381	4215
专门零售机构销售额	7.34	8.05	8.34	8.36

资料来源：葡萄牙国家统计局文化数据统计报告

从进出口贸易上来看，2018 年报刊的出口额为 2695.2 万欧元。从趋势上来看，2016 年为一个转折点，2014—2016 年呈下降趋势，从 2017 年开始逐步回升，但回升幅度较小，与 2014 年的出口水平存在较大差距。从报刊占文化产品出口总额的比例来看，其趋势呈现也是以 2016 年为最低点的 V 字曲线。但报刊所占比例稳定在 10% 以上，也一直保持着仅次于手工艺品的第二的排名。

2018 年报刊进口额为 5294 万欧元，占文化产品进口总额的 13.3%。报刊进口额变化与文化产品进口额自 2014 年起的上涨趋势一致，所占比例也相对稳定，在所有文化产品中排名第三，仅次于图书，体现了包括图书和报刊在内的印刷品在进口贸易中占有重要地位。

和图书贸易逆差逐年缩小的趋势相反，报刊贸易的逆差扩大趋势明显。2014 年报刊贸易顺差 367.9 万欧元，2015 年即出现逆差 1276.3 万欧元，此后逆差日益显著。可能的原因是，与图书相比，报刊的时效性和本土性更强，更不利于出口（见表 7）。

表7 2014—2018 年葡萄牙报刊进出口情况

单位：万欧元

类别	2014	2015	2016	2017	2018
报刊出口额	4716.5	3351.1	2150.2	2623.4	2695.2
占文化产品比例	27.5%	21.2%	14.4%	14.6%	16.1%
报刊进口额	4348.6	4627.4	4715.3	4932.9	5294
占文化产品比例	14.8%	15.1%	15.1%	13.1%	13.3%
贸易逆差	-367.9	1276.3	2565.1	2309.5	2598.8

资料来源：葡萄牙国家统计局文化数据统计报告

---

① 包括报纸、杂志和文具用品的零售。

纵观 2014 年至 2018 年 5 年间葡萄牙报刊业的发展情况，报刊出版种数下降了 21.3%，总发行量下降了 42%，总流通量下降了 48.4%，出售量下降了 31.6%，免费派发量下降了 69.5%，总收入下降了 21.9%，销售收入下降了 23.7%，广告收入下降了 18.4%，收入与种数的下降较为呼应，发行量与流通量的下降更加显著，免费派发量的下降最为严重，进一步体现了报刊业发展整体下行的趋势。

（二）细分市场情况

1. 报纸

2017 年，葡萄牙共有 24 家报纸印刷公司，总收入为 0.2 亿欧元，这两个数据自 2014 年来都没有明显变化，体现出报纸印刷产业的相对稳定。

2017 年葡萄牙共有报纸出版公司 295 家，员工 2436 人，收入 1.62 亿欧元。报纸出版公司数量自 2014 年以来变化不大。从收入来看，2014 年的收入超过了 2 亿欧元，在 2015 年大幅下滑之后，2016 年略有回升，2017 年保持稳定。员工人数与收入的变化趋势基本一致。总的来说，报纸出版行业的收入和从业人员规模都大不如前，这与人们生活习惯的改变、阅读报纸的人数减少有一定的关联。同时，随着越来越多的报纸推出数字版，必然会对传统报纸出版造成冲击（见表 8）。

表 8　2014—2017 年葡萄牙报纸机构人员及收入情况

类别	2014	2015	2016	2017
报纸印刷公司数量（家）	23	21	22	24
报纸印刷公司收入（亿欧元）	0.21	0.21	0.20	0.20
报纸出版公司数量（家）	304	304	304	295
报纸出版公司收入（亿欧元）	2.37	1.48	1.66	1.62
报纸出版公司员工人数（人）	3246	2353	2006	2436

资料来源：葡萄牙国家统计局文化数据统计报告

2018 年，葡萄牙共计出版报纸 403 种，总发行量 2.15 亿份，总流通量 1.52 亿份。从近几年的数据来看，无论是出版种数，还是总发行量、总流通量，都呈现下降的趋势，这与报刊业的整体趋势相符。销售方式上，2018 年 78.9% 的报纸是售出的，是所有报刊出版物中比例最高的（见表 9）。

表9 2014—2018年葡萄牙报纸出版发行流通情况

单位：种/亿份

类别	2014	2015	2016	2017	2018
出版种数	493	458	443	411	403
总发行量	4.10	3.76	3.12	2.33	2.15
总流通量	3.40	3.08	2.41	1.67	1.52
出售量	1.71	1.58	1.41	1.31	1.20
免费派发量	1.69	1.50	1.00	0.37	0.32

资料来源：葡萄牙国家统计局文化数据统计报告

从占比情况来看，2018年报纸占所有报刊出版种数的37.1%，总发行量的66.3%，总流通量的65.5%，售出份数的70%，免费派发份数的52.8%。从占比情况的变化趋势来看，出版种数和出售量占比基本持平，总发行量和总流通量占比有所下降，而免费派发量占比下降比较明显。

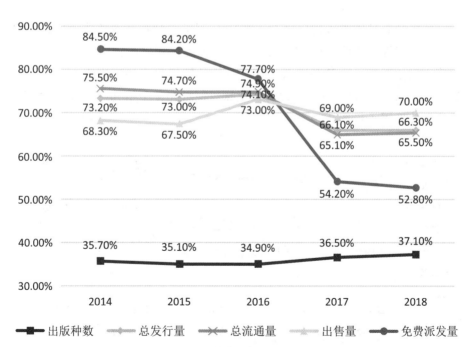

图21 2014—2018年葡萄牙报纸发行在报刊业占比情况

资料来源：葡萄牙国家统计局文化数据统计报告

除了出版种数，报纸的发行、流通、出售及派发量在整个报刊业的占比均大于 50%，体现了报纸在报刊业中始终占有主导地位。这一点从收入情况也可看出，在 2018 年报刊业 3.11 亿欧元的总收入中，报业收入占据了半壁江山，金额达到 1.79 亿欧元，占比达到 57.4%。相应地，报业的支出也占到总支出的 58.3%，金额为 1.69 亿欧元（见表 10）。

表 10   2014—2018 年葡萄牙报纸收入及支出情况

单位：亿欧元

类别	2014	2015	2016	2017	2018
发行总收入	2.15	2.06	1.99	1.92	1.79
销售收入	1.14	1.04	1.02	0.98	0.90
广告收入	0.89	0.91	0.84	0.81	0.75
总支出	2.21	1.86	1.82	1.76	1.69

资料来源：葡萄牙国家统计局文化数据统计报告

从报刊业具体收入构成来看，2018 年报纸占到报刊业整体销售收入的 50%，占广告整体收入的 67.7%，可见在各类报刊出版物中，报纸是主要的广告投放渠道。无论是总收入还是具体的销售收入和广告收入，报纸自 2014 年以来都有 2%~3% 的提升，意味着报纸在整个报刊业收入中的主导地位十分稳固（见图 22）。

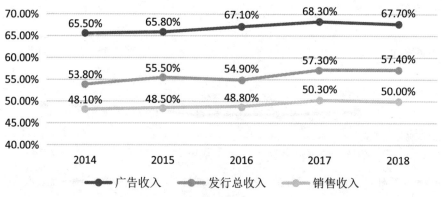

图 22   2014—2018 年葡萄牙报纸收入在报刊业占比情况

资料来源：葡萄牙国家统计局文化数据统计报告

发行形式上，2018 年纸质和数字版本均有的报纸有 167 种，占总出版种数的 41.4%，这一比例从 2016 年开始基本稳定在 40% 以上。仅有纸质版本的报纸种数逐年减少，占比也在逐步下降，符合报刊业整体无纸化的趋势（见表 11）。

表 11　2014—2018 年葡萄牙纸质与数字报纸发行情况

单位：种

类别		2014	2015	2016	2017	2018
出版种数		493	458	443	411	403
发行形式	仅纸质	324	288	263	242	236
	纸质数字版均有	169	170	180	169	167

资料来源：葡萄牙国家统计局文化数据统计报告

2. 杂志

2017 年葡萄牙杂志及其他期刊出版公司的数量是 418 家，共取得 1.6 亿欧元的收入，员工共有 1694 人。从这三项数据来看，近年来都呈现逐步下滑的趋势，反映出杂志及其他期刊出版公司整体发展状况不佳。这也是整个出版业受到层出不穷的新媒体的竞争压力，生存状况堪忧的体现（见表 12）。

表 12　2014—2017 年葡萄牙杂志及其他期刊出版公司情况

类别	2014	2015	2016	2017
杂志及其他期刊出版公司数量（家）	444	426	422	418
杂志及其他期刊出版公司收入（亿欧元）	2.22	2.01	1.62	1.60
杂志及其他期刊出版公司员工人数（人）	2280	2069	1758	1694

资料来源：葡萄牙国家统计局文化数据统计报告

2018 年，葡萄牙共计出版 527 种杂志，总发行量为 1.03 亿份，较 2017 年减少 8.7%，总流通量为 0.73 亿份，较 2017 年减少 11.4%。从近几年的数据来看，和报刊业整体趋势一致，杂志业规模也在缩减。从流通方式看，2018 年共出售杂志约 4863.4 万份，占杂志总流通量的 66.3%；而派发量占总流通量的 33.7%，这一比例比报纸高了近 13%，也高于报刊业整体的比例，说明对于杂志来说免费派发仍是流通的重要方式（见表 13）。

表13　2014—2018年葡萄牙杂志出版发行流通情况

单位：种、份

类别	2014	2015	2016	2017	2018
出版种数	661	632	618	542	527
总发行量	139723596	128943193	99154362	112479406	102705127
总流通量	100045261	95184412	71314824	82806151	73366657
出售量	75903183	73304745	49154263	56020482	48633868
免费派发量	24142078	21879667	22160561	26785669	24732789

资料来源：葡萄牙国家统计局文化数据统计报告

　　2018年，杂志占所有报刊出版种数的48.5%，超过报纸位居第一。同时，杂志占报刊总发行量和总流通量的31.6%，占售出份数的28.4%，占免费派发份数的40.6%，在整体规模上仅次于报业。从占比情况的历年变化来看，杂志出版种数和出售量在整个报刊业中占比基本稳定，其中出售量在2016年的比重有小幅下降，对应了报纸出售量占比在该年的小幅上升。而杂志总发行量和总流通量占比的上升，以及免费派发量占比的显著上升都与报业形成了对比，由此可见，就报刊业内部结构而言，虽然报业依旧占有主导地位，但杂志的发行和流通状况向好（见图23）。

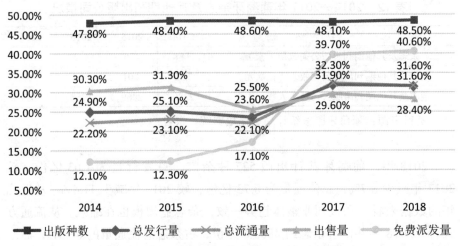

图23　2014—2018年葡萄牙杂志发行在报刊业占比情况

资料来源：葡萄牙国家统计局文化数据统计报告

从收入来看，2018 年报刊业 3.11 亿欧元的总收入中杂志贡献了 42.0%，金额达到 1.31 亿欧元。这与杂志的单价更高有关，杂志的销售收入与报纸不相上下，但广告收入明显少于报纸，只有其一半不到，其他如捐赠、衍生品收入等也远不及报纸。从历年数据来看，杂志业的销售收入占报刊业总体销售收入的比例基本稳定在 50% 左右，广告收入占比维持在 30% 左右，且都有小幅的下降。在支出上，杂志业 2018 年支出总额为 1.19 亿欧元，略高于报纸支出（见表 14、图 24）。

表 14   2014—2018 年葡萄牙杂志收入及支出情况

单位：亿欧元

类别	2014	2015	2016	2017	2018
发行总收入	1.80	1.62	1.59	1.41	1.31
销售收入	1.22	1.10	1.06	0.97	0.90
广告收入	0.46	0.46	0.40	0.37	0.35
总支出	1.79	1.55	1.46	1.22	1.19

资料来源：葡萄牙国家统计局文化数据统计报告

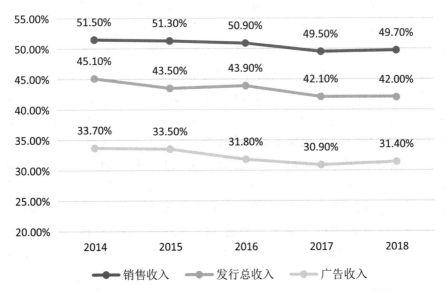

图 24   2014—2018 年葡萄牙杂志收入在报刊业占比情况

资料来源：葡萄牙国家统计局文化数据统计报告

发行形式上，与报刊业逐渐数字化的整体趋势一致，2018 年纸质和数字版均有的杂志有 233 种，占出版种数的 44.2%，较 2017 年和 2016 年都有一定上涨，这一比例比报纸略高，但仍未达到 50%（见表 15）。

表 15　2014—2018 年葡萄牙纸质与数字杂志发行情况

单位：种

类别		2014	2015	2016	2017	2018
出版种数		661	632	618	542	527
发行形式	仅纸质	408	409	399	321	294
	纸质数字版均有	253	223	219	221	233

资料来源：葡萄牙国家统计局文化数据统计报告

（三）主要企业及代表性报刊情况

1. 主要企业

（1）全球媒体集团

全球媒体集团（Global Media Group）[1] 是葡萄牙最大的媒体集团之一，业务遍及新闻、广播和互联网领域，由葡萄牙体育大亨、波尔图足球队体育股份有限公司（FC Porto S.A.D.）股东若阿金·奥利维拉（Joaquim Oliveira）于 2005 年创立。其前身为"葡语世界"媒体公司（Lusomundo）和"奥利弗体育"（Olivedesportos）合并而成的"掌控投资"（Controlinveste）。2013 年"掌控投资"将部分股份出售给其他投资者，2015 年正式更名全球媒体集团。[2] 现旗下有 6 家报纸，包括一般新闻类日报《每日新闻报》（Jornal de Notícias）、一般新闻类周刊《新闻周刊》（Diário de Notícias）、体育类日报《比赛》（O Jogo）、经济类报纸《流动资本》（Dinheiro Vivo）等；有 15 种杂志，包括一般新闻类电子杂志《她们》（Delas）、汽车类电子杂志《马达 24》（Motor 24）、旅游休闲类周刊《远离尘器》（Evasões）、一般新闻类周刊《新闻杂志》（Notícias

---

[1] https://www.globalmediagroup.pt/o-grupo/quem-somos/.

[2] https://pt.wikipedia.org/wiki/Global_Media_Group.

Magazine）、男性月刊杂志《男性健康》（*Men's Health*）等；有 1 个广播电台（TSF），还有印刷和分销公司。同时也是卢萨通讯社（Lusa）以及维萨出版（VisaPress）和葡萄牙新闻（NotíciasPortugal）有限公司的股东。

（2）印普莱萨集团

印普莱萨集团（Grupo IMPRESA）[①]业务涉及出版印刷、数字和电视三大领域。其前身是新闻协会公司（Sojornal），于 1972 年由弗朗西斯科·平托·鲍斯冒（Francisco Pinto Balsemão）建立，最初的萌芽是报纸《新闻快讯》（*Expresso*），后成立 SIC 电视台，逐渐向电视领域拓展，近年又进一步进军数字领域。2018 年，葡萄牙每天有超过 400 万的观众会观看 SIC 电视台，该台的一些主题频道也在葡萄牙收视率最高之列。该集团官网显示，2018 年《新闻快讯》是葡萄牙付费报刊中平均每期流通量最大的报纸，平均每期超过 86000 份，尤其付费数字版流通量居于领先地位。印普莱萨集团的网站平均每月访问量达 2000 万人次，同时该集团也是葡萄牙拥有最多跨国频道（7 个）的媒体公司。

（3）柯菲纳控股有限公司

柯菲纳（Cofina）[②]成立于 1990 年，1998 年在里斯本证券交易所上市。该公司目前拥有 5 家报纸，包含一般新闻类日报《晨邮报》、体育类日报《纪录》（*Record*）、免费日报《德斯塔克》（*Destak*）、经济商务类日报《生意日报》（*Jornal de Negócios*）、免费日报《大学世界》（*Mundo Universitário*）；还有一般新闻类周刊《星期六》（*Sábado*）、女性月刊《箴言》（*Máxima*）、《电视指南》（*TV Guia*）等 3 种杂志，以及 1 个有线电视频道（cmTV）。该集团通过有机方式[③]和非有机方式[④]，近年来营利能力持续增长。

2. 代表性报刊

《大众报》[⑤]（*Público*）是索奈集团（Sonae）旗下的一份全国性日报，总部位于里斯本，于 1990 年 3 月 5 日首次出版。

[①] https://impresa.pt/pt/apresentacao-do-grupo.

[②] http://www.cofina.pt/?sc_lang=pt-PT.

[③] 根据公司官网解释，有机方式指增强现有资产的营利能力。

[④] 根据公司官网解释，非有机方式指扩大公司规模，即收购。

[⑤] https://pt.wikipedia.org/wiki/P%C3%BAblico_(jornal).

　　《晨邮报》[①]（*Correio da Manhã*）是葡萄牙流通量最大的纸质日报，始创于1979年，总部在里斯本，隶属于柯菲纳集团。

　　《每日新闻报》[②]（*Jornal de Notícias*）始创于波尔图，1888年6月21日首次出版。"武装部队运动"之后，该报属于国有性质，直到20世纪90年代初被出售给葡语世界媒体公司，现在属于全球媒体集团。该报于1995年开始有网上版本，是最先有网络版本的报纸之一。

　　《新闻周刊》[③]（*Diário de Notícias*）历史悠久，由托马斯·昆汀诺·安图内斯（Tomás Quintino Antunes）和爱德华多·柯艾略（Eduardo Coelho）于1864年12月29日在里斯本首次出版，现与《每日新闻报》同属全球媒体集团旗下。该报2018年改为周报，每周六发行。

　　《新闻快讯》[④]是印普莱萨集团下的旗舰刊物，于1973年1月6日首次出版，创始人是弗朗西斯科·平托·鲍斯冒，总部位于里斯本，每周出版。

　　葡萄牙报刊业近年来整体发展态势不佳，从上述5家代表性报刊的现状中可见一斑。根据葡萄牙印刷与流通管控协会（Associação Portuguesa Para o Controlo de Tiragem e Circulação）的数据[⑤]，2019年，一般新闻类日报中，纸质流通量最大的《晨邮报》平均每期售出的份数是72846份，较2018年同比下降了9.3%。排名第二的《每日新闻报》到了年底已经跌出了4万份的门槛，平均每期售出39313份，同比下降7.7%。排名第三的《大众报》平均每期售出17320份，同比下降2%。《新闻快讯》是一般性新闻类周刊领头羊，截至2019年底该刊平均每期售出56677份，跌出了6万份的门槛，较2018年下降了7.7%。从另一份周刊《新闻周刊》来看，2019年是其作为周刊来进行统计的第一个完整年份，该年平均每期售出5399份，较2018年大幅缩水33.4%。

　　有几份报刊在付费数字平台的流通量有了显著增长，但这一增长仍然无法抵偿纸质流通量的下跌。其中，《新闻快讯》进一步稳固了其在网络渠道上的领头地位，2019年平均每期流通量为27688份，较2018年增长了10.4%。《大众报》也保持了其第二的位置，并且表现出了更为

---

① http://30anos.correiomanha.xl.pt/historia_cm.php.

② https://pt.wikipedia.org/wiki/Jornal_de_Not%C3%ADcias.

③ https://pt.wikipedia.org/wiki/Di%C3%A1rio_de_Not%C3%ADcias_(Portugal).

④ https://pt.wikipedia.org/wiki/Expresso_(Portugal).

⑤ http://www.apct.pt/analise-simples.

迅速的增长，2019 年达到期平均 15838 份，增长率高达 27.6%。《晨邮报》同样有了 12.2% 的增长。而全球媒体集团旗下的两份报纸状况不容乐观，《每日新闻报》和《新闻周刊》的付费数字版流通量分别有 1.3% 和 27.3% 的下滑。

从总的付费刊流通量来看，仅有《大众报》以数字版 27.6% 的增长率抵消了纸质刊 2% 的下降，最终达到 10.2% 的总增长率。《新闻快讯》在总的付费刊流通量上排名第一，每期平均 84365 份，但总计较 2018 年有 2% 的下降，排名第二的是《晨邮报》，平均 74440 份（下降了 8.9%），接着是《每日新闻报》44490 份（下降了 7%），《大众报》33158 份，排名第四（增长了 10.2%），第五是《新闻周刊》7045 份（下降了 32.1%）（见图 25、图 26）。

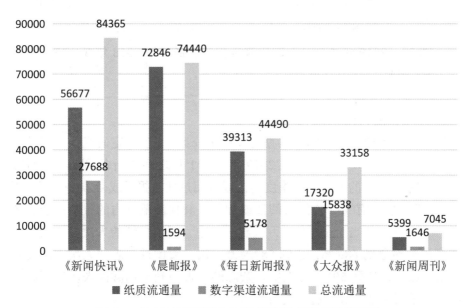

图 25 2019 年葡萄牙 5 家代表性报刊流通情况

资料来源：葡萄牙印刷与流通管控协会

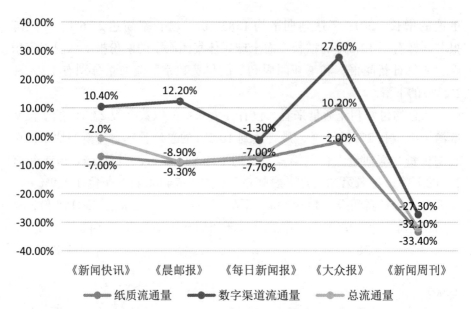

图 26   2019 年葡萄牙 5 家代表性报刊流通量较 2018 年变化情况
资料来源：葡萄牙印刷与流通管控协会

（四）报刊阅读情况

根据市场调研网站马克泰斯特（Marktest）一项固定研究"印刷晴雨表"[①]（Bareme-Imprensa）在 2019 年 9—11 月之间进行的调查[②]，研究对象中有 76.8% 的人在这一季度阅读或翻阅过任意报纸或杂志——相当于657.5 万人次；有 50.3% 的人阅读或翻阅了其检测范围内的报纸或杂志的最近一刊——相当于是 430.9 万人次。其中，阅读报纸的人次多于杂志，占到研究对象的 68.6%，达到 587.5 万人次；阅读过杂志的人次占研究对象的 58.5%，达到 501.1 万人次。杂志的最近一刊平均阅读人次比例高于报纸，前者为 38.7%，后者仅为 28.7%。

这是一项长期的研究，从历次调查的数据可以看出，无论是报纸还是杂志，其最大覆盖面（阅读过的人次比例）和最近一期平均阅读人次比例

[①] 该研究的对象为 15 周岁及以上、居住在葡萄牙大陆的人口（根据葡萄牙国家统计局 2011 年进行的人口普查，这一群体人口数量为 8563501 人）。该研究每年在 3—5 月和 9—11 月进行两期，每期调查采访 5040 人。

[②] 详见：https://www.marktest.com/wap/a/n/id~25b6.aspx。2019 年 3—5 月同一研究的结果：https://www.marktest.com/wap/a/n/id~2522.aspx。

都呈现了一定的下降。该项研究针对的是纸质报刊，所以进一步表明阅读纸质报纸和杂志的人越来越少，传统报刊业日益收缩。

从阅读群体构成来看，该研究 2019 年 9—11 月的调查[1] 表明，阅读报纸杂志最多的群体是 35~54 岁的专业技术工人、小型企业主及上层阶级的男性。其中，上层阶级的阅读比例比平均水平高 40%。2019 年 3—5 月的调查[2] 也得出了类似的结果，这次调查还表明，25~44 岁的中上层阶级女性是最主要的杂志阅读群体。

马克泰斯特网站 2019 年对于跨媒体出版物阅读情况的最新调查[3] 则显示，4/5 的葡萄牙人（15 周岁及以上）阅读了纸质或者网上任意形式的其检测范围内的报纸或杂志。这一"跨媒体覆盖率"较 2018 年相比，稳定在 77% 左右。其中，纸质的覆盖率为 60%，略高于数字形式的 56%。同样地，仅阅读纸质版本的比例（20%）也比仅阅读数字版本的比例（16%）高了 4 个百分点。

虽然 2019 年总体的跨媒体覆盖率较 2018 年相对稳定，但这不意味着纸质和数字版本之间的比重也没有发生变化。调查显示，纸质报纸杂志的覆盖率较 2018 年下降了 8%，而数字版本则上升了 6%，仅阅读数字版本的人数比例更是上升了 9%。再一次验证了报刊业逐步数字化发展的必然趋势。

调查还表明，仅阅读数字版本的人数比例随着年龄的增长而逐渐缩小：15~24 岁人群中这一比例达到近 30%，而大于 65 岁人群中只有 4%，可见越是年轻人对报刊数字化的接受程度越高。

四、中葡出版业交流合作情况[4]

中国和葡萄牙于 1979 年 2 月 8 日建交。同年 9 月，两国互派大使。建交 35 年来，两国在政治、经贸、科技、军事等各领域的友好合作关系不断发展，文化交流与合作也逐渐增多。1982 年 4 月，两国政府代表在北京签署《中华人民共和国政府和葡萄牙共和国政府文化科学技术合作协定》。迄今两国已签署多个文化协定年度执行计划，依照文化交流执行计

---

① 详见：https://www.marktest.com/wap/a/n/id~25c0.aspx。
② 详见：https://www.marktest.com/wap/a/n/id~2542.aspx。
③ 详见：https://www.marktest.com/wap/a/n/id~25d5.aspx。
④ 文化交流情况来自中华人民共和国驻葡萄牙大使馆（http://pt.chineseembassy.org/chn/whjykj/）。

划在表演艺术、造型艺术、广播影视和新闻出版等各个领域开展交流和合作项目。

2005 年，两国签署《关于相互承认高等教育学历、学位证书的协定》。2014 年 5 月，两国政府签订《在文化、语言、教育、体育、青年和传媒领域合作 2014—2017 年度执行计划》以及《教育和培训合作执行计划（2014—2017 年）》。葡萄牙米尼奥大学、里斯本大学、阿威罗大学先后开设孔子学院。2015 年 7 月，国家汉办与葡萄牙教科部签署关于两国合作开展汉语教学的协议，根据协议，自 2015 年 9 月起，葡萄牙全国 19 个城市、21 所公立中学将连续 3 年开展汉语教学试点。

2013 年 3 月 25 日，中国驻葡萄牙大使黄松甫与中国新闻出版总署副署长孙寿山一起会见葡萄牙文化国务秘书沙维尔。双方就加强两国新闻出版合作、交换电视节目、鼓励互译名著、增加人员往来等问题深入交换意见，并达成广泛一致。双方确定将指定各自相关职能部门就上述合作开展可行性研究，并争取尽早实施实质性合作。

2015 年，国家新闻出版广电总局与葡萄牙共和国部长理事会在北京签署《在图书和文学领域的合作谅解备忘录》。双方将启动在图书和文学领域的多项合作，包括双方将互相推广对方国家的作家、双方推广本国的作家作品在对方国翻译和出版等多个方面。

在两国政府间的各类合作协议与利好政策的驱动下，中葡双方在文化交流与出版合作领域的关系也变得越来越紧密。2011 年 5 月，浙江图书展和"浙江印象"摄影图片展在葡萄牙皇宫后园展览厅举行。展览共展出由浙江省出版的 2000 多种图书，内容包括文学、历史、经济、少儿、生活、保健和艺术等各门类，代表了浙江出版的整体水平。图片展还展出反映该省历史文化、自然风光、民情风俗和人民生活的摄影作品 60 余幅，展示了该省经济社会发展的新貌。期间，浙江摄影出版社与葡萄牙启程出版社（Principia）进行了合作出版《认识中国》葡语版的签约仪式。该书由葡萄牙启程出版社（Principia）与浙江摄影出版社合作出版，以浅显、通俗的文字和大量精美插图，较为全面地介绍了中国的历史文化、生活风俗、自然地理等基本情况，是葡萄牙青少年认识中国良好的启蒙教材。①

---

① 浙江图书展和"浙江印象"图片展在葡萄牙举行. http://www.chinanews.com/cul/2011/05-21/3056806.shtml.

　　在出版领域，中葡两国近年来开始加强两国图书翻译出版合作。2016年，外研社承担"中国-葡萄牙经典图书互译出版项目"，与北京外国语大学西葡语系、澳门大学人文学院签订协议，多次组织专家会议，共同推动项目发展。目前协议双方实行开放性的出版计划，从2016年4月项目正式启动算起，以5年为一个阶段。在第一阶段，初定出版中译葡、葡译中各5部至20部经典图书。[1] 中方与葡方水之钟出版社（Relógio D' Água）、玫瑰陶瓷出版社（Rosa de Porcelana Editora）等开展合作，启动了相关图书的翻译出版工作[2]。在此翻译项目中，葡语书目列有自文艺复兴时期至现当代的葡萄牙文学巨匠的作品，包括路易斯·卡蒙斯（Luís de Camões）、吉尔·维森特（Gil Vicente）、埃萨·德凯罗斯（Eça de Queirós）、费尔南多·佩索阿（Fernando Pessoa）、若热·德塞纳（Jorge de Sena）、索菲娅·安德烈森（Sophia de Mello Breyner Andresen）、若泽·萨拉马戈（José Saramago）、安东尼奥·洛博·安图内斯（António Lobo Antunes）等葡萄牙不同时代文学巨匠的作品。经典中文书目包括鲁迅、王小波、钱锺书、贾平凹、毕飞宇、格非、阎连科、冯友兰、厉以宁、张岂之、朱良志等人的作品，以及中国当代诗人的诗歌作品。图书内容涉及政治、经济、文化、文学、哲学、历史、建筑、音乐等多个领域。

　　目前，在中国已经翻译出版的作品有路易·德·卡蒙斯的《路济塔尼亚人之歌》（Os Lusíadas），卡米洛·卡斯特洛·布兰科的《失落的爱》（Amor de Perdição）、《一个天使的堕落》（A Queda dum Anjo），埃萨·德凯罗斯的《城市与山脉》（Cidade e as Serras），费尔南多·佩索阿的《葡萄牙之海——费尔南多·佩索阿的十二首诗》（Mar Português. Doze Poemas de Fernando Pessoa）以及若泽·萨拉马戈的《失明症漫记》（Ensaio sobre a Cegueira）、《双生》（Homem Duplicado）等。[3] 2018年，《葡萄牙新闻传播史》由人民日报出版社出版。葡萄牙新闻协会主席若昂·帕梅洛为该书作序。[4]

---

[1] 中葡两国互译经典. https://www.sohu.com/a/158418315_176673.

[2] 多领域合作　中葡互译火热——"中国-葡萄牙经典图书互译出版项目"亮相中葡文学翻译论坛. 21英语网，https://paper.i21st.cn/story/131202.html.

[3] 在中国翻译出版的葡萄牙作品. https://www.instituto-camoes.pt/en/activity-camoes/what-we-do/culture/publishing/translated-portuguese-authors/china-en.

[4] 《葡萄牙新闻传播史》在京出版. https://www.sohu.com/a/238854528_630337.

在葡萄牙出版业内，水之钟出版社、玫瑰陶瓷出版社以及格查尔出版社对中国图书的翻译与出版较为关注。在葡萄牙已出版的中国文学翻译作品中，最受欢迎的作家为余华，目前已有翻译作品[①]散文集《十个词汇里的中国》、小说《活着》及《许三观卖血记》。此外，根据葡萄牙网上书店伯特兰和"我看"（WOOK）的数据统计，目前最畅销的中国图书有小说类如麦家的《风声》，信息科技类如李开复的《人工智能超级大国：中国、硅谷和新世界秩序》，以及中国古典名著如《道德经》和《庄子》等。

除此以外，中葡两国文学界也通过开展文学论坛的方式相互了解，促进合作发展。2017 年 6 月，首届葡中文学论坛在里斯本澳门科学文化中心举行，葡中作家围绕文学、社会和包容的主题阐述了自己的见解和看法。论坛由葡萄牙图书、档案和图书馆总局，中国驻葡萄牙大使馆，中国作家协会，澳门科学文化中心联合举办。中国著名作家铁凝、苏童、张炜、迟子建出席论坛，葡方参加人员包括作家塔瓦雷斯，若泽·萨拉马戈文学奖获得者佩肖托，以及法国艺术与文学勋章获得者卡多佐。[②]

2019 年 6 月，在中葡两国建立正式外交关系 40 周年之际，中国作家协会和葡萄牙文化部在中国现代文学馆联合主办第二届中国–葡萄牙文学论坛。中国作家协会主席铁凝和葡萄牙文化部部长格拉萨·丰塞卡出席论坛开幕式并致辞。丰塞卡在致辞中介绍，葡萄牙文化部与其他负责图书和葡语文学的葡萄牙机构共同推出了葡语文学年度出版目录，葡萄牙文化部将为所有愿意翻译和出版葡萄牙文学作品的出版社提供支持。[③] 参加此次论坛的葡萄牙作家何塞·路易斯·裴秀多（José Luis Peixoto），在学习葡萄牙语的中国留学生的帮助下，将中国彝族诗人吉狄马加的诗歌作品翻译成葡萄牙文，并将其中《沙洛河》改编成了葡萄牙语歌曲，受到了葡萄牙歌迷的欢迎。[④]

从目前来看，中葡两国的出版合作仍处于起步阶段，双方对对方国家

---

① https://relogiodagua.pt/tradutor/tiago-nabais/.

② 首届葡中文学论坛在里斯本举行. http://ex.cssn.cn/hqxx/xshjl/xshjlnews/201706/t20170608_3544342.shtml?COLLCC=3364610550&.

③ 第二届中国–葡萄牙文学论坛在京开幕. http://www.chinawriter.com.cn/n1/2019/0612/c403993-31133243.html.

④ Poeta chinês Jidi Majia chega a Portugal, traduzido por José Luis Peixoto，中国作家吉狄马加诗歌来到葡萄牙. http://www.cqqnb.net/entertainment/2019/0614/99138.html, https://www.dn.pt/lusa/poeta-chines-jidi-majia-chega-a-portugal-traduzido-por-jose-luis-peixoto-10687880.html.

的作品出版的数量十分有限，但随着中葡两国间的交流不断紧密和相关领域友好合作关系的发展，两国出版业的未来合作空间值得期待。

参考文献

1. 新闻法. https://dre.pt/web/guest/legislacao-consolidada/-/lc/34439075/indice.

2. 版权与邻接权法. https://dre.pt/web/guest/legislacao-consolidada/-/lc/34475475/view?q=direitos+de+autor.

3. 固定书价法. https://dre.pt/web/guest/legislacao-consolidada/-/lc/70300359/view?q=lei+do+pre%C3%A7o.

4. 国家公共图书馆网络（RNBP）年度报告（2011—2017）（*Rede Nacional de Bibliotecas Públicas Relatório Estatístico*）（2011—2017）.

5. 葡萄牙国家统计局. 文化数据报告（*Estatística da Cultura*）（2014—2018）.

6. Jorge Santos, José Soares Neves. 葡萄牙图书出版公司情况调查（*Edição de Livros em Portugal*）. 葡萄牙文化活动研究所，2019.

7. Jorge Santos, José Soares Neves. 葡萄牙图书零售公司情况调查（*Comercialização de Livros em Portugal*）. 葡萄牙文化活动研究所，2019.

8. Rui Manuel Monteiro de Oliveira Beja. 葡萄牙出版业（1970—2010）——历程与展望（*A Edição em Portugal [1970–2010]: Percursos e Perspectivas*）. 2012.

9. 葡萄牙所有出版社信息可在以下网站查询：http://bibliografia.bnportugal.gov.pt/bnp/bnp.exe/listED.

（作者单位：中国新闻出版研究院、上海外国语大学）

意大利出版业发展报告

甄云霞　钱　蔚

意大利共和国（Repubblica Italiana），简称意大利，位于欧洲南部，由地中海环绕的亚平宁半岛与西西里、撒丁两个岛屿组成，北部与法国、瑞士、奥地利、斯洛文尼亚接壤，国土面积为 301333 平方千米。全国分为 20 个行政大区，首都为罗马。截至 2019 年，国内人口数量约为 6040 万，官方语言为意大利语，北方部分少数民族地区使用法语、德语和斯洛文尼亚语，超过 65% 的人口信奉天主教，国民识字率超过 99.2%。[①]

一、出版业发展背景

意大利是欧盟成员国之一，目前是欧洲第四大、世界第八大经济体。2019 年，意大利同中国签署备忘录，加入"一带一路"倡议。作为欧洲文艺复兴运动发源地，意大利出版行业发展起步较早，政策法规和行业协会建设较为完善，但是受到经济状况和国民阅读率逐年下降的影响，发展速度和市场规模较英国、法国、德国等其他欧洲主要国家有一定差距。

（一）政治经济状况

意大利自 1946 年起实行议会共和制。总统为国家元首和武装部队统帅，代表国家统一；议会是最高立法和监督机构，分为参议院和众议院；总理行使管理国家的具体职责，对议会负责。现任第 65 届政府成立于 2018 年 6 月，总理为朱塞佩·孔特，总统塞尔焦·马塔雷拉。意大利是欧盟创始成员国之一，1999 年加入欧元区。历届政府均高度重视并积极推动欧洲一体化建设，将其作为对外政策的基本点，重视发展跨大西洋盟友关系，与俄罗斯经济合作密切，主张加强同亚太地区国家的关系。

作为发达工业国，意大利 2019 年国内生产总值达到 1.79 万亿欧元，

---

① 资料来源：外交部网站意大利国家情况概况。

位于欧洲第四位、世界第八位。20 世纪 50—70 年代是意大利"经济奇迹"（boom economico）时期，然而进入 90 年代后发展速度减慢，老龄化严重、政治结构松散、债务负担沉重、行政效率低下等问题错综复杂，2019 年经济增长率仅为 0.3%[①]，远低于欧盟平均水平。地区经济发展不平衡，以米兰、都灵、威尼斯为首的北方地区工商业发达，南方则以农业发展为主，经济较为落后。

在国际上，意大利在制造业、旅游业、时尚业等领域具有较大优势，同时以数量众多的中小企业为特色。近 10 年来，意大利政府推出了一系列面向中小企业的融资渠道和贴息贷款，在减少市场限制、增加开放程度方面修订了诸多法规政策，市场管理更加透明公开，在 2018 年世界银行营商环境指数排名中位列第 46 名，上升 4 位。对外贸易是意大利国民经济主要支柱之一，2018 年进出口总额达到 8869 亿欧元，目标市场主要为欧盟国家，占出口总量 50% 以上。近年来，意大利逐渐加强与中国的贸易交流，2019 年中意进出口总额达 446.58 亿欧元，同比增长 1.5%，意大利对华贸易逆差为 186.73 亿欧元[②]。

（二）出版业发展历程

意大利出版业发展可以追溯到 1463 年古登堡活字印刷术传入亚平宁半岛之时。文艺复兴时期，意大利成为欧洲文化中心，拥有众多优秀意大利语作家。在威尼斯、博洛尼亚、罗马、佛罗伦萨等城市，发达的商业网络和经济状况推动出版行业的发展，书刊出版量超过了德国和法国。出版商和印刷厂主要采用家庭经营模式，多集中在半岛北部和东部，其中威尼斯共和国在 15—17 世纪生产了全意大利半岛一半的印刷产品。

19 世纪起，意大利出版行业逐步向现代化方向发展，但是与本国的工业革命进程一样，发展速度远远落后于英国、法国、德国等国家，并且与国家的分裂与统一有密切的关联。拿破仑时期半岛统一，各城邦国之间的贸易壁垒被短暂打破。政府颁布的出版自由政策废除了学院和宗教所的审查制度，意大利书商可以自由出版、买卖图书，义务教育的初步普及也为教育类图书市场的诞生奠定了基础。随后半岛的再次分裂造成了出版行业

---

① 数据来源：意大利国家统计局。
② 商务部 2019 年中意双边贸易数据：http://it.mofcom.gov.cn/article/zxhz/202002/20200202938178.shtml。

的碎片化特征，大量的小型书商、出版商、印刷厂只关注本地市场。

1861 年统一的意大利王国建立后，新政府的一系列政策很大程度上扫除了出版行业发展的障碍，关税和审查力度逐渐降低，基础教育进一步推广。印刷厂从手工工场向现代化工厂转变，一些家庭经营的出版商开始转变为中小型出版社，统一的全国市场开始形成。1861—1871 年意大利每年出版的图书数量从 4200 种增长到 15900 种，期刊从 450 种增长到 1873 种。

20 世纪初期，意大利中产阶级规模扩大，一批知识分子开始成为出版社的创立者或顾问，领导出版行业的发展；工业最为发达的米兰取代威尼斯，成为新的全国出版中心；第一部《出版法》（Disposizioni sulla stampa）和其他文化产业支持政策的颁布，促进了图书馆、学校等文化机构的发展和出版社的扩张；经历法西斯政权和二战的消极影响之后，在"经济奇迹"期间，出版行业逐渐恢复，并向专业化、大众化、集中化发展；伴随电视、广播等新兴媒体的诞生，传统纸质出版行业受到一定冲击，进入 21 世纪以来数字出版成为意大利出版行业新的发展方向。

（三）出版相关法律及政策

意大利遵守所有主要的知识产权国际条约和欧盟规定，现行出版法律法规的制定始于 20 世纪 40 年代，1886 年加入的《伯尔尼公约》和 1952 年签署的《世界版权公约》构成意大利出版和版权相关法律法规的基础。

1. 出版法律法规

意大利现行宪法全称为《意大利共和国宪法》（Costituzione della Repubblica Italiana），制定于 1947 年 12 月 22 日。宪法第 21 条明确规定出版行业的基本原则，主要包括：任何人都有权以口头、书面或任何其他传播手段，自由表达思想；出版无需准许或审查；法律可用一般性规则规定，连续出版物必须公布其经费来源；禁止一切有违公序良俗的印刷品出版[①]。在此基础上制定的出版法规主要有《版权法》（Legge sul diritto d'autore）、《出版法》（Disposizioni sulla stampa）和《出版公司纪律和出版规定》（Disciplina delle imprese editrici e provvidenze per l'editoria）。

基于《伯尔尼公约》基本原则，意大利第一部《版权法》颁布于 1941 年，此后经历了多次修订，1992 年第一次将软件纳入受版权法保护

---

① 菲德利克·罗·安东内利. 意大利共和国宪法［M］. 意大利参议院，2018：8-9.

的作品范围，1993 年将作者逝世后版权保护期限延长至 70 年，1994 年承认作品原件和副件租借的许可和禁止权，1996 年增加关于通过卫星和电缆传播作品的内容，1999 年增加关于数据库的规定。现行《版权法》于 2019 年 5 月 3 日通过，共 206 条。其中，第 1~71 条明确受版权法保护作品的范围、权利主体即作者的范围及其享有的著作权；第 72~101 条规定视听作品、数据库等作品制作者的权利和义务；第 102 条明确版权及相关权的持有人可以对受保护作品采用有效技术保护措施和电子信息标识；第 103~174 条规定总理府负责普通作品版权登记工作，规定出版合同的签订和执行、作者和出版社的权利和义务，以及对违法行为的制裁；第 180~184 条规定意大利作家和出版商协会（Società Italiana degli Autori ed Editori，简称 SIAE）和其他版权管理中介的活动，即发放受保护作品的使用许可，并收取、分配经济利益；第 190~195 条规定在文化部设立版权常设咨询委员会。

1948 年 2 月 8 日通过的第 47 号法令《出版法》是意大利关于印刷出版制品的第一部专门法，共 25 条，明确了出版物的定义、社长责任、所有权以及针对违法行为的民事责任认定和处罚。根据《出版法》，出版物必须注明出版地点和年份、印刷厂和出版商名称和地址，报刊出版物必须在当地法院办事处登记并提供相关材料，自注册之日起 6 个月内未出版或中断出版一年以上的注册将失效，任何未按要求进行注册或标注信息的出版物均被视为非法印刷品。《出版法》特别强调，由于儿童和青少年的易感性，在针对他们的出版物中出现任何煽动堕落、犯罪和自杀的行为将加重处罚。2001 年电子出版物也纳入了以上条例的适用范围。

1981 年 8 月 5 日第 416 号法令《出版公司纪律和出版规定》（以下简称《出版规定》）的诞生在意大利出版史上是一项重大事件，标志着意大利第一部完整、系统出版行业法律的诞生。《出版规定》在《出版法》基础上完善了出版物和出版商的定义，全面总结出版商的权利和义务。2001 年第 62 号法令《出版行业和出版新规》整合了《出版规定》历年的修订版本，成为意大利现行出版业规定，共 21 条，分为 5 个部分。该规定第 1~3 条为一般性规定，明确出版物是指出版或以任何方式向公众传播的纸质或电子产品，通过出版物名称进行识别并按《出版法》要求进行注册；在欧盟其他国家建立分社的报纸出版公司可以获得国家拨款，额度为每年用于采购纸张、印刷和分发报纸的费用的 50%；第 4~11 条规定具体干预措施，包括在总理府设立出版公司低息贷款基金、税收抵扣，在文化部设立用于推广图书和具有高度文化价值出版物的基金，以及免费投放推广图书和阅读的广告；第12~25条是对从业人员工资、劳动关系、培训的规定。

2. 出版管理及扶持政策

1972年起，意大利图书、报刊等印刷品均采用最低增值税率4%。在欧盟号召下，2014年起电子书的税率从22%降至4%，这一优惠税率也从2015年起适用于数字报纸和刊物。在关税方面，意大利也使用欧盟标准，对欧盟国家图书、报纸、期刊出版物、儿童绘本、乐谱、设计图等纸制品的进口关税均予免除。

除税率优惠外，意大利的法律法规还通过设立多项基金为出版公司的经济活动提供低息贷款、拨款补贴等财政支持，并通过发放优惠券等形式推广阅读。

根据2017年《报刊出版公司直接资助新规》（Ridefinizione della disciplina dei contributi diretti alle imprese editrici di quotidiani e periodici），政府通过设立于总理府的基金向出版公司提供直接资助，资助对象包括编辑报刊出版物的新闻社、基金会或非营利机构设立的报刊出版机构，编辑少数语言报刊的出版公司，编辑视觉障碍人士报刊的出版公司或协会，消费者和用户协会出版物，编辑海外出版报刊的出版公司。政党出版机构、学术期刊出版机构和上市出版集团旗下的公司不在资助范围内。每个资助对象每年可为1种刊物申请资助，补贴员工工资、纸张成本、软硬件成本、网页维护费用等，根据生产成本和销量的不同，纸质报刊可以获得30万~250万欧元不等的资助，数字报刊可以获得100万欧元以下的资助。

根据2011年颁布的《图书售价新规》（Nuova disciplina del prezzo dei libri），出版商和进口商可以自由设定图书售价，但是线上线下销售的最高折扣价不得超过售价的15%，针对国际或地区特别重大的展览会最高折扣价不得超过20%。二手图书、艺术类图书、古籍以及出售给学校、图书馆和教育机构的图书不受该法令限制。2019年起，18周岁以下青少年可以领取教育部颁发的500欧元文化消费券，用于购买图书、电影票、音乐会和戏剧表演门票，参观博物馆和大型展览，参加音乐、戏剧和外语培训课程。

在阅读推广方面，自2018年起，意大利文化部设立了图书与阅读推广基金，由图书与阅读中心管理，每年拨款400万欧元，其中100万欧元定向拨款给中小学图书馆。该中心发起并赞助多项国家阅读计划，例如面向学龄前儿童家庭的"为阅读而生"计划、校园读书日"我们读书吧"计划、"书香五月"全民阅读计划以及"阅读之城"计划。

"为阅读而生"计划（Nati per Leggere，简称 NpL），致力于在家庭环境中提倡孩子从出生就开始阅读，促进智力、语言、感知和人际关系能力的开发。至今，由图书馆管理员、儿科医生、教育学家、公共机构、文化协会和志愿者组成的"为阅读而生"计划跨专业网络体系，在意大利境内 2000 多个城市开展了超过 800 个地方项目，包括向家长发起和新生儿共同阅读的倡议，在儿童就医时赠送图书，在特定场所（如托儿所、医院儿科诊室等）放置适合不同年龄儿童阅读的图书，组织面向父母和家庭的培训活动等。"为阅读而生"计划出版研究中心每 2~3 年发布一份儿童读物参考书目，为父母在给孩子选择图书时提供建议。

"我们读书吧"校园读书日（Libriamoci. Giornate di lettura nelle scuole）由教育部和文化部联合举办，每年意大利国内外都有众多各类型各级别的学校参加。该计划主要针对校园，呼吁学校在教学中开展阅读活动，尤其是大声朗读活动。活动官方网站为教师、图书馆、书商、编辑、作家、读者、插画师提供交流信息、分享经验、寻求合作的平台。

"书香五月"（Maggio dei libri）是一项全民阅读倡议计划，发起于 2011 年，一般从 4 月 23 日世界图书和版权日持续到 5 月 31 日。意大利各大区省市、机构、学校、图书馆、文化协会、出版社、书店等均可开展以提升阅读社会价值、促进终身阅读为宗旨的活动，在"书香五月"官方数据库进行登记并在官网上发布。2019 年官方数据库中共登记了 4010 项计划，涉及 6785 项单项活动，1740 项合作发起的活动以及 475 项出版行业观察所统计的活动，共计 9000 项大声朗读马拉松赛、文学游戏、朗诵比赛等多形式阅读活动，在学校、公园、市中心、书店、交通工具、广场等不同场所举行。

图书与阅读中心和意大利城市协会（Associazione Nazionale Comuni Italiani）共同发起了"阅读之城"计划（Città che legge），以表彰开展阅读倡议活动的城市。每年具备以下条件的城市都可以申请成为"阅读之城"：拥有 1 家以上公共图书馆，拥有 1 家以上书店，参与了至少 1 项图书与阅读中心的阅读计划，举办过与图书、阅读或出版相关的展览或比赛。2018—2019 年度一共有 154 个城市获得"阅读之城"的称号，其中在综合评价中名列前茅的 29 个城市获得阅读中心 1 万~9 万欧元不等的资助。

在图书对外贸易和文化交流方面，从 2001 年起意大利外交部每年举办"意大利语言周"，通过国内外研讨会、讲座等活动为意大利作家和全球出版商创造交流的机会。2010 年意大利外交部与阿瓦里亚诺（Avagliano）出版社合作，推出"世界上的意大利图书"（Libri italiani nel mondo）活动，在这个短期计划中该社向各国意大利使馆文化处图书馆捐赠了 48 部意大利语作品，供文化处参加各国图书展览等文化活动使用，海外读者借阅。

意大利文化部设有意大利国家翻译奖，每年颁发 4 个常规奖项，外交部每年也颁发翻译经费资助和奖励，2019 年共拨款 25.6 万欧元。申请作品必须以在海外推广意大利语言文化为目的，可以是意大利语文学、科技出版作品翻译，也可以是电影短片、长片及电视剧作品的配音或字幕翻译，尚未出版和已完成出版的作品均可申请奖励。出版社、译者、影视作品制作或发行公司、意大利或国际相关文化机构均可向所在地的意大利大使馆文化处提交申请表、出版计划书、译者简历、版权申明等材料，由文化处呈交给外交部国家推广体系司，最终由外交部意大利文化海外推广咨询工作组根据作品质量、重要程度、预算可行性等标准进行审核与评选，重点关注国内文学奖获奖作品。针对翻译奖励，外交部每年规定可以参选的对象语种（见表 1）并选出 3~5 个获奖作品，分别可以获得 5000 欧元的奖金。每年资助项目数量不等，2017 年有 120 个翻译项目获得资助，2018 年有 95 个资助项目。

表 1　2016—2020 年意大利外交部翻译奖励支持语种情况

年份	支持语种
2016	中东或阿拉伯地区语种、英语
2017	英语、西班牙语、汉语
2018	中东地区语种、英语、西班牙语、俄语
2019	阿拉伯语或波斯语、英语、西班牙语、汉语
2020	法语、英语、西班牙语、德语、汉语

资料来源：意大利外交部国家推广体系司

（四）出版管理机构情况

在意大利出版业中，以文化部为首的政府部门主要起到监督作用，通过拨款、税收、基金等优惠政策和法律法规的设立来支持、引导出版业发展。除了政府部门以外，行业协会也对意大利出版业的管理和规范起到重要作用。

1. 政府管理部门

意大利政府的出版管理职能主要分散在文化部以及总理府的新闻出版部门。

意大利文化部，全称为意大利文物、文化事业和旅游部（Ministero per i beni e le attività culturali e per il turismo），设立于 1974 年，全面整合国家机关中文化产业管理职能，包括文物与艺术、学院与图书馆、国家档案局，以及意大利总理府的图书出版、文化传播管理职能。1998 年，文化部增加了体育与戏剧演出管理职能。2006 年，文化部取消了体育管理职能。2009 年文化部通过内部改革将发展重心放在了文化遗产方面。2013 年，旅游业管理部门并入文化部，并在 2018 年短暂地被移交给了农业部。

2020 年 2 月 5 日起，文化部新组织条例生效，有以下变化：鉴于意大利旅游业发展与文化遗产保护问题息息相关，旅游业再次并入文化部；增设文化遗产安全司，加强文化遗产保护工作；增设当代创意司，加强对当代艺术活动的管理；在 2017 年制定的国家文化遗产数字化计划基础上增设文化遗产数字化研究中心（Istituto centrale per la digitalizzazione del patrimonio culturale），强调用现代数字化技术管理文化遗产资源。调整后的意大利文化部由部长领导，分为 13 个部门（见图 1），其中涉及出版业的有图书馆与版权司（Direzione generale Biblioteche e diritti d'autore）与新成立的文化遗产数字化研究中心。

图书馆与版权司设有 2 个职能部门（见图 1）。图书馆与文献遗产保护部门，主要负责支持图书馆的设立与国立公共图书馆的运作，协调国家图书馆服务，指导、监督国家文献遗产保护和数字化活动，审批图书馆行业国际文化交流协议的相关项目，制定授予国家翻译奖和期刊奖励的程序，授权国有文献遗产的出借、复刻，以及举办重大书展或其他具有同等文化价值的活动等。版权保护部门，负责与国际知识产权组织建立联系，管理普通作品版权登记工作①，监督意大利作家和出版商协会，同时设有版权

---

① 该项职能根据 1941 年颁布的《版权法》由总理府负责，后移交文化部负责，所有受《版权法》保护的图书、期刊、音像等出版作品均需登记注册。

咨询常设委员会 ① 的秘书处。

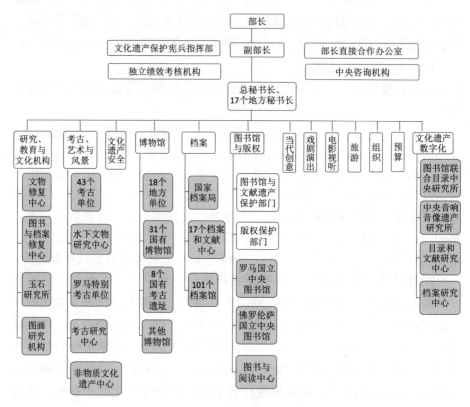

图1 意大利文化部组织结构情况

资料来源：意大利文化部

此外，图书馆与版权司设有罗马国立中央图书馆、佛罗伦萨国立中央图书馆、图书与阅读中心（Centro per il libro e la lettura）3个直属机构。前两者负责收集与记录意大利所有的文献与出版作品，图书与阅读中心成立于2007年，由主席、专家委员会、中心主任、行政与业务部门组成（见图2），主要任务是在意大利实施推广图书和提倡阅读的政策，并在国外推广本国图书和文化。具体职责是通过实行系列阅读计划提升阅读的社会价值，从国家角度支持图书业发展；与学校合作，提倡阅读从儿童、从学

---

① 该委员会成立于1941年，负责研究版权相关法律问题，并向部长提供建议与提案，尤其是关于修订版权法的提案。

校开始；向世界推广意大利图书和国家文化。

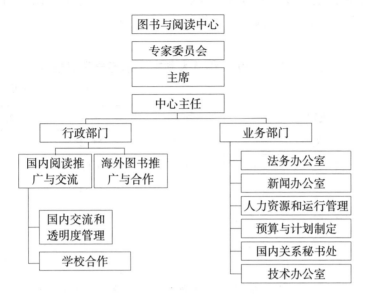

图2　图书与阅读中心组织结构情况

资料来源：意大利文化部图书与阅读中心

2020年新成立的文化遗产数字化研究中心主要负责文化遗产数字化项目，包括完善国家文化遗产数字化计划，对数字化状况进行普查，监督项目进程，致力于将全国超过100个档案馆和图书馆的资料进行数字化整理，方便获取与管理。研究中心分为国家档案研究中心（Istituto Centrale per gli Archivi）、目录和文献研究中心（Istituto centrale per il catalogo e la documentazione）、意大利图书馆联合目录中央研究所（Istituto centrale per il catalogo unico）以及中央音响音像遗产研究所（Istituto Centrale per i beni sonori ed audiovisivi），分别对档案、文献、图书和音像制品进行收集、编目和管理。

2017—2019年意大利文化部的预算总额呈稳步上升趋势（见表2），从21.2亿欧元增加到27.67亿欧元，原图书馆与文化机构司①的预算十分稳定，为1.43亿欧元左右。2019年文化部共支出739.41万欧元支持出版

---

① 2020年之前，原图书馆与文化机构司承担重组后的图书馆与版权司的职能，拨款主要用于保护文献遗产和支持出版业发展。

业发展,其中 400 万欧元用于图书与阅读推广基金,150 万欧元为图书与阅读中心的固定拨款,超过 60 万欧元用于海外推广意大利图书和语言文化,10 万欧元用于颁发国家翻译奖。

表 2　2017—2019 年意大利文化部与总理府预算

单位:亿欧元

类别	2017	2018	2019
文化部	21.20	24.42	27.67
文化部原图书馆与文化机构司	1.41	1.44	1.43
总理府	13.78	14.96	21.41
总理府新闻出版部门	0.39	1.05	1.17

资料来源:意大利文化部、总理府

尽管从 1974 年起大部分出版业管理职能已经转移到文化部,意大利总理府依然保留着部分职责,主要由新闻出版部门负责。该部门由部门主管、秘书处和 2 个职能办公室构成。机构信息、传播活动及版权保护办公室,与文化部一同监管意大利作家和出版商协会,负责版权政策的研究、制定和推广。出版支持办公室,则主要负责为新闻出版和电视广播提供支持服务,监督面向意大利报刊出版商的社会捐赠。同文化部一样,总理府的预算总额也在逐年增加(见表 1),从 2017 年的 13.78 亿欧元增加到 2019 年的 21.41 亿欧元,新闻出版部门预算也从 0.39 亿欧元大幅增加到 1.17 亿欧元。

2. 行业协会

意大利出版业中,图书、报纸、期刊等各个细分领域以及生产、销售等各环节均有数量众多的行业组织,既起到行业规范与监督作用,又是成员与政府、消费者之间沟通的桥梁,以下列举较有代表性的部分行业协会。

意大利出版商协会(Associazione Italiana Editori,简称 AIE),设立于 1869 年,目前共有 400 个活跃在意大利境内的国内外出版商会员,覆盖 90% 以上的国内出版市场。核心领导机关有代表大会、总理事会、主席委员会、咨询委员会、审计和出纳,其中咨询委员会由专家、出版集团、教育类出版社、小型出版社和地区代表组成。意大利出版商协会设有机构关系办公室、研究发展中心、数字出版办公室、调查中心、法务办公室、反盗版和版权管理办公室、教科书采购办公室、国际标准书号（ISBN）机构、数字对象标识符（DOI）机构、展会活动和培训课程办公室、通讯和新闻办公室、图书馆期刊办公室、信息和网络系统办公室等业务部门。协会的运转资金主要由上一年度结余、会员会费、动产和不动产投资以及社会捐助构成。意大利出版商协会的主要职责是在国家和国际层面上代表并保护意大利出版商，协调出版商与图书业中其他从业者之间的关系；组织针对出版商的培训活动，与米兰大学合作开设图书编辑硕士课程；支持推广图书和阅读、扩大国内市场的举措；支持意大利出版商的国际化发展，参与并组织国内外大型书展；在复印店、印刷中心、大学和网络开展定期检查活动打击盗版行为；国际标准书号意大利语区总代理，负责向意大利、瑞士意大利语区、梵蒂冈和圣马力诺的出版商分配并登记书号；与意大利教育部达成协议，收集并整理全国教科书采用情况的数据，供学校、家庭和教育类出版商参考；发布关于图书业发展趋势的调研报告，出版月刊《书业日报》（*Giornale della Libreria*）和《意大利出版业年度报告》（*Rapporto sullo stato dell'editoria in Italia*）。

意大利作者和出版商协会（Società Italiana degli Autori ed Editori）是意大利版权集体管理的代理机构，成立于1882年，是伯尔尼联盟的创始成员之一。该协会的唯一目标就是促使作品使用者对版权的承认，保证作者和出版商的经济利益。协会对拥有作品经济收益权利的作者和出版商提供保护，向使用者收取款项并颁发许可证，再将款项发放给成员。协会每年颁发超过120万张使用许可证，受保护的作品包含音乐、歌剧、电影、文学、广播电视等所有艺术类型，为超过91000名会员收取版权使用费用，保护了超过6200万部作品，其中对外国作品的保护通过与全球约150家版权代理机构的相互代表协议达成。意大利作者和出版商协会的核心机关有股东大会、监事会、管理委员会、审计委员会；设有人事总务、电影、音乐、许可证服务、财政管理和地方单位网络6个业务部门（见图3）。该协会是不接受国家直接或间接资助的民间非营利组织，其运转资金主要由上一年度结余、成员捐赠、颁发许可证的酬金与服务费用、开展活动获得的经济收益以及社会捐赠构成。

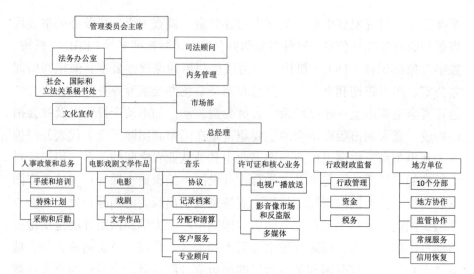

图 3　意大利作者和出版商协会组织结构

资料来源：意大利作者和出版商协会

意大利书商联合会（Associazione Librai Italiani，简称 ALI）设立于1946年，旨在保护意大利所有书店的合法权益。核心机关有大区代表大会、主席团、理事会、审计员和公证员。目前拥有 350 个在总部直接注册的会员和1000 家通过省贸易联合会间接注册的书店。该联合会协助并代表成员促成经济协议的达成，采取旨在提升书店经济效益和地位、推广图书和阅读的措施，并向成员提供业务方面的咨询服务和培训机会，协助成员的国际化发展，提供交流和创新的平台。协会的运转资金主要分为协会基金、会员费用、社会资助以及协会收益。

意大利图书馆协会（Associazione Italiana Biblioteche，简称 AIB）设立于 1930 年，是意大利图书馆领域最重要的专业协会，旨在为公民提供基本的图书馆服务，在地方和国家范围内协调图书馆服务，促进意大利图书馆的国际交流合作，推广现代化技术并培养图书馆领域专业人才。该协会每年组织面向成员的培训课程、研讨会、游学项目以及探讨图书馆服务和人员职业发展问题的全国性会议。出版《AIB 调查》（*AIB Indagine*）、《AIB 新闻》（*AIB Notizia*）等专业性期刊。协会的运转资金由会员注册费用、专业课程和出版物销售所得构成。

意大利报刊出版商联合会（Federazione Italiana Editori Giornali，简称

FIEG），成立于 1950 年。该联合会代表发行报纸、期刊和一切数字出版物的新闻社和出版商，目前拥有 355 家成员公司，拥有意大利报刊印刷商协会和广告特许经营者联合会两个下属协会。意大利报刊出版商联合会的主要职责是支持信息、出版自由，保护出版商的经济利益；在销售、分发、运输和广告各方面向成员提供协助和法律咨询服务；支持媒体作为信息传播手段和广告平台的发展；在行政机构、立法委员会中作为报刊出版商的代表，制定行业劳动合同标准；可以代表报刊出版商制定与零售商的经济合同；开展并发布关于报刊市场的调研。

（五）国民阅读情况

意大利图书馆历史悠久，最古老的图书馆诞生于 6 世纪之前。根据意大利图书馆联合目录中央研究所的统计，截至 2018 年，意大利共有 13959 家图书馆，其中有 2 家国立中央图书馆，6104 家公共图书馆，4135 家专门图书馆，1667 家高校图书馆，以及 715 家中小学图书馆，总计 80% 的图书馆向公众开放，平均每万人拥有 1 家公共图书馆。但图书馆资源地理分布不均，图书馆数量最多的伦巴第大区拥有 2204 家图书馆，数量最少的瓦莱达奥斯塔大区仅有 67 家。6320 家图书馆加入了意大利图书馆联合目录中央研究所管理的国家图书馆服务网络（Servizio Bibliotecario Nazionale），参与国家统一编目、文献检索和馆际互借服务。

46 家文化部管辖的国立图书馆有员工 1686 人，6165 个阅读位，图书、报刊、手稿等馆藏共计 3305 万册。2016 年国立图书馆服务读者 127 万人，图书查阅量达到 130 万册，借阅量仅有 17 万册，其中 91% 为个人借阅，运作经费约为 240 万欧元。这一数据与意大利出版商协会的调查结果相符，意大利读者更倾向于购买图书而不是借阅图书，仅有 11% 的被调查者将图书馆作为获取图书的渠道。

在个人阅读方面，意大利国民阅读率从 2010 年起持续低迷。意大利国家统计局（Istituto nazionale di statistica，简称 ISTAT）以在过去 12 个月内阅读过至少 1 本非教科书类纸质图书的人数占人口总数的比例来计算阅读率，2018 年 6 岁以上人口中这一比例为 40.6%，相比 2010 年下降了 6 个百分点（见图 4）。女性阅读率为 47.1%，高于男性阅读率 34.5%。根据该标准，15~75 岁的意大利读者约有 2730 万人，占该年龄段总人数的 60%，远远小于法国（92%）、挪威（90%）、英国（86%）、瑞典（73.5%）、德国（68.7%）等大部分欧洲国家。这一结果与意大利国民阅读理解能力和学历水平一致。在欧盟国家阅读理解能力测试中意大利排名垫底，27.8%的本科学历持有率也远远低于欧盟国家平均水平（40.7%）。在意大利出版商协会对阅读率下降原因的调查中，近半数的受访对象表示缺乏阅读兴趣，其他排名较高的原因还有缺乏空闲时间、视力障碍、阅读速度慢、图书价格高等。

单位：%

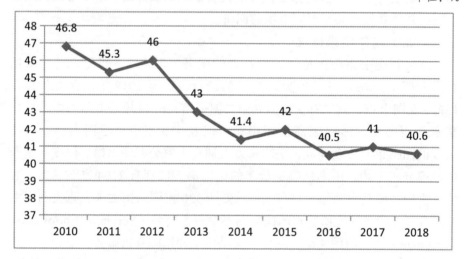

图4　2010—2018年意大利阅读率情况 [①]

资料来源：2019年《意大利出版业年度报告》

在0~75岁各年龄段总计3400万名读者中，青少年阅读率远远高于成年人。2018年，0~14岁年龄段的阅读率为88.3%，其中4~9岁阅读率为91%，是全年龄段中最高的比例。15~24岁年龄段的阅读率居于第二，为79.6%。25~75岁年龄段的阅读率为57.1%，65~75岁的阅读率最低，仅为23%。在欧洲主要国家中，意大利国民阅读量也排名垫底，仅有9%的读者每天至少读书1小时，41%的读者每年阅读不超过3本书，人均年度阅读量为6.6本。除了纸质图书，其他形式图书的阅读量也略有下降，2018年6岁以上阅读电子书和有声书的人数分别占该年龄段总人口的24%和

---

① 此处阅读率指的是意大利6岁以上在过去12个月内阅读过至少1本纸质图书（教科书除外）的人数占该年龄段总人口的比例。

17%，同比均下降了 3~4 个百分点。

根据出版新闻公司（Audipress）发布的 2019 年第三次调查报告，5.3 万名受访对象中，报刊读者约有 4 万人，35~44 岁年龄段的读者人数最多。其中，约有 30.2% 的日报读者、24.3% 的周刊读者和 22.1% 的月刊读者，日报读者大部分为男性读者，而期刊读者中女性较多。

随着数字技术的发展，意大利人越来越倾向于使用智能手机、平板电脑、电子书阅读器等各种电子设备进行数字化阅读，除了电子书、有声书、数字期刊和自助出版图书这些数字出版物，还有一些其他阅读形式，包括博客、论坛、网站、社交媒体、手机应用、搜索引擎等平台上的数字内容，涉及游记、食谱、影评等各个方面。加上只阅读数字内容的一部分意大利人，2018 年意大利 15~75 岁人口的阅读率从 60% 增加到 84%，其中仅有 10% 的人只阅读图书，也就是说，同时进行数字阅读和纸质阅读的读者比例达到 74%。社交媒体由于其内容的交互性、多样性、原创性以及通俗易懂的语言成为意大利人最常使用的数字内容阅读平台，近半数意大利人会在浏览过社交媒体和网站上的书评之后再选购图书。

（六）互联网使用情况 [1]

互联网的使用从 21 世纪初开始在意大利普及，之后互联网用户数量逐年增长，2008—2010 年增长速度最快。由于老龄化严重、地区发展不平衡等原因，意大利互联网普及率较其他欧洲主要国家仍有很大差距。截至 2019 年，6 岁以上的意大利人口中互联网用户数量达到 3879 万人，互联网普及率达到 67.9%，比上一年度增加 81 万人，每天都使用互联网的人数也上升到 53.5%。互联网使用率没有明显的性别差异，但是在不同年龄段人群中差别较大，在 11~44 岁的年轻人群体中有非常高的比例，其中 15~24 岁年龄段的互联网使用率超过 92%，而 65 岁以上人群的互联网使用率仅有约 40%。平均每人每天使用互联网时间约为 6 小时，其中最主要的用途是使用社交媒体、获取资讯和娱乐。

在互联网设备与基础设施方面，2019 年意大利全国移动电子设备超过 8000 万台。智能手机持有率达到 94%，也是意大利互联网用户最常使用的上网设备，电脑和平板的持有率较低，分别为 43% 和 26%。4G 覆盖率达到 82.2%，固定宽带普及率达到 74.7%，在有未成年人的家庭中这一比

---

[1] 该部分数据来自意大利国家统计局。

例达到 95%，而在只有 60 岁以上人口组成的家庭中普及率仅为 34%。同样，城市地区的宽带普及率要远远高于乡村地区。2015 年起意大利实施了超宽带计划，支持宽带基础设施的建设，提高宽带普及率和用户带宽，预计于 2021 年 100Mbps 超宽带覆盖率达到 85%，30Mbps 宽带覆盖率达到 100%。

二、图书业发展概况

意大利的政府主管部门较少发布出版业相关数据和报告，仅有意大利国家统计局的数据库和统计年鉴会有所涉及，针对出版业的报告主要由行业协会发布。其中，意大利出版商协会自 20 世纪 90 年代起每年发布的《意大利出版业年度报告》，是该行业数据最全面、分析最具体的调研报告。目前的最新报告发布于 2019 年，主要针对 2018 年及 2019 年第一季度的相关数据进行统计和分析，根据内容分为生产、阅读、消费、市场、国际环境和数据 6 部分。

（一）整体情况[①]

2000—2018 年意大利图书出版整体呈上升趋势。在纸质图书市场中，2000—2018 年意大利每年出版的图书种数呈波浪式增长（见图 5）。前 15 年间出版种数稳定在 5 万~6 万种，期间 2005 年出版种数首次超过 6 万种，2010 年达到 63800 种之后呈下降趋势，2013 年略有回升，但是直到 2016 年才开始出现大幅增长。2018 年是连续增长的第三年，并创造了历年来的最高值，共出版了 78875 种图书，其中少儿类和文学类图书是主要的增长领域。每年出版的纸质图书中，新书与再版的比例较为稳定，新书占出版种数的 60%~65%。

受到电子书、有声书等新兴阅读形式的影响，纸质图书的印刷量则呈现出下降趋势。2000 年总印量为 2.68 亿册，2018 年总印量减少了近一半，仅 1.52 亿册，比 1997 年的历年最高值减少 1.46 亿。同样，平均印量也从 2001 年开始下降，2018 年平均印量 2112 册，比 2000 年减少 47.4%。

---

① 该部分数据主要来自意大利出版商协会 2019 年《意大利出版业年度报告》和意大利国家统计局。

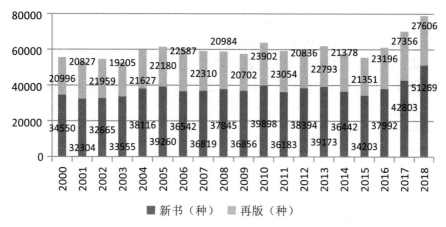

图 5　2007—2018 年意大利每年纸质图书出版种数情况

资料来源：意大利国家统计局

意大利各类型图书定价变化情况不同，电子书定价下降，平装书稳定，精装书波动明显。2014 年是意大利精装书平均定价的低谷，从 2010 年到 2014 年精装书平均单价从 21.6 欧元下降到 17.37 欧元，之后因为物价水平上涨、印刷成本提高，书价又逐步回升，然而 2018 年的 19.48 欧元依然低于 2010 年水平。意大利国家统计局调查显示，精装书平均单价与出版社规模有一定关联，大、中、小型出版社出版图书的平均单价分别为 19.65 欧元、22.04 欧元、19.23 欧元。平装书平均单价则较为稳定，维持在 10~11 欧元，而 2018 年电子书平均单价为 6.8 欧元，比 2010 年减少近 3 欧元。

截至 2018 年底，意大利全国共有 13201 家出版社，比上一年度增加 856 家。所有出版社中，有 4972 家活跃出版社[①]，所占比例为 37.7%，同比增加 1.4%。2010—2018 年意大利出版社数量逐年增加，从 7028 家到 13201 家，增长了 87.8%（见图 6）。然而，活跃出版社仅仅增加了 825 家，19.9% 的增长率远低于总增长率。其中，2018 年出版 1~9 种图书的出版社占 71.5%，18.1% 的出版社出版 10~30 种图书，有 125 家出版社出版超过 100 种图书，出版种数最多的蒙达多利出版集团（Gruppo Mondadori S.p.A.，以下简称"蒙达多利"）总计出版 1080 种图书。

---

① 活跃出版社是指在该年度内出版了至少一种图书。

2007 年以来，以亚马逊旗下的 Kindle 自助出版（Kindle Direct Publishing）为首的出版平台大力推广操作便捷、价格低廉的个人自助出版方式，成为意大利图书业发展新的增长点。2018 年，意大利出版业通过自助出版平台出版了 9185 种图书，比 2010 年的 2933 种增加了两倍多。

图 6　2010—2018 年意大利出版社数量

资料来源：2019 年《意大利出版业年度报告》

（二）图书销售情况

1998 年意大利纸质图书市场动销图书 339883 种，2010 年达到 716184 种，2018 年增长到 1202439 种，20 年间增长了 2.5 倍。电子书动销品种也从 2010 年的 16987 种增长到 419259 种。

2011—2014 年，意大利图书业遭遇严重衰退，与阅读率下降保持一致。2015 年之后，意大利出版商协会开始将亚马逊作为图书销售渠道之一纳入统计范围，意大利图书总体销售额有所提升，但仍然小于 2011 年市场规模。2018 年通过各种渠道销售的图书及相关衍生产品、服务总价值达到 31.7 亿欧元，较上一年增加 2.1%（见图 7）。在欧洲主要国家中，意大利总体市场规模较为靠前。纸质图书市场中，2018 年书店、超级市场、电子商务平台（不含亚马逊）的销售额和销售量分别为 12 亿欧元和 8230 万册，比 2010 年分别下降 16.9% 和 22.4%。

单位：亿欧元

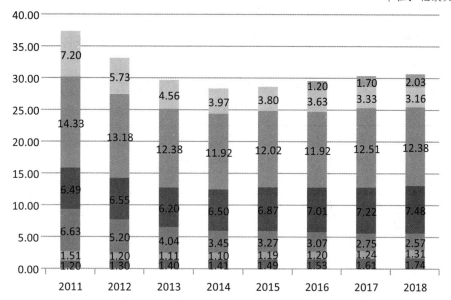

图 7　2011—2018 年意大利图书行业市场规模

资料来源：2019 年《意大利出版业年度报告》

　　意大利出版社可以直接向书店供货，也可以通过发行机构间接销售。大型出版社一般都有比较完整的图书产业链，由相关部门直接负责发行业务，而中小型出版社往往选择委托信使集团（Messaggerie Italiane S.p.A.）、快书（Fastbook）等发行公司或批发商进行销售。大型出版集团通过与书店、发行商的合作或兼并，几乎垄断了意大利图书发行市场。

　　在零售方面，实体书店仍然是最主要的渠道。意大利国家统计局的调查结果显示，81% 的读者当年在实体书店购买过图书，其中 59% 在连锁书店，30% 在购物中心的书店，12% 在独立书店，11% 在文具店等小型销售点。2016—2018 年尽管有所起伏，实体书店收入仍远超其他零售渠道（见表 3），网上书店收入以每年超过 10% 的速度在增长，诸如大型综合性零售商场①、报刊亭等传统零售渠道则大幅度衰减。随着网上书店的规

① 包括超市、百货商场和购物中心。

模、优惠力度的增长，以及读者阅读习惯的改变，2010—2018 年间实体书店市场销售额占比从 78.6% 逐渐下降至 69%，而网上书店的占比从 8.9% 迅速增长到 24%，并在 2015 年超过超级市场成为第二大图书销售渠道。

表3　2016—2018 年意大利纸质图书零售渠道收入

单位：亿欧元

类别	2016	2017	2018	2018 年增长率
独立书店和连锁书店	8.18	8.41	8.27	-1.6%
文具店、高速服务站等小型销售点	0.44	0.44	0.43	-2.3%
大型综合性零售商场	1.31	1.09	0.91	-17%
网上书店	1.99	2.57	2.78	+11.4%
报刊亭	0.12	0.11	0.09	-18%
博物馆、展览等	0.23	0.23	0.26	+2.6%
阅读沙龙、图书节等	0.23	0.23	0.24	+4.7%

资料来源：2019 年《意大利出版业年度报告》

在实体书店系统内部，连锁书店数量逐年增加，而独立书店数量锐减。2010 年，全意大利 3018 家实体书店中，仅有 786 家连锁书店，独立书店有 2232 家。截至 2018 年，连锁书店增加 445 家，占纸质图书市场销售额的 45%，而独立书店减少 779 家，市场占有率下降至 24%，这导致意大利实体书店总数缩减到 2684 家。主要原因是 2011 年起，以蒙达多利、菲尔特瑞奈利（Feltrinelli）和吉恩提（Giunti）为首的出版集团通过发放特许经营许可扩大各自旗下连锁书店的规模，连锁书店依靠集团内部出版、分销一体化的图书产业链，降低了生产成本，提高了市场竞争力。而独立书店体量小的特点则成为其发展劣势，大量独立书店选择成为出版集团的特许经营书店，或者破产倒闭。

蒙达多利书店、菲尔特瑞奈利书店和吉恩提书店分别是这三大出版集团旗下的连锁书店，也是意大利规模最大的三家连锁书店。第一家蒙达多利书店于 1954 年在米兰开业，截至 2019 年在意大利已有 575 家，分为大型书城、常规书店、销售点 3 种形式，通过自营、特许经营、网络和读者俱乐部 4 种渠道销售图书。菲尔特瑞奈利书店在全国约有 120 个销售点，其中有 32 家大型书城、38 家常规书店、40 个购物中心和车站的销售点以及 11 家特许经营书店，出售图书 20 万余种。每年有 4900 万读者进入菲尔特瑞奈利书店，其中 400 万人成为书店注册会员。吉恩提书店拥有超过 215 个销售点，是意大利自营数量最多的连锁书店。

在网上书店方面，意大利最主要的图书电子商务平台有意大利互联网书店（Internet Bookshop Italia，简称 IBS）和亚马逊。亚马逊在 2010 年左右进入意大利图书市场之后一直保持着销售额的增长，2018 年亚马逊图书销售额为 2.03 亿欧元，较上一年度增加 2.1%。本土平台意大利互联网书店是意大利第一家网上书店和电子商务平台，成立于 1998 年。截至 2018 年，该平台拥有 300 万注册用户，700 万种产品，包括意大利语和英语图书、电子书、音乐唱片、电影、玩具、游戏等，2017 年销售额为 1.1 亿欧元。同集团旗下的旧书网（Libraccio）是意大利最大的教科书交易平台，经营范围包括新书和二手书，2018 年销售额达到 8750 万欧元。21 世纪以来，各大出版集团都将数字出版与电子商务作为新的发展方向，纷纷推出与实体连锁书店同步的线上书店。上文中提到的 3 家连锁书店均有同名的网络销售平台。除此之外，实体书店还通过与电子商务平台合作，共享双方资源，通过促销等方式吸引更多的消费者。比如，2014 年起吉恩提书店与亚马逊平台合作，将数字阅读与传统阅读方式相结合，在线上线下平台互相推广对方的出版产品。

近年来，意大利图书版权贸易输出引进之间的逆差在逐步缩小（见图 8）。2018 年意大利共输出 7883 种图书的版权，比上一年度增加了 10.1%，占该年度意大利国内出版图书种数的 10.6%。其中，输出版权最多的是少儿类图书，占总数的 39%。在图书版权贸易整体呈现逆差的情况下，少儿图书依靠传统优势和国际联合出版的发展从 2009 年起成为唯一实现并保持版权贸易顺差的细分市场。随着多部意大利小说被改编成影视作品，文学类图书近年来成为版权输出的热门对象，2018 年以 25.4% 的占比位居第二，输出版权的图书种数增长了 17.3%，社科类、学术类图书，画册及实用手册的输出比例逐年递减。在进口方面，意大利出版商及读者一直以来都对外国作家的作品具有强烈的兴趣。2018 年购进 9358 种图书的版权，同比增加 0.7%，其中欧洲与北美文学类图书数量最多且容易成为年度畅销书，少儿图书位居第二。2018 年意大利出版 10114 种翻译作品（包含经典著作和已购得版权的作品），占出版图书总数的 13.5%。其中英语、法语和德语作品仍然保持着数量上的传统优势，分别占翻译作品的 61.6%、13.5% 和 9.6%，而西班牙语、俄语等其他语种的翻译作品也在逐步增加，占比从 2005 年的 12.7% 上升到 15.7%。

在图书实物国际贸易方面，图书进口额逐年稳步增加，从 2010 年的 2 亿欧元增长到 2018 年的 2.6 亿欧元。2018 年图书出口额为 4.12 亿欧元，同比增加 5.9%。[①] 尽管意大利图书市场越来越趋向国际化，然而无论是出口数量还是出口额，都距世界主要图书出口国具有相当大的差距。

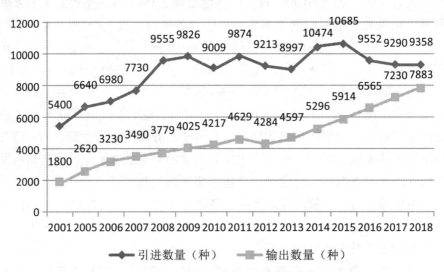

图 8　2001—2018 年意大利图书版权贸易数量情况

资料来源：2019 年《意大利出版业年度报告》

（三）细分市场情况

根据图书内容，意大利图书市场可细分为文学类、社科类、专业类、实用类、少儿类和教育类六大板块。其中，前 3 种类别出版图书种数较多，2018 年分别占总数的 30.1%、25.1% 和 19.7%，后 3 种类别出版图书均少于 1 万种（见图 9）。

----

① 该部分数据来自欧洲统计局文化产品国际贸易数据库。

单位：种

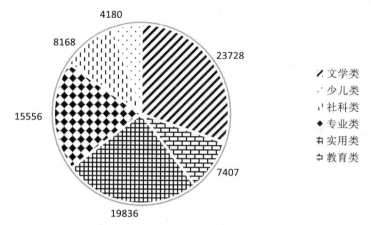

4180
8168
23728
15556
7407
19836

文学类
少儿类
社科类
专业类
实用类
教育类

图9　2018年意大利图书细分市场出版种数

资料来源：2019年《意大利出版业年度报告》

1. 文学类图书

意大利文学类图书在纸质和数字出版市场中均为出版种数最多的类别，包括意大利语和外语叙事文学、戏剧、诗歌、游记、传记等。2018年意大利共出版4639种诗歌作品，23728种叙事文学类图书，其中最受出版社欢迎的是长篇小说、悬疑小说和传记。在意大利国内市场上，文学类占除教育类之外的图书市场总销售量的38.3%，总销售额的36.7%，相比上一年度均下降约5个百分点，其中外国作家作品下降10%左右，而本国作家的作品基本持平。在国外市场上，由于埃琳娜·费兰特等全球畅销书作家及《我的天才女友》（*L'amica geniale*）等热门影视改编作品的出现，意大利作家的文学作品逐渐受到国际市场的关注，输出版权数比上一年度增加17.3%。同时，文学类图书也是自助出版的热门领域，占所有出版种数的51%。

文学类图书也是意大利畅销书数量最多的类别。2019年三个不同来源的十大畅销书榜单中（见表4），仅《驾照》《活了120年》及《我的私房菜》属于实用类图书，其余均为文学类，涵盖虚构小说、历史小说、悬疑小说、名人传记以及报告文学。文学作品中《小王子》《链》等6部为外国文学翻译作品，其余均为意大利文学。意大利畅销书榜单与本国文学奖关系密切，表中多次上榜的历史题材小说《M.世纪之子》与虚构小说

《忠诚》分别是 2019 年斯特雷加奖及其青年组别的获奖作品，《度量时间》《幽灵，再见》《外国女人》等也均为决赛入围作品。

表 4 2019 年意大利十大畅销书榜单

排名	亚马逊线上书店	意大利互联网书店	爱书数据库
1	《角在所有物体上都合适》（ *Le corna stanno bene su tutto* ）	《忠诚》（ *Fedeltà* ）	《西西里的狮子》（ *I leoni di Sicilia* ）
2	《活了 120 年》（ *Vivere 120 anni* ）	《西西里的狮子》	《阿尔克扬的厨师》（ *Il cuoco dell'Alcyon* ）
3	《进入路易和索菲的世界》（ *Entra nel mondo di Luì e Sofì* ）	《M. 世纪之子》（ *M. Il figlio del secolo* ）	《成年人的谎言人生》（ *La vita bugiarda degli adulti* ）
4	《M. 世纪之子》	《幽灵，再见》（ *Addio fantasmi* ）	《生存的强烈愿望》（ *Una gran voglia di vivere* ）
5	《小王子》（ *Il piccolo Principe* ）	《外国女人》（ *La straniera* ）	《度量时间》（ *La misura del tempo* ）
6	《# 瓦莱斯普》（ *# Valespo* ）	《我们的那一半》（ *Quella metà di noi* ）	《费诺利的版本》（ *La versione di Fenoglio* ）
7	《西西里的狮子》	《关于哈里·奎伯特案的真相》（ *La verità sul caso Harry Quebert* ）	《M. 世纪之子》
8	《驾照》（ *La patente di guida* ）	《链》（ *The Chain* ）	《进入路易和索菲的世界》
9	《如果这是一个人》（ *Se questo è un uomo* ）	《伊芙琳·哈德卡斯尔的七次死亡》（ *La sette morti di Evelyn Hardcastle* ）	《海的长花瓣》（ *Lungo petalo di mare* ）
10	《我的私房菜》（ *La cucina di casa mia* ）	《我的天才女友 1》（ *L'amica geniale 1* ）	《我的天才女友 1》

资料来源：亚马逊、意大利互联网书店、爱书数据库（iBUK）[①]

2. 非文学类图书

社科类、专业类、实用类这三类非文学类图书尽管占图书出版种数的近 60%，但是增长速度相对较为缓慢。2010—2018 年，意大利图书出版种数增加 30%，其中文学类和少儿类增加 57%，而非文学类仅增加 15.6%。2018 年社科类图书销售额占总销售额的 17.9%，专业类图书占 13.4%，实用类图书占 12.9%，相比 2010 年均有所下降。一方面，意大利国内鲜有优秀的科普作品和具有较大影响力的社科类、专业类作家；而另

---

① 出版信息（Informazioni Editoriali）公司旗下面向出版业从业者的专业数据库。

一方面，意大利国内阅读率持续降低，国民缺乏对此类图书的阅读兴趣，转而向视频网站、博客、论坛等网络平台寻求相关的实用信息，造成了非文学类图书的尴尬地位。

同样，在专业类图书市场上，出版种数较多的是法律、经济和科学类图书，分别为 3590 种、2174 种和 1025 种。根据意大利出版商协会的调查，仅有 38.4% 的经理、企业家和自由职业者在空闲时间阅读相关专业的图书，而其中 51% 一年阅读的专业图书数量不超过 3 本。由于国际电子商务平台的发展，意大利的学者和大学生群体可以方便快捷地购买到英语等语种的原版学术图书，或者通过数据库、网络新闻、社交平台、手机应用等数字方式获取所需信息，不再拘泥于查询图书文献等传统的学术研究方法。

3. 少儿类图书

少儿类图书是意大利图书行业的优势领域，19 世纪 80 年代卡洛·科洛迪的《匹诺曹》（*Pinocchio*）和埃迪蒙托·德·亚米契斯的《爱的教育》（*Cuore*）出版，受到意大利国内外读者喜爱，先后多次再版并拥有多种语言译本和影视改编作品，成为全球性的经典儿童文学作品，也成为意大利少儿图书业发展辉煌的开端。1908 年第一份漫画周刊《儿童邮报》（*Corriere dei Piccoli*）推动了漫画这一形式在意大利的传播，70 年代时周销量达到 70 万册。

2000 年起意大利少儿类图书细分市场整体呈上升趋势，在 2011—2014 年整个图书市场衰退时，少儿类市场依然保持稳定。2018 年少儿类图书出版 7407 种，比 2010 年增加 39.8%，销售量与销售额分别占图书市场总量的 19.1% 与 24.5%，仅次于文学类图书，同时少儿类图书还是意大利版权输出数量最多的细分市场，版权输出量 1797 种，占输出总数的近 40%。少儿图书产业中专职的童书作家有 365 人，插画师有 314 人，整个产业的总价值约为 2.36 亿欧元。

在出版的新书中，虚构类和非虚构类的数量差距明显，前者占比高达 80%。2103 种虚构类图书中，40% 是叙事文学，37.9% 是画册和插画书，这两个类别出版图书数量最多，剩下的 9.4% 是游戏书，5.9% 是童话和传说故事，诗歌戏剧、漫画均不到 4%。512 种非虚构类图书的构成比较均衡，出版种数较多的自然类、科技类、艺术类、游戏类和社会类占比都在 15%~20% 之间（见图 10）。

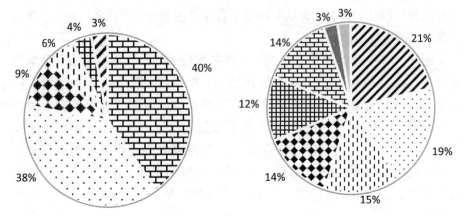

单位：种

图 10   2018 年意大利少儿图书出版新书构成

资料来源：少年儿童图书网（LiBeRWEB）《2019 年少儿图书出版报告》

少儿图书作者中，意大利作者和外国作者的比例基本持平，分别占 53.4% 和 46.6%。外国作者中 55.6% 是英语作家，12% 是法语、德语和西班牙语作家。少儿类系列丛书的比例在逐渐降低，2003 年 70% 的新书为丛书，2014 年该比例仍超过 60%，而 2018 年仅有不到 50%。少儿类图书覆盖的读者年龄段较为全面（见表 5），0~4 岁少儿类图书出版种数最多，占少儿图书出版总量的 41.7%，其次是 5~6 岁少儿类图书，占 25% 左右。随着目标年龄的增长，相应的少儿类图书出版种数递减。

表 5   2010 年与 2018 年针对不同年龄段的少儿类图书出版数量

单位：种

年龄段	2010		2018	
	出版数量	占比	出版数量	占比
0~4 岁	2154	41.7%	3014	41.7%
5~6 岁	943	18.2%	1797	24.9%
7~8 岁	758	14.7%	1231	17.0%
9~10 岁	430	8.3%	688	9.5%

续表

年龄段	2010		2018	
	出版数量	占比	出版数量	占比
11~13 岁	247	4.8%	409	5.7%
其他年龄	632	12.3%	82	1.1%
总计	5164	100%	7221	100%

资料来源：2019 年《意大利出版业年度报告》

2018 年意大利有 180 家少儿图书出版社，相比上一年度减少 14 家。其中包括 16 家大型出版社、26 家中型出版社和 138 家小型出版社，平均每家出版 14.5 种新书，平均出版种数稳步上升。同样，少儿图书市场也呈现集中化特点，13 家出版社出版了超过 50% 的童书。意大利第三大出版集团吉恩提是该市场最主要的出版商，拥有匹诺曹、小猪佩奇等著名图书品牌，占有 17.5% 的市场份额。2018 年吉恩提出版了 258 种新书，出版种数超过 100 种的出版社还有皮埃蒙（Piemme）（158 种）、蒙达多利（138 种）和卡卢齐（Gallucci）（102 种）。

4. 教育类图书

意大利教育类图书一般指中小学生的教材教辅、学龄前儿童教育类图书、字典、教师指导用书等。不同于其他图书，意大利中小学教科书按计划生产和销售。出版社每年向意大利教育部提交计划出版的教科书，经教育部审定、公布目录之后，再由教师和学校等教育单位挑选并向专门的书店、出版社、批发商集体采购，且一年中只在 5 月集中采购一次。自 2015 年起，意大利教育部开始推行"数字学校"国家计划（Piano Nazionale Scuola Digitale），取消教师必须采用纸质教科书的义务，鼓励出版社推出所出版教科书的数字版本，鼓励学校自主编写、采用数字教材。

面向 700 万中小学生这一稳定的消费群体，意大利教育类图书市场依然保持平稳增长，2018 年共出版 4180 种中小学教材，比上一年增加 2.1%，占图书市场总量的 5.3%。中小学教材销售额为 7.477 亿欧元，同比增长 3.5%，再加上其他教育类图书等，整个教育出版市场收入超过 10 亿欧元，占意大利图书出版市场总收入的 30% 以上。出版行业集中化发展的特点也体现在教育类图书市场，扎尼凯利（Zanichelli）、培生（Pearson）、蒙达多利、吉恩提等大型教育类出版社占据近70%的市场份额。

（四）数字内容生产情况

意大利数字出版历史可以追溯到2002年第一部意大利语电子书的出版，之后直到2010年左右意大利互联网书店和亚马逊先后在意大利电子书市场展开活动，数字出版行业才开始大规模发展。2018年电子书成为意大利出版市场中仅次于纸质书的第二大形式，24%的读者有阅读电子书的习惯，17%的读者收听有声书，电子书阅读终端按读者使用频率从高到低分别为手机、平板、电子书阅读器和电脑。

尽管与纸质书相比，数字出版在意大利图书市场中比重较小，但是近年来表现最为活跃，增长速度最快。数字产品的发展与读者阅读习惯的变化带来图书出版战略、销售方式的创新，使得政府越来越重视数字出版的发展，不断出台鼓励政策，2014年起电子书增值税从最早的22%降到4%，意大利出版市场逐渐迎来数字出版的蓬勃发展。截至2018年12月，意大利图书市场中动销的电子书达41.9万种，较2010年的1.7万种增长超过20倍。2016年成为数字出版的巅峰之年，年度出版总数达到8.1万种。之后，受到新兴自助出版方式和盗版市场的影响，电子书出版热潮有所回落，但销售额仍然逐年稳步上升，2018年电子书总销售额达到6700万欧元（见图11）。

图11　2010—2018年意大利数字出版市场规模

资料来源：2019年《意大利出版业年度报告》

出版社参与数字出版的意愿也在增强，2018 年共有 1307 家出版社出版电子书，比上一年度增加了 21.8%，呈现积极发展态势。5.1 万种电子书中，文学类 2.5 万种，社科类 9393 种，专业类 8066 种，实用类 5707 种，少儿类 2065 种，其中 50% 的电子书有纸质版本。除电子书之外，以教育类与学术类为首的细分市场也通过网络平台销售相关的电子产品与服务，电子书、有声书等各种数字出版产品和服务占整个出版行业市场总销售额的 12% 左右。

此外，在意大利无障碍图书基金会（Fondazione Libri Italiani Accessibili）支持下，意大利出版社积极出版针对视力障碍人士的无障碍电子书，在通过该基金会的认证之后在网上书店和公共图书馆同步推出。截至 2018 年，基金会共认证了超过 2 万种文学与杂文类无障碍电子书，这使意大利成为国际上无障碍电子书资源最丰富的国家。

（五）主要企业情况

意大利 6 家出版机构呈现出高度的集中化特点，在地理上，主要集中在以米兰为首府的伦巴第大区、首都罗马所在的拉齐奥大区，以及都灵、博洛尼亚、佛罗伦萨、那不勒斯、巴勒莫等经济与文化活跃的大城市。在出版机构规模方面，大型出版集团占据了市场的大部分份额，以蒙达多利、毛里-斯帕尼奥出版集团为首的大型出版集团掌握着 55% 的出版市场（见图 12）。

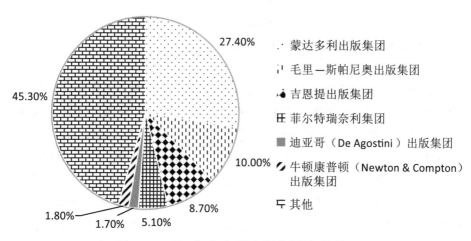

图 12 2018 年意大利出版集团市场份额

资料来源：2019 年《意大利出版业年度报告》

1. 蒙达多利出版集团

蒙达多利出版集团是意大利最大的综合性出版集团，由阿尔诺多·蒙达多利（Arnoldo Mondadori）创立于1907年，总部位于米兰。集团初期主要经营图书出版业务，1954年依靠蒙达多利连锁书店进军零售业，之后又拓展媒体业务，创办《共和国报》（*La Repubblica*），开设电视广播频道。2010年起，蒙达多利开始制定数字出版战略，逐渐成为一家集图书报刊出版、数字出版、线上与线下零售、电视广播与广告等业务于一体的综合性国际公司，旗下有3个分别主管图书、媒体与数字出版、零售业务的子集团（见图13）。

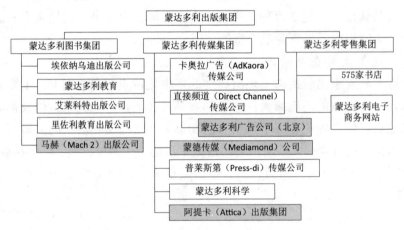

图13 蒙达多利出版集团组织结构[①]

资料来源：蒙达多利出版集团官方网站

2019年蒙达多利集团总收入8.85亿欧元，其中图书出版收入4.78亿欧元，出版了2471种纸质书和电子书，拥有26.2%的图书市场份额和21.7%的教育类图书市场份额，在同类竞争者中遥遥领先。纸质和数字期刊收入为2.567亿欧元，占据28.9%的意大利市场份额，每月拥有超过3000万的读者。

蒙达多利图书负责集团核心业务，内部分为出版文学和非文学类图书的贸易部门和主管教辅、艺术的教育类部门，后者也负责组织图书展览等

[①] 灰色为部分控股公司。

活动。集团拥有蒙达多利、埃依纳乌迪（Giulio Einaudi Editore）、蒙达多利教育（Mondadori Education）、艾莱科特（Electa）等多个著名出版社品牌，其中蒙达多利和埃依纳乌迪在意大利图书市场分别占据第一和第二多的份额。

尽管蒙达多利从 1951 年开始就在国外设立办事处，但是大部分业务仍然在意大利国内进行。目前该集团在全球各地共有 5 家全资子公司或集团，分别在法国、英国和美国，而在中国、希腊、法国还有 4 家部分控股子公司。蒙达多利的国际业务以推广意式时尚和生活方式的杂志为主，2019 年期刊收入 1.6 亿欧元，法国是最大的国外市场。时尚杂志《红秀》（Grazia）是蒙达多利最著名的国际品牌，从 2004 年以来已经推出 20 个国际版本，范围涵盖欧洲、亚洲、非洲和美洲，并建立起国际编辑团队，为所有版本提供品牌和营销策略服务。

2. 意大利信使集团

意大利信使集团（Gruppo Messaggerie italiane，简称"信使集团"）成立于 1914 年，是意大利最大的图书分销集团，2019 年总营业额为 4.54 亿欧元。信使集团拥有 30 家子公司和联营公司，集图书出版和分销两大业务于一体，分别由毛里-斯帕尼奥出版集团和埃姆图书（Emmelibri）集团经营（见图 14）。此外，集团还于 1983 年创立了意大利第一所书商培训学校。

负责图书出版业务的毛里-斯帕尼奥出版集团成立于 2005 年 10 月 13 日，并于 10 年后成为意大利纸质与数字出版销量第二大的出版集团，在意大利四大出版集团中保持着最高的增长率，旗下拥有朗格内西（Longanesi）、加尔藏蒂（Garzanti）、北方（Nord）等 10 家出版社和 18 个出版品牌，在意大利图书市场上发行大量的畅销书以及 J. K. 罗琳等国内外著名作家的经典作品，2018 年在意大利图书业占有 10% 市场份额，仅次于蒙达多利集团。2008 年毛里-斯帕尼奥出版集团在巴塞罗那开设集团第一家跨国出版社多莫出版社（Duomo Ediciones）。

信使集团图书分销业务则由成立于 2008 年的埃姆图书集团负责，业务分为图书发行、推广、出版信息、电子商务、批发。在发行与推广方面，拥有超过 4000 个销售点，发行 20 万种图书、漫画、游戏等产品。出版信息公司（Informazioni Editoriali）管理意大利书目数据库[①]，远程订购服务

---

① 是指市场上售卖的意大利图书目录 ALICE 和在意大利出版的电子书目录 e-kitab。

系统 Arianna+，提供信息服务。在电子商务方面，埃姆图书拥有意大利第一家也是如今规模最大的网上书店。该集团在 2015 年与意大利最大的连锁书店菲尔特瑞奈利达成协议，将意大利互联网书店（IBS）、旧书网和菲尔特瑞奈利 3 个电子商务平台的业务整合在一起，联合设立了意大利最主要的图书发行中心之一，每年代表 600 多家出版商发行超过 7000 万册图书。

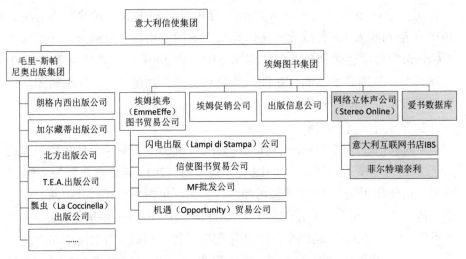

图 14　意大利信使集团组织结构 [①]

资料来源：意大利信使集团官方网站

3. 迪亚哥集团

迪亚哥集团是意大利为数不多的跨国传媒集团之一，1901 年成立于罗马，最早是一家地理制图研究所，主要出版地图和地理类图书。20 世纪 60 年代迪亚哥完善了图书出版的商业模式，80 年代起经营业务向多元化和国际化发展。集团目前业务分为出版、媒体、游戏服务和金融 4 个领域，业务覆盖欧美主要地区，2018 年集团收入 45 亿欧元。

出版业务由子集团迪亚哥出版集团负责，出版社在 30 多个国家用 13 种语言进行出版活动，业务遍及欧洲、日本和拉美地区。迪亚哥传媒集团负责电视和广播业务，集团从 2007 年起陆续收购了意大利、法国、瑞典、

① 灰色为部分控股公司。

英国和西班牙具有较强影响力的广播电视公司，目前在全球 17 个国家放送电视节目。迪亚哥还持有在纽约上市的国际游戏科技公司（International Game Technology）的大多数股权。该公司合并了意大利和美国的多家博彩公司，目前在 100 多个国家或地区均拥有相关业务。

（六）主要书展和奖项

意大利政府和行业协会都积极促成重大图书展览活动和各类文学奖项评比活动的展开。都灵国际图书沙龙（Salone Internazionale del Libro di Torino），是意大利最重要的书展活动，从 1988 年起每年 5 月在都灵举行，为期 5 天，是欧洲规模第二大的图书博览会。2019 年共有 1300 家国内外出版社参展，访问人数达到 14.8 万，展厅面积 6.3 万平米，来自 40 个国家或地区的出版社或代理商进行了 3500 场版权合作洽谈。书展既面向各种规模和类型的出版社，也面向代理机构、作家、图书馆员、插画师、翻译家和广大读者，每年围绕不同的主题邀请近千名来自世界各地的嘉宾参与多项演讲、研讨会、访谈、表演等活动。

意大利的博洛尼亚国际童书展（Fiera Internazionale del Libro per Ragazzi di Bologna）则是少儿类图书领域最重要的大型国际展览会之一。首届童书展举办于 1964 年，之后每年 3—4 月在博洛尼亚举办，为期 4 天。每年担任主宾国的参展国家拥有特别展厅，书展同时邀请众多童书作家、插画师、教师、翻译家等专业人士参加各项研讨和展览活动，并在展会期间颁发博洛尼亚童书奖、斯特雷加少儿奖、安徒生奖等多个少儿类图书奖项。2019 年第 56 届博洛尼亚国际童书展中，有来自 80 个国家的 1442 家出版社参展，访客 2.9 万人，其中近 50% 来自意大利之外的国家和地区。

在文学奖项方面，女巫奖（Premio Strega），又称斯特雷加奖，是意大利最重要的文学奖，每年颁发给一部用意大利语写作并在上一年度 3 月 1 日至当年 2 月 28 日期间第一次出版的叙事文学作品，获奖者可以获得 5000 欧元奖金。女巫奖评审团名为"星期日朋友"，得名于成员在周日下午的聚会，设立之初有 170 人，目前由来自意大利文化界各领域的 400 名成员组成。

坎皮耶洛奖（Premio di Campiello），由威内托大区工会设立于 1963 年，设立之初的目标是倡导当地企业家为意大利文化事业做贡献，并促进意大利小说的创作和传播，如今已成为和女巫奖齐名的意大利文学奖项。采用双重评审制度，评委分为专业评委和大众评委。前者由文学评论家和作家组成，在所有参赛作品中选出 5 部，然后由 300 名匿名读者选出最终获胜者。

金笔奖（Penna d'oro）和金书奖（Libro d'oro），设立于 1957 年，由意大利总理府的新闻出版部和伊斯基亚新闻奖基金会共同颁发。金笔奖奖励在文学、历史、科学、哲学、经济学和道德学科领域为传播意大利文化做出杰出贡献的新闻工作者或者作家。金书奖又称卓越书商奖，奖励对推广图书和阅读有杰出贡献的出版商。颁奖仪式在总理府举行，由教育部部长或者总理府的副部长主持。

三、报刊业发展概况

与图书业相同，意大利报刊业的统计数据与报告也主要由行业协会发布。其中，设立于 1988 年的卡洛·伦巴迪报纸和新闻社技术观察所（Osservatorio Tecnico Carlo Lombardi per i quotidiani e le agenize di stampa），每年发布一次《意大利报业报告》（*Rapporto sull'industria dei quotidiani in Italia*），涉及报纸市场与广告市场表现、就业情况、劳动力成本等最新数据，目前已更新到 2019 年。此外，出版新闻公司（Audipress）和出版销售认证机构 ADS 分别针对报刊的阅读情况和发行销售情况进行周期性调查与数据发布。

（一）整体情况

意大利报刊业发展起步较早，在文艺复兴时期佛罗伦萨、罗马等城市就已经出现了手抄形式的报纸。1668 年弗朗西斯科·那扎里创立意大利第一本杂志《文人报》（*Giornale de'Letterati*），1764 年彼得罗·韦里创立著名文学杂志《咖啡》（*Il Caffè*），成为意大利启蒙运动的主要阵地。到 18 世纪意大利已有 803 种文学、科学、政治等类别的期刊。1906 年《晚邮报》（*Corriere della Sera*）成为意大利第一家日销量超过 15 万份的报纸，如今依然是意大利发行量最大的报纸。二战结束之后，意大利最大的新闻通讯社安莎社（ANSA）成立。

1990 年，意大利报刊发展达到历史巅峰，112 种日报的日销量达到 680 万份。之后，受到各类新兴媒体发展的影响，报刊业的规模逐渐萎缩。2015 年意大利纸质版和电子版报刊的销售收入为 25.8 亿欧元[1]，比上一年

---

[1] 数据来自意大利文化部《创意意大利：文化产业报告》第二版。

度减少 24.6%。2007—2016 年，包含报刊销售额、广告收入在内的报刊出版业总收入逐年下降，2016 年总收入为 38.65 亿欧元，相比 2007 年减少了一半还多（见图 15）。

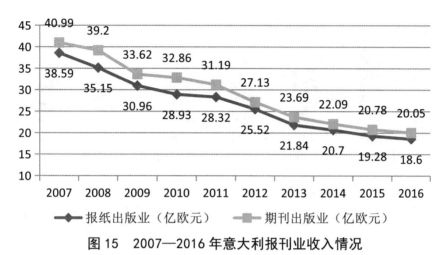

图 15　2007—2016 年意大利报刊业收入情况

资料来源：意大利报纸出版商联合会

（二）细分市场情况

1. 日报

《意大利报业报告》显示，2018 年意大利全国出版日报 121 种，日印量 345.7 万份，日销量 258.3 万份，相比 2008 年 540 万份的日发行量下降 52%。2018 年日报总印数约 11.5 亿份，总发行量 8.3 亿份，2013—2018 年日报的总发行量平均每年下降 7.3% 左右（见图 16）。通过传统渠道销售和订阅的纸质报纸销售额同比下降 7.5%，而数字报纸销售额下降 3.5%。

意大利的日报分为全国性日报和只在一定地理范围内发行的地区性日报，121 种日报中，伦巴第大区和拉齐奥大区分别拥有 25 种和 20 种。日发行量超过 10 万份的纸质日报共有 5 种，从高到低分别是《晚邮报》（22.8 万份）、《共和国报》（16.7 万份）、《体育邮报》（*Gazzetta dello Sport*，15.6 万份）、《新闻报》（*La Stampa*，13.1 万份）和《光明日报》（*L'Avvenire*，10.1 万份）。前三者相比上一年度的日销量均下降超过 10%。近年来，数字报纸的发行量逐渐增加，2013 年数字报纸的日发行量约为 20 万份，2018 年超过了 35 万份，同比增长 9.04%。日发行量超过 1 万份的数字报纸共有 9 种，日发行量最大的《24 小时太阳报》（*Il Sole 24 Ore*）每日销售 8.7 万份，《晚邮报》《共和国报》的数字版本报纸日发行量分别为 6.9 万和 4.5 万份。

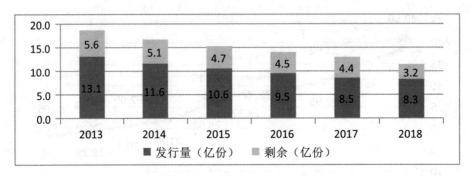

图 16　2013—2018 年意大利日报总印量构成

资料来源：卡洛·伦巴迪报纸和新闻社技术观察所《2019 年意大利报业报告》

2. 期刊

意大利的期刊出版业市场萎缩趋势与报纸出版业相似（见图 15）。2016 年意大利期刊市场收入约为 20 亿欧元，与 10 年前相比，平均每年下降约 5.7%。

根据出版销售认证机构 ADS 发布的统计数据[①]，2017 年主要消费类周刊平均发行量为 701.3 万份，其中约 10% 为付费订阅，海外平均销售 4.89 万份。69% 的周刊平均发行量超过 10 万份，发行量排名前五的周刊分别为《笑与歌》（*Sorrisi e Canzoni*，55.7 万份）、《不只是周刊》（*Settimanale di più*，45.3 万份）、《七号电话》（*Telesette*，36.9 万份）、《我是女人》（*Io Donna*，28.7 万份）和《共和国星期五》（*Venerdì di Repubblica*，28.5 万份）。

主要消费类月刊平均发行量为 543.9 万份，付费订阅占 21.4%，海外平均销售 8.87 万份。31% 的月刊月发行量超过 10 万份，发行量排名前五的分别是《消费指南》（*Altroconsumo*，37.1 万份）、《焦点》（*Focus*，28.4 万份）、《50+》（28.3 万份）、《方向盘》（*Volante*，28.3 万份）和《四颗心》（*Quattrocuore*，23.3 万份）。

---

① 2017 年 ADS 认证了 39 种周刊和半月刊，52 种月刊、双月刊和季刊。

在学术期刊方面，由于科学技术类学科受到学术全球化的影响较大，意大利的学术期刊大部分都是人文社科类，可公开访问的人文社科类期刊约有 300 种，科学技术类期刊仅有 186 种。截至 2016 年，在人文社科领域，意大利共有约 3300 种学术期刊和 1850 家出版社。其中，61% 的期刊由商业出版社出版，27% 由学术团体出版，剩下 12% 由大学出版社或院系自主出版。期刊种数最多的是文学、艺术与考古学科，超过半数的学术期刊呈现跨学科趋势。

（三）主要企业情况

意大利发行量最大的日报《晚邮报》隶属于里佐利-晚邮报传媒集团（Rizzoli-Corriere della Sera Media Group，简称"里佐利"）。该集团是意大利主要的报刊出版集团之一，成立于 1909 年，目前业务涵盖报纸、期刊、电视、新媒体、广告和体育行业，除意大利市场之外还活跃于西班牙和法国。报纸和期刊是里佐利集团的传统业务，2019 年集团收入 9.24 亿欧元，其中超过 50% 来自于国内报刊业务，日报收入 4.3 亿欧元，期刊收入 0.9 亿欧元。集团旗下有 20 种日报和 28 种期刊出版物，其中包括发行量排名前五的《晚邮报》和《体育邮报》。

里佐利集团在 2016—2018 年有较为明确的经营战略。首先，集团实行"数字+"计划，在印刷、网络、移动端 3 个产品方向全面发展。在印刷出版物方面，用优势产品带动新产品，比如 2011 年将杂志《阅读》（la Lettura）作为《晚邮报》的周日副刊免费发行，在巩固了读者群体后于 2015 年转为 B2C 电子商务模式付费产品。在数字产品方面，在 9 种地方性期刊的基础上里佐利开发了"超本地化"新闻平台，内容覆盖意大利 25~30 个城市，向目标用户推送更具有时效性和个性化的社区新闻。在订阅业务上，里佐利在《晚邮报》中引入了"付费墙"模式，即对数字内容实行付费阅读模式，非订阅用户在点击链接时会弹出要求付费的信息，这一举措能够有效加强与忠实用户之间的关系。其次，里佐利集团将目光聚焦在发展潜力大的领域，即体育和西班牙语国际市场，同时简化非核心业务，保证产品质量。在体育方面，利用意大利浓厚的体育氛围和《体育邮报》等优势体育产品，里佐利集团将举办国内国际体育赛事作为发展重心，打造"环意"自行车赛（Giro d'Italia）、米兰马拉松等专业或大众赛事品牌。针对国外市场，里佐利集团明确自身定位，考虑到市场规模、文化相似度以及目标读者的兴趣，集团将西班牙语市场置于国际化战略的首位。

里佐利集团根据当代用户阅读和获取信息习惯的改变，以用户为导向，将全平台、全天候、专业化和个性化作为报刊业务发展的理念和追求的目标。

四、中意出版业交流合作情况

1970 年 11 月 6 日，中国与意大利正式建立外交关系。2004 年，两国建立全面战略伙伴关系，加深双方经贸合作。2019 年，意大利同中国签署《关于共同推进丝绸之路经济带和 21 世纪海上丝绸之路建设的谅解备忘录》，成为首个加入"一带一路"倡议的 G7 成员国。

在文化合作交流方面，1978 年中意两国第一次签订了文化合作协定。2004 年中意签订两国知识产权合作协定，交流版权集体管理方面的经验。2014 年中意建立文化合作机制，由两国共超过 50 家成员单位组成，并制定 2015—2019 年文化合作执行计划，2017 年举办中意文化合作机制第一次会议，之后每两年召开一次。截至 2019 年，中国在意大利建立了 12 所孔子学院，每年有超过 1 万名学生通过"马可波罗计划""图兰朵计划"等政府间教育合作计划赴意大利留学。

根据文化合作执行计划，两国鼓励图书馆之间馆藏交流、访问学习、古籍修复与信息化、展览方面的合作。在出版业中，鼓励翻译出版两国具有较高价值的古典、当代作品，加强图书展会之间的合作计划（包括都灵国际图书沙龙、北京国际图书博览会、博洛尼亚国际童书展、那不勒斯和米兰漫画节等），加强两国在数字出版领域的交流与合作。意大利可以为翻译意大利语图书的译者和出版社提供国家翻译奖、外交部的经费支持或奖励，中国通过政府设立的"中国图书对外推广计划""经典中国国际出版工程"和其他资助项目支持将汉语图书翻译成意大利语的项目。在著作权方面，中国国家版权局和意大利文化部、意大利总理府新闻出版部门开展打击侵犯著作权方面的双边合作，特别强调打击数字盗版行为。

2005 年意大利对外贸易委员会发布了对中国出版业的首次调查，希望帮助意大利出版社全面了解中国市场。[①] 意大利从 2006 年起每年派出出版社代表团参加北京国际图书博览会。随着中意文化交流合作的加深，两国出版机构也逐步建立合作关系。2006 年德阿戈斯蒂尼集团（De Agostini）

---

① https://www.dirittodautore.it/news/attualita/il-mercato-dei-libri-in-cina-quali-opportunita-per-leditoria-italiana/?cn-reloaded=1.

寻求与中国出版社进行图书版权合作。[①]蒙达多利集团从 2007 年开始与中国进行杂志出版合作，推出旗下国际时尚杂志《红秀》的中文版本，由此正式进入中国市场。旗下杂志《潮流家居》（Casaviva）于 2010 年与《瑞丽家居》达成合作协议，2015 年集团与中国外文局签署了就《室内设计》（Interni）和《设计时代》杂志进行版权合作的协议，促进双方品牌的海外推广。2012 年起意大利斯卡拉集团与新星出版社合作编辑出版艺术类图书。2019 年《24 小时太阳报》与中国《经济日报》，特雷卡尼文化集团（Treccani）与中国外文局，克拉斯出版集团（Class Editori）与中国传媒集团达成合作意向，通过电视、报纸、新媒体等各种渠道进行全面合作。2017 年中国首次参加都灵国际图书沙龙，2018 年首次以主宾国身份参加博洛尼亚国际童书展，展出 430 种图书，达成 800 多项版权输出意向及协议。

在版权贸易与图书译介方面，2019 年中意间图书出版物进出口总额达到近 3678 万欧元，同比增长 14.5%，意对华出口仅 110 万欧元，贸易逆差较大且呈扩大趋势。两国报刊出版物进出口总额约为 249 万欧元，意对华贸易顺差 15.4 万欧元。[②]在进口方面，中文图书在意大利图书市场比较小众，依然有很大发展空间。中文图书在意大利的翻译出版情况受国际文学奖项影响较大，2012 年莫言获得诺贝尔文学奖之后，埃依纳乌迪出版的《丰乳肥臀》《檀香刑》《生死疲劳》《蛙》等作品一时蝉联意大利畅销书榜单。吉恩提出版社先后出版了 2016 年安徒生奖得主曹文轩的《青铜葵花》和《草房子》。2017 年，蒙达多利出版社翻译出版了雨果奖获奖作品《三体》。

中国从 20 世纪 80 年代开始大量译介意大利语作品。之后，在中国翻译出版的意大利图书既有《被解放的耶路撒冷》（La Gerusalemme liberata）、《约婚夫妇》（I Promessi Sposi）等经典文学作品，卡尔维诺、莫拉维亚、埃科等 19 世纪著名意大利作家的文学作品，也有诗歌、剧本、文学评论和哲学作品，涉及领域广泛。中国翻译家也多次获得中意两国的文学奖项，著名翻译家田德望先生从 1986 年开始历时 18 年翻译了但丁的《神曲》（Divina Commedia），被授予意大利国家翻译奖特别奖和意大

---

① https://www.bkpcn.com/Web/ArticleShow.aspx?artid=056050&cateid=B03.
② 中意进出口贸易额数据来自意大利对外贸易委员会（Italian Trade Agency）数据库。

利总统一级骑士勋章。中国社科院吕同六教授荣获意大利总统科学与文化金质奖章，北京外国语大学王军教授翻译的长篇史诗《疯狂的罗兰》于2018 年获得第七届鲁迅文学奖"文学翻译奖"和意大利文化部颁发的译者奖。

参考文献

1. *Rapporto sullo stato dell'editoria in Italia*[R]. Associazione Italiana Editori, 2019.

2. *Annuario statistico italiano*[R]. Istituto Nazionale di Statistica, 2019.

3. *Rapporto sull'industria dei quotidiani in Italia*[R]. Osservatorio Tecnico Carlo Lombardi per i quotidiani e le agenzie di informazone, 2019.

4. *Normativa sull'editoria*[R]. Presidenza del Consiglio dei Ministri, 2004.

5. *Piano programmatico 2019*[R]. Centro per il libro e la lettura, 2019.

6. Peresson, Giovanni. *Rapporto sull'import/export di diritti*[R]. Associazione Italiana Editori, 2017.

7. *L'italia nell'economia internazionale: Rapporto ICE 2018-2019*[R]. Ministero dello Sviluppo Economico, Italian Trade Agency, 2019.

8. *Rapporto sull'editoria per ragazzi* [R]. LiBeRWEB, 2019.

9. *Tra editoria e università*[R]. Università di Verona, Associazione Italiana Editori, Giornale della libreria, 2016.

10. Magagnin, Paolo. Dieci anni di letteratura cinese in Italia[J/OL]. *Tradurre*, 2019, N.16.

11. 中华人民共和国与意大利共和国文化合作机制章程. 2016.

12. 意大利共和国政府与中华人民共和国政府 2015—2019 年度文化合作执行计划. 2015.

13. 刘儒庭. 意大利文学作品汉译成绩瞩目 [J/OL].（2019-08-29）. http:// epaper.gmw.cn/gmrb/html/2019-08/29/nw.D110000gmrb_ 20190829_2-13.htm.

14. 中国少儿出版：走出去开启新时代 [J/OL].（2018-03-28）. http:// www.chinawriter.com.cn/n1/2018/0328/c403992-29893509.html.

（作者单位：中国新闻出版研究院、北京外国语大学）

印度出版业发展报告

香江波　沙斯迪

印度，全称印度共和国，位于南亚次大陆。印度国土面积约为 298 万平方千米（不包括中印边境印占区和克什米尔印度实际控制区等），位列世界第七，也是亚洲第二大及南亚地区最大的国家。印度人口众多，位列世界第二，根据世界人口统计数据显示，截至 2020 年 4 月印度拥有人口 13.24 亿，仅次于中国人口，但其人口增长速度比中国快，预计到 2030 年印度将成为世界上人口最多的国家。印度民族众多，有包括印度斯坦族、马拉地族、孟加拉族、比哈尔族、泰卢固族、泰米尔族等在内 100 多个民族，其中印度斯坦族约占印度总人口的 46.3%，是印度人口数量最大的民族。此外，虽然印度是一个政教分离的国家，坚持世俗主义，但它同时也是世界上受宗教影响最深的国家之一，宗教制度深入其社会与文化的每一部分。

一、出版业发展背景

印度政府大力支持文化产业的发展，推出了"印度国家图书发展计划"等举措，促进印度国内图书业的发展，同时把印度本土图书推向世界市场。印度政府在通过财政税收等方式刺激出版印刷业发展的同时，也制定了大量出版相关的政策法律，规范出版行业的发展。

（一）政治经济状况

印度是一个联邦共和国，选民多达 7.14 亿，有 1000 多个政党参与国会选举，包括 7 个全国性大党（政党联盟）、40 个地区政党，以及 980 个小党，号称全球最大规模的民主选举。印度有完善的规定议会民主政体的宪法，这是印度民主政治的标志。经过多次修订，这部宪法多达 395 条，具体条款更达 1000 多项，号称"世界上最长的宪法"。同时印度也是众多正式和非正式的多边国际组织的成员，包括世界贸易组织、英联邦、金砖五国、南亚区域合作联盟和不结盟运动等。

多语言是印度文化身份的一个重要标识，据人口普查显示，印度共有语言或方言 845 种，印度结束殖民统治，获得独立以来，中央政府进行了一系列的"国语化"运动，旨在统一国家和民族。在 1950 年印度宪法中，印地语和英语共同作为印度的官方语言，还规定了 22 种邦级官方语言。莫迪上任后继续围绕印地语"国语化"运动进行了一系列新举措，如政府机关方面，设立"世界印地语日"；在教育领域，所有公立学校的 8~10 年级设印地语为必修课；在对外事务方面，在联合国等各类重大外事场合的演讲和领导人会晤中，总理及各部长都坚持使用印地语，而非英语；2015 年印度政府在外交部设立印地语局，承担外事活动的翻译工作和世界印地语大会等海外推广活动；在图书出版领域，越来越多的英语作家希望自己的作品被翻译成印地语出版；原本只在英语报刊上发文的撰稿人，也开始为印地语报刊写作[①]。

在经济方面，印度是世界上成长最快的新兴经济体之一、世界十大经济体之一。2017 年 IMF（国际货币基金组织）公布的全球购买力平价（PPP）数据显示，印度是世界第三大经济体。2000—2017 年，印度国内生产总值（GDP）从 35.055 万亿卢比（0.462 万亿美元）增长到 197.052 万亿卢比（2.597 万亿美元），其年增长率从 2015 年开始小幅下降，但 2017 年又出现稳步回升，保持在 7.34% 左右，2018 年经济增长 7.1%。在经济飞速增长的同时，印度人口也由 2000 年的 10 亿左右增长到 2017 年的 13.3 亿。其贫困人口比例由 40% 左右下降到 21.2%，人均国民收入（GNI）由 2000 年的 47 万卢比（相当于 6213.8 美元）提高到 2017 年的 195 万卢比（相当于 25702.6 美元）。2014 年，莫迪政府推行 "Make in India"（印度制造）——促进印度国内制造业和投资发展的政策。"印度制造"与 2017 年底的其他举措相结合，使印度的融商容易指数上升了 42 位，其在世界经济论坛的全球竞争力指数排名上升了 32 位，在物流绩效指数排名上升了 19 位[②]。

在国家教育方面，印度实行 12 年一贯制中小学教育。高等教育共 8 年，包括 3 年学士课程、2 年硕士课程和 3 年博士课程；还有各类职业技术

---

① 姜景奎，贾岩.印地语优先：印度的语言结构正在发生重大变化[J].世界知识，2018，（1）：61-63.

② https://en.wikipedia.org/wiki/Make_in_India.

教育、成人教育等非正规教育。根据2015年联合国教科文组织的数据显示，印度国民总体识字率达72.1%，其中男性识字率为80.9%，而女性识字率为62.8%，两性识字率差异较大。预计到2020年，印度民众的识字率将达到90%。这将为其图书出版业的蓬勃发展奠定一定的基础。

（二）出版法律法规

印度关于新闻出版的法律法规较为完备，涵盖版权、新闻出版工作、信息技术、图书馆等各个方面。

1. 版权相关法律

《印度版权法》（The Copyright Act of India）是于1957年制定，并于1958年1月正式施行的图书、音像等相关出版物版权法案。该法律施行至今，一共做了6次修订，分别是在1983年、1984年、1991年、1994年、1999年和2012年。

2013年印度政府发布《版权条例》（Copyright Rules），这是针对1957年"版权法"第78条和1958年"版权规则"规定的相应权利而定立的一系列规则。

2. 新闻出版自由相关法案

目前，印度并没有专门鼓励新闻出版自由的法案，在其宪法中也对"新闻出版"一词只字未提，但却规定了"言论和言论自由权"（第19［1］a条）。在这项条款下，诸如《官方保密法》（Official Secrets Act）和《防止恐怖活动法》（Prevention of Terrorist Activities Act，简称PoTA）等法律被用来限制新闻出版自由。根据《防止恐怖活动法》，人们可能因与恐怖主义或恐怖主义团体接触而被拘留长达六个月。《防止恐怖活动法》在2006年被废除，但1923年的《官方保密法》仍在继续沿用。

在1947年独立后的前半个世纪，印度对国家媒体的控制是新闻出版自由的主要制约因素。从20世纪90年代开始印度新闻出版逐步迈向自由化，但随之而来的却是更为普遍的政府控制和针对媒体独立性的更为严格的审查。两个相关法案如下：

《印度防卫法案》（Defence of India Act，1962）：该法案于1962年紧急状态期间生效，在很大程度上限制了印度新闻自由。该法授权中央政府颁布有关禁止出版或通信的规定（如果出版或通信的内容有损于民防/军事行动），防止有害报道，禁止在任何报纸上印刷或出版任何相关事项。

《公民防卫法案》（Civil Defence Act，1968）：它允许政府制定规则，禁止印刷和出版任何有损民防的图书、报纸或其他文件。

3. 新闻出版工作相关法案

印度出台了一系列新闻出版工作相关法案，对图书报刊出版相关工作进行管理。

《新闻工作者法案》（The Working Journalists and Other Newspaper Employees [Conditions of Service and Miscellaneous Provisions] Act, 1955）规定了新闻报刊员工和记者的最低服务条件标准。

《图书印刷机登记法案》（The Press and Registration of Books Act, 1867）对印刷机和报纸进行管理，并规定所有印刷机必须向指定的机构进行注册。

《有关价格和页数的新闻法案》（The Newspaper [Prices and Pages] Act, 1956）授权中央政府根据页数和规模来规范报纸价格，并规范广告事项所允许的空间分配。

《图书和报刊递送法案》（Delivery of Books and Newspapers [Public Libraries] Act, 1954），根据该法案，图书和报纸出版商必须免费向加尔各答国家图书馆提供每种出版图书的副本，并向中央政府指定的其他三个公共图书馆提供图书副本。

《新闻委员会法案》（Press Council Act, 1978）规定，新闻委员会（1976年以后）重组，以维持和提高印度报纸和新闻机构的标准。

4. 《信息技术法案》（The Information Technology Act, 2000）

该法案针对信息技术产业的规划，主要是建议政府各部将 2%~3% 的预算用于发展信息技术，如信息技术产品的开发、采购、人员培训等。同时对网络安全、软件盗版、信息加密等方面也有相应的制度规定。

5. 公共图书馆法律[1]

在印度 29 个邦和 6 个联邦属地中，目前已有 16 个颁布了自己的公共图书馆法，1948 年颁布的《马德拉斯公共图书馆法》是印度独立后出台的第一部法律。各邦法律以 1930 年阮冈纳赞（Ranganathan）起草的图书馆法草案为基础。在《马德拉斯公共图书馆法》中，阮冈纳赞规定了设立公共图书馆专用经费，以维持各邦公共图书馆的运行。印度公共图书馆法的主要内容包括其立法基本情况的介绍、委员会的产生及人员的任命与责任、

---

[1] 张丽. 印度公共图书馆法研究 [J]. 国家图书馆学刊，2013，22（3）：70-79.

图书馆发展的经费问题、合作问题和发展目标等方面。

6. 关于新闻和图书出版的地方法案

印度也有针对新闻出版和图书登记等方面的地方法案，如《古吉拉特新闻出版和图书登记法案》（The Press and Registration of Books [Extension of Bombay Amendments] Act，1961）、《孟买新闻出版和图书登记法案》（The Press and Registration of Books [Bombay Amendment] Act，1948）、《西孟加拉邦属教科书法案》（The West Bengal Nationalised Text-Books Act，1977）等。

（三）出版相关政策

出版产业的发展离不开国家政策的引导和支持。印度政府先后制定了一系列与文化、出版有关的政策、发展计划，并成立基金会，推动出版产业的发展。

1. 文化产业政策

印度在第十个五年规划中规定有形和无形文化遗产由国家文化部负责管理，受到国家拨款的保护和国家文化基金的支持，属于公共文化事业。1991 年，印度拉奥政府大胆引进了市场经济，实行"自由化，市场化，全球化，私有化"的新经济政策。2004 年，政府规定在科学和技术期刊出版领域，经过外资促进局同意，可以 100% 由外国投资。2005 年印度政府放宽限制，允许外资在专业类报纸、杂志等非新闻领域持有 100% 的股份。此举为外资大举进入印度报业打开了大门。2009 年，在印度经济萧条时期，政府通过增加财政和广告投入等方式管控印度报业，同时通过免除印刷媒体业新闻用纸的进口关税等来刺激出版印刷业的发展。

政府采取很多优惠政策扶植信息产业的发展，印度政府在《2020 年科技远景发展规划》中明确指出，到 2020 年，印度不仅要成为一个世界经济强国，还要成为信息技术大国。此外政府还对落后地区的信息技术教育提供补贴，培养高质量的人才。印度的计算机教育从"教"抓起，私立高等教育发达，"几乎人人懂英语"，削弱了印度人在开发软件上的语言障碍，加上低廉的人力成本，为印度数字产业的发展打下良好的基础。

强势的中央政府和经济增长推动卢比走强，也有利于印度从经济发达地区进口教育类图书，同时也将本土图书出口至中东和非洲。

2. 印度国家图书发展计划

印度国家图书发展计划（National Book Promotion Policy，简称

NBPP）是由 1976 年成立的印度图书发展局（由当时印度政府人力资源开发部下属的高等教育部设立）发布的一项关于图书出版的重要举措。在 2008 年 9 月印度政府决定重新振兴国家图书推广局（National Book Development Bureau，简称 NBDB，因国家图书发展局被取缔，后重新设立该机构），使其适应新时期印度不断发展的图书出版业环境，促进图书推广和发行，国家图书推广委员会（National Book Promotion Council，简称 NBPC）由此诞生。2009 年 9 月国家图书推广委员会举行第一次会议后决定成立一个 12 人特别小组，着手起草国家图书推广计划，其目标是：促进印度国内图书业的发展，形成良好的阅读风尚，同时努力把印度本土图书推向世界市场。

3. 印度国家图书基金会

印度国家图书基金会（National Book Trust，简称 NBT）是印度人力资源开发部高等教育司于 1957 年成立的最高图书机构。其目标是出版和鼓励以英语、印地语和其他印度语言创作的文学作品，并以适中的价格向公众提供这些作品，编制图书目录，安排书展和研讨会，推动人们对图书的关注。

该基金会出版了小说、社会科学、医学和介绍先进技术的图书，这些图书面向社会各阶层和所有年龄段。为了培养训练有素的出版业专业人员，基金会每年在德里举办为期一个月的图书出版培训课程；建立了国家图书基金会经济援助计划（NBT FAP），旨在将印度图书翻译成外语，并开展了全国青年读者阅读调查（National Action Plan for Readership Development among the Youth，简称 NAPRDY），制定了《全国青年读者能力发展行动计划（National Action Plan for Young Readers' Ability Development）》，以期到 2025 年使 15~25 岁年龄段的所有青年成为阅读爱好者。基金会于 1993 年成立了国家儿童文学中心（National Centre for Children's Literature，简称 NCCL），以监测、协调、计划和协助出版各种印度语言的儿童文学。迄今为止，该国各学校已建立了约 3.5 万个读者俱乐部。

基金会组织的一年一度的新德里世界图书博览会，是亚非地区最大的图书活动之一。基金会还通过全国各地的移动货车开展了一项新颖的图书展览计划，帮助偏远农村和贫困地区的广大民众都能阅读图书。自 1992 年这项"移动书展"启动以来，在印度所有州（包括东北各州）已组织了

1 万多个此类展览。

（四）图书馆情况

据不完全统计，印度共有大大小小图书馆近 6 万家，其中有 7 家印度文化部直属的国立图书馆，分别是：国家图书馆（National Library）、雷培瑞兹图书馆（Rampur Raza Library）、卡达巴克什东方公共图书馆（Khuda Bakhsh Oriental Public Library）、德里公共图书馆（Delhi Public Library）、中央秘书处图书馆（Central Secretariat Library）、萨拉斯瓦蒂玛哈尔图书馆（Sarasvati Mahal Library）、雷蒙胡恩·罗伊图书馆基金会（Raja Rammohun Roy Library Foundation，简称 RRRLF），其余主要邦的公共图书馆共 103 家。

1. 公共图书馆经费来源

公共图书馆作为印度政府的一项基本义务，其经费来源主要依靠政府的拨款，其中属于国家级的公共图书馆主要依靠中央政府财政预算经费支持，而其他地方公共图书馆则主要依靠地方政府的拨款。为了保证这些图书馆经费的稳定来源，各邦的图书馆法案中规定对图书馆的财产和房屋征收一定比例的"图书馆税"，例如金奈征收 3% 的税，而安得拉邦则征收 4% 的图书馆税。

印度文化部每年针对公共图书馆部分的预算表显示，每年为国家图书馆的拨款占比最高，平均每年占总拨款额度的 1/3 及以上，其经费主要用在国家图书馆的建设、维修、宣传及员工的工资补贴、差旅、培训等花销上。而文化部对其他公共图书馆的经费投入则主要针对其下属的包括德里公共图书馆、中央秘书处图书馆在内的 7 所国立图书馆。2008—2018 年印度文化部对公共图书馆的预算经费基本保持着逐年增加的状态，并且在印度两次大选前夕，即 2013 年和 2018 年，当时的辛格政府和现任的莫迪政府都为了赢得大选造势，大大增加了对公共图书馆的经费投入力度。2013 年比 2012 年差不多翻了一倍，达到 17.16 亿卢比，2018 年则创造了 29.87 亿卢比的新高。而在 2011、2015 和 2017 年度文化部由于资金短缺和其他公共文化事业投入增加的原因，对公共图书馆的预算投入较上一年有所减少（见表 1）。

表1　2008—2018年印度文化部公共图书馆预算情况

单位：万卢比

类别	2008	2009	2010	2011	2012	2013	2014	2015	2016	2017	2018
计划	53640	57264.6	75850	65640.4	64900	121960	13481	132100			
预留	30980	47257.4	41520	41410	45640	49688.8	56000	60318			
总额	84620	104522	117370	107050.4	110540	171648.8	190810	132100	242170	242120	298682.6

资料来源：印度文化部2008—2018年度预算报表

2. 图书馆的管理机构

印度有两家图书馆管理机构，分别是印度图书馆协会[①]（India Library Association）与印度图书馆联盟[②]（INDEST-AICTE）：

印度图书馆协会于1933年在加尔各答成立。主要任务是：推动全印度的图书馆事业，促进图书馆学和目录学研究，加强人员培养，改善与提高工作人员社会地位，促进图书馆立法和建立文献情报中心等。协会主要通过执行委员会和13个业务委员会发挥作用。该协会除召开年会、专题讨论会外，还举办书市和书展等活动。由协会倡议，确定每年的9月14日为全国图书馆日，以扩大图书馆的影响。该协会出版有《印度图书馆协会通报》（季刊）。此外，协会1955年在加尔各答成立了印度专门图书馆和情报中心协会（IASLIC）、1966年在昌迪加尔成立了印度图书馆协会联合会等。

印度图书馆联盟的前身是印度国家科技数字图书馆联盟（Indian National Digital Library in Engineering Sciences and Technology，简称INDEST），于2003年在印度人力资源发展部（Ministry of Human Resource Development，简称MHRD）专家组的提议下成立，并受该部门资助。联盟为了更好地组织各种活动，将总部设置在印度理工学院（Indian Institute of Technology，简称IIT），并且于2005年变更为印度图书馆联盟。印度图书馆联盟的目的在于：以最好的形式及最大的折扣为联盟成员提供电子

资源；对联盟成员的读者及图书馆员在电子资源利用方面进行培训，最大程度利用电子资源；为联盟成员之间互动与合作提供更多接触的机会；通过提供大量高质量的出版物提高联盟成员的科学生产力；帮助新加入的联盟成员在电子资源采购上做出正确的选择；寻找更多的机会与其他图书馆联盟开展交流与互助。

二、图书业发展概况

印度的图书出版业自独立以后一直有所发展，而近年来发展速度不断加快，已经成为世界第六大图书出版国[①]。虽然人们对印度出版业的增长持乐观态度，但出版业因为缺乏出版专业图书、知识共享，没有政府的直接投入，出版商和书商地区分化严重和相关图书出版准确数据的不可获性而使得发展受到了影响。印度图书出版商进一步分为本地或跨国公司，英语或当地语言出版商，以及独立出版商。随着信息技术的发展，图书的数字出版业开始焕发蓬勃生机。

（一）整体发展情况

印度独立前，出版业十分落后，为数不多的出版社基本由英国资本控制。1947年独立后，政府大力支持中小学教科书国有化运动，并鼓励出版民族文字书刊。多数商业出版社都经历了先出版中小学教科书，然后扩大出版品种的发展过程。1968年，中小学教科书出版基本国有化。1975年年度出书13000种，进入世界主要出版国家行列。2015年印度海外出版商协会（API）和印度出版商联合会（FIP）委托尼尔森图书调查公司（Nielsen BookScan）对印度出版市场进行了详细的调查，《2015年尼尔森印度图书市场报告》在当年的法兰克福书展上一经发布，就激起了业内人士的极大关注，其主要内容包括：包括图书进口在内的印度纸质图书市场价值约为2959亿卢比（39亿美元）；其图书市场规模在2011—2012年与2014—2015年间的复合增长率（CAGR）为20.4%；目前印度市场上有9000多家出版商而非此前行业机构引用的19000家，其中大众出版商有930家；预计到2020年，印度民众的识字率将达到90%，此时印度图书市场市值将达到5.61万亿卢比（739亿美元）；印度教育图书市场增长迅速，由印度国家儿童文学中心（FICCI）管理的K-12

---

① Press Trust of India. "Indian book market to touch 739 billion by 2020: Survey".

市场在 2007—2008 年营收 725.31 亿卢比（9.56 亿美元），2013—2014 年，这一数字增长为 2125 亿卢比（28 亿美元），同时高等教育图书销售额也从之前的 183.62 亿卢比（2.42 亿美元）增长到 644.13 亿卢比（8.49 亿美元）；2010—2015 年，印度图书进口复合增长率基本都达 19%，在 2014 年有所下降；印度图书市场上图书零售商达 2.1 万家，大部分为教育书商，大众图书销售中心 1800 处；图书市场在印度零售市场份额中占比不到 1%，但近年来有逐年增加趋势。

　　印度现有注册的出版社共 7000 多家，但每年有出版能力的仅有 3000 家。年度出书 100 种以上的大型出版社有 20 家，年度出书 50~100 种的中型出版社有 100 多家。主要的大型商业出版社有：联合出版公司（United Publishing House）、维卡斯出版公司（Vikash Publishing House）、红鹿袖珍丛书出版公司（Red Deer Publishing House）等。政府主要的出版机构有：国家图书基金会（National Book Trust）、萨希蒂亚科学院（Sahitya Academy）、全国教育研究与培训理事会（National Council of Educational Research and Training）、新闻与广播部出版处（Press Office, Ministry of Information and Broadcasting）。英国和美国的出版集团大多在印度设有子公司或办事处。新德里和孟买是全国出版中心。

　　国际出版商协会年报数据显示[①]，2010 年印度出版商净收入 1389.63 亿卢比，市场价值 2073 亿卢比，2013 年印度图书市场价值达 1393.78 亿卢比，2014 年印度图书市场产值为 2610 亿卢比。在印度教育类图书的推动下，印度出版业将以 19.3% 的年均复合增长率一直增长至 2020 年。

　　近年来印度互联网和软件行业发展迅速，互联网和软件业带来的革新继而推动着印度文化、出版、广播、影视、动漫游戏等国家相关产业的蓬勃发展，特别是在数字出版业，这种变化尤为显著。目前"印度硅谷"的数百家数字化企业正逐渐成为数字出版的主要推动力，这些公司利用其先进的技术，为数字出版业提供文字识别、ePub 格式转换与设计等技术服务。此外，印度外包业一直以来在世界市场中有着无可替代的作用，随着信息技术革新带来的数字出版技术外包，也给印度软件市场带来了新的活力。

[①] https://www.internationalpublishers.org/.（数据来自国际出版商协会年报）

（二）细分市场情况

1. 教育出版市场

尼尔森公司关于印度城市消费者的一项调查显示，城市人群更愿意购买教育类图书，而非大众类图书。教育类图书在印度图书市场占比约70%，是图书出版业的主要组成部分，且销售额的年均增长超过15%。印度图书市场中教育类图书主要分为两大类，K-12低龄少儿教育图书和高等教育图书，其中2014年K-12图书约占整个印度教育出版市场的77%，而高等教育图书仅占23%。可以说印度K-12低龄少儿教育出版市场是整个教育出版市场的典型。

印度政府颁布的《受教育权利法》提出，要确保6~14岁年龄层的儿童接受免费义务教育。印度庞大的人口数量和持续增长的经济总量使印度教育部门的发展也走上了快车道，这一举措为图书供应链中的所有利益相关方和相关辅助机构提供了机会。印度的K-12教育体系是世界上最大的教育体系之一，注册登记量达150多万所学校的2.59亿学生。印度K-12图书市场几乎占据了整个印度中小学及幼儿图书市场，K-12出版商主要从事1~12年级的学校图书出版工作。根据2015年尼尔森图书市场报告，目前约有5018家K-12出版商在印度经营，直接就业人数为3180人，间接就业人数为93240人。K-12教育图书出版商是由国有出版社和私营出版社合办的。其中，主要的国有出版机构包括：国家教育研究培训委员会（National Council of Educational Research and Training，简称NCERT）、邦级教育研究培训委员会（State Council of Educational Research and Training，简称SCERT）、国家图书托拉斯（NBT）等。私营出版社包括：剑桥大学出版社（Cambridge University Press）、MBD集团、牛津大学出版社（Oxford University Press）、拉特纳萨加尔（Ratna Sagar）、东方黑天鹅（Orient Blackswan）等。其在未来可能会以19.6%的复合年增长率增长，从2014—2015年的2215亿卢比增长到2019—2020年的5417亿卢比（见表2）。

表 2 印度 K-12 各学龄级别市场规模现状及预测

单位：亿卢比

市场类型	2014—2015	2019—2020	两年对比复合增长率
低小	898	1969	17.0%
高小	540	1242	18.1%
初中	383	1048	22.3%
高中	394	1158	24.1%
总计	2215	5417	19.6%

资料来源：《2016 年尼尔森印度 K-12 教育出版市场报告》

虽然印度 K-12 教育体系与世界上其他一些国家，如中国的市场规模相比仍然较小，但从其较高的复合增长率来看发展潜力巨大。随着越来越多 K-12 出版商的进驻，以及 K-12 教育体系的不断完善，产品的不断革新，加之印度学龄儿童人数增多，到 2019 年末印度 K-12 教育体系的市场规模可能会达到 2014 年的两倍左右。而在各学龄级别的侧重上，2019 年 K-12 教育仍将主攻低小市场，达到 2124 亿卢比（约 28 亿美元）的市场规模。并且预计到 2019 年其针对的初中和高中市场将实现 2014 年市场规模三倍的增长。

近年来，政府越来越重视学校的数字化学习和扫盲，并且已经开始寻求私营机构的帮助，一些独立出版商也正积极准备向学校提供相关课本的电子内容，以帮助学生通过互动和视觉观看的方式学习，这对印度 K-12 未来市场的发展和转型提供了良好的契机。

2. 大众出版市场

在印度每年出版的 8 万多种图书中，英语图书只占其中的 20% 左右，但据《2015 年尼尔森印度图书市场报告》透露，在大众出版市场领域，英语书销售额占整个市场份额的约 55%，印地语书占 35%，其余的 10% 则是各个印度地方语种的图书。

印度大众市场图书主要划分为两类，小说类和非小说类。小说类图书是印度大众出版市场图书的主流，无论是在大型书店，还是街边报摊，都可以寻觅到各式各样的小说。在印度，小说除了有描述现代生活的都市作品外，回忆录和传记类作品也经常登上畅销书的排行榜。一般来说印度小说的主流是英文小说，由于印度国内图书盗版的猖獗，往往能在街头以很便宜的价格买到国外畅销的英文小说（约 100 卢比），印度作家写作英文小说的传统从英国殖民时期源起，国外入侵者的打击和国内等级制度的残酷，使其小说主题大多都带有一种忧伤的色彩，著名的印度本土英文小说，如《午夜之子》和《微物之神》等都是其中的经典之作。而在印地语小说领域，"小说之王"普列姆昌德的经典作品，至今仍在市场上热销，随着印度"新小说"流派的发展，21 世纪涌现出了许多新兴印地语文学作品，这些作品更多地把目光投向了女性文学，达利特（印度贱民）文学和新生代文学等方向。

近年来随着印地语"国语化"运动的开展，将国外经典作品英文版翻译成印地语和把印地语经典作品翻译成英文，成为了印度图书出版业的一项首要任务。印度政府文化部为此推出了一个名为"海外印地语"（Overseas Hindia Project）的翻译项目，以帮助印地语作品甚至是印度其他语言作品进行海外推广。而国外的一些经典作品及教科书，也正在被印度国内多家出版机构翻译成印地语，包括企鹅印度出版集团（Penguin India Group）和哈珀柯林斯印度出版集团（HarperCollins-India Group）等。印度小说市场的广阔前景一直为人看好，英语到印地语的翻译作品开始延伸到小说领域，2009 年作家萨尔曼·鲁西迪的畅销小说《佛罗伦萨的女巫》已被翻译成印地语译本（*Florence Ki Jadugarni*）。

儿童图书同样也是印度大众出版市场中不可忽视的重要一环，在过去的二十年中，印度童书从准百科全书的大型图书向打破了早期保守主义的各种其他类型发展。除了专注于出版儿童图书的达拉图书（Tara Books）、熊的故事（Karadi Tales）、图里卡出版社（Tulika Publishers）等出版商外，说话的幼兽（Talking Cub）和哈珀柯林斯出版的儿童图书也是这个市场中参与竞争的佼佼者，它们以色彩丰富的插图和散发着"幽默"等新颖独特的创意吸引着年幼的读者。从内容上看目前印度市场上的儿童文学作品，主要涉及世俗化内容的占多数，如关爱社会弱势群体，爱国爱家，而较少反映印度的种姓制度。在不同语言童书的选择上，由于印度受教育群体从小受西方文化影响，儿童读者更倾向于选择畅销的英文作品，而非本土的印地语作品，如《哈利·波特》《波西·杰克逊》《懦弱小子》等。

通过平台和社交媒体推广是印度童书发展的秘籍之一，达拉图书和达克比尔（Duckbill）两家机构都早早地迈出了童书国际化的步伐，在海外取得了不凡的成就。前者在日本东京的板桥艺术博物馆展出了数百件原创艺术品，而后者则发表了《彩虹》（*Dhanak*）等电影的官方小说。布里汉姆图书公司（Pratham Books）的故事制造公司（StoryWeaver）在其平台上提供印度30多种不同语言的数千个故事，供读者免费下载。通过脸书（Facebook）等社交媒体，印度全国近千家出版商在相关儿童文学论坛上联系在了一起。

3. 专业出版市场

据统计，在印度超过90%的专业出版物是用英文写成的，其中英文的科学、技术和医学出版（STM）占据了印度专业出版物市场高达84%的营业额。2014年印度科学、技术和医学出版的市场价值达304亿卢比（4亿美元），这其中，印刷出版物占65%，期刊占30%，电子出版物占比2%左右，虽然占比较少，但数字化出版对于科学、技术和医学整体出版的速度、份额和出版内容的范围都产生了重要的影响，政府及相应机构也在这方面加大了资金的支持力度。印度的业务流程外包商（BPO）为科学、技术和医学出版商提供一系列服务，包括数据转换、数字化、文案编辑，以及完整的项目管理。这些举措大大加速了其数字化的进程，在印度主要的科学、技术和医学出版商包括：施普林格、爱思唯尔、培生、约翰·威立、布莱克维尔、牛津大学出版社、圣马丁出版社和剑桥大学出版社。

科学、技术和医学出版物的开放获取（OA）模型也是近年各大出版商讨论的热点之一，目前只有约1%~5%的学术文献可以通过开放性途径获取，根据励德·爱思唯尔健康科学部门的南亚医学博士罗希特·古马尔（Rohit Kumar）的说法，10年后，这一数字将增加到20%，但其余的80%仍将通过出版商提供，科学、技术和医学出版商在未来的角色会变得更加复杂。

（三）图书销售情况

印度公众对出版物的购买力很低，全国70%的出版物都由各种图书馆购买。书刊的发行由20家商业出版社（兼营批发和进口书刊业务）和10家全国性书刊批发公司（兼营进口书刊业务）垄断（见表3）。全国最大的书刊批发与进口公司是UBS出版与发行公司（UBS Publishers Distributors Limited）①。

---

① https://baike.baidu.com/item/ 印度出版业 /12772548.（更新至 2016 年）

表3 印度新书购买渠道情况

单位：%

类别	二手书	小说	非小说	童书	专业书	教科书	教辅书	学术和考试用书
学校书店	45	15	19	44	12	47	49	27
个体书店	32	32	39	23	29	13	16	26
学校提供	29	17	19	22	10	42	19	16
其他店铺	19	15	8	15	22	5	12	19
城市书市书展	13	14	7	3	13	6	6	6
大学书店	13	4	7	7	13	3	9	12
火车站	10	11	7	4	3	1	2	6
连锁书店	10	7	7	2	10	3	2	2
学校书市书展	9	5	5	4	1	6	4	5
弗利普卡特	8	9	8	2	18	3	2	4
面向学校的第三方被授权供应商	8	3	7	2	0	4	5	4
公交车站	7	5	5	2	3	1	1	2
亚马逊	6	4	5	1	12	1	0	2
所有其他的网络电商	6	4	3	2	6	1	1	1
街边报摊	4	5	1	1	0	0	0	3

资料来源：《2016年尼尔森印度K-12教育出版市场报告》

在印度出版业中，教科书占据了绝大多数的图书销量，2015年全国范围内的图书零售商达2.1万家，其中大众书店仅有1800多家，大部分为教育图书书店。表3展示了从印度图书市场的各类渠道购买相应图书所占的比例情况，在各类购买渠道的对比中可以看到，学校书店几乎已经成为购买各类图书的主要渠道，因其面向广大的学生群体，所以二手书、童书、教科书和教辅图书在学校书店购买的比例达40%以上，个体书店是仅次于学校书店的主要的图书购买渠道，因为个体书店面向全体印度民众，购买二手书和其他社科文学类图书比例最高。而在学校提供这一渠道中，教科书所占的比例最大，达42%。印度电子商务零售商弗利普卡特

（Flipkart）和亚马逊（Amazon）作为印度的两大电商巨头无疑成为了印度民众网上购书的主要渠道，其他网络电商的图书购买量远远落于其后。

值得一提的是，在印度火车站购买图书的比例也相对较高，其中二手书和其他社科文学类图书的购买量最高。印度火车因其平价和便捷，成为普通印度人出行最常选择的交通工具，印度火车速度慢，行程时间长，又经常存在晚点的可能性，乘坐火车成为了印度最适宜阅读的出行方式，满足了热爱阅读的印度人随时随地阅读的习惯。

（四）数字出版业情况

印度数字出版业的发展始于 20 世纪末印度新媒体的出现。1986 年，第一个由印度新闻媒体建立的网站诞生了，但它的出现仅仅只是为了进行媒体宣传。在过去 20 年间，印度新媒体业有了较大发展。1996 年，各大独立的新闻媒体联合建立了第一个真正意义上的新闻网站，从此越来越多的独立媒体在得到商业赞助后开始加入到新媒体的大潮中来。

印度互联网和软件行业近年来发展迅速，根据世界经济论坛 2016 年统计，2015 年印度拥有 1.67 亿智能手机使用者，3.15 亿互联网用户及 1.05 亿宽带用户，到 2016 年增加到 4 亿互联网用户，10.8 亿人能够使用移动电话。甚至平板电脑的使用者也从 2015 年的 4040 万人增加到 2016 年的 4710 万人。这场由互联网和软件业带来的革新，继而又推动着印度文化、出版、广播、影视、游戏动漫等国家相关产业的蓬勃发展，特别是在数字出版业，这种变化尤为显著。目前，"印度硅谷"的数百家数字化企业正逐渐成为数字出版的主要推动力，这些公司利用其先进的技术，可以为数字出版业提供文字识别、ePub 格式转换与设计等技术服务。印度外包业一直以来在世界市场中都有着无可替代的作用，而随着信息技术革新带来的数字出版技术外包，又给印度软件市场带来了新的活力。据 2010 年一项调查显示，有 66% 的美国和英国的出版商表示他们把数字出版需要的技术外包给了印度的 AMNE、Aptar 和 VEL 等软件公司。

1. 数字出版的发展现状

当前数字出版已成为印度新媒体产业的重要组成部分，在电商销售领域，据《2015 年尼尔森印度图书市场报告》显示，有超过七成的印度出版商可以提供所发售图书的电子书版本，电子书的兴起给印度电子商务领域创造了 15% 的销售额，该数据已经逼近电子产品的 34% 和服装装饰类产品的 30%。在学校教育和学术领域，电子出版物的出现能够帮助政府实现国家教育任务中的"数字读写"计划，为广大中小学和大学提供便捷而全面的数字知识系统。在公共事业领域，随数字出版业而来的数字图书馆等免费为大众提供知识服务的大众机构，帮助推动印度政府提出的减少学校图书馆藏和知识储备差异的计划，并且方便了图书和其他资料信息的保存、查询及与其他图书馆和知识库的馆际交流。印度的"地球科学知识库"就是一个较为典型的数字知识平台，仅仅其中一个子库，就包含了十多个分类的几千个项目，为国民提供大量的论文、讲座和科学著作。

尽管印度数字出版业有着较好的发展前景，但其目前的市场份额还很小。据统计，2017 年电子书占全球图书市场 9% 的份额，而在印度，电子书仅占该国整个图书市场 0.05% 的份额。印度出版社网络 18（Network18）的前首席执行官哈瑞什·乔拉（Haresh Chawla）表示，印度当前能够消费数字媒体和购买电子书阅读器的人群仍占极少数。据估计，大约只有 1.5亿 ~1.8 亿印度人能够购买超出其需求范围的东西，而这些人实际上正是印度互联网消费的主力军。

2. 政府针对数字出版的发展策略

互联网技术和软件产业的发展对数字出版业而言意义重大，印度 2000年推出的《信息技术法案》和"数字印度"八大计划中的"大众数字素养计划"将国家对互联网和软件产业的保护上升到国家战略发展的高度，为消除城市和农村间科技发展的巨大差异做出了努力。在《信息技术法案》中，针对网络虚假内容、数据保护、盗版软件和网络安全都有相关规定，而"大众数字素养计划"则强调每一个印度家庭至少有一个 14~60 周岁的家庭成员拥有数字知识，该计划具体分为两步走，第一步是感受数字素养，教会公众使用移动电话、平板电脑等电子产品；第二步，培养公众通过电子产品获取政府和其他机构的电子服务信息的能力。

印度政府在促进数字出版本土化进程中，也发挥了重要作用，通过建立国家数字图书馆等各类官方的数据库和网站，将属于国家文化遗产的雕塑、文字、绘画等以图形和电子图书的形式永久地保存下来，方便印度民众阅读和观赏。目前相关的数字图书馆已储存了数百万个历史文化遗产电子资料。

尽管这些法案和措施都间接推动了数字出版业的发展，但在当前形势下，数字出版的政策环境尚未成熟，要想继续保持其较好较快的发展，印度政府仍需加强数字出版业相关的直接立法、政策宣传和市场监管力度。

3.出版商针对数字出版的发展策略

印度出版商在面对出版数字化的过程中，习惯保持谨慎的态度，但一些英语图书出版商却积极迎接电子书时代的到来，国际科学、技术和医学出版商们最早采用数字化技术，和当地的教育出版商开展合作推出了各类教科书的电子书版本。

越来越多新型电子书阅读器的出现，为电子书的发展提供了载体。虽然公众目前主要使用电脑和智能手机进行电子书阅读，但 Kindle 电子书阅读器在印度市场的推出，延续了其在其他国家的巨大成功。据统计，2016年中国和印度两国的 Kindle 销量已经超过美国，而当年印度 Kindle 的销售量与上一年相比则增加了 200%，这极大地吸引了印度本土电商的眼球。由亚马逊前雇员薇莎·梅塔（Vishal Mehta）创立的在线商店 Infibeam.com 推出了第一个印度本土电子书阅读器 Pi，和 Kindle 一样，Pi 具备墨水触屏，但价格更为亲民且电池续航能力出色，在其支持的在线商店中，用户可以下载超过 50 万种全英文的电子书，其中大约 10 万种来自科学、技术和医学出版商，如剑桥大学出版社、塔塔·麦格劳·希尔、爱思唯尔、培生等。该在线商店提供的大多是免除版权的电子书，这些资源也可以通过其他渠道获得。2010 年电商传媒 EcMedia 公司又推出了 Wink 电子书阅读器，成为 Pi 的主要竞争对手。

本土化是印度数字出版业的一个显著特征，除了使用电子书阅读器阅读英文图书外，亚马逊等在线电商平台也推出了印地语、泰米尔语、孟加拉语等印度各邦语言图书的电子书版本。而 Pi 和 Wink 两款印度本土电子书阅读器均配有多种印度方言，以适应印度各地民众的阅读需求。塔林（Tulika）作为一家儿童图书出版社，目前已经推出了用印度多种语言写成的儿童图书在线阅读模式，而印度莫高数字有限公司则推出了描绘印度古老神话传说和历史的系列手机漫画。

三、报刊业发展概况

（一）印度报刊业情况[①]

多种语言并存是印度报刊业繁荣的主要原因之一，近年来随着印度语言政策越来越开放，地方性语言报纸的崛起为整个印度报业带来了发展的

---

① 数据来自：《2017 年尼尔森印度读者调查报告》。

新契机。从客观条件来说，印度互联网使用率较低，大部分读者主要还是依靠纸媒来满足日常的阅读需求。

印度最大的新闻机构是印度报业托拉斯（Press Trust of India，简称 PTI），总部设在新德里，是 500 多家印度报纸的非营利性合作社，截至 2016 年 1 月 22 日，拥有 1000 多名全职员工。它在该国大部分地区总共雇用了 400 多名记者和 500 名兼职记者。一些记者驻扎在世界各地的主要首都和重要商业中心。1947 年印度独立后，印度报业托拉斯从路透社手中接管了印度美联社的运作，用英语和印地语提供该地区的新闻报道和信息。其公司办公室位于新德里的议会路（Sansad Street），并在孟买 DN 路设有注册办事处。印度报业托拉斯在印度国内有 130 余个分社，并在北京、纽约、伦敦、莫斯科、加德满都、伊斯兰堡等地设有国外分社。印度报业托拉斯拥有国内新闻稿订户 600 余家，占全印通讯社市场份额 90%，是印度最具影响力的新闻机构之一。

1. 报刊注册量

2005—2015 年，印度纸媒整体呈现稳步上升的趋势。截至 2015 年 3 月 31 日，印度有报纸 14984 家，期刊 90459 家。值得关注的是，面对互联网等新媒体的冲击，近五年，印度报业依然保持了 5.5% 以上的增长率。其中，2014 年新增纸媒数量为 5642 家，2015 年新增 5817 家纸媒。印度纸媒仍是广告主青睐投放广告的媒介。据调查数据显示，纸媒广告收益占印度全部广告总和的 43%。这与全球纸媒普遍面临的发行量降低、广告收入锐减以及报社关闭的情况形成了强烈反差。

印度每年登记注册的报刊数量基本在 10 万种左右，从 2009 年的 7 万多种逐年平稳上升增加到 2015 年的 11 万多种。从报刊的种类来看，日报、周刊、双周刊和月刊是登记注册数量最多且年增长速度最快的几类读物，从 2012 年开始这四类读物平均每年分别新增 1000 种左右。虽然在印度日报的读者数量远远大于周刊杂志，但可能因为周刊杂志读者类型的多元化和阅读兴趣的多样化，而日报的读者需求趋于一致、忠实程度高等因素，使得印度登记注册的周刊杂志数量远远超过日报数量（见表 4）。

表 4　2009—2016 年印度登记注册的报纸和期刊种类及数量情况

单位：种

年份	日报	周报	周刊	双周刊	月刊	季刊	年刊	其他	总计
2009—2010	9355	391	25812	9892	23475	5021	684	2754	77384
2010—2011	10205	394	27321	10422	25072	5208	719	2881	82222
2011—2012	10908	396	28819	10885	26552	5371	733	3090	86754
2012—2013	12109	402	31280	11615	28937	5630	748	3346	94067
2013—2014	13350	411	33170	12168	30484	5790	767	3520	99660
2014—2015	14573	411	34991	12747	32278	5994	798	3651	105443
2015—2016	15723	413	36635	13228	34101	6193	826	3732	110851

资料来源：印度政府统计局信息与广播部部门年报

2. 报刊语种

印度 2001 年人口普查显示，印度以印地语为母语的人口占总人口的比例达 41.03% 之高，而其他母语使用者的人数占比均在 10% 以下，但令人意外的是，这项人口普查中，视英语为母语的人数约为 22 万人，仅占印度总人口的约 0.02%。这也反映出，尽管印度宪法中把英语视作工作语言，在学校教育中普及英文课程，但在印度真正能熟练掌握英文听说读写能力，并将其作为工作语言的上层精英始终是少数，除英语之外印度宪法规定的 22 种邦级官方语言，才能从真正意义上服务于印度的广大平民群体。这也就解释了为什么在印度政府统计局信息与广播部部门年报中关于登记注册的英语及印度宪法规定的 22 个邦级官方语言报刊数量中，印地语和英语报刊的数量最多，印地语报刊数量几乎达到了同年报刊总数量的50%，并且同年的印地语报刊数量与英语报刊相比具有遥遥领先的优势，大约是其三倍。在其他语言报刊中，孟加拉语、古吉拉特语、乌尔都语、泰米尔语等语言报刊的数量也较之其他语言更多，除了各邦不同的经济发展状况外，民族习惯也成为影响各地区不同语言报刊的因素，印度穆斯林人口规模不可小觑，大部分穆斯林日常生活和工作都使用乌尔都语，因此出版更多的乌尔都语报刊成为了需要。此外在印度多语言的背景下，一些出版社为获得更大的市场，倾向于采取双语，甚至是多语出版的方式，并且这一趋势从 2009 年到 2015 年以来越发明显。

同时，2017 年尼尔森对印度发行的不同语言的报纸和周刊杂志阅读量和销量进行了比较（见表 5），其中印地语日报以超过其他语言日报10% 的比例遥遥领先，而且在 3 年间其比例有明显的增幅。这说明印地语日报是印地语读物中的一个重要组成部分，也从侧面反映了印地语日报阅读量与其他语言日报相比的巨大优势。表中英语日报阅读量较少，其阅读量甚至与马拉提语的日报阅读量不相上下，这与印度英文读者基数小和英文读物主要集中在图书方面相关。但从总体上看，新报刊的发行也在一定程度上刺激了读者对不同语种日报的消费，2017 年每一种语种日报的阅读量都显著增加，平均增幅达 40% 左右。

表 5　2014 与 2017 年按不同语言来划分的一个月内日报阅读比例

单位：%

类别	2014	2017	变化比
孟加拉语（Bengali）	1.9	2.1	9
英语（English）	2.5	2.8	10
古吉拉特语（Gujarati）	1.6	2.3	45
印地语（Hindi）	12.1	17.6	45
坎那达语（Kannada）	1.3	1.8	37
玛拉雅拉姆语（Malayalam）	2	2.4	19
马拉提语（Marathi）	2.6	3.4	31
奥里雅语（Oriya）	0.6	1.1	83
旁遮普语（Punjabi）	0.5	0.7	51
泰米尔语（Tamil）	2.3	3.4	44
泰卢固语（Telugu）	1.5	2.5	63
乌尔都语（Urdu）	0.1	0.2	53

资料来源：《2017 年尼尔森印度读者调查报告》

（二）印度报刊业收入情况

2005—2015 年十多年间，印度日报发行量也呈现逐年增加的趋势。2011 年印度日报的发行量为 1.7 亿份，2012 年日报发行量为 2 亿份，2013 年日报的发行量约为 2.3 亿份，2014 年日报发行量为 2.5 亿份。印度报刊业市场 2011 年收入 2090 亿卢比，2012 年为 2240 亿卢比，2013 年为 2430 亿卢比，2014 年为 2630 亿卢比，2015 年增长到 2830 亿卢比，同比增长率为 7.6%。报纸的收入依然占据整个纸媒的绝大部分，2014 年报纸收入为 2490 亿卢比，2015 年收入为 2690 亿卢比，占整个纸媒市场收入的 94.9%，增长率为 8.0%[①]。

在 2010—2019 年的时间段内，尽管英语报纸的发行量远低于印地语报纸发行量，但其收入却具有明显的领先优势；同时，随着优秀印地语报纸的崛起，英语报纸和印地语报纸间的收入差距正在逐渐缩小。其他语种报纸的收入虽在 2010—2019 年稍稍落后于英语和印地语报纸，但其依然保持较快的增长劲头。

（三）报刊阅读情况

1. 报刊阅读人群地区与年龄分布

日报是印度人民了解新闻实事最常选择的渠道。根据尼尔森读者调查针对 2014 和 2017 两个年度的日报阅读情况进行的对比（见表 6），印度日报读者人数占所有读物读者总数的 30% 以上，并且呈现出增长趋势——从 2014 年的 2950 万人次增长到 2017 年的 4.07 亿人次。在结合了印度城乡日报读者数的数据后，可以看出由于城乡差距的存在，交通便利、信息发达的城市读者数量要远远高于条件落后的乡村读者数量。但就单一区域来看，不论是在城市还是乡村，2014—2017 年日报的读者数量都是在增长的。

表 6   2014 与 2017 年同期一个月内印度日报读者数量统计

类别	全印度		城市		乡村	
年份	2014	2017	2014	2017	2014	2017
占全体读者的百分比	31%	39%	47%	53%	22%	31%
读者数量（单位：百万人）	29.5	40.7	15.2	19.3	14.3	21.4

资料来源：《2017 年尼尔森印度读者调查报告》

---

① KPMG-FICCI. Indian Media and Entertainment Industry Report 2017.

如果对比周刊杂志与日报读者数量（见表7），可以看到2014年与2017年相比，在同期一个月内印度全国读者阅读周刊杂志所占的比例与日报读者数量相比，周刊杂志的阅读人数明显较少，占总读者人数的比例均为个位数，就城市和乡村差异来看，城市周刊杂志的读者数量要多于乡村的读者数量，且几乎是其两倍左右。但从总体上看，2014—2017年间，印度周刊杂志的读者数量呈现明显增长。

表7　2014与2017年同期一个月内印度周刊杂志读者数量统计

类别	全印度		城市		乡村	
年份	2014	2017	2014	2017	2014	2017
阅读周刊杂志的百分比	4%	7%	7%	12%	3%	5%
读者数量（单位：千万人）	4.0	7.8	2.3	4.5	1.7	3.4

资料来源：《2017年尼尔森印度读者调查报告》

从印度日报读者的年龄层（见表8）来分析，每个年龄阶段日报的读者数量基本分布较均衡，只存在些微的差别，2014与2017年两个年度16~19岁的青少年读报人数占比最大，这与印度国家教育鼓励青少年关注国家和国际大事，在很多中小学设立专门的阅览室为学生提供丰富的报刊来阅读的良苦用心是分不开的。

表8　2014与2017年同期一个月内印度日报读者年龄比较

年龄	12~15		16~19		20~29		30~39		40~49		50+	
年份	2014	2017	2014	2017	2014	2017	2014	2017	2014	2017	2014	2017
读者数量占比	28%	42%	38%	50%	34%	42%	30%	38%	29%	37%	26%	30%

资料来源：《2017年尼尔森印度读者调查报告》

2. 报刊阅读方式

《2017年尼尔森读者调查报告》统计了2017年印度一个月内报纸的在线阅读人数占总报纸阅读人数的比例。尽管受到互联网媒体的冲击，传统新闻纸媒仍是大部分印度读者的选择，仅有 8% 的报纸读者选择电子阅读的方式，而且城市和乡村的报纸在线阅读比例没有明显差异（见表 9）。

表 9　2017 年一个月内印度报纸在线阅读人数比例

	全印度	城市	乡村
报纸在线阅读人数占比	8%	4%	4%

资料来源：《2017 年尼尔森印度读者调查报告》

总体上看，2014—2017 年四年间随着信息技术的发展和国家整体规划的进行，新闻报刊出版市场不断扩大。在印刷出版技术不断革新、具有吸引力的新闻内容不断涌现、印度民众的阅读习惯发生改变等因素的影响下，2017 年不同年龄层次的读者的日报阅读量都较 2014 年有所增加。

四、中印出版业交流合作情况

中印两国间的出版合作有着历史和现实的背景，历史上两国同属文明古国，各自创造出了无与伦比的璀璨文化，两国间的佛学典籍交流成为中印图书交流的开端。而当前中国已成为全球第二大出版市场，印度出版业凭借其极高的外向型发展模式，其英文图书出版位列全球第三，在儿童文学出版和女性文学出版等方面两国具有很多的共同话题。无论是在出版物交流合作还是版权贸易方面，中印两国出版业都有很大的增长空间。特别是近年来在"一带一路"倡议下，中印间的出版业交流合作实现了新突破。不过，与两国间频繁的经贸往来相比，中印两国间的出版业交流程度仍有待提高。

在 1950 年中印两国建交后的十年间，中印两国本着和平共处五项原则，双边关系良好，中国书刊在印度发行顺利。据统计 1958 年中国书刊在印度的发行量达到 150 万册，图书年批发量达 50 多万册，期刊批发量 60 多万份，1959 年印度的中国期刊订户达 8 万份。中国国际书店（现为中国国际书店贸易总公司，以下简称国际书店）与印度 14 个邦的 40 多家书店建立了书刊贸易联系，同时也同印度的 10 多个大型书商建立了业务关系。作为中国书刊主要的代理商，印度新德里人民出版社在印度的 14 个邦设有分店，形成了一个独立的中国书刊发行系统。但可惜好景不长，

1962 年中国书刊在印度贸易和销售活动戛然而止，与 40 多家代销商中断往来，丢失了 8 万多个期刊的直接订户，专门为印度出版的印地语、泰米尔语的图书几乎无法发行。

直到 1976 年中印双方恢复互派大使改善关系后，国际书店才重新与印度的民族书店、潮流书店等建立联系。1980 年，国际书店参加了在印度新德里举办的第 4 届国际书展。这是两国关系恢复之后，中国书刊第一次在新德里展出，国际书店的参与得到印度政府的高度重视。此次书展之后，中印间书刊贸易渠道开始恢复，比如阿莱德公司、柯莫斯书店、星出版社、全印度图书供应公司等是中国新建立联系的印度图书公司。1982 年国际书店又参加第 5 届新德里国际书展，其布展获得了印度主办方颁发的外国展台一等奖，展出的图书包括中国科普读物、历史类教科书、英文版的文艺作品等，深受印度读者的欢迎。另外，反映中国改革开放之后政治、经济、文化、教育等各方面发展的书刊也受到印度文化界的高度关注。自此之后，中印之间的图书出版业往来逐渐频繁。1990 年， 国际书店邀请印度新德里、马德拉斯（现金奈）两家印度共产党所属书店的经理皮莱·摩尔琪先生来访；1992 年与 1994 年，国际书店参加在印度新德里举办的第 10、11 届世界图书博览会。1995 年，印度潮流书店经理阿坎丹夫妇应邀来访，就印度继续扩大中国期刊征订、转发和推动图书发行等问题进行会谈；1999 年，印度 UBS 出版物发行公司经理阿姆丽塔·夏尔玛来访，为印度许多大学和研究机构订购了 1452 册藏文图书。2001 年印度共产党人民出版社负责人沙伊·费兹（Shaeen Faizee）对国际书店进行业务访问。2002 年，国际书店与印度往来达 5 次之多，2 月，国际书店派出人员到印度、斯里兰卡和孟加拉考察，寻找新渠道、新代理商。同年 11 月，印度出版物进出口公司沙曼（Sharman）经理就《大藏经》供货问题会谈，就印度期刊、学术图书在中国发行问题等事务访问国际书店。

但当时中印之间图书出版业的互动交流在一定程度上还是有所欠缺，汉语教材出版极其匮乏，根据尼赫鲁大学的学者调研得知，查瓦哈尔图书中心（印度当地规模较大的进出口教育和科研图书书店）的服务名单上没有一家中国出版机构。彼时的中印新闻出版业交流迫切需要加大在专业出版互动、机构人员本土化和产品营销本土化等方面的努力。

近年来在"一带一路"倡议下，中印间的出版业交流合作实现了新的突破：2013 年 5 月，中国国家新闻出版广电总局与印度外交部在印度新德里海得拉巴宫签署《"中印经典和当代作品互译项目"合作备忘录》，双方同意在五年间各自翻译出版对方国家 25 种图书，目前该项目进展有序，《中国与印度》《苏尔诗海》等都是其中的经典译著。四川人民出版社多年来先后引进了各类印度图书，其中"瑜伽文库"系列图书已连续出版近10 年；2015 年 10 月四川人民出版社与皇家柯林斯出版集团合作，在印度推出了许多英文人文社科学术专著，其中不乏中国特色书目，如《邓小平：1978 中国命运大转折》等；2016 年中国大百科全书出版社与印度国家图书公司签署《"中印童书互译项目"合作备忘录》；同年 1 月 6 日在新德里国际书展上作为主宾国的中国举办了中国古代出版印刷展，中国茶文化展，中印文化交流图片展等，吸引了不少印度民众和各国参展商，1 月 9日举行了由外文出版社、上海交通大学出版社共同主办的《平易近人——习近平的语言力量》英文版印度首发式，这为印度了解习近平主席和研究中国问题提供了一个优秀的范本。随着"汉语热"兴起，汉语学习教材和中国文化经典译本成为本次书展上中国展区受欢迎的图书。在 2016 年新德里国际书展上很多中国出版社与印度出版社商谈了相关的版权输出项目，同时两国达成一致，两国的相关基金会应对一些精品图书的出版给予资助；2016 年 1 月 18 日，上海交通大学出版社与施普林格自然出版集团印度分公司签约输出《改变世界经济地理的"一带一路"》版权，与印度信息出版社签约输出《船舶与海洋工程》等 8 种图书的英文版权；10 月13 日，中国图书编辑部启动仪式暨中国主题图书合作出版项目新书首发式在印度首都新德里举行，展出了包括《习近平谈治国理政》《东方主战场》等 50 多部英文和印地语图书；2017 年印度 GBD 出版公司与新世界出版社合作，在北京建立了"中国图书编辑部"；2018 年 1 月 5 日至 11 日，中国人民大学出版社派出代表团参加 2018 年新德里国际书展，并与皇家柯林斯出版集团签署了《全球治理的中国担当》《中国学者谈新常态下经济增长》等五种新书的合作协议；8 月 15 日，中国社会科学出版社与印度GBD 出版公司签署了"理解中国"系列丛书的印地语版合作出版协议；同年 12 月 12 日中印两国新闻出版代表在中国泰安举行了第 2 届国际新闻出版合作大会中印出版国际合作实务会议。中印两国出版合作与交流日益频繁，呈现出了新的活力。

参考文献

1. 周利群 . 印度的新闻出版发展现状及其与中国的合作 [J]. 出版发行研究，2016，（10）：89-92.

2. 郭彩峰 . 印度 INDEST-AICTE 联盟发展研究 [J]. 图书馆学研究，2013，（11）：94-97.

3. 张丽 . 印度公共图书馆法研究 [J]. 国家图书馆学刊，2013，22（3）：70-79.

4. 张辰韬 . 印度报业发展现状分析与市场前景预测 [J]. 出版广角，2014，（9）：64-66.

5. 2017 年尼尔森印度读者调查 .

6. Nielsen India Book Market Report 2015: Understanding the India Book Market.

7. 印度国家图书发展计划 .

8. FICCI. Nielsen Report 2016.

9. KPMG-FICCI. India and Entertainment Industry Report 2017.

10. 印度文化部，高等教育部，统计局，信息与广播部门相关年报，预算报表 .

11. 联合国教科文组织数据，世界银行数据，国际出版商协会数据及印度各主要出版行业数据等 .

12. 其他各种相关数据，部分来自维基百科，researchgate 等搜索门户 .

13. 管辉，戴洛特 . 蓬勃发展的印度数字出版业 [J]. 图书馆，2017，（3）：81-83.

14. 李斌 . 印度数字出版的勃兴与启示 [J]. 出版科学，2017，25（1）：106-109.

15. 印度出版业相关机构网页链接：

印度国家国际标准书号管理所：www.mhrd.gov.in/.

印度国家图书托拉斯：http://www.nbtindia.gov.in/.

印度出版商与书商协会联合会：http://fpbai.org/.

国家教育研究和培训委员会：www.ncert.nic.in/.

印度出版商联合会：http://www.fiponline.org/.

印度海外出版商协会：www.publishers.org.in/.

印度国家统计局网站：http://www.mospi.gov.in/.
印度文化部网站：http://indiaculture.gov.in/.
印度信息广播部网站：https://www.mib.gov.in/.
印度高等教育部网站：http://mhrd.gov.in/.
印度政府法律查询网站：https://indiacode.nic.in/.

（作者单位：中国新闻出版研究院、北京外国语大学）

智利出版业发展报告

姜　珊

智利位于南美洲西南部，在世界最长山脉——安第斯山脉西麓，国土面积75.67万平方千米，是全世界最狭长的国家，长度达4300千米，平均宽度只有180千米。该国东邻玻利维亚和阿根廷，北接秘鲁，西临太平洋，南部与南极洲隔海相望。由于地处美洲大陆的最南端，智利人常称自己的国家为"天涯之国"。智利拥有非常丰富的矿产资源、森林资源和渔业资源，是世界上铜矿资源最丰富的国家，享有"铜矿王国"之美誉。

16世纪以前，智利属于印加帝国，1541年沦为西班牙殖民地。1818年宣告独立。1970年社会党人阿连德当选总统。1973年9月11日军人发动政变，陆军司令皮诺切特任总统。1989年12月举行大选，1990年3月军政府交权。1998年皮诺切特交出军权，智利彻底恢复民主制度。

2018年，智利全国人口约1875万，绝大多数为梅斯蒂索人（即白人和印第安人混血人种）和白人，印第安人仅占11.08%。智利是拉美教育水平最高的国家之一，实行12年义务教育，公立中小学不收学费，国民识字率达到96%。1945年，诗人加夫列拉·米斯特拉尔获诺贝尔文学奖，成为第一个获此殊荣的南美作家。1971年，诗人巴勃罗·聂鲁达获诺贝尔文学奖。

一、出版业发展背景

（一）政治经济状况

智利是拉美地区经济开放度最高的国家，也是拉美经济和社会发展水平较高的国家，人均国民生产总值达1.5万美元。据联合国开发计划署

2013 年报告，智利人类发展指数①为 0.819，为拉美地区最高。政治环境稳定，经济持续稳定发展，市场经济机制较完善；法治化水平较高，社会普遍遵守契约精神，信用环境较好；政府廉政程度和透明度较高。

自 20 世纪 70 年代以来，智利奉行新自由主义经济政策，推崇市场主导，全面对外开放，积极推进贸易便利化和区域经济一体化。几十年来，尽管政府首脑出现左右更替，但政策依然保持稳定不变，确实难能可贵。

智利是第一个同中国建交的南美洲国家，也是第一个就中国加入世界贸易组织同中方签署双边协议、第一个承认中国完全市场经济地位、第一个同中国签署双边自由贸易协定的拉美国家。目前，中国是智利第一大贸易伙伴，铜矿和部分农产品的最大出口目的地，智利是中国在拉美的第三大贸易伙伴。2017 年 5 月和 2019 年 4 月，智利总统先后两次出席"一带一路"国际合作高峰论坛并对中国进行国事访问。

（二）出版业发展历程和概况

智利是拉丁美洲经济和社会发展水平最高的国家之一，也是拉美文盲率最低的国家之一。智利出版业历史悠久，曾一度是拉美甚至西班牙语世界出版的中心。军政府的统治给智利出版业带来了深重打击，部分享有盛誉的出版品牌自此消亡。智利民主化后，出版业重获新生，出现了爆发式增长，成为拉美地区出版界最重要的国家之一。不过，智利出版业的发达程度似乎和智利在拉美名列前茅的经济发达程度不甚匹配。从统计数据来看，目前智利出版业处于历史上最好的时期，但与墨西哥、阿根廷等其他几个拉美经济大国相比，智利出版业生存环境更为艰难，面临着税负较重、市场狭小、出口无力、盗版猖獗等实际困难。尽管存在诸多挑战，智利仍在不断涌现新的出版机构，这为行业带来了多样性和发展的希望。智利与中国虽相隔万里，双边关系却十分密切友好。智利最著名的诗人、诺贝尔奖得主巴勃罗·聂鲁达就曾多次访华，并称呼中国为"兄弟"。双方出版业的合作近年来也不断加强，呈现出积极的发展势头。

智利图书出版业的黄金年代是 1935—1950 年，当时西班牙和欧洲正经历战争而墨西哥和阿根廷还没有采取图书保护政策。在此阶段，智利出

---

① 人类发展指数（Human Development Index）是由联合国开发计划署（UNDP）创立的用以衡量联合国各成员国经济社会发展水平的指标，通过对预期寿命、教育水平和生活质量三项基础变量进行一定的计算方法而得出。

版业趁势而发，有些智利出版商甚至在拉美多个国家建立了分支机构。

80 年代，皮诺切特执政时期，智利实行严厉的审查制度，对图书出版严格控制。1988 年，智利恢复民主制度，图书出版业重获新生：大批本土出版社成立，外国出版社也纷纷重回智利，民众如饥似渴地阅读各种各样的图书。

90 年代，智利人均收入稳步增长，图书出版行业也随之得到发展。1993 年，智利通过《图书法》（Ley de Libro），成立了全国图书和阅读促进基金（Fondo Nacional de Fomento del Libro y la Lectura）及国家图书和阅读委员会（Consejo Nacional del Libro y la Lectura）。这无疑对于图书行业的发展有着至关重要的制度性意义。但也有不少学者质疑，虽然成立了上述组织，但由于预算不足、缺乏创新性等多方面原因，这些机构并没有充分发挥作用，尤其在最应下力气的引导民众阅读方面，表现平平。

进入 21 世纪，全球金融危机对智利的经济造成了沉重打击，图书行业也未能幸免。目前，智利的出版业处境不可谓不艰难：市场狭小，图书出口几乎可以忽略不计，在其他西班牙语国家如西班牙、墨西哥、阿根廷甚至哥伦比亚都出台了推动图书出版和销售的政策时，智利虽然出台了《国家图书和阅读政策》（La Política Nacional de la Lectura y el Libro），但离真正实施落地尚有较远距离。

但是，除了经济危机，行业发展遭遇挫折还有多重其他原因：民众虽然文盲率较低但文化水平不高，在推动阅读和图书行业发展方面缺少顶层设计，图书相关机构较少，包括大中小学在内的机构盗版行为猖獗等等。最重要的是，在图书行业发展不景气的基础上，社会构建的主要参与者（政府、大学、知识分子等）对阅读、图书及出版行业在公民社会的经济、社会、政治发展中所能发挥的作用缺乏深刻认识。

智利出版业一个老生常谈的问题是图书出版业增值税过高。根据国际出版商协会（IPA）的统计，智利是全世界图书出版业增值税率最高的国家，达到 19%，这也导致了智利图书价格奇高。虽然出版行业呼吁了几十年，但目前这项政策没有调整的意向。

智利出版行业面临的另一大问题是盗版猖獗。盗版是智利图书价格居高不下的产物。根据欧盟所做的一项统计，智利在音乐、图书、软件、服装设计等创意产业的盗版和侵犯知识产权状况在所调研的 63 国中排名第四位，根据智利反盗版委员会（la Comisión Nacional Antipiratería de Chile，简称 CONAPI）统计，图书影印盗版给本土图书产业带来每年数千万美元的损失。尽管智利已经出台了反盗版的法律，智利图书协会（Cámara Chilena del Libro）和智利反盗版委员会也努力打击盗版，但这一现象仍然十分普遍。

智利图书行业最大的门类是教育，最主要的客户是智利教育部，除了给公立学校提供图书，还有一个名为"文化手提箱"（Maletín Literario）的项目，每年为低收入家庭捐赠数十种图书。在 2001 年至 2011 年之间，政府图书采购（学校教科书除外）增加了 312%。在图书行业中，国家不仅在图书采购方面扮演着越来越重要的角色，也直接赞助了诸多出版项目。但也有学者指出，政府资源大力扶持图书出版行业，而非鼓励民众阅读，最终效果值得商榷。

（三）出版管理机构

智利涉及文化领域专项事务的政府部门包括国家文化艺术委员会（Consejo Nacional de la Cultura y las Artes），国家图书馆、档案、博物馆局（Direccion de Bibliotecas，Archivos y Museos）和智利国家古迹遗产委员会（Consejo de Monumentos Nacionales de Chile）等，2018 年 2 月，政府宣布，上述三家机构整合为文化、艺术与传承部（Ministerio de las Culturas, las Artes y el Patrimonio），负责全国文化相关事务的管理。其中，图书行业相关事宜由国家图书和阅读委员会负责。

国家图书和阅读委员会是国家文化艺术委员会下属机构，负责管理全国图书和阅读促进基金，制定图书及阅读相关公共发展政策，主要通过以下四个方面运作：项目竞赛、智利图书和作家国际化计划、文学奖项、智利原创图书公共图书馆采购计划。每五年，国家图书和阅读委员会会同教育部、社会发展部等其他机构制定国家图书和阅读政策。

图书和阅读基金于 1993 年成立，旨在鼓励和促进支持文学创作、推动阅读、鼓励图书业发展、传播文学活动、支持公共图书馆以及智利图书的国际化的各个项目和行动。

除了政府机构，智利出版业也有自己的行业协会，但因出版业内部不甚团结，仅出版业协会就有不止一家。其中，智利图书协会和智利出版协会（Asociación de Editores de Chile）最为著名。

智利图书协会于 1950 年 7 月成立，主要由以西班牙行星集团（Planeta）和企鹅兰登书屋（Penguin Random House）为代表的大型跨国集团的分支机构控制，有六十多个会员，包括出版社、分销商、书店等。2012 年，智利图书协会与智利大学合作成立了图书与阅读观察站项目（Observatorio del Libro y la Lectura），就智利图书行业组织研讨、研究，取得了一定的学术研究成果。据统计，智利市场上 70% 的图书品种由智利图书协会的成员单位出版。智利图书协会同时还负责组织包括圣地亚哥国际书展在内的多个国际国内书展，协会也是拉美及加勒比地区图书发展区域中心（Regional Center for Book Development in Latin America and the Caribbean）的成员。

2001 年，45 家智利本土出版社发起成立了智利出版协会。这些出版社年出版图书数量在 20~90 种之间，属于中型出版社，他们会出版一些经济效益不明显、跨国出版集团没有兴趣出版的题材，比如诗歌、散文、少数民族题材作品、新兴作家作品、女性主义作品、人权题材作品、文艺理论作品等。2005 年，智利出版协会的成员被逐出智利图书协会，两家协会的矛盾公开化。目前，智利出版协会的成员单位超过 50 家。

2009 年，40 余家年出版品种在 1~15 种之间的小微出版社联合成立了"图书狂热"（La Furia del Libro）组织。尽管这些出版社目前经济实力仍然较弱，但在传播的创造性、多样性方面扮演了重要的角色。

（四）出版相关法律及政策

在 1973 年以前，智利是拉丁美洲政治自由的模范。1970 年阿连德当选总统后，大力发展新闻自由。但 1973 年底，皮诺切特发动政变，开始了长达 17 年的军人执政。1980 年，皮诺切特通过了新的智利宪法并实行了新的《国家安全法》（Ley de Seguridad Interior del Estado），旨在控制和维护社会秩序，发展经济。尤其是《国家安全法》第六条，明确规定诋毁攻击政府、军队和警察高管是违法行为，并授予法官在敏感问题上下达媒体禁言令的无限权力。上述法令直到 2001 年 6 月方才宣告废止。

1990 年，民选总统帕特斯·安利文上台，开始重新恢复民主自由，其中就包括给予媒体更大的自由空间。《观点及信息自由与新闻实践法》（Law on Freedoms of Opinion and Information and the Practice of Journalism）于 1993 年提出，但由于种种原因，直到 2001 年才正式获得国会通过。

1993 年，智利通过《图书法》，在此基础上，国家推动成立图书和阅读基金以及国家图书和阅读委员会。2003 年，通过 19891 号法令《国家文化和艺术委员会法》①（LEY N° 19.891 Crea el Fondo Nacional de Desarrollo Cultural y las Artes），成立国家文化和艺术委员会，以管理文化产业。

智利关于知识产权的法律主要有两部，17336 号法令《知识产权法》②（LEY N° 17.336 Propiedad Intelectual）和 19039 号法令《工业产权保护法》③（LEY N° 19039 Ley de Propiedad Industrial），主要界定了专利、商标、著作权、商业秘密、设计等知识产权的范围以及保护措施。

智利对于出版行业并无特殊的限制，对于外国资本而言，既可以通过设立分公司或代表处、办公室的方式，也可以与本地公司或个人合资成立出版企业。

智利使用国际标准书号（ISBN），出版商在申领书号时需提供标题、版次、装帧方式、作者、出版者、城市、国家等信息。所有图书第一次出版后需提交 15 本样书到国家图书馆。

（五）国民阅读情况

智利政府十分重视推动国民阅读，认为阅读是基本人权，并出台了多项政策法规支持国民阅读活动。

2005 年，由智利出版协会和"智利 21 世纪基金会"（Fundación Chile 21）④组织牵头推动，在图书行业参与下，《国家图书和阅读政策》逐步形成。2006 年，智利首位女总统巴切莱特上任不久后，国家文化和艺术委员会通过了《国家图书和阅读政策 2006—2010》。在此政策基础上，各种推动阅读的活动、倡议层出不穷，包括"我读书"（Yo Leo）、"生来阅读"（Nacidos para leer）等等。2004 年的"智利想阅读"计划（Chile Quiere Leer）更是发动了多个公立和民间机构的 1600 名志愿者参与，旨在激发民众的阅读热情。

2014 年，巴切莱特再次当选智利总统，同年底，国家图书和阅读委员会发布《国家阅读与图书政策 2015—2020》，并宣布于 2015 年正式生效。在该政策基础上，还形成了《国家阅读计划 2015—2020》，巴切莱特表示，

---

① https://www.leychile.cl/Navegar?idNorma=213895.
② https://www.leychile.cl/Navegar?idNorma=28933.
③ https://www.leychile.cl/Navegar?idNorma=30406#198910.
④ 智利 21 世纪（Chile 21）是智利的一家智库，成立于 1992 年，主要关注包容性发展、环境保护、国际政治、社会权利等公共政策相关议题，在智利及拉丁美洲有一定影响力。

"要通过国家阅读计划和国家图书政策，使智利成为一个从出生就阅读的国家"。

在智利，有多个组织机构从各方面多角度促进阅读，主要的公共机构包括：国家图书馆、档案和博物馆署及其指导的国家公立图书馆系统，教育部及其指导的学术图书馆及学校图书馆，国家文化和艺术委员会及其下属的国家图书和阅读委员会。同时，还有许多本地机构、私营机构也参与到推动国民阅读的行动中来。根据图书馆、档案和博物馆署的统计，智利共注册有 445 个公立图书馆。2000 年后，公立图书馆开始数字化进程。2013 年，成立了首个公立数字图书馆。

虽然智利政府、机构等为国民阅读推动做了许多工作，但仍存在许多现实问题。目前，智利居民人均书店数量较少，覆盖范围不够广泛，公立图书馆和阅读中心也没有覆盖到足够多的地区。公立图书馆书目选品欠考虑，有研究显示，图书馆的大量藏书并没有被阅读，造成了资源浪费。图书和阅读委员会年度图书评选被认为评审专家不接地气，脱离群众，而国家图书馆、档案和博物馆署采购并不向所有出版商开放，仅由内部官员决定采购品种。

智利阅读水平堪忧。根据智利全国人口调查，1895 年，其居民识字率为 32%，1940 年为 75%，到 2002 年，识字率达到 96%，这一数字在拉丁美洲名列前茅。但必须指出的是，无论是 1998 年国际成人素养调查（International Adult Literacy Survey）调研还是 2011 年第一次全国阅读行为调查均显示，智利居民阅读水平并不高，15~65 岁人群中，59% 的人处于 1~2 级阅读水平（约相当于小学五年级）。

在阅读途径选择方面，纸质书仍胜于电子书。智利电信行业发展迅猛，主要运营商为私人企业和外资企业。目前智利是拉美地区手机、电脑和互联网使用率最高的国家。截至 2015 年，智利全国智能手机互联网普及率达到 80%，普遍使用 4G 网络。截至 2018 年底，智利网民比例达 82.3%。手机用户逾 2517.89 万，持有率为 134.4%。尽管互联网、智能手机已高度普及，纸质阅读的比例仍显著高于数字阅读。

2014 年，智利国家文化和艺术委员会指导进行了一次全国范围内的国民阅读调查，共调查了 6990 位年龄在 9~65 岁的城市居民。调查显示，受访者主要的休闲活动是看电视、听广播或音乐、使用社交媒体、做运动等，读书仅排名第 9 位。受访者平均年读书数量 5.4 本，48% 的受访者表示每天阅读 15~20 分钟，36% 的受访者在过去 12 个月曾经进入过图书馆（包括大中小学图书馆、科研机构图书馆、公立图书馆、专业图书馆等）。调查显示，居民的经济和受教育水平直接影响其阅读行为，受过高等教育人群阅读率是其他人群的两到三倍。

1. 整体国民阅读

由表 1 可见，在 2014 年不到一半的智利民众表示每天都阅读图书（含电子版和纸质版），但也有近 1/5 的受访者表示自己从不读书。9~17 岁的青少年读书的情况略好于成年人，仅有 13% 的青少年表示自己不读书，而成年人从不读书的比例达到了 18%。42% 的青少年表示自己每月或每周都会至少进行一次阅读，成年人每月或每周阅读的比例为 32%，比青少年低了近 10 个百分点。但成年人中有每日阅读习惯的比例达到 49%，而青少年中有每日阅读习惯的比例为 44%。

表 1　阅读频率情况

类别	9~17 岁人群	18~65 岁人群	总体
不读	13%	18%	17%
一月少于一次	1%	1%	1%
每月至少一次	6%	5%	5%
每周至少一次	36%	27%	28%
每天至少一次	44%	49%	48%

资料来源：2014 年智利国民阅读调查

44% 的人表示，出于学习和工作的目的，一年中最少读了一本书。青少年出于此目的而进行阅读的比例远超成年人，考虑到青少年大部分仍处于求学阶段，出于学习目的进行阅读是非常可以理解的。从表 2 可见，近一半（44%）的青少年表示一年中出于学习或工作目的阅读了 6~10 本书，34% 的青少年则处于阅读了 1~5 本书的区间，一本没读和阅读 20 本以上的比例比较小。而超过六成的成年人没有因为学习或工作而阅读一本书，但也有 1% 的成年人表示为了学习或工作一年阅读超过 30 本书。可见，成年后出于学习和工作目的的阅读呈现出两极分化的趋势。

表2　出于学习和工作目的的阅读情况

类别	9~17岁人群	18~65岁人群	总体
一本没读	12%	63%	56%
1~5本	34%	22%	24%
6~10本	44%	9%	14%
11~20本	10%	4%	5%
21~30本	1%	1%	1%
31本及以上	0	1%	1%

资料来源：2014年智利国民阅读调查

　　51%的人表示出于休闲目的最少读了一本纸质书。从表3可见，与出于学习和工作目的阅读呈现的情况不同，成年人和青少年在出于休闲目的的阅读上没有表现出特别大的差异。无论是青少年还是成年人，均有半数左右的人群表示一本书没读，也有极少数人年阅读量超过20本甚至30本。

表3　出于休闲目的的阅读情况

类别	9~17岁人群	18~65岁人群	总体
一本没读	55%	48%	49%
1~5本	34%	39%	39%
6~10本	8%	8%	8%
11~20本	3%	4%	3%
21~30本	1%	1%	1%
31本及以上	0	1%	1%

资料来源：2014年智利国民阅读调查

2. 纸质图书阅读

整体来看，智利纸质图书比电子书更受欢迎，无论是阅读数量还是阅读频率，纸质书都完胜电子书。

从图1可见，青少年阅读纸质书的主要目的是为了学习，成年人则没有明显倾向性。平均每个青少年每年阅读 6.2 本与学习相关的纸质图书，而出于休闲目的的阅读仅有 2 本。成年人出于学习目的的阅读量为 2.3 本，出于休闲目的阅读量为 2.4 本，出于两种目的的阅读的数量相差甚微。

单位：本

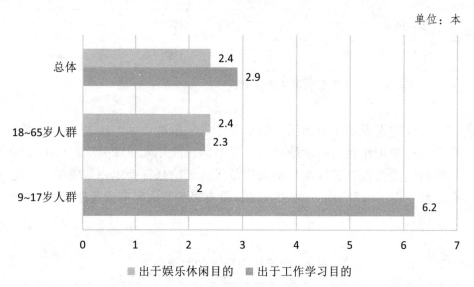

图 1　过去 12 个月阅读纸质图书数量情况

资料来源：2014 年智利国民阅读调查

从纸质书的阅读情况来看，青少年阅读纸质书的情况远好于成年人。有 40% 的成年人表示自己一本纸质书都没有读，仅有 7% 的青少年表示自己不读书。28% 的青少年每日阅读至少一次，而每日阅读的成年人仅有 19%。35% 的青少年每周阅读至少一次，成年人这一比例为 21%。每月阅读至少一次的青少年占总数的 20%，成年人占总数的 12%。（见图 2）

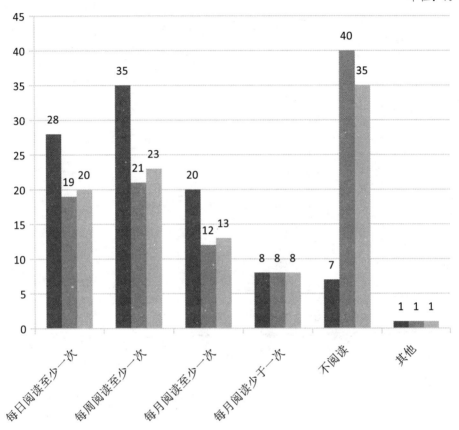

图 2　纸质图书阅读频率情况

资料来源：2014 年智利国民阅读调查

　　整体来看，智利最受欢迎的纸质书是文学图书，在上一年一年有过阅读行为的受访者中，有 51% 的人表示自己阅读最多的是长篇小说，34%的受访者表示自己阅读最多的是短篇小说，12% 的人选择散文，11% 的人选择了诗歌，还有 4% 的受访者选择了戏剧。参考书（如词典、百科全书等）也较受欢迎，35% 的受访者表示自己阅读最多的是此类图书。实用类的图书，如课本、培训图书、心理自助类图书也榜上有名。（见图 3）

单位：%

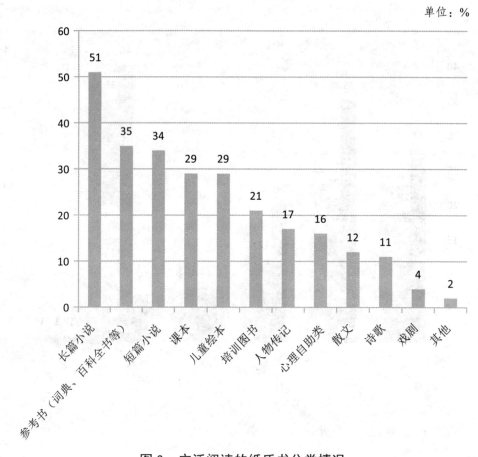

图3 广泛阅读的纸质书分类情况

资料来源：2014年智利国民阅读调查

3.电子书阅读

在全部的受访人群中，有74%表示自己在过去12个月里没有读过电子书，女性比例（75%）略高于男性（73%）。对电子书接受程度最高的人群是15~24岁的青年，近半数青年表示曾经有过电子书阅读经历，而其他年龄段有过电子书阅读经历的比例都低于30%。受教育程度似乎也对电子书阅读情况有所影响，接受过或正在接受高等教育的人群阅读电子书的情况更为普遍，而在中等教育以下教育程度的人群中，85%没有阅读过电子书。（见表4）

表4　电子书阅读情况

类别		没读过	每月阅读少于一次	每月阅读至少一次	每周阅读至少一次	每日阅读至少一次	其他
性别	男	73%	4%	5%	9%	0	1%
	女	75%	3%	5%	7%	0	1%
年龄	9~14 岁	75%	4%	5%	8%	0	1%
	15~24 岁	54%	5%	11%	15%	0	0
	25~44 岁	72%	4%	5%	9%	0	0
	45~65 岁	88%	2%	2%	3%	0	0
教育程度	高等教育（包括在校）	58%	5%	8%	14%	0	1%
	完成中等教育	76%	5%	5%	7%	0	1%
	中等教育以下	85%	2%	3%	5%	0	1%
总体		74%	4%	5%	8%	0	1%

资料来源：2014 年智利国民阅读调查

二、图书业发展概况

（一）出版情况 [①]

拉丁美洲的图书市场呈现出"碎片化"或者说"本国化"：由于新技术的出现，拉美的图书市场本可以跨越国界，实现面向整个拉美大陆全部西班牙语读者的流通。但事实上，在不同国家出版的作品并不能在整个拉美大陆流通，理论上一本阿根廷的图书可以通过大的出版集团在整个拉美出版销售，但事实往往并非如此，智利分公司可能更愿意出版销售来自西班牙或者美国的被事实证明了的畅销书或者智利本土作家的作品，而不愿意出版别的拉美国家作家的作品。与这种"碎片化"相对应的是拉美当代文学巨匠日益全球化。以波拉尼奥为例，他生于智利，长于墨西哥，成名于西班牙。

近年来智利每年的出版物数量有所增加，从数据来看，目前智利出版业正处于黄金时期：全国范围内销售网点从来没有这么多，图书供应从未如此充分，从来没有这么多的出版社可以出版如此种类繁多的图书。（见表5）

---

① 此处出版数据是基于 ISBN 统计的，包含非纸质出版物。

从地域上来看，智利出版业呈现高度集中化，2018 年，首都地区出版了 6797 种图书，占全国总出版数量的 83.25%，排名第二的瓦尔帕莱索地区仅出版了 491 种，不足首都地区的 10%。

表 5　智利图书出版种数情况

单位：种

年份	出版图书种数	与前一年相比增长幅度
2000	2420	-5.28%
2001	2582	6.69%
2002	2835	9.80%
2003	3420	20.63%
2004	3151	-7.86%
2005	3565	13.14%
2006	3541	-0.67%
2007	3723	5.14%
2008	3908	4.97%
2009	4462	14.18%
2010	5107	14.46%
2011	5720	12.00%
2012	6045	5.68%
2013	5952	-1.56%
2014	5702	-4.38%
2015	6268	9.9%
2016	7234	15.41%
2017	8016	10.81%
2018	8165	1.86%

资料来源：智利图书协会

从出版数量上来看，文学类图书独占鳌头，是智利出版数量最多的品类，其中，小说又是最重要的文学类图书，而诗歌大部分是通过自出版的形式与读者见面。教育图书尽管出版品种数远小于文学类图书（包括引进的文学图书），但实际印刷量远超其他类图书，是最重要的出版品类，尤其是基础教育类图书。（见表6）

表6 2010—2018 年度出版图书细分情况

单位：种

类别	出版数量
文学	22473
教育	7417
社科	5102
法律	3818
艺术	3814
科技	3310
历史	3115
一般读物	2467
哲学	2058
基础科学	1387
宗教	1336
经济	956
语言	481
公共管理	372
民俗	103

资料来源：智利图书协会

2010—2018 年间，智利共出版了 9806 种文学图书（本土文学），其中，叙事文学 4962 种、诗歌 3448 种、散文 1396 种。智利的诗歌出版表现为持续活跃的状态，年出版种数占总出版种数的比例处于 5.9%~6.7% 之间，诗歌占文学图书的比例则在 32.2%~45.5% 之间。（见表7）

表7   2010—2018年各年智利文学图书出版情况

单位：种

类别	2010	2011	2012	2013	2014	2015	2016	2017	2018	总计
诗歌	303	290	279	326	354	360	484	538	514	3448
叙事文学	268	375	373	480	470	559	826	794	817	4962
散文	95	130	150	186	127	118	192	218	180	1396
年出版总数	666	795	802	992	951	1037	1502	1550	1511	9806

资料来源：智利图书协会

2010—2018年，智利共出版5325种儿童文学图书，占9年间总出版数量的9.15%。从每年的出版情况看，儿童文学类图书已经在9年间增加了3倍左右，增速远高于年出版总量的增幅。（见图4）

单位：种

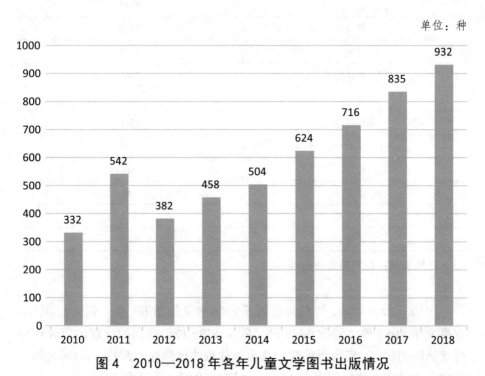

图4   2010—2018年各年儿童文学图书出版情况

资料来源：智利图书协会

2010—2018 年，智利共出版教育图书 7417 种，其中最主要的是基础教育类图书，共 4462 种，占教育图书的 60.15%，其次是一般类教育图书和中等教育图书，高等教育图书在 9 年间均未超过 40 种，占教育类图书不到 3.2%。基础教育类图书受智利本国教育制度改革影响较为明显，2012 年更是达到 1150 种，占当年教育类图书出版总量的 81%。（见表 8 和图 5）

表 8   2010—2018 年各年智利教育图书出版情况

单位：种

类别	2010	2011	2012	2013	2014	2015	2016	2017	2018	总计
一般类	123	119	142	138	191	202	236	295	291	1737
基础教育	470	534	1150	625	275	437	376	213	382	4462
中等教育	136	130	104	156	110	91	102	83	72	984
高等教育	26	33	24	21	16	17	37	34	26	234
年出版总数	755	816	1420	940	592	747	751	625	771	7417

资料来源：智利图书协会

单位：种

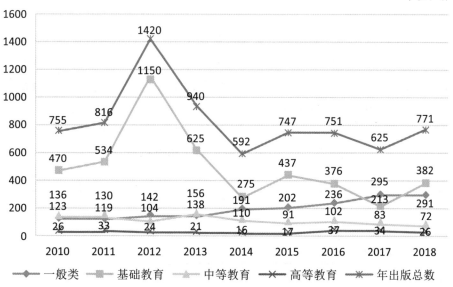

图 5   2010—2018 年智利教育图书出版情况

和拉丁美洲其他国家类似，智利自出版[1]情况较为常见，约占总出版数量的 13% 左右。（见表 9）

表 9 2010—2018 年智利自出版图书数量

单位：种

年份	自出版图书数量
2010	702
2011	776
2012	814
2013	881
2014	818
2015	872
2016	976
2017	1146
2018	1083
总计	8068

资料来源：智利图书协会

2018 年，智利一共出版了 454 种翻译图书，占总出版数量的 5.56%。其中最主要的是从英文翻译到西班牙文，共计 193 种。智利对欧洲大陆作品的翻译量较大，法文、德文、意大利文、葡萄牙文和丹麦文的翻译出版数量均超过 10 种。（见表 10）

表 10 2018 年智利翻译图书数量

单位：种

译出语	译入语	数量
英文	西班牙文	193
西班牙文	英文	84

---

[1] 即作者和编辑者为同一主体的现象。

译出语	译入语	数量
法文	西班牙文	49
德文	西班牙文	27
意大利文	西班牙文	24
葡萄牙文	西班牙文	16
丹麦文	西班牙文	11
俄文	西班牙文	9
拉丁文	西班牙文	5
日文	西班牙文	3
希腊文	西班牙文	2

资料来源：智利图书协会

2010—2018 年，一共出版了 9228 种非纸质图书，其中电子书（ebook）是最常见的形式，出版了 6560 种。智利的电子书仍然没有形成规模，无论是出版还是阅读，都是比较小众的行为。与其他国家的情况较为类似，CD-ROM、闪存等物理介质的出版在迅速减少，有声书、电子书、网络出版逐渐成为非纸质图书的主要形态。（见表 11）

表 11 2010—2018 年智利非纸质图书出版情况

单位：种

年份	CD-ROM	有声书	电子书	网络出版	闪存	其他	总计
2010	55	——	288	53	——	45	441
2011	54	——	747	96	——	24	921
2012	48	——	327	128	——	104	607
2013	17	——	523	246	79	35	900
2014	31	——	502	143	31	35	742
2015	16	——	460	138	14	84	812
2016	22	——	1201	225	40	70	1558

年份	CD-ROM	有声书	电子书	网络出版	闪存	其他	总计
2017	19	10	1270	326	12	97	1734
2018	18	39	1142	225	6	83	1513
总计	280	49	6560	1580	182	577	9228

资料来源：智利图书协会

根据智利图书协会的统计，智利的图书印量较小，超过半数图书印量在 500 册以下。若有图书年销量在 10000 册以上，可以称为超级畅销书。（见表 12）

表 12　2010—2018 年间智利图书印量情况

印量（册）	种数（种）
1~500	30300
501~1000	12185
1001~1500	2818
1501~2000	4190
2001~2500	383
2501~3000	1800
3001~3500	206
3501~4000	726
4001~4500	188
4501~5000	1243
5000 以上	4170
总计	58209

资料来源：智利图书协会

智利 90% 以上的图书为首次出版，只有少数图书可以重印，这说明出版市场较有创新性，但如此之低的重印率也让出版社盈利压力很大。

2010—2018 年间，92.52% 的图书为首次出版，共计 53855 种，再版图书占 3.77%，共 2194 种，三版及以上图书占 3.71%，共 2160 种。可见，智利图书再版率较低。（见图 6）

图 6　2010—2018 年智利出版图书版次情况

资料来源：智利图书协会

（二）图书销售情况

从图书销售的角度来看，智利的两家大型连锁书店，南极书店（Librería Antártica）和智利图书市集书店（Librería Feria Chilena del Libro），集中了连锁书店图书销量的 55%。其他的销售则极为分散。连锁书店的优点除了地理位置通常极好之外，覆盖的区域范围也更广泛。智利并没有像欧洲那样带有图书销售部门的大型百货商店，如英国宫（El Corte Inglés）等，而且连锁超市的参与率未达到图书总销售额的 6%，因此图书销售的主要渠道是书店（大型连锁书店、中型连锁书店和独立书店）。智利图书市场上最大的八家出版商和经销商加起来所占的市场份额也不超过年度总销售额的 24%。因此，智利图书销售市场并不存在过度集中化的问题。

智利的图书营销系统主要采用寄售，对于绝大多数书店而言库存成本很低。书店通常会在图书销售后向出版商、经销商支付费用并交纳增值税，在这之前，出版商需要垫付图书货款。书店会在收到图书回款后的 15 或

20 天左右支付增值税，而出版商则至少要在收取书店货款之前 50 天交纳增值税。因此，书店不用承担库存的压力，而是都转嫁到出版商头上。如果书店破产，就无法向出版商支付已销售图书的货款，但出版商的成本（如版税、印刷费）早已经实实在在支出。

在智利作品销量最好的作者是拉美著名作家，如加西亚·马尔克斯、豪尔赫·博尔赫斯以及智利最负盛名的作家巴勃罗·聂鲁达等，拉美以外最受欢迎的作品通常是从英文翻译过来的畅销书，如《哈利·波特》《成为》等。

智利本土作家的宣传推广大多在书展上，有时也会在媒体上做广告。本地书评家的观点对决定一位尚不知名作家的作品畅销与否至关重要，通常处女作销量不会超过 500 册。如果一本书一年销售超过 10000 册，那可算是超级畅销书。

智利是拉美地区进口西班牙图书第三多的国家，仅次于墨西哥和阿根廷。智利市面图书一度有 85% 是进口图书，不过，由于智利本国印刷业的发展，数码印刷技术发展日新月异，极大降低了大印量带来的库存风险，再加之政策规定在本地印刷可以享受 60~90 天的增值税缓冲期，潜在的汇率风险也让大型出版社更多考虑在本地印刷，目前进口图书和本地印刷图书的比例有所改变。

（三）相关企业情况

与拉美其他国家类似，智利的出版业呈现出不均衡的现象。一方面从地理意义上，出版业高度集中于首都附近，其他地区出版社无论从数量还是影响力上来看都远逊于首都地区；另一方面，大量资源也集中于头部出版集团手中，中小出版企业生存殊为不易。

智利如今大约有 150 家出版社，同 20 世纪 90 年代相比，数量显著增长。即便是和所谓的"出版黄金年代"相比，增长也是指数级的。如果将 1945—1980 年活跃在智利出版界的出版社和现在的出版社名录做对比，会发现当年活跃的出版社大部分都已不复存在，而阿根廷或墨西哥的本土出版社却有许多被大型跨国出版集团收购。

目前，智利图书市场被几家跨国出版集团占据统治地位，包括企鹅兰登、阿歇特、奥西亚诺（Océano）、行星以及教育领域的普利萨集团（Prisa）。这些跨国集团的智利分支机构在本土独立运营，但财务方面被母公司牢牢控制，对于年盈利率有着极高的要求，这导致上述出版机构仅仅将目光聚焦在盈利上，而没有承担应有的文化和社会义务，因此跨国集团的本地分支机构呈现了很强的"本国性"，并且在图书出版产业链的其他环节也极有话语权，如图书分销、书展等。2018年图书出版数量排名前二十的智利出版机构如表13所示。

表13　2018年图书出版数量排名前二十的智利出版机构情况

单位：种

出版社	出版图书数量	占总出版数量百分比
企鹅兰登书屋智利公司（Penguin Random House Grupo Editorial）	448	5.49%
奥莱伊尼克法律出版社（Ediciones Jurídicas Olejnik）	343	4.20%
行星出版集团智利公司（Editorial Planeta Chilena S.A.）	320	3.92%
太平洋桑蒂拉纳出版社（Santillana del Pacífico S.A）	225	2.76%
智利天主教大学出版社（Pontificia Universidad Católica de Chile）	205	2.52%
SM出版集团智利分社（SM Chile S.A.）	176	2.15%
科佩萨出版社（COPESA S.A.）	170	2.08%
图书国际网络公司（Red Internacional del Libro Ltda.）	158	1.94%
巫师出版社（Zig - Zag S.A.）	152	1.86%
加泰罗尼亚出版社（Editorial Catalonia Ltda.）	124	1.52%
八本书出版社（Ocho Libros Editores SpA）	122	1.49%
罗姆出版社（LOM Ediciones S.A.）[1]	112	1.37%
马格出版社（Mago Editores）	106	1.30%
自由出版社（Libertad S.A.）	101	1.24%
智利法律出版社（Legal Publishing Chile）	99	1.21%
智利大学出版社（Universidad de Chile）	64	0.78%
瓦尔帕莱索天主教大学出版社（Pontificia Universidad Católica de Valparaíso）	60	0.73%
智利司法出版社（Editorial Jurídica de Chile）	55	0.67%
锻造出版社（Editorial Forja）	51	0.62%
伊那卡普科技大学出版社（Universidad Tecnológica INACAP）	51	0.62%
教育部	48	0.59%

资料来源：智利图书协会

136 家出版机构出版了 10 种及 10 种以上图书，这些机构出版数量总和为 5478 种，占总出版数量的 67.09%，剩下的图书中有 1083 种（13.26%）为自出版，1604 种由年出版量在 10 本以下的出版机构出版。

三、报刊业发展概况

（一）整体情况

智利报刊业、媒体业比较发达，高度职业化。许多报纸都有 50 年甚至 100 年以上的历史，即便在独裁时期也没有中断。1827 年 9 月 12 日，智利第一大报《信使报》（*El Mercurio*）出版，这也是西班牙语世界最古老的、没有中断发行的日报。1843 年，《天主教杂志》开始出版，这是智利历史最悠久的刊物。

同时，智利报刊产业高度集中。根据 2015 年世界新闻自由指数（World Press Freedom Index）显示，两家商业集团 El Mercurio SAP（智利第一大报《信使报》所属集团）和 Grupo Copesa（智利第二大报《三点钟报》所属集团）掌握着全国 95% 的纸媒，两家集团业务均已扩展到广播、期刊和区域性报纸。El Mercurio SAP 集团是美洲日报组织（Grupo de Diarios America）的成员，还发行 20 余种区域性报纸；Grupo Copesa 则与来自 8 个其他拉美国家的 13 个报业集团共同成立了拉美报纸协会（Periodicos Asociados Latinoamericanos）。

智利没有国家级的期刊协会、报纸协会，可能是由于产业高度集中的原因，没有足够多的机构参与，也没有成立协会的必要。

从表 14 可见，从发行量来统计，《信使报》是智利当之无愧的第一大报，无论是工作日还是周末，其发行量都远超其他报纸。工作日发行量第二的报纸为《最新消息报》，该报与《信使报》同属一家报业集团，主要刊登大众新闻，这也是唯一一种工作日发行量大于周末发行量的报纸。《三点钟报》在周末受欢迎程度仅次于《信使报》，可达到工作日发行量的两倍多。《四点钟报》与《三点钟报》同属一家集团，发行量略逊于后者。《地铁报》和《时间报》均为免费派送的报纸，都只在工作日发行，两者发行量相差无几。

表 14　2018 年上半年智利八大报纸全国发行量情况

名称	周一	周二	周三	周四	周五	周六	周日
《信使报》	96629	116866	94589	95476	146127	166939	169952
《四点钟报》	53868	44487	44652	45704	56140	50219	63725
《三点钟报》	54104	48630	49574	49151	61235	138406	131016
《最新消息报》	93998	91937	93012	92878	98299	89360	78523
《两点钟报》	10821	10929	11163	11157	14388	——	——
《时间报》	88057	85191	87202	85174	90211	——	——
《地铁报》	88333	83333	83333	85000	92333	——	——
《今日报》	80619	80622	80619	80622	90389	——	——

资料来源：VALIDA[1]

如果从纸质版和电子版合计的阅读量来统计，《最新消息报》是最大的报纸，无论工作日还是周末，阅读量均稳居榜首。阅读量次之的分别是《信使报》《三点钟报》《四点钟报》。一般来讲，发行量高的报纸阅读量也会更高，但也有例外，《时间报》和《地铁报》属于同一类型的报纸，且发行量基本一致，但《地铁报》的阅读量要显著大于《时间报》。（见表 15）

表 15　2018 年上半年智利八大报纸全国阅读量（纸质版 + 电子版）情况

名称	周一	周二	周三	周四	周五	周六	周日
《信使报》	513023	521740	514709	496872	564763	636953	679300
《四点钟报》	319859	307575	300679	274351	308977	299363	291051
《三点钟报》	304236	302795	310022	283545	344515	456764	456265
《最新消息报》	727065	718337	721921	690876	721570	728112	692870

---

[1] 一家由智利国家商业公告协会、智利广告代理商协会和全国各大报纸及杂志代表共同成立的专业机构，统计智利主要报纸杂志的发行量数据。

名称	周一	周二	周三	周四	周五	周六	周日
《两点钟报》	40410	49869	55808	48508	45361	——	——
《时间报》	295885	298427	318704	297087	345671	——	——
《地铁报》	388381	392154	406315	332168	432329	——	——
《今日报》	237820	259803	251143	259787	270185	——	——

资料来源：VALIDA

智利期刊的发行量普遍不大，20000 册已是非常好的发行成绩。杂志类型主要有美容、服饰、财经、人文等类别。（见表 16）

表 16　2018 年上半年智利期刊发行量统计

名称	平均发行量	出版周期
《资本》（*Capital*）	10045	半月刊
《脸庞》（*Caras*）	22972	半月刊
《赏物》（*Cosas*）	15151	半月刊
《浮华》（*Vanidades*）	16373	半月刊
《国家地理杂志》（*National Geographics*）	19139	月刊
《时尚》（*Cosmopolitan*）	13974	月刊
《葡萄酒爱好者俱乐部》（*La CAV*）	23027	月刊
《风格和装饰》（*ED*）	10613	月刊

资料来源：VALIDA

（二）阅读情况

1. 报纸阅读

在 2014 年，35% 的人表示每周都会阅读报纸，26% 的人表示每天都会读报纸，这一比例超过图书。62% 的少年（9~14 岁）表示他们去年一年都未阅读任何一种报纸，青年人（15~24 岁）中 37% 表示他们没有阅读报纸，再往上年龄段中这一比例分别为 24%（25~44 岁人群）和 20%（45~65 岁人群）。可见读者年龄越大，阅读报纸的比例相对越高。教育程度、性别和阅读报纸似乎没有太大的关系，从调查结果可知，无论受访者是高等教育、中等教育还是中等以下教育程度，无论是男性还是女性，从未阅读报纸的比例都在 30% 上下，差别不大。可见影响报纸阅读比例的主要因素还是年龄，而非教育程度或性别因素。（见表 17）

表 17　阅读纸质报纸的频率

单位：%

类别		没读过	每月阅读少于一次	每月阅读至少一次	每周阅读至少一次	每日阅读至少一次	其他
性别	男	30	2	6	33	30	1
	女	29	3	8	37	22	0
年龄	9~14 岁	62	3	8	18	7	2
	15~24 岁	37	4	8	32	18	1
	25~44 岁	24	2	6	32	28	0
	45~65 岁	20	1	6	37	34	0
教育程度	高等教育（包括在校）	28	2	7	34	28	1
	完成中等教育	31	2	6	34	27	1
	中等教育以下	29	3	8	37	22	0
合计		30	2	7	35	26	1

资料来源：2014 年智利国民阅读调查

70% 的读者表示阅读报纸最感兴趣的题材是新闻通讯，其次是文化（66%）、健康科技（64%）、娱乐（56%）、政治讽刺（56%）、国际新闻（53%）、国内政治（53%）和体育（53%）。（见图 7）

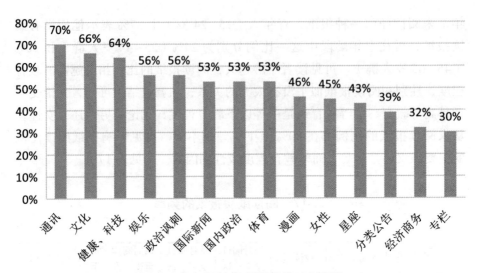

图 7　感兴趣的报纸题材阅读情况

资料来源：2014 年智利国民阅读调查

　　智利数字报纸影响力远小于纸质报纸。只有 35% 的人表示 2014 年曾经阅读过数字报纸，青少年比例更是低至 19%。在有阅读数字报纸经历的人群中，大部分人有每天阅读的习惯。（见图 8）

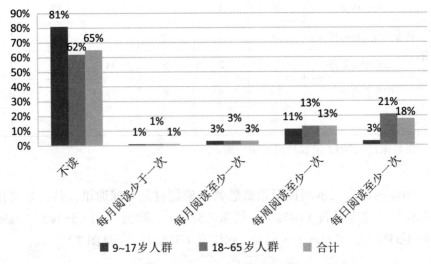

图 8　数字报纸阅读频率情况

资料来源：2014 年智利国民阅读调查

从调查中可见，男性对数字报纸接受程度相对高于女性，男性从未阅读数字报纸的比例（61%）略小于女性（69%）。从年龄上来看，15~44岁的群体更接受数字报纸，该年龄段的近半数受访者有过阅读数字报纸的经历，而9~14岁和45~65岁群体里，从未阅读过数字报纸的比例分别高达88%和76%。教育程度也对数字报纸的阅读情况有一定影响，接受过或正在接受高等教育的受访者对于数字报纸接受度相对较高，仅有43%表示从未阅读过数字报纸，也就是说一半以上的接受过或正在接受高等教育的人群是有过数字报纸阅读经历的。而在中等教育程度以下人群中，八成以上从未阅读过数字报纸。（见表18）

表18　数字报纸阅读分项统计

单位：%

类别		没读过	每月阅读少于一次	每月阅读至少一次	每周阅读至少一次	每日阅读至少一次	其他
合计		65	1	3	13	18	0
性别	男	61	1	3	14	21	1
	女	69	1	3	12	15	0
年龄	9~14岁	88	0	2	8	2	0
	15~24岁	52	2	4	20	21	0
	25~44岁	55	1	3	15	25	1
	45~65岁	76	1	1	7	13	0
教育程度	高等教育（包括在校）	43	1	4	18	34	0
	完成中等教育	66	1	3	15	15	0
	中等教育以下	81	1	2	7	8	1

资料来源：2014年智利国民阅读调查

从图9可见，智利读者更多是使用电脑（包括笔记本电脑和台式机），而非手机阅读数字报纸。用平板电脑阅读数字报纸的比例又远远低于智能手机，电子书阅读器的使用比例则低到几乎可以忽略。

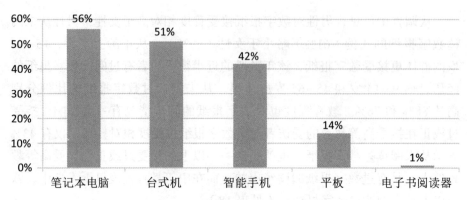

图 9　数字报纸阅读设备统计

资料来源：2014 年智利国民阅读调查

2. 期刊阅读

约一半的受访者表示，自己在 2014 年没有看过任何期刊，而在有阅读期刊习惯的人群中，每周至少阅读一次是占比相对较高的阅读频次。年龄对于期刊阅读的影响并不大。而电子期刊的阅读量更低，83% 的人表示从未读过电子期刊。（见图 10）

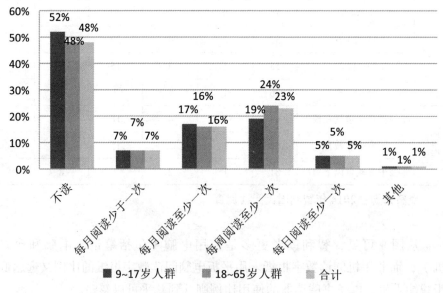

图 10　期刊阅读情况

资料来源：2014 年智利国民阅读调查

与阿根廷类似，女性阅读期刊的比例高于男性，54%的男性表示2014年没有阅读任何期刊，而女性同期没有阅读期刊的比例为43%，比男性低了11个百分点。随着年龄的增长，期刊阅读相对更为普遍。少年阅读期刊的比例低于青年，青年又略低于成年人。44%的9~14岁少年阅读过期刊，在15~24岁青年中这一比例为51%，而25岁以上成年人中53%表示上一年有过期刊阅读经历。教育程度越高，阅读期刊的比例越高。接受过或正在接受高等教育的人群中，59%阅读了期刊，中等教育人群中这一数据为51%，而中等教育以下人群中阅读期刊的比例为46%。（见表19）

表19　期刊阅读情况分项统计

单位：%

类别		没读过	每月阅读少于一次	每月阅读至少一次	每周阅读至少一次	每日阅读至少一次	其他
合计		48	7	16	23	5	1
性别	男	54	6	14	20	5	1
	女	43	8	18	27	4	1
年龄	9~14岁	56	5	17	16	5	1
	15~24岁	49	9	16	22	4	1
	25~44岁	47	8	16	24	4	1
	45~65岁	47	6	15	26	5	1
教育程度	高等教育（包括在校）	41	9	18	26	5	1
	完成中等教育	49	6	15	24	5	1
	中等教育以下	54	7	15	20	4	0

资料来源：2014年智利国民阅读调查

在期刊中，最受欢迎的是女性期刊，其次是体育类、健康类、装饰设计类、文艺类、烹饪类、电视电影及表演类。（见图11）

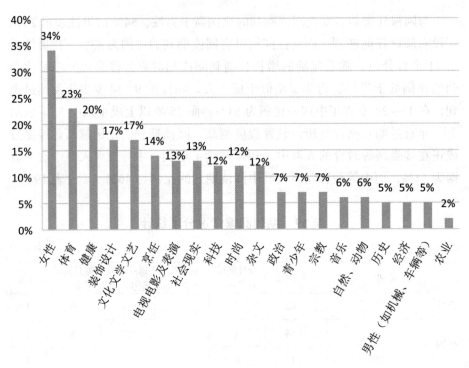

图 11　期刊题材阅读比例统计

资料来源：2014 年智利国民阅读调查

（三）主要企业及代表性报刊

智利报业第一大集团 El Mercurio SAP 旗下仅日报就有 15 种，覆盖智利全境。《信使报》是智利历史最悠久、影响力最大的报纸，报纸主要读者为立场偏保守派的中上阶层。除此之外，该集团旗下还有两种影响力较大的日报——主要面对大众读者的《最新消息报》和晚报《两点钟报》。

智利报业第二大集团 Grupo Copesa，旗下最大报纸《三点钟报》被认为是《信使报》强有力的竞争对手，读者定位更为年轻，有时发行量甚至能超过《信使报》。此外，该集团产品还包括《四点钟报》，免费的日报《时间报》和时评周报《发生了什么》。

智利目前有约 50 种报纸，发行量差别巨大，《信使报》周日版发行量可达 50 万份，也有些地方报纸发行量只有 3000 份左右。

2000 年，瑞典公司 Metro International 开始在智利推广其免费发行的模式，现在，《地铁报》（Publimetro）在智利 11 个城市发行，受到地铁乘客的热烈欢迎，是最主要的免费日报，发行量达 40 万份。

1978 年成立的《战略》（*Estrategia*）和 1988 年成立的《金融日报》（*Diario Financiero*）是最主要的财经类报纸，从周一到周五每天出版，聚焦商务、金融、宏观经济等。

还有一些重要的国家性报纸为周报或双周报。比如双周报《埃尔西利亚》（*Ercilla*）发行量约为 1.2 万，还有三种经济类月刊影响力较大，分别为《美洲经济》（*America Economia*）、《资本》（*Capital*）和《管理》（*Gestión*）。

绝大多数的报纸都是用西班牙文出版的，但也有少数外语报纸。比如德文报纸《秃鹰》（*Condor*），主要发行于德国移民聚集的智利南部地区。首都地区还有一些经济、金融报纸以英文出版，如一周两期的《新闻观察》（*The News Review*）和日报《圣地亚哥时报》（*Santiago Times*）。

许多政治组织也会利用报刊来宣传自己的思想和政策，这类报刊中比较有影响力的有：智利共产党的周报《世纪》、革命左派运动组织的半月刊《终点》等。

四、中智出版业交流合作情况

中智两国自建交以来，双边关系发展稳定，中国已经连续十年作为智利第一大贸易伙伴和第一大出口目的国。两国在 40 多年来的发展中创下了多个"第一"。随着"一带一路"的深入推进，两国在各领域的务实合作将进一步深化和扩展。

与两国之间密切的经贸往来相比，中国与智利出版业交流合作仍然有比较大的发展空间：出版对方国家作品较少，较少参加对方国家举行的国际书展，直接的版权和出版合作也不算多。近五年，在两国有识之士的有力推动下，在双方国家政策的大力引导支持下，中国和智利两国出版界的合作取得了长足的进步。

在著名翻译家孙新堂先生的协调下，在包括中宣部、文化部、孔子学院、中国作家协会等多方支持下，从 2015 年开始，包括莫言、李敬泽、周大新、徐则臣等著名作家先后访问智利，举行一系列文化交流活动，受到当地媒体、读者、学者的高度关注，智利前总统、国会议员、作家协会会长等多次出席上述文化交流活动。

2016 年，中国社会科学出版社在智利成立分社，这是中国出版社在智利成立的第一家分支机构，目前已出版包括《破解中国经济发展之谜》《中国的和平发展道路》《中华文化简明读本》等多部中国知名学者著作，并于 2018 年举行中国社会科学出版社外文图书展暨专题学术交流会。

2016 年底，"中国主题图书展销月"活动在智利首都圣地亚哥开幕，除重点展示展销《习近平谈治国理政》之外，还推出《中国道路与中国梦》《关键词读中国》《中国文化系列》等反映当代中国政治、经济、文化等内容的主题图书。这是中国首次在智利举办中国主题图书展销活动。

2017 年，五洲传播出版社与智利 LOM 出版社合作在智利首都圣地亚哥的 LOM 书店设置"中国书架"，这是南美洲第一个"中国书架"，为当地读者了解中国提供了新的路径。LOM 出版社是智利最大的独立出版机构，也是智利出版中国图书最多的出版社，目前已出版 7 种中国当代文学著作，还有十余部正在策划。智利第一大报《信使报》对中国图书在智利的出版、中国作家在智利举行文化交流活动及"中国书架"进行了整版专题报道，认为这些举措使得中国文化在智利影响力不断扩大。

2017 年 10 月，中国出版界首次组团参加圣地亚哥国际图书博览会，展览展示近 200 种中国图书，包括主题图书、传统文化图书、中国文学图书、语言学习图书等等，其中一半以上为西班牙文。

2019 年，"译介中国——中国国际出版 70 年"专题展在圣地亚哥举办，以实物展示和图文介绍相结合的方式，概略呈现中国图书出版的国际交流成果，全方位、多角度地呈现我国图书在海外出版、传播的基本情况。

可以说，中国和智利出版业的合作已经有了非常好的基础，期待双方能进一步深入合作，促进中外文明互鉴。

参考文献

1. 智利出版协会 . 年度数据报告 . 2018.

2. 智利国家文化艺术委员会 . 国家阅读计划 2015—2020. 2015.

3. 智利国家文化艺术委员会 . 全国阅读行为调查 . 2014.

4. 智利国家文化艺术委员会 . 国家阅读和图书政策 2015—2020. 2015.

5. VALIDA. 2018 年报纸杂志发行量及阅读量统计报告 .

6. Subercaseaux, Bernardo. La industria del libro y el paisaje editorial [J]. REVISTA CHILENA DE LITERATURA, 2014, Número 86: 263-268.

7. Dittborn, Pablo. La Industria del libro en Chile [J]. REVISTA

ANALES DE LA UNIVERSIDAD DE CHILE, 2014, N° 6, Séptima Serie.

8. Infante, Arturo. Paisaje editorial y lectores [J]. REVISTA ANALES DE LA UNIVERSIDAD DE CHILE, 2014, N° 6, Séptima Serie.

9. 商务部国际贸易经济合作研究院，中国驻智利大使馆经济商务参赞处，商务部对外投资和经济合作司 . 对外投资合作国别（地区）指南之智利 . 2019.

10. 智利信使报 . La llegada de los libros chinos al mercado chileno. 2019.

11. 人民网 . 中国著名作家受邀参加拉美"中国作家论坛"活动 . http://politics.people.com.cn/n/2015/0617/c70731-27170834.html.

12. 新华网 . 莫言获智利迭戈·波塔莱斯大学荣誉博士学位 . http://www.xinhuanet.com/photo/2019-08-07/c_1124848173_4.htm.

13. 中国新闻出版广电网 . 中国社会科学出版社智利分社揭牌 . http://data.chinaxwcb.com/epaper2016/epaper/d6395/d1b/201611/73209.html.

14. 国际在线 . 2019 年智利"译介中国——中国国际出版 70 年"专题展开幕式在圣地亚哥开幕 . http://news.cri.cn/20191101/8cbf5f29-a32e-1b4a-63d9-4b18323dd9cf.html.

15. 新华网 . 中国图书首次亮相圣地亚哥国际图书博览会 . http://www.xinhuanet.com/2017-10-27/c_1121868012.htm.

16. 新华网 . "中国主题图书展销月"活动在智利圣地亚哥开幕 . http://www.xinhuanet.com/world/2016-11-24/c_129377223.htm.

（作者单位：五洲传播出版社）

案例

聚拢作家资源，打造文学走出去平台

——北京出版集团十月作家居住地项目

吕亚兰　文　爽　熊也纳

　　"十月作家居住地"是十月文学院在海内外拓展创作项目与出版合作的重要平台，旨在吸引作家创作、推动跨国度跨地域的文学交流合作。运行五年来，已在海内外建立 12 处"作家居住地"（纽约、莫斯科、布拉格、爱丁堡、加德满都、北京、拉萨、李庄、武夷山、丽江、西双版纳、广州），组织近 20 名中外作家和翻译家入驻，创作成果丰硕，重点作品在欧洲输出版权。目前，该项目已逐步成为北京和中国文学走出去的重要基地。

一、建设背景

　　近几年，中国文学在国际市场的关注度逐渐上升，中国文学融入世界是文化发展大势所趋。推动文学走出去，让更多具有代表性的中国作品在国际上得到更多关注，不仅需要思考开发好的原创作品、培育优质作家资源、做好长期规划，还需要不断探索和创新文化传播和文学创作的新模式，才能更有助于扩大中国当代文学的国际影响力。

　　（一）深耕北京文化品牌，打造国际传播品牌活动，提升集团国际影响力的迫切性与必要性

　　党的十八大以来，以习近平同志为核心的党中央高度重视文化走出去工作。习近平总书记围绕推动文化走出去做出一系列重要论述，提出一系列明确要求。在全国宣传思想工作会议上，总书记指出要"精心做好对外宣传工作，创新对外宣传方式"，"讲好中国故事，传播好中国声音"。

　　2013 年，习近平总书记与党中央统揽全局，顺应大势，提出了共建"一带一路"倡议。2016 年，党中央出台了《关于加强"一带一路"软力量建

设的指导意见》,强调要创新中华文化走出去的内容形式和体制机制,要着力推动中华文化向"一带一路"相关国家走出去,讲好"一带一路"故事,塑造良好国家形象。

文化走出去是出版行业的重要使命,文化的传承与创新是"一带一路"的"软"支撑。"一带一路"倡议背景下,如何向海外传播中国传统文化,让世界更好地了解中国,让中国文学更好地在世界舞台展示,成为了文化企业的重要课题。

北京是全国文化中心,北京出版集团作为北京市宣传思想文化建设的主流阵地,坚持以出版内容创新为核心,以国际出版项目建设为牵动,推动图书版权、实物、品牌输出,努力开拓海外主流市场,打造走出去文化品牌。

面对当今世界百年未有之大变局、大机遇,集团应自觉强化责任担当,通过出版走出去推动文学走出去,走出一条文化企业特色发展之路。集团旗下"十月"品牌,作为北京文学品牌的老字号,一方面应当培养、发掘、服务优秀作家,引导作家创作出更多弘扬古都文化、红色文化、京味文化和创新文化的优秀作品和京派佳作,推动北京文学从"高原"进一步迈向新的"高峰";另一方面,"十月"品牌应以文学为引领,以外宣创新项目为牵动力,打造国际型文学创造平台,推动精品文学更好地走向世界舞台。

(二)创立十月文学院,打造京版文化走出去品牌

"一带一路"倡议背景下,集团不断强化品牌意识,积极探索创新文化品牌项目。多年来,集团始终以高度的职责使命和担当,积极组织作家和出版人深入首都改革发展一线,不断聚拢作家资源,推动文学精品原创,探索打造具有文学特色的走出去文化品牌,在文化走出去过程中积极与世界文化市场对接。

2015年,为顺应新时代新形势下传统出版的改革发展态势,推动传统文学品牌的创新升级和融合发展,北京出版集团对旗下"十月"品牌(《十月》杂志与北京十月文艺出版社)进行立体化开发,建立十月文学院这一创新性文学产业平台。

十月文学院是目前国内唯一由国有文化出版企业创办的文学院,是北京出版集团在落实"完善把社会效益放在首位、两个效益相统一的体制机制"方面的积极探索。作为北京著名文学品牌"十月"的创新发展平台,

建院五年来，十月文学院充分发挥企业办院的特色与优势，立足文学创作出版与公共文化服务，将专业性与公共性、产业性与公益性相结合，积极探索新时代新形势下传统文学出版品牌的创新发展途径，取得了丰硕成果，积累了多方面经验，成为立足北京、影响全国、面向国际的知名文学品牌。

十月文学院的定位与宗旨，是建设三大平台：为作家服务的平台、与艺术对接的平台、为公共文化服务的平台；实现六项功能：出版前移、扶植作者、倡导阅读、从小抓起、对接产业、联结中外。2017 年，"北京出版集团创办十月文学院"获评"2016—2017 年度出版发行集团十大品牌传播金案"。

二、设立意义

文学不仅属于文学界，也属于有着文学心灵的广大人群，不仅属于中国，更属于世界。为探索中国文学走出去的新方式和新途径，集团立足行业、产业发展大局，于 2015 年启动建设了"十月作家居住地"项目，通过定期选派著名作家入驻海外各作家"居住地"，加强作家对于当地重要文化活动的参与度，有针对性地联络当地翻译家和出版人，具体有效地推介作家作品。

"十月作家居住地"是十月文学院在海内外拓展创作项目与出版合作的重要平台，旨在吸引作家创作、推动跨国度跨地域的文学交流合作，经过多年的运营和发展，已逐步发展成为北京和中国文学走出去的重要基地。

（一）创新外宣方式，打造文学走出去品牌项目

为打造文学创作与对外平台，创新外宣方式，提升国际传播力，"十月作家居住地"项目开创了"作家创作交流、版权交易、图书展示、品牌传播"为一体的新模式，进一步加强"十月"品牌及文学成果的海外推广。

借助"十月"传统优质文学品牌影响力，"十月作家居住地"充分调动和运用海外爱国华人华侨和国际友好人士深厚的社会资源，促使中国作家作品直接并且有效地得到国际同行认同和持续传播，同时也借助该平台的专业性，有效引进外国优秀作家作品，利用文学传统品牌的深厚影响力，发挥文学强大的凝聚力和品牌作用。

（二）推动"一带一路"文学合作，讲好中国故事

"十月作家居住地"是集团在"一带一路"相关国家积极拓展文学创作与出版合作、推广文化产品与文化品牌的战略实践前沿项目。设计之初，"十月作家居住地"计划立足于文学交流、版权交易、专题图书展示等项目，直接面对当地出版人、翻译家、作家、学者和社会公众，介绍推广中国优秀作家，输出中国优秀作品，同时引进相关国家的优秀文学艺术成果，邀请外国作家、翻译家到访中国，进行考察写作。

2015年6月，首个"十月作家居住地"项目——"十月作家居住地·布拉格"在捷克首都布拉格挂牌运行。首位入驻作家吴雨初在这里创作了散文作品《访乌金》；同年11月，中国作家协会代表团专程到该"居住地"参观访问，并在这里举办了中捷作家、诗人、翻译家的文学座谈。"十月作家居住地·布拉格"项目的建立和运行，在国内外，特别是国内文学界和捷克文化界产生了巨大反响，国内外多家媒体重磅报道，也为中国文学走出去和"一带一路"文化传播创造了最新业绩。

截至目前，十月文学院已在海内外设立12处各具特色的"十月作家居住地"，包括纽约、莫斯科、布拉格、爱丁堡、加德满都、北京、拉萨、李庄、武夷山、丽江古城、西双版纳、广州。先后入驻海内外"十月作家居住地"的著名作家有吴雨初、马原、韩少功、余华、格非、苏童、叶广芩、宁肯、刘庆邦、徐则臣、万方、梁鸿、弋舟，青年作家文珍、石一枫，著名翻译家刘文飞，美国翻译家托马斯·莫兰，著名文学评论家陈晓明等，在社会效益方面取得了丰硕成果。

三、运行经验

"十月作家居住地"是集团坚持文化走出去战略中的一次有益、有效探索。在海外，特别是在"一带一路"相关国家建立传播中国文学、文化的"十月作家居住地"平台，国内尚属首创。

在上级主管部门的支持和集团的领导下，"十月作家居住地"致力于在"一带一路"相关国家和地区传播"中国声音"，讲述"中国故事"，在品牌推广、文学交流、版权输出、团结作家、促进文学创作等方面积累了经验，发挥了重要作用，做出了有益贡献，在海内外文学界产生了良好反响。该项目从最初筹划创建到目前平稳运营，是多方共同努力的结果，积累了一定的经验。

（一）明确建设目标，开展有效运营

"十月作家居住地"主要分布在"一带一路"相关国家和地区，承载着重要的文学使命和文化意义。

十月文学院对于选择"十月作家居住地"的合作方、落地城市的标准和条件十分严格，每一处"十月作家居住地"确立后，十月文学院和合作方在品牌维护、推广宣传、活动组织、可持续发展等方面积极合作，力行建立一个，运行好一个。未来，在推进目前"居住地"建设发展的基础上，根据情况拓展新的"版图"，同时，不断完善整体布局，强化辐射效应，让其在品牌推广、资源拓展、服务中国文学走出去中发挥更大作用。

（二）诚邀作家入驻，推动创作成果

"十月作家居住地"初创时就得到了"中国图书对外推广计划"工作小组的高度评价，称其海外项目"率先开创了作家创作交流、版权交易、图书展示、品牌传播为一体的新模式"。

作为中国作家深入生活和中国文学走出去的重要基地，"十月作家居住地"为作家体验生活、积累素材、启发灵感、潜心创作、作品宣传推广等提供了条件并开辟了有效渠道。受邀的每一位入驻作家都有自己的创作计划，愿意积极参与同当地文学界和文学爱好者的沟通交流。十月文学院经过精心遴选，为作家入驻做好充分准备。

从版权交易、图书展示和品牌传播方面，十月文学院以"十月作家居住地"为中心，通过在海内外举办文化传播专题活动和文化交流活动，设立"十月"图书专柜等活动，加大宣传力度，努力促进中国文学国际间交流的社会效益和经济效益最大化，在国内外良好社会影响的基础上，力争促进出版的社会效益与经济收益双赢。

目前，"十月作家居住地"以其公益性、专业性在海内外文学界塑造了品牌影响力，也将继续为推动中国文学尤其是北京文学走出去做出努力。

（三）充分利用资源，推动多元化发展

在"十月作家居住地"的实际运营中，并不仅仅是简单的工作复制，十月文学院和合作方从实际出发，充分利用好"十月"的文学资源和当地的文化资源，积极商讨适应当地的推广模式，最大化取得合作方以及当地政府的大力支持，保证"十月作家居住地"的长远发展，充分利用每个"居住地"现有条件，并充分发掘每个"居住地"的个性特色和优势，实现它们的多元化发展。同时，拓展政府文化项目合作，如与丽江市政府合作建立集文学创作交流、普及推广为一体的"十月文学馆·丽江古城"，该馆于2019年开馆运作，成为国内文学品牌的首个形象展馆，也是丽江首处以文学为主题的政府特色文化院落。

四、运行成果

"十月作家居住地"是集团以十月文学院为中心打造的创新平台，旨在以文学为载体联结中外、聚拢资源。"十月作家居住地"切合"一带一路"文化倡议规划，在推动中国文学尤其是北京文学走出去等方面，取得了丰硕成果。

（一）聚拢首都创作力量和创作资源，促进文学创作出版与交流

十月文学院通过"十月作家居住地"，以"文学创作"为出发点，紧紧抓住创作生产优秀作品这个中心环节，切实加强对优秀作家的团结凝聚和引导服务，激发创作热情，开发创作潜力，提升创作实力。

将"十月作家居住地"作为十月文学院精品文学活动"名家讲堂"的另一个舞台，邀请北京与全国著名专家学者、作家与文艺家，与"十月作家居住地"入驻作家一道，以两人或多人对谈的方式，就文学与文化的重要问题、前沿问题各抒己见，在思想的碰撞与交流当中，开创新见，扩散文学热度，紧跟时代潮流，繁荣北京文学与文化。"名家讲堂"自2017年10月启动至今，已在北京佑圣寺、福建武夷山、云南丽江等"十月作家居住地"举办了七场活动。

（二）创新文学精品生产机制，引领原创文学创作出版

通过"十月作家居住地"，十月文学院为"十月"品牌和北京聚拢文学名家，进一步紧密团结了优秀作家，促进作家文学创作出版，产生了一批有重要影响力的创作成果和出版成果。

入驻"十月作家居住地"的作家，均有创作作品首发《十月》杂志或由北京十月文艺出版社出版。如吴雨初《形色藏人（续篇）》、马原《谷神屋的贝玛》、韩少功《守住秘密的舞蹈》、格非《乡村消失意味着什么》、苏童《拜访伊凡·克里玛先生》、刘文飞《茨维塔耶娃的布拉格》、弋舟《所有路的尽头》首发《十月》；刘庆邦《家长》首发《十月》，单行本由十月文艺出版社出版并获第二届南丁文学奖；叶广芩儿童文学作品《耗子大爷起晚了》《花猫三丫上房了》由北京少年儿童出版社出版；万方关于父

亲曹禺的回忆录《你和我》由北京十月文艺出版社出版；徐则臣长篇小说《北上》首发《十月》，单行本由北京十月文艺出版社出版并荣获第十五届"五个一工程"奖、第十届茅盾文学奖；文珍《张南山》《暗红色的云藏在黑暗里》《寄居蟹》首发《十月》，诗集《鲸鱼破冰》由北京十月文艺出版社出版；石一枫《玫瑰开满了麦子店》首发《十月》，《世间永无陈金芳》由北京十月文艺出版社出版；宁肯短篇小说《火车》即将由北京十月文艺出版社出版等。

（三）注重双向交流和国际合作，推动北京文学海外译介与传播

项目致力于加强国际合作，积极开展对外文化交流，进一步了解世界文学作品，拓展北京文学走出去渠道，有效促进"十月"文学成果的海外译介传播和国际版权合作。已有北京出版集团的文学图书在捷克、澳大利亚等国实现版权输出，并有多部作品的海外版权正在洽谈中，成为"十月作家居住地"的平台辐射成果。

一是在海外"十月作家居住地"城市及辐射城市做好精品图书海外推介。已在尼泊尔加德满都（中国西藏书店）、英国伦敦（中国图书进出口总公司伦敦新华书店），分别设立了"十月"图书专柜，展示中国近年出版的中华传统文化、京味文化、历史、小说、艺术等各类精品出版物，以及"十月"文学品牌成果。

二是在"十月作家居住地"运行基础上，开拓建设"十月"文学成果的对外译介和版权输出平台——十月翻译版权交流平台。积极促进"十月翻译版权交流计划"和"外国翻译家驻留计划"在该平台下的顺利运行，相互交流、推介优秀文学作品，洽谈翻译与版权合作。作为北京十月文学月的重要国际活动，十月文学院每年邀请国外作家、翻译家等来中国，参加十月作家居住地论坛、十月翻译版权交流论坛等活动。

开展十月翻译版权交流计划。与纸托邦（Paper Republic）等机构团体开展交流活动，促进文学交流与版权合作。每年邀请国外重要出版机构的编辑、出版人、版权代理人、版权经理等业内专家，完成洽谈十月文艺出版社推荐作品的样章和全文翻译等相关工作。2018年，与北京十月文艺出版社、纸托邦联合主办"第一届十月翻译版权交流计划"主题活动，并陆续推出著名北京作家作品的翻译样章，为下一步版权贸易合作打好基础。

开展外国翻译家驻留计划。该计划为国内首创，和外国翻译家、汉学家合作，以十月文学院为工作驻地，邀请外国翻译家、汉学家来到中国，

深入中国文学语境，与被译作家进行为期一个月的面对面深度交流，推动北京作家作品海外译介出版。此外，他们将作为外国翻译家和汉学家代表，参与北京十月文学月期间的其他国际文化交流活动。该计划于 2017 年正式启动，首位受邀外国翻译家，捷克汉学家、翻译家李素历时一年完成著名作家宁肯长篇小说《天·藏》翻译，该书作为"十月作家居住地"平台的一项重要创作成果，于 2019 年在捷克实现版权输出并出版发行。第二位受邀外国翻译家为爱丁堡大学汉学家、翻译家狄星，正在翻译鲁迅文学奖获得者石一枫的作品《特别能战斗》。

三是举办国际交流活动，扩大"十月"品牌的国际影响力。依托海外"十月作家居住地"的资源和条件，将"居住地"的影响力辐射到周边"一带一路"相关国家城市。作家前往海外"十月作家居住地"入驻期间，十月文学院与当地合作方共同组织开展内容丰富的高品质文学交流活动，并积极邀请入驻作家前往当地的著名学府或文学机构，与当地的作家、诗人、文学爱好者等进行交流，同时加大宣传推广力度，通过一系列专业对接，进一步扩大入驻作家作品和"十月"文学品牌在国际上的影响力，有效输出版权，为国际间文学和文化出版交流起到桥梁作用。

"十月作家居住地"自 2015 年启动以来，已运行五年。回望这一路，离不开国家新闻出版署、北京市委宣传部等上级主管部门的扶持，北京出版集团领导的大力支持，广大作家、评论家朋友的信任认可，海外友好汉学家、翻译家的热情参与，合作方的精诚合作，广大文学爱好者的关注，以及为这个项目付出心血的开拓者和工作人员等等，是大家的力量，才让这个公益项目走得实在、坚定。

未来，"十月作家居住地"将继续紧紧围绕推动中国文学尤其是北京文学走出去这一重要任务，深入打造并运行好这一文学创作、出版、传播平台，努力塑造为推广北京文学文化形象的一个新平台、新阵地、新窗口，努力服务于首都文化建设，努力打造北京文学文化高地，为推动北京文学从"高原"走向"高峰"做出应有的贡献。

（作者单位：北京出版集团）

打造外国人讲中国故事的海外桥头堡

——记尚斯国际出版传媒集团 ①

王卉莲

尚斯国际出版传媒集团成立于 2010 年 4 月 13 日，主营中国主题图书和中国主题文化创意产品，业务涵盖多语种翻译、出版、发行、会展、旅游等领域，旨在以中国文化为主线，打造一支中国文化传播的海外军团，建成一个横跨东欧、中亚、东亚、西欧的跨国出版传媒集团。目前，集团旗下有子公司 12 家，分别位于中国、俄罗斯、日本、白俄罗斯、哈萨克斯坦、吉尔吉斯斯坦等 6 国首都及主要城市，在海外拥有本土员工 300 余名。

2019 年，尚斯国际出版传媒集团实现销售收入 4.66 亿卢布（约合人民币 4755.6 万元 ②）。2019 年 4 月至 2020 年 4 月，集团共出版中国主题图书（不含教辅材料及小册子）223 种，其中俄罗斯 149 种，哈萨克斯坦 32 种，吉尔吉斯斯坦 39 种，白俄罗斯 2 种，乌兹别克斯坦 1 种；签订版权合同图书 515 种，其中俄罗斯 184 种，吉尔吉斯斯坦 102 种，哈萨克斯坦 99 种，白俄罗斯 81 种，日本 29 种，乌克兰 15 种，乌兹别克斯坦 5 种。

成立 10 年来，尚斯国际出版传媒集团不断发展壮大，已初具跨国公司雏形。其在所在国设立的线上线下发行渠道，成为我国出版物走出去的桥头堡，为下一步构建全方位、立体化、多渠道的国际营销网络打下了坚实基础。

一、有情怀的人，做有意义的事

21 世纪初期，尚斯国际出版传媒集团创始人穆平，作为财经新闻记者，

---

① 资料来源：尚斯国际出版传媒集团提供的相关材料。
② 按 2019 年末卢布汇率计算。

经常去俄罗斯和中亚国家采访，在上述国家有七八年工作经历，熟悉当地风土民情，是一个有情怀的人，他致力于中外文化交流与合作，打造外国人讲中国故事的传媒集团。据穆平回忆，当时的俄罗斯和中亚国家刚从苏联解体独立出来，经济状况非常差，但是在这些国家采访的时候，他非常惊讶地发现，当地人非常瞧不起在那里捞取第一桶金的中国小商贩。彼时，俄罗斯和中亚国家民众缺乏正面了解中国的渠道。国外书店里中国主题图书非常少，偶尔犄角旮旯里找到的此类书一般都是苏联时期翻译出版的，内容较为陈旧；我国驻外使馆有一些来自国内的俄文图书，大多是当地人看不懂、中国人看不明白的俄文图书，中国式俄语翻译导致宣传效果不好；应国外新闻界和文化界朋友请求，去国内书店寻找介绍中国的俄文图书，也收获寥寥。

2008 年，在与当地孔子学院老师的恳谈中，穆平萌生了回国辞职开出版公司、做中国主题俄文图书的念头。2009 年回国后，他瞒着家人辞职准备开公司。2010 年 4 月，尚斯国际出版集团（中国）分公司在北京注册成立，聘请外国人翻译、编辑中国主题俄文图书。2010 年 11 月，编纂完成第一本书，首印 6000 册，费劲周折送到吉尔吉斯斯坦、哈萨克斯坦、俄罗斯开始销售，在一次又一次碰壁后逐渐了解到上述国家出版界的一些门道。随后，开始与俄罗斯出版机构进行合作出版。创业初期的摸索阶段，公司亏损较为严重，为给员工发工资、交房租，穆平拿出了家里全部积蓄，变卖了一套房子。

2013 年，习近平主席提出"一带一路"倡议，号召在对话协商、共建共享、合作共赢、交流互鉴过程中，让世界了解中国，让中国走向世界，积极构建人类命运共同体。这让穆平看到了公司发展壮大的希望。随着国家走出去战略的稳步推进，公司日益走上正轨。

二、打通出版领域上下游，打造真心做事的团队

尚斯国际出版传媒集团，经过 10 年发展，已经由最初名不见经传的小型出版机构成长为跨六国的集团公司，业务范围覆盖出版领域上下游各环节。从图书选题到翻译、编辑、校对、出版、发行全部实现本土化运作。纵观其发展历程，可以看出其主要经营策略：先在社会稳定、出版较为开放的俄语国家首都开办中国主题出版机构，试水本地读者和市场，出版机构站稳脚跟后，再开设中国主题书店，经营稳定后，大量开设"中国

书架"，在所在国家广泛开拓发行渠道。穆平称之为中国文化走出去的"落地生根、苗壮成长、枝繁叶茂、开花结果"模式：在国外开办出版机构落地生根，出版机构是树根；自营书店是树干，运营良好，苗壮成长；大力拓展本地主流发行渠道，通过大量"中国书架"，达到枝繁叶茂、开花结果的效果。

目前，集团旗下有 12 家子公司，分别是北京尚斯国际文化交流有限责任公司，俄罗斯尚斯国际出版社有限公司，俄罗斯东方图书出版社有限公司，吉尔吉斯斯坦东方文学与艺术出版社有限公司，哈萨克斯坦东方文献出版社有限责任公司，白俄罗斯东方文化出版社有限公司，日本尚斯国际出版社有限责任公司，尚斯书店莫斯科总店、比什凯克分店、阿拉木图分店、明斯克分店、网上书城。其中，北京公司虽然人员最少，但是责任最为重大，负责选择适合走出去的图书品种的版权采购、实物图书采购、书店商品采购，把控国外各分支出版机构的翻译质量、进行内容审核，督促各分支出版发行机构工作进度等。集团下一步计划在乌克兰、乌兹别克斯坦、格鲁吉亚、阿塞拜疆等政治文化政策相对宽松的东欧、中亚国家拓展业务，向韩国、英国、德国等出版业较为发达的东亚、西欧国家开拓。

起初，穆平与俄罗斯本土出版机构进行合作出版。合作过程中发现，对方除了发行渠道较为畅通外，在其他诸如图书内容，尤其是涉及政治、宗教、民族的图书是否符合要求，译文翻译是否准确，编辑效率能否提高，能否准确定位发行重点等其他业务流程方面的沟通不顺畅，导致合作效率低下。因此，穆平开始走上了自办出版、发行之路，逐渐实现了出版发行业务的本土化运作。目前，集团的图书出版业务发展已经较为成熟，发行业务在保持与"阅读城"连锁书店、"奥逊"、"迷宫"等网络销售巨头等主流发行渠道合作的同时，自办发行直接与实体书店、大专院校、培训机构、图书馆等合作，使得销售回款时间大幅度提前，在图书上下架时效等方面也越来越具话语权，销售额大幅增长，已超过集团主流发行渠道的销售收入。集团员工，除穆平本人外，也全部实现本土化。这有助于了解本地图书市场需求、读者阅读倾向，编辑出版适销对路的图书产品，让所在国政府、行业、民众更易于接受中国文化。

经过多年发展，尚斯国际出版传媒集团拥有从业经验丰富、爱好中国文化的管理层、翻译编辑发行团队，已经形成了完整的"翻译、出版、批发、零售、推广"商业链，社会效益、经济效益日益增加。就俄罗斯团队而言,总编来自俄罗斯久负盛名的科学院出版社,经验丰富;副总编来自俄罗斯最大的出版机构埃克斯摩,年轻有为;销售部经理从当地发行英才中筛选而来,干劲十足;翻译部主任是来自俄罗斯东方研究所的汉语专业研究员,资深严谨;产品部主任曾是俄罗斯大型出版集团阿斯特的产品部负责人,眼光独到,等等。这是一支朝气蓬勃、奋发有为、真心做事的团队,赢得了本地出版界和文化界的尊重。

近年来,尚斯国际出版传媒集团在文化传播、出版、发行等领域斩获不少奖项,主要有:

在俄罗斯,2017年4月,获俄罗斯作家协会颁发的"中俄文学交流特别协作奖";2017年5月,获联合国教科文组织俄罗斯秘书处颁发的"优秀中俄文化传播奖",以及"莫斯科最美书店"称号;2017年7月,获俄罗斯外交部、联邦出版与大众传媒署、俄罗斯出版商协会颁发的"俄罗斯年度优秀出版金奖";2018年5月,获俄罗斯联邦出版与大众传媒署、俄罗斯出版商协会颁发的"持续传播外国文化优秀奖"。2015—2017年,每年度都有5~6种中国主题图书入选一年举办两次的俄罗斯全国百种优秀图书评比。

在吉尔吉斯斯坦,2017年12月,获吉尔吉斯斯坦传媒信息协会颁发的"比什凯克最美书店"称号,以及"丝绸之路文化传播奖";2018年3月,获吉尔吉斯斯坦国家书库颁发的"大众文学传播优秀奖";2018年5月,获吉尔吉斯斯坦文化信息部颁发的"优秀出版社"称号,吉尔吉斯作家协会颁发的"中吉友谊传播奖"。在哈萨克斯坦,获哈萨克斯坦文化体育信息部颁发的优秀图书评比优秀奖。

此外,俄罗斯"塔斯社""24小时新闻频道""今日俄罗斯""莫斯科广播"等,吉尔吉斯斯坦国家电视台、比什凯克电视台、广播电台、《国旗报》、《比什凯克晚报》等,哈萨克斯坦"24小时新闻频道""阿拉木图新闻会客厅"《新闻报》等媒体都给予尚斯国际出版传媒集团很多正面新闻报道,引起较为广泛的关注。

三、尚斯书店生机勃发,从图书卖场到文化传播桥头堡

近年来,随着"一带一路"倡议的提出,"一带一路"相关国家民众渴望了解中国,搭乘中国快速发展的顺风车,掀起汉语学习热潮。在俄罗

斯，乃至中亚国家，民族文字版的中国主题图书翻译出版几乎为空白，在这一领域有着广泛的交流与合作空间。因此，尚斯书店在上述国家拥有较好的发展前景。实践也证明，尚斯书店正在由中国主题图书卖场发展成为我国对外文化传播的桥头堡。

尚斯国际出版传媒集团旗下实体书店经常以"请进来、走出去"的模式，即把读者请到书店来，让编辑走进学校、部队以及社区，大力传播中国文化。2017 年，集团组建专职"中国文化宣讲团"，介绍中国文化，推广中国主题图书，以扩大集团旗下出版社和书店的知名度。宣讲团主要采取以下五种方式：在书店举办各类中国主题文化活动；到所在国各地的大中院校推广中国主题图书和中国文化；参加所在国各类书展；与本地媒体合作举办各类中国知识竞赛；采取进社区、进公园的方法，举办各种中国知识竞赛活动。举办的活动受到当地政府、民间团体以及教师学生的热烈欢迎与支持，中国文化传播效果十分显著。

2019 年 4 月至今，旗下实体书店共举办各种活动 400 余场次，其中俄罗斯 160 余场次，吉尔吉斯斯坦 200 余场次，哈萨克斯坦 40 余场次。其中较为重要的有：《习近平讲故事》、《跟着习近平学中文》、《中华大百科》（五卷）、《水墨丝路》、《兵家名言》、《这边风景》（王蒙）、《西游记》（少儿版）、《娘》等图书俄语版新书发布会、研讨会、推介会；《习近平讲故事》、《中华文明史话》（10 册）、《论语诠解》、《孔子家语通解》、《儒学语录》、《南方有嘉木》、《狼王梦》吉尔吉斯语版新书发布会；《"一带一路"读本》、《水墨丝路》、《敦煌史话》、《中国文学史》、《中国最美》（10 册）哈萨克语版新书发布会。一直以来，集团十分重视与所在国家高等院校、图书馆等机构的交流与合作，举办了多场专业研讨、图书展销、人文交流活动，如与俄罗斯外交学院联合举办"习近平相关著作推介及研讨"，与俄罗斯国际关系学院联合举办大学生"中文比赛"，在吉尔吉斯国立民族大学举办书展，在吉尔吉斯斯拉夫大学进行中国主题图书推介活动，向吉尔吉斯斯坦共和国卫队图书馆赠送中国主题图书，等等。

1. 尚斯书店莫斯科总店

莫斯科总店于 2016 年 7 月 5 日在莫斯科市中心著名的步行街"阿尔巴特大街"开业，是俄罗斯境内首家中文和中国主题书店，网上书店同步上线。时任国务院副总理刘延东同志出席开幕仪式，并表示书店开业正值中俄战略伙伴关系建立 20 周年和《中俄睦邻友好合作条约》签署 15 周年，是对这两个值得纪念日子的很好庆祝。尚斯书店及其网上书城被中俄两国政府列入"中俄传媒年"的成果之一。截至 2019 年 12 月，书店营业收入超过 1.1 亿卢布；上架销售中文图书 4000 余种，中国主题俄文图书 1100 余种；累计销售中文图书 17 万余册，中国主题俄文图书（含教辅材料）90 余万册。

阿尔巴特大街是莫斯科文化气息最为浓郁的街区之一，离红场直线距离不足千米，著名诗人普希金的故居就位于此。而尚斯书店与普希金故居只有百米之距。尚斯书店不仅仅是一家书店、一个网站，它是推广中国文化亮丽的名片，是中俄两国出版界友好合作的成果，是喜爱中国文化的俄罗斯读者温馨的港湾。书店长期设立"华茶驿站·中国茶谣馆"、播放俄语影视节目的新丝路影视厅，经常举办茶艺、古琴、书法、诗歌、太极拳等广受当地民众喜爱的中国传统文化表演与展示，民众可免费体验，受到俄罗斯各阶层的广泛欢迎，在读者中产生了积极影响。此外，书店还承接国内出版机构的主题图书展、新书首发仪式等活动，已经成为中俄文化交流的重要平台。

在中俄友好交往的时代大背景下，两国人文交流日益热络，书店里三种中国主题图书最受欢迎：习近平总书记的论著、汉语教辅图书、中国文史学术图书。这反映了俄罗斯读者学习汉语、了解中国历史文化、理解当代中国发展路径等不同层次的需求。《习近平讲故事》《习近平谈治国理政》《之江新语》《社会主义核心价值观》《"一带一路"读本》等中国主题图书，《中华文明史话丛书》《中国文学史》《中国文物史》《论语》《宋词》等传统文化类图书，王蒙、何建明、路遥、沈石溪等作家的优秀中国文学作品俄文译本，《初级汉语教程》《HSK 新汉语水平考试教程》《汉语语法》《中国风》等汉语学习读物，在读者中很受欢迎，反响热烈。俄罗斯高等教育学院教授、上合组织前副秘书长弗拉基米尔·扎哈罗夫，俄罗斯外交部东方语言研究室主任，著名汉学家、翻译家塔季扬娜·谢苗诺娃，俄罗斯科学院远东研究所研究员亚历山大·伊萨耶夫等专家学者经常在书店做中国主题讲座。

莫斯科大学亚非学院汉语系主任乌里扬诺夫先生非常感慨地表示，20世纪 50 年代，父亲经常带小小的他去莫斯科友谊商城的中文书店，后来书店被国家银行取代，70 年代东方书店开设了中国书架，虽然中文书不多，但是身为中文系大学生的他经常去，后来那个地方也变成了银行；尚斯书店开业，他非常高兴，让学生们经常过来，因为在莫斯科有一家中文书店是很多俄罗斯汉学家和学汉语人的梦想；与此同时，他非常担心书店再次变成银行。没想到一语成谶。尚斯书店莫斯科总店在经营3年后，因长期亏损，不得不于2019年5月13日迁出阿尔巴特大街，搬往列宁格勒火车站附近的图书批发市场。作为尚斯书店的第一个品牌，从经济效益角度而言，莫斯科总店是失败的，原因在于选址的错误，不应在外国游客偏多的区域经营中国主题图书；但从社会效益角度而言，尚斯书店莫斯科总店无疑是成功的，占据俄罗斯乃至欧洲最负盛名的步行街位置，打造了一张非常靓丽的中国文化名片，也成为中国文化在俄罗斯民间传播的一个重要驿站。

2. 尚斯书店比什凯克分店

尚斯书店比什凯克分店于2017年10月27日开业，是中亚地区首家中文暨中国主题书店，吉尔吉斯斯坦国会议员义马纳力夫·卡内别克、比什凯克市副市长巴克特别克·阿斯玛诺维奇、中国驻吉尔吉斯斯坦大使馆参赞吴长虹出席开业仪式，国会议员称其为"比金子还珍贵的书店"。截至2019年12月，书店营业收入900余万卢布；上架销售中文图书600余种，中国主题俄文图书400余种，中国主题吉尔吉斯文图书39种；销售中文图书1300余册，中国主题吉尔吉斯文图书3万余册，中国主题俄文图书5万余册。

汲取莫斯科总店的经验教训，比什凯克分店选址定位在大专院校聚集区，把读者群重点定位为大学教师和大学生，经营不到半年，便实现收支平衡，发展态势良好，成为比什凯克市中心的中国文化景点。当地电视台组织的《演讲与成功》《厨房》等节目在书店取景拍摄，也吸引了本地大学生在这里举办文艺活动。依托比什凯克分店，公司在吉尔吉斯斯坦的图书发行业务，已形成主流发行渠道与自办发行齐头并进的局面，范围覆盖吉尔吉斯斯坦境内所有重要城市。

吉尔吉斯斯坦独立以来第一套完整的吉尔吉斯民族史记类巨著《柯尔克孜》（全20卷），由集团旗下吉尔吉斯斯坦东方文学与艺术出版社编辑出版，比什凯克分店发行。这是吉尔吉斯斯坦政府多年来想做但未能完成的事。这套书首发式上，总统办公厅主任宣读总统贺词，第一副总理，国务秘书，国际外事委员会主席、副主席，文化部长等政界、文化界知名人士到场，共计 300 余人出席发布会。公司向第一副总理赠送了吉尔吉斯语《习近平讲故事》《中国如何制定五年计划》等中国主题图书。

比什凯克分店团队为中吉友好合作做出了贡献。在吉尔吉斯斯坦，有一小撮反华分子几乎每年都进行游行示威，甚至跑到比什凯克分店闹事。书店员工都是本地人，有的甚至是本地有威望的人。他们在社交媒体发布《我们必须同中国友好下去的 7 大理由》《中国为什么是世界强国》等文章教训并反驳反华分子。渐渐地，有些反华分子成了书店常客，对华态度也变得友好起来。

2019 年 6 月上海合作组织成员国元首理事会第十九次会议召开期间，比什凯克分店举办了各种形式的新书发布会 12 场次，吉尔吉斯斯坦前总统、前总理、第一副总理、总统办公厅主任、国际外事委员会副主席到场参加，受到国内外媒体广泛关注与好评。

比什凯克分店的运作经验，让集团管理层深切感受到在国外开设书店对传播中国文化的重要意义。如果在海外出版中国主题图书可以比作传播中国文化的火种，那么一家中国主题书店无疑可以让火种熊熊燃烧。考虑到书店带来的巨大社会效益，在综合分析盈利情况后，集团决定在哈萨克斯坦、白俄罗斯继续开设中国主题书店，希望通过一段时间运营，营业收入能填补书店前期投入和日常运营费用。

3. 尚斯书店阿拉木图分店

尚斯书店阿拉木图分店于 2019 年 12 月 2 日开业，是哈萨克斯坦首家中国主题书店。中国驻阿拉木图总领馆副总领事缪宏波、文化领事王庆平，哈萨克斯坦作家协会代表、《哈萨克文学报》副主编、共和国金笔奖获得者卡纳喀特·阿比哈伊，《清泉》杂志主编、共和国 Serper 青年奖获得者萨亚特·卡穆什噶尔等参加书店开业典礼并致辞。2020 年 2 月，新冠肺炎疫情在武汉肆虐时，书店管理者将开业后的全部营业收入 150 余万坚戈（约合人民币 24855 元）通过中国红十字会捐赠给武汉灾区。

4. 尚斯书店明斯克分店

2019 年 2 月明斯克书展期间，白俄罗斯前国家副总理、担任十余年该国驻华大使、"中华文明之光"称号获得者、白俄罗斯国立大学孔子学院院长托济克先生表示希望尚斯集团在明斯克开设书店。面对这一责任召唤，集团再次决定在自身投资补贴的基础上开办实体书店。2020 年 4 月，集团已完成各项注册手续。开业后，明斯克分店将聚集又一批渴望了解中国、热爱中国文化的海外读者。

四、把中国故事愈讲愈精彩，让中国声音愈来愈洪亮

尚斯国际出版传媒集团出版了很多传播当代中国价值观念、体现中华文化精神、弘扬中华优秀传统文化、反映中国人民奋斗追求的优秀文化产品，成为在"一带一路"相关国家传播中国文化的探索者和领头羊。近年来，集团相继获得国务院新闻办公室和国家新闻出版署的大力支持，有了快速发展的底气和动力。尽管如此，集团依然面临底子薄、成本高、利润低等突出问题。由于完全依靠自身盈利滚动发展，企业抗风险能力较弱，以致错失较多发展良机，尤其是 2020 年新冠肺炎疫情爆发以来，集团原定的业务拓展计划只能暂且搁置，以维持现有业务的正常运转。

新冠肺炎疫情蔓延，全球经济衰退，出版业务发展低迷。作为民营企业开办海外出版、发行企业的先锋，尚斯国际出版传媒集团发展受到较大冲击，急需来自国内各级政府部门和相关组织的扶持与帮助，以便尽快渡过难关。唯有如此，才有希望将集团打造成有国际影响力的一流跨国出版企业，真正发挥其在我国对外文化交流中的桥头堡作用，使其成为我们的海外战略支点。建议从以下方面对其进行扶持：

一是对出版企业，尤其是民营企业开办海外出版企业，加强政策保障、财政支持力度，完善相关奖励、补贴政策，落实税收优惠政策。积极拓展项目支持渠道，继续在中国图书对外推广计划、丝路书香工程、经典中国国际出版工程等工程项目方面加大帮扶力度，以便尚斯国际出版传播集团渡过目前难关，守住来之不易的发展阵地。

二是支持国内有实力的企业以资本为纽带，通过合资、合作、参股、控股等方式参与尚斯国际出版传媒集团经营，在产业投资、版权贸易、合作出版、电商营销等领域取得进一步发展，提升集团海外发展的整体实力。进而以企业合作为龙头，以会展项目为依托，以人员交流为纽带，促进我国与"一带一路"相关国家全方位的文化交流与合作。

三是鼓励尚斯国际出版传媒集团在内的出版发行企业强化互联网思维和技术支撑，积极运用新媒体新技术，推动传统媒体与新兴媒体融合发展，实现按需服务，精准推送产品，优化用户体验，实现跨媒体、全媒体发展，不断扩大我国优秀文化产品在国外的覆盖面和影响力。加快建设中国主题

图书对外传播平台，集中优势资源，开发国际数字出版、新媒体传播市场，在国境外实现"数字化"落地。

尚斯国际出版传媒集团必将不断拓展业务范围，扩大市场占有率和话语权，把中国故事愈讲愈精彩，让中国声音愈来愈洪亮，让当代中国形象在世界上树立和闪亮起来，让世界对中国多一份理解与支持。

（作者单位：中国新闻出版研究院）

中国漫画与国际市场的差异性开拓

王　宁

北京天视全景文化传播有限公司（以下简称"天视全景"）成立于2004 年，注册资金 100 万元，是一家民营文化企业，以漫画图书版权出口为主营业务，同时围绕漫画从事展览、创作、制作、进口、咨询、培训等业务。

一、开拓国际市场情况

2006 年，天视全景开始探讨开发欧洲漫画市场，2007 年开始开展漫画图书版权贸易，目前已与 10 余家欧洲漫画图书出版社和漫画公司建立了合作关系，从事版权引进和输出及其他漫画业务。公司以市场为先导，融合了中国传统文化以及民族特色，已将 60 多位国内作者创作的符合海内外读者阅读习惯、具有传统中国文化特色的 170 余部优秀漫画作品的版权输出到法国、德国、意大利、荷兰、葡萄牙、丹麦、英国、西班牙、美国、巴西、阿根廷等欧美国家，是我国目前针对欧美漫画市场的漫画类图书版权输出数量最多的民营企业。其中单品输出最多的国家是法国，总体占比达到 90%。在这些漫画书中，获得奖项最多的是《丫丫历险记》，包含安古兰国际漫画节入围学院奖、里昂漫画节年度青少年读物奖、福纳克书店（FNAC）年度漫画奖、法国全民图书文化协会（CBPT）9~11 岁年龄组"带头好书"奖、千页书店（Millepages）年度最佳少年漫画奖、庇卡底高中学生读者"最佳系列漫画"奖、涅夫勒青年读者年度最佳漫画奖、夏特尔市初中 Mangamado 文化项目最佳漫画奖、法国索姆省初中生最佳漫画奖、法国关注漫画 Bulles en Fureur 奖、亚眠市漫画节纪念奖和里昂市漫画节青少年组最受欢迎奖等 12 项法国奖项，总印量已达到 17.5万册。

天视全景逐步培养了一支由国内一线漫画作者组成的外向型创作团

队，成为创作骨干，在国内、国外各类国际漫画类刊物发表、出版作品，一批具备相当实力的作者也迅速被欧美的读者所熟知和接受。根据国际漫画界的惯例，作品出版前要由出版社对作品进行内容和画面的检验。出版社在确定作者创作风格和了解了故事内容之后，才会决定是否要出版该书。而张晓雨是在欧洲为数不多的作品免检的中国漫画家，在欧美国家已经出版了超过 15 部作品，深受读者的喜爱，2016 年的法国尚贝里国际漫画节上更是成为 38 年来首位获得最受读者喜爱金象奖的中国漫画家；漫画家早稻几乎成了欧美读者的偶像，现任比利时副首相也专程到漫画节上与早稻合影；高佬获得法国 12 项漫画大奖；陆明在阿尔及利亚漫画节上获得最佳技法金奖；聂峻则是美国艾斯纳奖 30 年来首位冲击亚洲最佳漫画大奖的中国漫画家。这些团队创作的作品将成为我国文化走出去战略的重要组成部分，用漫画将中国文化传播出去，填补我国原创漫画在部分海外市场的空白。随着天视全景不断地把中国漫画文化引入世界各地，现在的中国漫画正在走向成熟，已经有越来越多的漫画创作者通过与海外出版社的合作增加了信心，并且在欧洲市场上培养了很多喜爱和追捧中国漫画的忠实读者。

天视全景版权出口均通过海关报关出口、国家外汇管理局核销结汇的方式。严谨、正规的操作流程不仅促进了国内的动漫、出版产品的市场化运作，还搭建了基于国内动漫、出版产品的交易平台，加强国内外创意文化产品贸易和交流；更重要的是，公司的相关贸易活动引起了海外市场对中国漫画的关注，逐步提高了中国漫画图书的国际市场份额，引起了国家有关部门对漫画版权贸易工作的高度重视，协助政府加快、加强创意行业的发展进程。

2007 年至 2020 年，北京天视全景文化传播有限公司连续十四年被中宣部、财政部、商务部、文化和旅游部、广电总局核定为"国家文化出口重点企业"，被中关村科技园区管理委员会核定为"中关村高新技术企业"，成为增强中华文化的国际影响力和竞争力、民族漫画产业对接海外市场的窗口企业。2012 年，公司拥有的 80 部走出去漫画图书作品参加了国家扶持动漫产业发展部际联席会议办公室在国家博物馆举办的"十七大以来中国动漫产业发展成果展"。

在天视全景与欧洲漫画界合作的 16 年里，从一开始单纯的原创漫画版权输出，到面向国内引进欧洲漫画，再到中外合作创作漫画，然后是再次将中国原创漫画的版权输出，这中间经历了一个轮回的过程。在最后这一个阶段，中国漫画在一定程度上实现了与欧美漫画市场的接轨，也积累了较为丰富的交流体验。

二、不断尝试多层面深入沟通

良好的沟通是达成合作的开始，也是确立合作的基础，包括语言层面上的交流、创作层面上的交流以及思想层面上的交流。

（一）从日常到专业的语言交流

日常的交流和沟通是合作的基础，在与出版社讨论项目以及在双方商谈合同过程中要保持良好的沟通，既要明白出版社的需求，也要准确地表达自己的意愿，这是建立良好合作的先决条件，从而确保双方合作中的各项权益。

天视全景有很大一部分的工作是要帮助作者与世界各国的出版社洽谈版权合作，在洽谈过程中发现并不是所有漫画作者都能以英文沟通。起初，公司只是在做出版社和作者的剧本翻译，这不能算是真正的商务洽谈。洽谈双方对彼此的工作习惯并不熟悉和了解，有的时候作者因为不会英文又嫌麻烦，就在一知半解的情况下匆匆开始合作，这就为日后因为理解的角度不同产生分歧埋下了伏笔。因此，版权洽谈工作不只是单纯地去重复和翻译信件，而是要在充分了解了双方的意图以后，用更专业的方式去和对方沟通。这里面不仅包括了双方的责权利，更多的是创作上的内容。通过沟通，使双方建立起对彼此的信任，是好的合作的开始。

此外，在合作过程中中国漫画作者存在的一个普遍的现象是缺少对合同文本的专业知识，或者说，是缺少专业人士帮他们去处理合同上的问题。公司合作的中国漫画作者有近两百人，但几乎 90% 的作者对合同文本缺乏专业知识。国内的出版合同几乎为制式条款，全面一点的大约有三四页，简单一点的只有一页纸。而国外的合同全面的不止二三十页，简单的也要十多页。虽然通过翻译软件可以把合同大致的内容翻译过来，但对合同文本来说，一字之差，含义就差之千里。天视全景曾经在北京办过一个小型学习班，就是教作者们怎么签合同，收效是很明显的。

（二）从意图到编剧的内容交流

一部作品是否受读者喜爱，读者阅读的习惯以及理解的方式极为关键。一位好的漫画家首先应该了解读者的心理，知道读者想要看的是什么；其次，还需要站在投资方的角度，能迅速判断出商业点在哪里。2017 年，天视全景与贵州出版集团合作，邀请了法国漫画家提艾瑞·罗宾（Thierry Robin）根据贵州遵义附近出土的中国最后一个土司城堡遗址"海龙屯"的历史故事进行漫画改编。邀请一位外国漫画家对中国历史题材进行漫画创作，难度可想而知。为了让漫画作者对要表现的内容理解更准确，公司邀请了精通历史的法语译者，将完整的历史资料翻译成法语交给作者。作者在看完以后与我们展开了讨论。他分别从作者、读者、市场等角度分析了作品的创作形式并提出了他的创作建议，他甚至一下子就抓住了项目的商业点：开发文旅结合。很多读者在看到这本书的时候，会将书中的画面与现实中的场景做比较，拍照留念。尤其是国外的读者，特别热衷于探索这种隐藏在书中的秘密。作者就是要将实地的景观遗址用漫画的形式再创作并呈现在书中，以此引起读者的好奇，对实物和实地产生想象，进而生发现场追溯的旅行冲动。最终，该作品顺利完成创作。随着该书在国内外市场以及景区内的发行销售，将会吸引越来越多的游客带着这本书来探索现实中的海龙屯。相信不久后，海龙屯也会变为我们常说的"网红打卡地"。这样做的目的就是为了能更好地以符合市场规律、深受目标市场读者喜爱和熟悉的形式来呈现中国的文化。

　　另一典型事例是，公司在前期创作《包拯传奇》这部中国古代题材的漫画过程中，虽然故事内容是虚构的，但是却取材于中国真实的历史人物。法国编剧帕特里克（Patrick）多次来到中国，到原型人物所在的故乡进行深入了解并大量走访当地居民搜集素材，在与作者聂崇瑞进行反复讨论的基础上对原作加以改编，最后再进行绘制，使出版的漫画受到国外读者的热烈欢迎。当编剧和作者在面对读者进行签售的时候，也会和读者进行故事内容以及技术方面的讨论以了解读者的需求，从而在今后的创作中不断完善和改进。这种编创、作者和读者三方沟通的方式，使得作品在艺术上更为完美，市场定位更加准确。

　　国内的作者在创作漫画的时候，往往更为关注画功，普遍认为剧本只要能过得去就行，殊不知内容恰恰是国外的读者最关注的。曾经有法国的读者指出："很多中国的漫画画面看起来很棒，但读完之后会感觉作者不会讲故事。"在相对成熟的读者看来，故事是基础，讲故事的方式是技巧。他们宁可接受画功一般但故事好的漫画，也不愿意看一本画功特好但没有思想的漫画书。

（三）从内容到思想的文化交流

天视全景面对的出版社或读者大多对中国和中国文化了解有限，因此，在推动图书项目时格外需要在创作前与编剧、翻译以及相关的人员进行沟通。这不仅关系到项目运作的方式，也减少了由于文化差异所带来的弊端，从而达到文化交流以及思想交流的目的。

中国漫画家李昆武创作的长篇自传体漫画《从小李到老李》（法文版译为《一个中国人的一生》）是一部很经典的中法合作漫画。此书是由法国编剧欧励行（Philippe Ôtié）编剧，李昆武创作，以李昆武为原型，讲述了一个普通的中国家庭从 20 世纪 50 年代到现在的生活经历。这其中对中国不同历史时期的描写与刻画，无一不体现出欧励行对中国文化的熟悉和了解。欧励行不仅对法国的文化和读者需求了如指掌，同时，作为编剧，更熟知什么样的作品才能进入主流市场，从而为这本书进入国际市场打下了坚实的基础。而我们输出的也不仅仅是一本书的版权，而是一部反映了中国在改革开放的几十年中所产生的变化的作品。有描写国家在城市建设层面的，有讲述社会在经济发展层面的，还有刻画中国人在思想意识层面的内容。所有的这一切，都基于他们有着良好的沟通。

在我们将早稻的漫画《中餐》和聂峻的漫画《天虫草》在美国和法国出版时，出版社分别为每部书都配备了两名翻译，其中各有一名翻译会讲中文，专门负责与我们的沟通。在他们翻译书中的菜名、人名以及地名的时候，会非常仔细地和作者反复沟通：询问每道菜的食材并加以注解，让读者了解菜名的来由；探讨人名中每个字的含义，让读者明白名字的意义。在他们看来，让读者全方位、无死角地去读懂书中每一个字的含义，才能真正地让当地读者接受一种外来文化。

三、全面适应国际化创作模式

创作环节是整个出版过程中最为关键的部分。虽然每一位作者都有自己独特的视角和创作的习惯以及方式，但是完美的创作必须要建立在对读者的理解以及敬业的态度之上。回顾天视全景从 2006 年至 2019 年期间出版的 170 多部中国漫画作品，应该说经历了一场很大的变革后，才从最开始对海外出版社、国际读者以及国际市场的盲目猜测过渡到对创作全过程的把握。

（一）坚持高质量内容创作

过于关注数量，忽略质量是限制中国漫画往高质量方向发展的主要障碍。国内的漫画大部分是工作室创作，由一位主笔带着若干助理完成。这样的方式优点是速度快，流水线式的创作方式使得一部100多页的作品可能只需要三四个月就完成了。但缺点也同样很明显，那就是缺少个性。作为一部艺术作品，保持独立的艺术风格和充满个性的艺术创作是每一位漫画作者所希望的。由于国外市场对质量的要求要远远高于国内的要求，对作者的个人风格也非常看重，作者无法依赖众多的助理帮助他完成创作，投入创作的周期也就随之拉长，甚至一部作品的创作就达到10个月以上，甚至数年之久。但是，虽然看起来创作周期长了，作品数量少了，但是每一部作品的质量提升了，首印数量增加了，经济效益反而更高了。

张晓雨正在创作中的漫画作品《并蒂莲》已经进行了4年多，目前完成了140多页，而这只是整部作品的一半。之所以需要这么长的时间来创作，是因为每一笔都是他自己亲自完成，从草图到分镜再到黑白稿，帮他上色的朋友就是他唯一的助手。他深知欧美读者对一部作品的要求，因此他会格外注重质量，甚至有的页已经完成了，还会因为他自己的不满意而推翻重画。

（二）积极主动适应国外读者

在天视全景开展漫画作品出口欧洲的前5年，共有50多部作品成功输出，根据读者和市场的反馈，绝大多数作品的销量并不乐观，甚至曾一度动摇了我们的信心。于是我们开始反思问题所在，发现我们之前的作品无论在剧本上还是画面上甚至阅读习惯上，在创作之初并没有考虑到海外市场的因素。虽然出版社认可我们大部分作者的绘画水平，但是在读者的阅读习惯、色彩的要求、画面的精细度等方面，作者都是以一种猜测的状态来完成的，并不是作者最擅长、最熟悉、最准确的创作。此后的10多年里，随着公司对目标市场的逐渐了解，开始协助作者与出版社进行良好的沟通以及请作者多次去考察市场、观察读者阅读习惯，作者终于找到了问题所在，及时准确地把握了创作风格。例如，漫画家聂崇瑞之前没有去过法国，缺少对法国市场的了解。2006年第一部作品在法国出版的首印量是3000册，2年的时间才销售了100多册，创作热情很受打击。2007他在参加法国漫画节的时候接触到了法国的漫画家，受他们的创作启发2008年创作了第二部漫画，首印2000册卖光用了一年半。又经过一年的探索与改变，他第三部作品首印量达到了 12000 册，在半年内就几乎销售一空。我们用了三年的时间找到了问题所在，那时候他已经是 67 岁了。

在随后的几年里，我们迅速调整了思路，以更符合当地读者阅读习惯的方式开展创作。我们有很多具备了国际视野的漫画家，他们的成功并不是偶然，因为他们已经在国际市场中经受了一次次的历练，形成了自己独特的艺术风格，培养了自己忠实的读者。

四、体会并融入海外图书市场

欧美国家的市场相比我国更为成熟和规范，一部作品的背后都有着成熟的产业链做支撑。法国的街头遍布漫画书店，据不完全统计，全法国大约有 1500 多家漫画书店。在这里你看不到小说、游戏、教材，而是按照亚洲、美洲、欧洲分类，按照题材、内容、作者分类的各种漫画。书店还经常举办各种签售活动，为作者与读者的近距离接触提供各种便利，为促进出版社、作者和读者的沟通提供各种机会。这种从基层做起的小事逐渐培养了一种书店文化，也形成了产业。天视全景的每一部新作品从立项开始，出版社、动画公司、玩具周边企业、发行公司甚至书店都会参与进来，每一个领域的专家都会针对一部作品给出自己的意见，为日后这部作品的成功打下坚实的基础。这个产业链之间衔接得如此完美，是因为每一个人都在一个共同的市场里，大家都要一起维护、一起呵护、一起培养、一起发展。

在西方，漫画绝不是儿童和青少年的专利，漫画涉及的领域很多，不单单只有学生和儿童，政治、宗教、体育、音乐、生活等等领域都有广泛的题材。漫画图书是一种文化产品，也是一种艺术作品。这样一种商品进入市场，有其自身特殊性。欧洲漫画图书的消费者中，青年和老年占了很大的比例。他们从欣赏的角度选择漫画图书，所以作品必须在故事内容和绘画艺术的结合上得到消费者的认可。这样的市场要求加上东、西方本来就存在的文化差异，使得我们不能简单地套用概念中通常"中国制造"开发市场的方法开发漫画市场。天视全景目前在海外推广的中国漫画作品重点针对的是欧美国家 16 岁以上的读者群体，据调查了解，几乎所有喜欢阅读中国漫画的欧美读者都希望从漫画作品中了解中国独有的文化和意识形态，他们不单单需要从故事内容中学习知识，而更希望看到有中国特色的绘画艺术。

在公司组织创作《十二生肖》这部作品之前进行构思时，不仅考虑到把中国传统生肖文化介绍给海外的读者，更因为知道很多外国人学习汉字时最难掌握的是汉字的发音，所以在书中把简单的汉字从结构到发音都结合故事内容进行了讲解，使得整部作品更突出了实用性。公司的漫画《古刹魅影》《空中兰若》等作品对中国传统的古代建筑以及民族特色有着深度的刻画和描写，很多研究中国古建的国外专家学者对此颇感兴趣。加之作品《古刹魅影》是根据中国古典名著《聊斋志异》改编而成，在世界上也有很高的知名度，也起到了把中国传统文化推广到世界上的重要作用。《北京》《角落的高处》等反映现代中国人生活、现代年轻人思想的作品，则把现代中国人的思想观和价值观呈现给了世界。2019年法国漫画家埃德蒙·波顿（Edmond Baudoin）创作的漫画书《途画中国》，在欧洲刚一出版就引起了强烈的反响。书中所反映的当代中国人的进步思想和意识，让许多的欧洲读者加深了对中国的了解，用漫画这种全世界通用的艺术语言将中国文化传播出去，改变我国漫画等文化创意产品在外国人心目中的刻板印象，填补了我国原创漫画在部分海外市场的空白，增强了中华文化的国际影响力和竞争力。

五、以交流强化宣传效果

宣传可以做得轰轰烈烈，也可以做得潜移默化。任何一部好的作品都离不开宣传，我们需要提前制订好采用什么样的宣传模式、明确想起到什么样的宣传效果。宣传方式得当，还会为后期的产品开发、市场运营带来无限的商机，这是在一个产业链下的几个环节。国内很多时候的宣传基本以作者为中心，实际宣传的是作者本人而非作者与作品同时兼顾。反观海外出版社的宣传，更多是希望通过宣传使作品的生命力更长久，从而带动作者的创作力更长远。当然，这也要根据作者或作品的风格以及宣传的方式进行区分，我们既需要明星作品，也需要明星作者。综合来说，产品的宣传不仅仅是目的，更是一种手段或方式。天视全景不断地邀请作者到法国市场上进行签售、举办画展、受邀采访，有时为了配合图书的宣传从国内外定制书中人物造型所穿戴的服装、使用的道具，甚至有一次专门租借了法国20世纪60年代的汽车进行改装，让作者坐在车里进行签售。在对待漫画图书等产品上，宣传的目的是为了扩大作品和作者的影响力、提升读者购买力以及产生预期的经济效益，所以在宣传的方式和手段上要不断创新和深度挖掘。

在对待文化、精神等思想的传播上，宣传的方式就需要改变，要采用目标市场能接受的形式，甚至是借助具有一定目标市场基础的人来帮助宣传。天视全景在多年的涉外活动中发现，中西方的文化差异非常大，其中很大一个原因就是对彼此的文化缺乏了解。我们往往费了很大的心血，投入很大的人力、财力到境外去宣传，但反而收效甚微，甚至会给人以"老王卖瓜，自吹自夸"的印象，这都是因为我们缺少在目标市场的话语权，高质量产品的缺失也使海外读者无法对我们产生信任。于是，在随后的几年里，天视全景策划了一系列的文化交流活动，专门邀请了世界各国的漫画家来中国访问，让他们来亲身感受中国的变化与发展。

2015 年我们邀请了 10 多位中法两国漫画家互访，并请他们在互访期间从艺术家的视角用漫画去体现对方国家的文化。荷兰女漫画家卡普欣·马齐耶（Capucine Mazille）用漫画展现了她是如何看待中国人的手机文化的；法国漫画家埃德蒙·波顿用漫画讲述了中国的城市发展给他留下的深刻印象；中国漫画家王可伟用漫画纠正了我们对法国人尊老爱幼观念的错误理解……这其中很多漫画所起到的效果是用文字阐述无法达到的。这些漫画集结成书在法国出版发行了 5000 册，引起了很多读者对中西方文化的关注和探讨。当中国读者看到中国的手机文化、餐饮文化和胡同文化出自一位外国漫画家之手时，感觉特别有意思，因为这完全是另外一种思考的角度；而国外的读者在中国漫画家所创作的漫画里，看到的是与他们截然不同的思想和价值观。这种思想与思想的碰撞、意识与意识的交流，用漫画得到最完美的诠释。我们以后还会结合这些作品，针对中西方的文化交流举办全球巡展，在形成了经济效益的同时也兼顾到了社会效益。

2016 年公司与北京市人民政府新闻办公室合作，邀请了 10 位漫画家来北京举办了"外国漫画家手绘京城"活动。这 10 位漫画家来自 7 个国家，他们在各自的国家是家喻户晓的艺术家，他们所说的、所看到的、所理解的就代表着 7 个国家的人对中国的关注。天视全景赋予这些漫画家一种文化使者的身份，用他们在世界各国的影响力来帮助我们更好地向国际社会传播中国声音、中国文化和中国思想。这次活动获得了 2017 年国家政府新闻奖一等奖。截至 2020 年，我们已经陆续在江苏南京、广西、贵州等地开展了系列活动。

为了更好地搭建中国与欧洲各国在漫画领域的桥梁，天视全景也在国内外多次举办漫画展览以及通过组织国内漫画作者到海外参加展会的形式积极向海外推广中国原创漫画作品。16年来，我们共邀请超过80人次的中国漫画作者到法国、英国、德国、意大利、阿根廷等国家进行签售活动。同时还通过举办中国文化主题活动，组织专业知识讲座、培训班以及各种宣传推广活动树立中国漫画文化国际形象，扩大中国漫画在国际漫画市场的影响力。

中国漫画走出去目前有两种主要的形式：漫画家个人与外国出版社签约出版漫画，或者通过像公司这样的代理企业将作品版权输出。无论是哪种形式，都非常依赖外国出版社的眼光、品味、需求和能力，同时漫画想要卖得理想还要充分依靠外国的分销商。这难免会产生受制于人的情况。中国和欧美在漫画出版方面的主要差别在于，我国的传统出版社对漫画的经营都不甚熟悉；而国内主要的漫画经纪公司或者漫画版权出口公司，又都不是出版社，缺乏独立的出版资源。于是，我国的漫画家、漫画作品等资源没有通过最便捷有效的机制整合起来。如果一些国内有志于从事漫画出版业务的出版社，可以和天视全景这种已经有丰富海外运作经验和资源的漫画版权出口公司或者经纪公司合作，采取在海外直接投资建出版社的方式开发海外市场，或许能从根本上解决中国漫画走出去要受制于外国出版社、分销商的问题。当然，这只有建立在深入学习国外漫画市场经营规律和充分理解海外市场特点的基础上，才具有实践价值。

漫画的存在不仅要服务于大众更要娱乐于大众，既要有教育的层面，也应该突出娱乐的概念。就像欧美漫画中很多作品是来源于真实的生活，经过适当的夸张和修饰，让每一位不同年龄层的读者看后都会产生不同的感受，学到不同的知识。

虽然中西方的文化差异要大于中国与其他亚洲国家的文化差异，但是这不是难题，更不应该回避，文化只有在不断的碰撞和探索中才会有更大的发展和进步。也许再过几年，中国漫画能在欧美市场的主流渠道流行起来，那时候，才是中国漫画走出去的最好的证明。

（作者单位：北京天视全景文化传播有限公司）

"一带一路"背景下的
版权贸易变革与转型

——以译林出版社为例

谢山青　赵薇

自 1992 年中国加入世界版权公约组织之后，国内各家出版社陆续开始版权运营，主要是单向的版权引进。而版权输出项目寥寥无几，且其中多为面向华语地区的繁体字版的输出。随着版权引进贸易的开展，引进版图书在图书市场上表现日渐突出，占据了不小的市场份额。进入 2000 年之后，全国 90% 的出版社均开展了版权引进贸易。这导致了版权引进和输出严重不平衡的局面。根据国家版权局公布的数据，2003 年，全国各出版社引进图书版权 12516 项，全国通过出版社输出的图书版权仅 811 项。中国出版走出去战略和"一带一路"倡议为促进版权输出贸易提供了指引和支持，为改变版权贸易的逆差局面起了关键助推作用。全国各出版社在十多年的版权输出贸易实践中，依托自身的选题资源特点，陆续形成了各自的发展思路和模式。如果说版权引进的模式各社大致相同，版权输出的模式则各有千秋。

译林出版社由于翻译类图书选题结构特点，成为国内版权引进贸易的领头羊。然而作为几乎无原创资源的出版社，译林出版社开展版权输出贸易，经历了从零开始、变革创新的过程。经过十三年的努力，译林版权贸易已由单一版权引进发展成为引进和输出并举的模式，且版权输出中"一带一路"相关国家的比例逐年扩大，成为近几年的输出亮点，连续六年被商务部、中宣部、财政部、文化和旅游部和国家新闻出版广电总局五部委评定为"国家文化出口重点企业"。

译林出版社的版权输出贸易的发展，固然有外部政策等因素的助推作用，最主要还是依靠自身探索和创新，从而打开版权输出和国际化合作的新局面，并逐步建立稳固的可持续发展模式。

一、译林版权贸易的发展过程以及阶段特色

译林的版权贸易从 20 世纪 90 年代起步，经历了从单向版权引进为主向双向版权贸易发展变革的过程，大致经历了如下三个阶段。

（一）第一阶段（1992—2006 年）：版权引进为主的阶段

20 世纪 90 年代初中国加入世界版权公约组织，译林出版社在国内其他出版社放弃引进版图书或犹豫观望之时，毅然选择积极与外国权利方接触，签约购买外版书的中文独家版权，成为国内首批以从事版权引进贸易为主的出版社。1992 年，译林引进了至今依然长销不衰的作品《沉默的羔羊》。译林出版社自此活跃在版权引进贸易的舞台，成为国际版权贸易的首批践行者。

译林出版社在与外方权利人版权贸易合作过程中，逐步熟悉了版权贸易操作的国际规则，较早地介入了竞价和未出版前盲报等模式，一些图书甚至实现了与海外版几乎同步上市。译林以前瞻的眼光购买了一大批在日后产生巨大影响力的海外图书的版权。这些图书对奠定译林的品牌地位起了关键作用（见表 1）。

表 1　译林出版社经典引进版图书案例

书名	出版时间	累计销量	案例特点
《麦田里的守望者》 《荆棘鸟》	1997 年 1998 年	逾 500 万册 逾 50 万册	被译林挖掘并首次引进中国，是译林多年来的长销品种
《魔戒》	2001 年	逾 30 万套	作为现当代文学经典购买版权，因电影契机打造成为超级畅销书。
《午夜日记》	2001 年	逾 10 万册	在书稿阶段购买版权，成为"译林传记"系列第一本畅销书。
《金色笔记》 《耻》	2000 年 2002 年	逾 5 万册 逾 10 万册	作家未获得诺贝尔奖之前购买版权，体现译林前瞻眼光。
《查令十字街 84 号》	2005 年	逾 100 万册	首次被译林挖掘引进，多年坚守，因电影契机而打造成超级畅销书。

在版权引进贸易的专业化方面，译林走在了国内出版社的前列。20 世纪 90 年代即成立版权科，对版权贸易业务归口管理，并建立一系列规范

的操作流程和管理系统。译林出版社因诚信、专业、规范，在海外出版社与权利人中树立了良好的口碑。

1992 年，译林出版社引进版权数量为 3 种，此后逐渐增多。至 2000 年之后，年度引进版权数量已稳定在百余种的水平。在此阶段，译林出版社版权输出贸易也有零星开展，但是所有的输出均为对华语地区的繁体版输出，数量在每年 10 种以下。而对非华语地区的版权输出至 2006 年仍为零。这一阶段，译林还是全面以引进版图书为主流，是熟悉版权贸易规则的起步阶段（见图 1）。

单位：种

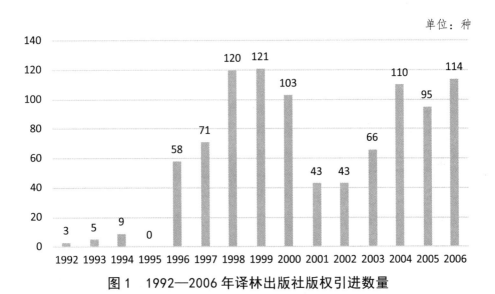

图 1　1992—2006 年译林出版社版权引进数量

（二）第二阶段（2007—2014 年）引进和输出并举阶段，输出主要面向欧美主流市场

2003 年，新闻出版总署提出了推动我国新闻出版业发展的"五大战略"，首次将走出去战略作为新闻出版的重大国家战略之一。译林出版社作为翻译类特色出版社，也逐渐开始通过打造外向型图书的方式来开展走出去工作。在此阶段，译林出版社的引进项目稳定在每年 100 至 200 种之间。如果说在第一阶段，译林的引进主要体现的是前瞻眼光，第二阶段的引进则体现了品牌战略，在引进的过程中逐步形成了译林社的引进版品牌书系。"经典译林"是译林出版社 2010 年新推出的名著系列，全部为精装全译本，品种齐全，兼顾阅读和收藏。基本收全了西方文学史上最重

要和最畅销的品种，其中引进版独家版权的品种如《麦田里的守望者》《荆棘鸟》等使此套系具有不可替代的市场竞争优势。"人文与社会译丛"致力于译介西方 20 世纪下半叶人文与社会领域最新和最重要的成果，该系列大部分品种都成为长销书，其中还催生出《美国大城市的死与生》《西方正典》等叫好又叫座的畅销品种。"牛津通识读本"系列丛书由译林出版社从牛津大学出版社引进，各篇目所论主题或为某一学科，或为理论流派，或为思想史、文化史上的名流。"译林传记""双语译林"虽然规模较小，但却精品云集，产生了不少销量破十万册的超级畅销书，《我父亲的梦想：奥巴马回忆录》《我一生的挑战：李光耀回忆录》《芒果街上的小屋》即为其中具有代表性的品种。

在此阶段，输出也实现了跨越式大发展。译林的版权输出自 2007 年起步之后，出现一段小幅增长，之后一直趋于稳定，在 2013 年至 2014 年再度出现井喷式增长（见图 2）。

单位：种

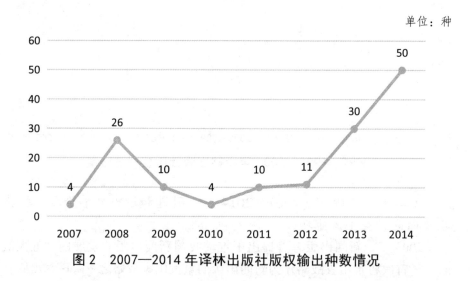

图 2　2007—2014 年译林出版社版权输出种数情况

（三）第三阶段（2015 年至今）：版权引进进一步调整提高，而向"一带一路"国家的输出成为版权输出新亮点和新支柱

这个阶段是译林出版社版权贸易调整巩固并提高发展阶段。

从版权引进方面来讲，多年引进积累的大量选题面临着取舍的难题。译林从自身品牌战略出发，收缩了一些选题的引进，对品牌建设有重大意义的项目则进一步做大做强。译林的品牌系列是个开放性的书系，译林通过不断充实新的品种，给各系列补充新鲜血液。译林还组织对旧品种的修订改版，以巩固品牌系列的市场领军地位。

在输出方面，译林版权输出达到新高之后，再次面临着可供输出资源不足的问题。2013 年，习近平总书记提出"一带一路"伟大构想，旨在积极发展与相关国家的经济合作伙伴关系，共同打造政治互信、经济融合、文化包容的利益共同体、命运共同体和责任共同体。译林社立即响应国家战略，将版权输出从主流的欧美国家延伸至"一带一路"相关国家，并逐年扩大"一带一路"输出的"版图"。至 2019 年译林对"一带一路"相关国家的输出已经占到译林版权输出的大半壁江山，成为一道亮丽的风景线。

表 2　2015—2019 年译林出版社版权输出数量

单位：种

年度	2015	2016	2017	2018	2019
总输出量	40	40	44	48	54
"一带一路"相关国家输出量	18	11	36	36	45
"一带一路"输出量占比	45%	28%	82%	75%	83%

需要特别说明一下的是，在第二阶段和第三阶段，繁体字译本输出依然保持在之前的 10 种以下的水平，由于版权输出统计更突出对非华语地区的输出，所以未统计入版权输出的数据。

二、译林推动版权输出跨越式发展的创新型举措

对以引进版图书为选题主流的译林出版社来说，开展面向非华语地区的版权输出，所面临的挑战是不言而喻的。译林社以早期开拓版权引进时一样的创业精神，以一系列变革和创新举措促成了译林版权贸易由单向向双向的转型。

（一）第一阶段跨越至第二阶段

万事开头难，开版权输出贸易的这个头，对译林来说更是难上加难。译林面临着如下两大挑战：一方面，译林出版社选题结构存在此前过分依

赖引进带来的先天不足，可供输出的资源几乎为零。要开展版权输出，首先要有可输出的图书资源。国内其他开展输出贸易的出版社多少有一些原创选题可用于挑选，译林以引进版为主的选题结构让输出的开展缺乏最初的基础。另一方面，此前引进渠道无法直接转化为输出渠道。译林虽有版权引进先行者的一定渠道优势，但是版权引进的渠道和输出渠道并不重合。版权引进接洽的是海外的版权经理，而版权输出则更多需要接触采购版权的编辑和具有决策权的出版社高层。

面对如上的挑战和困难，译林采取了如下创新型举措。

1. "巧妇难为无米之炊"，从源头入手，种"米"和觅"米"

种"米"：外向型选题开发和海外约稿。在此阶段，译林出版社为走出去重点打造了几大外向型图书项目，这些项目汇集中外相关领域的专家学者，邀请海外编辑团队参与组稿策划，学术含量和权威性高，适合海外市场。虽过程艰辛，但译林精心打造的几大项目成为译林多年走出去所依赖的精品资源。

《符号中国》是译林外向型图书的代表性精品项目，由中国著名文化学者和民俗专家冯骥才担纲主编，全方位呈现了中华民族悠悠五千年所沉淀的博大精深的传统文化。该项目荣获"2009年度输出版优秀图书奖"，外文版更受到中央电视台《新闻联播》、《中国日报（海外版）》（*China Daily*）、《环球时报》的报道，被外媒评为"最适合外国人了解中国的十大图书之一"。中英合作出版项目《中华民族》也是译林专门为中国图书走出去开发的外向型选题。中央民族大学教授、教育部人文社会科学重点研究基地中国少数民族研究中心主任张海洋教授领衔中方主编，一支国内顶尖民族专家组成的作者团队保证了本项目内容的权威性。外方主编保罗·理查森是牛津布鲁克斯大学教授、牛津布鲁克斯大学牛津国际出版研究中心主任，"中国图书对外推广计划"外籍专家之一。该书根据最新数据与资料，深入浅出地展现中国56个民族的独特面貌、形成历史与生活全景，是一本百科全书式的中华民族大典。入选国家"十二五"规划重点出版项目、国家出版基金项目。在国家出版基金的结项审核中，也获得了"优秀"等级。译林还充分利用引进版图书的学者专家资源，使他们成为走出去图书的作家资源。现任清华大学国学研究院副院长的刘东教授是译林"人文与社会译丛"的主编，译林开拓走出去项目后，与刘教授签署《中华文明读本》出版合同。该书由刘东教授担任主编，全面介绍了中华传统文明。各篇作者均为相关主题的权威研究专家。全书通俗易懂，属于大家写给普通读者看的文字，取材精当，论述充分，是难得的中国古典文化入门读物。书中还选配了一定数量的高质量图片，以图文并茂的形式，呈现中华文明之精髓。

除此之外，译林放眼海外，寻找国际作者资源，《中国博物馆》即是译林出版社海外约稿的范例。该项目是译林联合英国艺术史学家与中国博物馆协会共同打造的外向型图书，是打通作者、学术机构和中外出版商的深度合作出版项目。译林出版社采用海外约稿的方式，邀请了三位英国著名的博物馆学家和博物馆普及类图书作者，专门来中国进行考察，走访了多家中国博物馆，并同时联系了英国著名的出版社斯卡拉出版社（Scala）审稿。因内容新颖，斯卡拉出版社决定在英国同时出版。英文版一经出版，5000 册就销售一空。该书的成功策划出版，受到了业界和读者的高度评价，并入选中央外宣出版项目"经典中国国际出版工程"。2013 年，该书作为中国博物馆协会第一本全面介绍中国博物馆的官方英文手册，于巴西举办的国际博物馆协会大会上亮相，成为推动中国文化与世界交流的使者，获得了良好反响。

觅"米"：通过代理非本社作家来扩大可供输出资源。译林出版社由于长期形成的编辑队伍特点、销售渠道特征等因素的制约，出版原创作品不可能一蹴而就。虽然成功打造了一些外向型图书，但是依然无法弥补原创图书资源的缺口，版权输出很难快速推进。为此，译林再次大胆创新，另辟蹊径，直接与作家联系，为其作品做代理。以代理人的身份向海外出版社推介这些作家的作品。译林首先从地缘优势出发，代理江苏籍作家叶兆言、苏童和鲁敏作品的海外版权，其后又代理了余华一些小语种作品的版权。译林以出版外国文学起家，所以有输出中国文学作品的基础，也取得了不错的成绩。

2. 发挥译林多年版权引进积累的海外资源优势，用于走出去

开创国际合作出版新模式。译林出版社联合汇聚海外出版社资源，推动国际合作出版项目，2008 年启动的"祈愿和平——中韩日三国共创绘本系列"便是一例。该系列由中、韩、日三国出版社围绕"回顾二战，祈愿和平"的主题共同开发并同步推出。该丛书在启动之时便引起了海外媒体的关注，包括日本《朝日新闻》、韩国《朝鲜日报》等在内的多家媒体对此进行了大幅报道。日本、韩国电视台也进行了系列报道，多家美术馆预

定展出绘本原作。该系列中反映二战中南京的《迷戏》一书获得了丰子恺儿童图画书奖评审奖，在日本获得了国家评选的"好绘本"称号，并获得了国际出版大奖——第十八届亚太出版商联合会图书奖金奖。作为全国首例"合作出版"项目，荣获国务院新闻办颁发的"国际合作出版特别奖"（第一届的唯一获奖者），2015年被江苏省委宣传部列为二战重点外宣图书。

通过高层合作，将引进渠道用于版权输出。译林出版社通过与海外出版社高层会晤，达成大项目的整体输出，产生了不小的国际影响力。世界五大出版商之一，全球大众出版领域的领军者西蒙与舒斯特集团是译林出版社多年来版权引进的重要客户，译林的畅销书《亲历历史：希拉里回忆录》《兄弟连》等均引进自该出版社，双方有愉快的合作经历。2013年，译林与该集团签署了备受全球出版界瞩目的合作项目，即西蒙与舒斯特翻译引进译林社20种中国文化、文学及社科类作品，以及借西蒙与舒斯特电子书发行渠道在海外主流平台发行近300种译林的中文图书。2014年，这300种中文图书的电子书在西蒙与舒斯特电子书平台顺利上线，20本中文图书也完成了英文的翻译出版，西蒙与舒斯特出版社的主编带领编辑团队精心进行了封面设计和编辑加工，英文版的出版面市更是成为其他语种传播的重要介质。此次合作是译林出版社落实国家走出去战略的重大突破，引起了国内外媒体的广泛关注和报道。国际出版业第一大媒体《出版人周刊》（*Publishers Weekly*）率先深度报道了此事，并评价此次合作为"前所未有的"（unprecedented），国外的行业媒体纷纷转载，《欧洲时报》也将此作为重点新闻，给予半版报道。《中华读书报》在头版显著位置进行大幅报道，《中华读书报》《人民日报》《中国图书商报》《北京青年报》、新浪网、凤凰网以及中国图书对外推广计划官方网站纷纷追踪，对此次合作的重要性和突破性给予高度评价。

（二）第二阶段跨越至第三阶段

译林出版社在2014年版权输出达到50种的峰值之后，面临着新的挑战：随着版权输出的大发展，可供输出的资源不足依然是走出去发展的瓶颈。2014年译林的输出数量达到了史无前例的高度。但译林的输出资源也再度捉襟见肘，无法满足发展的需要。同时，对"一带一路"相关国家的输出零敲碎打，缺乏可持续性。与"一带一路"相关国家版权贸易的发展前景虽然广阔，但也面临着对方出版社规模小，稳定性差等问题。译林出版社持续推出创新举措，进行了一系列大动作，保障版权输出持续的动力和活力。

1. 签署了一系列较大规模的整体输出项目，如中国作家走进土耳其和当代中国主题图书输出黎巴嫩。2016 年，译林出版社在北京国际图书博览会期间举办"中国当代作家走进土耳其"的版权输出签约仪式，一举输出中国当代著名作家余华、叶兆言、苏童和鲁敏八部力作的土耳其文版。国家新闻出版广电总局领导和作家鲁敏出席仪式。2019 年 8 月，八部作品的土耳其文版全部出版，两家出版社再次在北京国际图书博览会上举办了盛大的发布仪式。这是中国作家在土耳其的整体亮相，充分体现中土两家出版社携手共建文化交流大事业的决心和信心。2018 年，译林出版社与黎巴嫩阿拉伯科学出版社在第 25 届北京国际图书博览会上隆重举行了"当代中国"系列图书走进阿语世界——战略合作签约仪式。"当代中国"系列图书由《中华民族》《中国经济的现代化》《中国盾构》三本书组成，分别从文化、经济和科技角度呈现当代中国崭新发展面貌。在签约仪式上，国家新闻出版广电总局领导和中国中铁专家均出席仪式。《中国日报》《中华读书报》等主流媒体和《中国新闻出版广电报》《中国出版传媒商报》《出版商务周报》等出版行业媒体对签约仪式进行了报道。

2. 建立海外出版中心与开展战略合作，拓展"一带一路"合作版图。译林出版社陆续与稳定可靠的"一带一路"海外伙伴建立海外出版中心，发挥沟通联络作用，并以此为核心向周边"一带一路"国家辐射，把版权输出扩大到更多未开发的国家和地区。2018 年，译林出版社对土耳其的多个出版社进行业务访问。在中国驻伊斯坦布尔总领事馆领事胡预哲的见证下，译林出版社与土耳其红猫出版集团签署战略合作协议，成立中土出版中心，构建中国图书走进土耳其的首个平台。土耳其的十多家主流媒体对译林与红猫集团的合作进行了专题报道。译林出版社还前往格鲁吉亚，拜访格鲁吉亚文化出版社等单位和文化机构，并在对该图书市场进行了深度调研的基础上，建立战略合作伙伴关系。2019 年，译林社与塞尔维亚工业商业总会及塞尔维亚十余家出版社会谈，签订输出合同，建立了战略合作伙伴关系。

3. 尝试外延式合作，成立江苏求真译林出版有限公司，实现走出去大发展。译林社经过近几年的努力，走出去工作稳步发展，不乏亮点，但输出资源的匮乏将成为制约我们走出去工作进一步开展的瓶颈。近年来，译林社虽然已多方利用外部资源，但此类合作还无法成体系。2017 年，译林社决定进一步整合外部的内容、渠道、资金资源，以此形成合力，实现跨越式发展。2017年9月，译林出版社联合北京求是园文化传播有限公司，申请成立江苏求真译林有限公司，开展对外专项出版业务试点。2018年，请示获得中宣部的批准。2019年10月，新公司完成注册登记。2019年11月，国内第三家获得对外专项出版权的企业——江苏求真译林出版有限公司在第二届长三角国际文化产业博览会上举办成立仪式。译林出版社与北京求是园的合作实现了强强联手、优势互补，将更精准定位国外受众市场，不断提升国际出版能力，更好向世界传播中华优秀文化，激发出走出去新的活力和能量。

4. 与海外出版社深度合作，策划中国主题出版项目。译林正携手著名的泰晤士与哈得逊出版公司，共同推进国际合作出版项目《中国配饰》，旨在通过作者对人生四大礼仪即诞生礼、成年礼、婚礼、丧礼等重大场合中少数民族配饰的叙述，向世界读者讲述这些配饰背后丰富有趣的神话与传说，层层揭开中国少数民族文化的神秘面纱。该项目在策划、组稿、编辑、内容加工、呈现形式等方面，均由两国出版社共同商议，将成为中外深度合作、精心加工的高质量外向型出版物。两社将在渠道开发、多语种出版、海外市场营销等方面形成完整的产业链，着力打造新型中外出版深度合作模式，实现共赢。该书拟在2021年法兰克福书展举行中英双语版全球首发式。

三、走出去的外部助力和同行给予的借鉴

译林出版社2007年以来版权输出的大发展固然与在版贸工作中的开拓创新分不开，但是同样离不开政府和上级主管部门给予的资助和支持。

（一）走出去资助项目支持

译林出版社的走出去项目长期以来一直得到国家层面的支持、鼓励和肯定。若干项目在"中国图书对外推广计划""丝路书香工程"等项目的推动下顺利解决了翻译资金上的巨大缺口，使项目得以顺利开展。2007年以来，译林共有37个项目获得"中国图书对外推广计划"资金资助，18个项目获得"丝路书香工程"资金资助。上述资金的资助，对确保翻译质量、促进项目顺利在海外落地起到了巨大助推作用。

（二）凤凰出版传媒股份有限公司对走出去工作的重视和支持

凤凰出版传媒股份有限公司对走出去项目给予了各种政策支持，陆续

推出了凤凰出版传媒重点外向型项目、英文翻译计划等专项支持，并组建版贸专团，推进系统内渠道共享。译林出版社在印度、越南和泰国的输出业务拓展在很大程度上都得益于凤凰出版传媒组建的版贸专团的业务出访。

（三）国内出版同行带来的启发和借鉴

人民文学出版社在代理中国作家方面有过很多有益的尝试和做法。2009年，人民文学出版社开创了他们称为"山楂树模式"的海外代理探索，推进非本版图书的海外代理权，并成功输出了《山楂树之恋》18个语种的版权，这与译林的代理模式不谋而合。人民文学出版社的做法让译林看到代理模式的巨大潜力和优势，更加坚定不移地利用自身优势，代理作家作品，并实现同一作品的多语种输出。当然，人民文学出版社是在有选择的情况下根据实际情况采用这个"既好听又实用的模式"，而译林出版社则是在原创资源不足的情况下创新求变地采取以服务获资源的模式。

四、回顾和思考

（一）化挑战为机遇

中国出版走出去和"一带一路"倡议之初，给译林这个单纯依赖单向版权引进的出版社带来的挑战大于机遇，但是只要敢于创新，就能将挑战转化为机遇。译林社已经走出了独具译林特色的走出去之路。作为文艺类出版社，译林社经常被和人民文学出版社和上海译文出版社比较。人民文学出版社在原创出版和走出去的优势显而易见；而上海译文依然是保持其版权引进的特色。译林社在中国文学走出去方面有与人民文学类似之处，而版权引进方面的思路经常与上海译文有战略相通之处。译林出版社在版贸上实现了日渐明显的"两条腿走路"的双向贸易，已然形成了自身独特的版权合作格局。

（二）坚持"内容为王"

无论是输出还是引进，始终要坚持内容为王。译林从引进开始，始终遴选海外最能够代表世界一流水平的图书奉献给国内读者，在输出方面，呈现给世界的也同样是最具中国时代精神的产品。译林之所以在版权引进市场树立了在国内的品牌地位，是因为译林始终坚持引进高品质图书，以品牌书系的形式在产生长久的影响力。译林之所以能在版权输出方面从零开始，稳步前行，依然是因为译林重视内容资源的精心打造和挑选，以主题出版物和中国现当代文学作品的输出为主要特色。在主题出版物方面，除前面介绍的文化精品项目，还有弘扬中华民族科技创新成就的"中国竞争力系列"、体现马克思主义理论应用最新成果的《马克思主义法学理论在当代中国的新发展》；在现当代文学作品方面，译林早期输出的既有20世纪的文学大家如沈从文、老舍的作品，近年来更注重活跃在当代文坛的余华、李敬泽、叶兆言、苏童、格非、阿乙、鲁敏等名家。

（三）以走出去推动选题结构变革

译林版权贸易走出去的需求推动了社内的选题结构变革，译林增加了原创文学出版板块，并已经出版了《望春风》《捎话》等多部重量级原创文学。使得译林的出版板块摆脱对引进版图书的过度倚重，并从一个翻译型出版社向综合性出版社方向发展。译林社于2017年年初成立原创文学出版中心，全面进入华语原创文学板块，在"面向中国，面向世界，面向未来"思路指引下建立译林原创品牌，选题秉持"严肃、经典、品质"之原则，与译林社品牌定位相匹配。以原创文学为核心，挖掘国内外有实力有潜力的原创作者，关注与之相关的文学文化类选题，虚构与非虚构相辅相成，建立高素质的作者队伍，始终将译林原创置于国际出版版图中。经过三年多的实践，译林原创板块初现规模与成效，目前已经构筑了由国内最优秀的文学评论家、文学研究者、作家和一流文学刊物共同组成的原创方阵，寻找好作品，挖掘新作品，拓宽文学出版的疆界。由于译林社在文学出版领域的长期耕耘，其一贯坚持的精品出版理念，强大的营销运作能力，在文学圈内已经得到公认，从格非到迟子建，从李敬泽到叶兆言，从余华到葛亮，从刘亮程到叶舟，实力作家纷纷签约译林，并带来更多新生力量对于译林品牌的信任。2017年出版的夏立君文化散文《时间的压力》获得第七届鲁迅文学奖，2018年出版的刘亮程长篇新作《捎话》在出版后短短两个月内就入选"新浪好书榜·2018年度十大好书""《南方周末》2018年度好书"等各大榜单，并跻身第十届茅盾文学奖十部提名奖名单。之后出版的甘肃作家、诗人叶舟的百万字长篇《敦煌本纪》，以其高远立意与文学品质获得评论界与读者的广泛认可，与《捎话》一并入选第十届茅盾文学奖提名奖名单。2019年译林社推出了同为本届茅盾文学奖提名作家叶兆言的重磅新作《南京传》，这部非虚构作品是叶兆言对其既有写作的一次创新，他从人文角度切入城市历史，既为一部编年史，却有着散文的神韵；既有学术的严谨，却能潇洒自如，趣味十足，获得业界一致好评。

经过三年的实践，译林社原创文学板块正逐渐与外国文学出版板块构成相得益彰的世界文学出版景观。

（四）打通文化的双向交流

文化交流不应是单向的，而应是双向的。译林从单纯版权引进到双向版权贸易的发展过程中，感到了文化自信和文化担当。讲好中国故事，传播中国声音，需要全体出版人的共同努力。译林在版权引进和输出方面将坚定当下的路线，并在引进和输出上进一步重视质的提升，引进海外优秀的文化科技成果，输出中华优秀文明成果和主流价值观，并努力扩大输出版图书的国际影响力。为此目标，版权贸易的创新和变革永远在路上。

（作者单位：译林出版社）

点燃初心之火　传播文明之光

——中国教育出版传媒集团
"一带一路"走出去工作纪实

　　近年来，随着我国综合国力和国际影响力的提升，中国出版走出去作为我国社会主义精神文明建设的重要方面，在实现中华民族伟大复兴中，担当着民族文化传承和推广的特殊任务。我们要通过出版走出去，增强国家文化软实力和在世界文化中的话语权，树立良好的国际形象。中国教育出版传媒集团（以下简称"集团"）始终牢记国家赋予我们的光荣使命和责任，不忘传播优秀文化，增进人类文明互鉴的初心，把推进国际传播能力建设、服务国家"一带一路"倡议作为新时期重点任务，不断开拓进取，通过深度挖掘资源、创新合作模式、扩大合作领域、利用多种平台加强品牌建设，版权输出和国际合作出版项目都取得了很好的成绩。集团自 2010 年成立以来，连续获得第三届至第十一届"全国文化企业 30 强"，新闻出版走出去先进单位等荣誉，所属企业也连续多年被评为"国家文化出口重点企业"，因为走出去的工作成绩于 2019 年登上了中央电视台以文化走出去为主题的《焦点访谈》节目。中国教育出版传媒集团以教育出版为主业，拥有雄厚的教育资源，许多教育类和文化类产品一直行销海外市场。近几年集团在深化欧美传统市场的同时，逐步以"一带一路"相关国家为中心，向其他周边国家辐射，建立起集图书出版、教育培训、文化宣传、平台搭建等于一体的全方位合作共建体系，推广国际汉语、中华优秀传统文化和学术类产品，使之成为讲好中国故事的最佳载体。同时发挥优势，打造专业化、定制化、系列化、数字化内容产品，通过版权输出和合作出版方式、营销模式的创新，将原创精品内容与国外出版机构的优势、当地释放的需求有机结合，打造了一批深受老师、学生喜爱的精品教材、诠释中华优秀传统文化的优秀图书、高水准的学术类产品以及获得世界级奖项、广受读者好评的科幻悬疑作品。

一、国际汉语教材被纳入外国国民教育体系

（一）项目取得的成绩与实效

集团所属高等教育出版社（以下简称"高教社"）与泰国教育部基础教育委员会、泰国教师与教育服务人员福利组织出版社合作开发的《体验汉语中小学系列教材（泰语版）》于 2010 年正式进入《泰国教育部推荐教材目录》，成为我国历史上第一套被纳入外国国民教育体系的汉语教材，实现了我国汉语国际推广的重大突破。2013 年，高教社对该套教材进行了修订，并配套提供数字化教学资源，完成了对泰国基础教育汉语教材市场的巩固和升级。截至目前，该系列教材在泰国已累计销售逾 450 万册，共收回版税近 2000 万元人民币。每年有来自 1288 所中小学的近 60 万名泰国学生使用该教材。此外，高教社在 20 所泰国中小学建立了"体验汉语多媒体学习中心"，在泰国百年历史名校——普吉女子中学建立了全球首家"体验汉语教学示范基地"，开展课程设计、资源试用、教学示范、师资培训、专业研讨等活动，不仅实现了走出去，还真正做到了走进去。2013 年，高教社与泰国的合作进一步拓展至职业教育领域，与泰国教育部职业教育委员会签署了职业教育教学资源合作框架协议，并专门研发了教材《体验职业汉语》，开拓了中泰教育合作新领域。2016 年，《体验职业汉语》在泰国销售达到 10000 套。高教社"诚信、负责"的企业形象给泰国教育部和当地出版社留下深刻印象。"体验汉语"在泰国汉语教学界已经颇具盛名，也成为世界汉语教学领域的响亮品牌。

除了取得上述许多实质性合作成果，该项目还获得了泰方政府和媒体的高度重视和评价。泰国多任教育部长曾到访高教社并进行高端会谈。2009 至 2017 年间，项目共促成中泰教育界高端互访 20 余次，在多个教育层次、多个教育学科取得丰硕成果，对促进教育交流，推动中泰两国不同文明间的对话，增进中泰民心相通发挥了作用。该项目通过为泰国汉语教学提供的课程建构、资源搭建、师资培养、测试评估等解决方案，在泰国建立了较为完善、颇具特色的汉语教学体系。同时，高教社针对泰国汉语教育的现状和特点，为泰国量身定制汉语教学大纲，积极协助泰国教育部推进汉语教学改革，使汉语教学成为泰国基础课改革中最具特色的部分。

（二）项目实施的主要举措

1. 发掘泰国汉语新兴市场

在启动泰国项目前，高教社曾一年五次赴泰调研，全面了解当地的汉语教学情况和出版发行情况，对其供需状况、规模、结构、特点进行分析。据泰国教育部统计，泰国共有 3000 余所学校开设汉语课程，汉语教学在泰国各个教育层次广泛开展，包括幼儿园、中小学、大学、职业学校和社会机构。在全球汉语热潮流中，泰国汉语热尤为突出，经过调研发现，其汉语教材市场呈现以下三个特点：一是汉语教材市场规模在快速增长；二是泰国政府把促进汉语教学提升至国家战略高度；三是现有汉语教材不符合泰国学生语言学习习惯。

2. 坚持本土化编写原则

优秀的汉语教材应当既满足教学需求，又满足学习需求。好的本土化教材要体现汉语的特点和地域的特点，也要符合语言学习规律和教学规律，并以学生为中心。高教社在泰国项目的研发过程中强调了本土化编写原则，力求教学理念本土化，依据泰国外语教学大纲 4C 原则编写，融入泰国特色的教学内容，使用汉泰双语注释。高教社还邀请中泰两国的汉学家、跨文化交际、语言教育等各领域专家组成编写组和专家团队，对教材的本土化研发进行反复的打磨和确定，使教材在话题、词汇、语篇、文化等各个方面都充分地考虑到泰国人的日常生活和文化习俗等，特别是泰国中小学生感兴趣的内容。在力争做到编写内容国别化的同时，教材也注重加强中泰语言和文化的对比，并适当介绍世界各国文化和其他学科知识，满足泰国汉语学习者的学习需求。

3. 教材培训常态化和教学资源数字化

古人云："授之以鱼不如授之以渔。"有了优秀的本土化对外汉语教材，还必须有能教、会教、善教的汉语老师才能发挥出它最大的作用。多年来高教社持续举办泰国本土汉语教师培训和赴泰汉语教师志愿者培训，将教师培训作为产品的增值服务。此外，高教社专门为泰国教师搭建了一个数字化中小学教师备课平台，这套在线系统为教师提供了丰富的教学资源，同时教师可以在此平台上交流和沟通各自的教学心得，加深对教材的理解，提高教学水平。在教材推广过程中，数字化和成熟的培训体系成为立足泰国的独特竞争优势。

4.创新出版模式，实现经营本土化

一个好的海外营销渠道或伙伴，是对外汉语产品从走出去向走进去提升的关键所在。BOWT出版社是泰国教育部直属的从事教育教材及图书出版和发行的大型专业出版社。该社凭借泰国教育部政府资源，在泰国拥有得天独厚的教材发行网络。目前高教社与BOWT出版社已形成稳定的合作模式，通过多年的交流与磨合，最终实现《体验汉语》《交际中文》可以按照当地学校教材征订规律，与其他教材一起统一配发，实现泰国中小学、职业院校大面积覆盖。

（三）项目实施的心得体会

经过泰国汉语教材项目十余年的运作，高教社逐步探索出一套"国际合作、本地定制、创新理念、品牌引领、技术融合"的市场化运营模式，也被称为"泰国模式"。

泰语版《体验汉语中小学系列教材》取得的双赢局面，得益于中泰两国教育部、孔子学院总部、中国驻泰国大使馆、曼谷市教育厅等教育行政部门，以及中泰出版社多方合作，形成一套政府支持、企业主导、良性互动的工作机制，实现了从研发到生产、服务等产业链的国际化转变。合作中，高教社占据教材研发和服务的主导地位，将印制、物流、仓储等环节外包给当地出版社，充分利用国内国外两种资源，既节省了生产、物流、仓储成本，又赢得了当地畅通的发行渠道，从而建立了完备的营销体系，泰国合作方也由此获得了稳定的订单，增加了产量、就业及市场回报。另外高教社始终注重品牌经营维护，始终以"做受当地欢迎的教育合作伙伴"为目标，从单纯的产品输出营销，提升到品牌输出、文明传播，体现了共赢、融合的文化内涵。高教社以"一体化、本土化、数字化"为业务发展的指导思想，通过把握当地汉语教学需求实现了内容研发本土化，通过定期教师培训和数字教学资源实现服务本土化，通过国际合作和创新出版模式实现经营本土化，在获得了社会效益和经济效益双丰收的同时，确保项目扎实、有效推进和可持续发展。

二、经典品牌迭代更新再放华彩

（一）项目取得的成绩与实效

《跟我学汉语》是针对海外主流高中研发的国际汉语精品教材，全套共四个级别，适合国外9~12年级的青少年学习者。2010年，它从全球几千套汉语教材中脱颖而出，被国家汉办评选为"全球优秀国际汉语教材"，入选多个国家级项目。2015年，《跟我学汉语》俄语版版权输出至俄罗斯，改编后的教材顺利通过俄罗斯科教部审核，列入俄罗斯联邦教育采购清单。

　　截至2020年初，《跟我学汉语》全套销售超过132.8万册，码洋超过7060万元，版权输出至英国、俄罗斯、越南、印度、印度尼西亚等国家，为世界各地很多孔子课堂和国际学校提供了优质学习资源，也让中国文化在众多海外青少年心中生根发芽，是国际中小学汉语教学界的知名品牌和拳头产品。

　　（二）项目实施的主要举措

　　1.中外合作，科研引领

　　进入21世纪，国际汉语教学呈现出明显的低龄化趋势。当时海外青少年中学习汉语的主体是华裔子女，主要使用人教社编写出版的《标准中文》等教材，偶有一些主流高中尝试把汉语列入外语类选修科目，希望那些以英语为母语的青少年也能感受到中国文化的魅力，却苦于没有适用的教材和优质的师资。在这个大背景下，2001年，国家汉办决定与人教社联手，合作编写出版《跟我学汉语》系列教材。这在当时是填补空白之举，是官方第一套针对海外主流高中研发的汉语教材。该套教材以零基础为起点，终点接近中级汉语水平，旨在培养海外中学生学习汉语的兴趣。

　　《跟我学汉语》系列教材由北京师范大学陈绂教授、朱志平教授担任主编。它采用中外合作编写的模式，从框架的设计到语言材料的选取安排，都吸收了当时汉语作为第二语言习得研究，特别是对以英语为母语的汉语习得研究的最新成果。在编写的过程中，编者团队多次往返加拿大温哥华、多伦多地区和美国芝加哥地区实地调研，不仅征求并采纳了诸多海外中学以汉语为第二语言进行教学的一线教师的意见，而且通过调研筛选了海外中学生感兴趣的教材话题。

　　2.配套丰富，与时俱进

　　2003年正式出版的《跟我学汉语》英语版第一版不仅完全符合北美地区的学制和需求，精美的设计也让人耳目一新。之后，为了丰富教学资源，人教社围绕《跟我学汉语》，又先后开发出学生用书、教师用书、练习册、词语卡片、CD、DVD、同步阅读、同步测试等诸多配套产品，不断提升教材质量，得到海外师生的一致认可和普遍好评。

　　2009年左右，随着中国国际地位的逐渐提升，越来越多国家的中小学开始有学习汉语的需求，孔子学院的建设如雨后春笋，国际汉语教学呈现出国别化、本地化的趋势。人教社在国家汉办的指导下，以《跟我学汉语》英语版为蓝本，启动了多语种版本的翻译和本地化改编工作，共涉及 45 个语种，包括法语、老挝语、斯瓦西里语、豪萨语、僧伽罗语等，到 2010 年底全部出版，为国别化汉语教学的开展提供了优质资源保障。

2013 年，随着国际汉语教学进一步深入发展，国内外各种标准和评价方式开始互相对接，教学理论和教学实践也有了新的尝试。《跟我学汉语》英语版第二版于 2015 年重装上阵，调整过的内容容量更加符合海外的学制和水平，加入了许多自然、有趣的语料话题及真实图片，还与 HSK 考试、AP 考试等都有了明确的对应和衔接，更加符合第二语言学习规律和市场需求。

2016 年，随着"一带一路"倡议的推进，人教社和国家汉办以英语版第二版为蓝本，共同启动了《跟我学汉语》第二期多语种翻译和改编工作。此次涉及 24 个语种，包括塔吉克语、泰语、阿拉伯语、乌克兰语等，涵盖大部分"一带一路"相关国家。《跟我学汉语》第二版是与国外很多孔子学院合作编译的。在这个过程中，人教社积极组织协调质量过硬的编译审队伍，编者、译者、编辑根据当地的文化习俗和语言学习标准对《跟我学汉语》进行本地化改造，在打造国别化精品教材的同时，也达到了文化互鉴、美美与共的目标。《跟我学汉语》第二版的出版发行，使这一经典品牌在新时代再次焕发出崭新的活力。

3. 合作共赢，成果显著

2016 年 3 月，人教社与俄罗斯教育出版社签署了版权输出协议，授权对《跟我学汉语》第二版英语版学生用书、教师用书、练习册进行翻译改编。改编后的《跟我学汉语》改名为《该学中文了》，2018 年已通过俄罗斯科教部审核，列入俄罗斯联邦教育新的采购清单，被纳入俄罗斯国民教育体系。俄教社成立于 1930 年，其教材市场占有率一直占俄全国的 80% 左右，在俄罗斯教育出版界举足轻重。选择俄教社合作不仅属于强强联合，更重要的是为《该学中文了》（《跟我学汉语》俄文版）系列教材在俄罗斯的宣传推广和教师培训铺平了道路。据悉，《跟我学汉语》是目前俄罗斯官方唯一推荐的中学汉语参考用书。它是目前唯一获得三项鉴定正面结论的教科书，三项鉴定包括学术、社会和教学方面的内容。

现在汉语已经被全球多个国家纳入国民教育体系，这是近年来我国综合实力的体现，但像俄罗斯这样的大国、强国为数不多。因此，《跟我学汉语》俄文版的成功输出经验弥足珍贵。

（三）项目实施的心得体会

1. 以编校质量为生命线，发挥中国智慧，讲好中国故事

《跟我学汉语》历久弥新，跟自身过硬的编校质量是分不开的。除了科学性、系统性、交际性等常见的特点外，其研发理念和编排形式也非常有创新性。正如曾在美国犹他州韦伯学区任教的志愿者教师毛春燕所言，美国学校的教育是建立在一个支点上的，这个支点就是学生的"兴趣"，如果课堂教学失去了趣味性，那就是失败的。在一节课中，教师必须给学生们安排一个活动，或是游戏，或是实验，或是竞赛。而《跟我学汉语》正好可以满足这些需求。

在实地调研和科学研究基础上构建编写框架，打破语法教学和机械训练的藩篱，选取适合海外中学生认知水平和学习兴趣的文化点、语篇、图片等，通过设计有趣有效的交互性练习、活动和任务，激发青少年学习者的兴趣与思考，通过分析客观事实来探讨隐藏的文化意义、价值观念和行为模式，有效增进了外国学生对中国文化和中国人思维方式的了解和理解，有利于在"语言互通"的同时，塑造和传播当代中国良好形象。这也是当年《跟我学汉语》曾被美国犹他州列入政府采购清单的重要原因。在其后很长一段时期内，很多国际中小学汉语教材的编纂都或多或少借鉴了《跟我学汉语》的一些理念和做法。

2. 以全球青少年用户为中心，不断创新资源内容和服务方式

语言教育是教育事业的重要内容，国际汉语教学是世界各国民众学习中文、了解中国的有效途径。《跟我学汉语》始终以全球青少年用户为中心，准确把握不同时期国际汉语教学的学科特点和基本规律，充分吸纳以往优秀国际中文教育教材及其他语言教材研究的成果和经验，从多元需求中发现共性，对青少年学习者的需求精准分析，抓住根本，在语言知识要素、技能训练、能力获得等方面不断创新，这才是让经典品牌历久弥新的根本。

多年来，人教社通过参加国际书展、举办学术研讨会、组织教师培训和文化交流活动、与图书进出口公司及海外专业机构合作、设立海内外教材展示与实验基地等方式，及时了解市场实际需求，有针对性地改进《跟我学汉语》等经典品牌教材，探索本土化、多样化的教学模式，并通过

建设"人教国际汉语资源"网站和微信公众号、研发汉语学习类应用软件等，紧跟现代教育技术发展潮流，努力促进"科技赋能"，探索提供智能化、数字化资源与服务的方式，力争形成一套更加系统、规范、科学、适切的课程资源服务体系，为推动国际中文教育事业的繁荣发展不断做出贡献。

三、积极推动文化出版走出去

（一）项目取得的成绩

近年来，集团所属中国教育图书进出口有限公司（以下简称"中教图"）以运作著名科幻作家刘慈欣的科幻著作《三体》英文版为开端，开启了中国类型文学走出去的版权贸易之门，使中国科幻、悬疑作品成为我国文学走出去的新亮点。以刘慈欣《三体》为代表的中国科幻文学，以及以周浩晖《暗黑者》为代表的中国悬疑文学，正成为越来越多普通海外读者了解中国当代文学的一扇窗。

2015年2月起，《三体》三部曲第一部《三体问题》英文版获得包括科幻"双奖"星云奖和雨果奖在内的五项科幻大奖提名，是1976年以来第一部获得星云奖提名的翻译作品，同年8月，又将雨果奖最佳长篇小说奖纳入囊中，成为第一部获得该项殊荣的翻译作品。之后《三体》又获得多个国际及其他输出国国家级奖项。《三体》的版权贸易首先在美国、西欧大获成功后，中教图又将目光锁定"一带一路"相关国家出版市场。经过数年运作，目前《三体》三部曲输出的20余个国家之中，大多数为"一带一路"相关国家。截至目前，《三体》三部曲已累计输出25个语种版本，外文版全球销量逼近200万册。

以波兰为例，截至2019年底，《三体》三部曲在该国销量就高达83000册，仅次于美国、德国、日本和西班牙，成为全球《三体》三部曲销量第五高的国家，甚至超过法国等发达国家。加上2019年刚出版的刘慈欣另外两部长篇小说作品《球状闪电》和《超新星纪元》共14600册的销量，刘慈欣作品在波兰一国的累计销量就高达97600册。

中教图在《三体》运作成功后，又积极布局悬疑文学作品输出在"一带一路"相关国家的发展。我国著名悬疑作家周浩晖的代表作《暗黑者》三部曲在国内销量120万册，由此改编的网剧第一季的点击量高达24亿，这样的好成绩迅速引起了中教图的注意。经过中教图精心策划和运作，

2018年夏天《暗黑者》英文版一经推出，便迅速吸引了书评机构的关注，并得到海外主流媒体的大篇幅报道及海外读者的追捧。在北美和西欧取得初步成功之后，中教图继续将目光投向"一带一路"相关国家，并成功将版权输出到土耳其、捷克、泰国等国，相信随着时间的推移，《暗黑者》和中国其他悬疑作品在"一带一路"相关国家的影响力也将持续发酵，成为继科幻文学之后的中国文学新名片！

（二）项目的运作经验

总结《三体》等类型文学走出去的成功经验，简单来说其主要运作模式就是尊重市场规律，创新运作流程；遵循行业规则，打造输出渠道。这看似简单的过程，却包含着很多突破与创新，选择和坚持，类型文学走出去取得巨大成功，绝非偶然。

1. 精准的选题策划

中教图在选择文学作品时除了考虑其文学价值和市场价值外，还特别看重其跨文化传播价值。所选择的文学作品，既要有丰满的中国内容和鲜明的中国特色，又要有着眼于国际出版市场需求的跨文化普适性。之所以选择科幻、悬疑类文学作品，一方面是因为科幻、悬疑作品是全球读者广泛喜爱的文学类型，而且具有世界通行的文学内核，极大弱化了因意识形态、宗教、文化等因素的差异在各国读者之间树立的高墙，因而读者可以关注于故事本身，并与自己读过的本国作品产生共鸣，是中国故事与世界关系的很好的契合点。

伴随着"一带一路"倡议实施的脚步，相关国家读者对中国的一切越来越好奇，而科幻、悬疑这样的类型文学，往往是一国文学创作最有活力的领域，最能代表一国文学发展的新鲜血液，也最能反映一个国家当下发生的一切。可以说，除了故事本身，"一带一路"相关国家读者还能从这些类型文学作品里面，看到一个他们可能不太熟悉，却有血有肉的中国、蓬勃向上的中国。

2. 创新的翻译模式

一般情况下，出版社在准备版权洽谈时，普遍的做法是只翻译书目内容和样章，中教图会为选定的每一部作品准备英文全文翻译。也就是说，高质量的英译全文是中教图开展版权输出工作的起点。这样的做法既要有高水准的译者资源，也需要在签署版权输出合同之前就投入大量的翻译费用，难度大，投入大，周期长，风险高，但也让中方在选择国外出版商方面有了更多的主动权、话语权和谈判筹码。《三体》三部曲的成功很大程度上也归功于在版权贸易开始之前，中教图就投入资金邀请高水平的科幻作家、翻译家刘宇昆完成了作品的全文翻译工作。

"一带一路"涉及国家数量众多，要做到实现所有语种的全文翻译并不现实。但有了英文译本，可确保绝大多数国家出版社的版权、编辑人员读懂作品。而他们一旦决定购买作品，则可以利用当地出版社既有的高质量译者资源，对作品进行翻译。这不仅节省了双方的时间，还保证了译文的质量。

3. 适应海外文学市场的国际营销

为了避免中国文学难以走出去，更难走进去的局面，中教图积极研究和学习海外图书市场运作规律，在国际营销方面开展了一系列的创新性尝试。

《三体》译稿完成后，中教图便积极展开了很多市场营销活动，包括联合海外出版社向国际知名科幻作家、科幻小说编辑征集作品书评，为作品设立专属英文网站，在国际知名网络社交媒体上制作宣传网页和短片，定期发布作品及作者的最新动态等。为了扩大国际影响力，中教图还参加了全球各大书展，并在书展上举办作家对话、图书签送、读者见面等活动，受到当地读者的热烈欢迎。为了增强宣传效果，中教图还安排了作者的海外签售、外媒采访，积极推动海外评奖，联合出版社进行各种各样的图书促销活动等。这些营销措施在一定程度上提高了作家和作品在海外市场的影响力和知名度。当然，海外营销也是因作品、国家而异的。适合一部作品、一个国家的营销模式，未必适合其他作品和其他国家。在进行海外市场营销的过程中，首要的是对作品本身有深刻的理解和认识，对目标国家有必要的了解，并展现最大程度的灵活度，因地制宜、因时制宜，制订出最佳的营销方案。

4. 严格筛选的合作伙伴

在选择出版合作伙伴时，中教图始终把着眼点放在"高大上"的国际品牌上，尽可能选择所在国的大型综合性出版社或数一数二的专业出版社合作，力求精品出版和出版精品。精品出版方面，中教图致力于寻求与目标市场的顶尖出版社合作。例如，《三体》英文版在北美的出版社为美国最大科幻奇幻出版社托尔出版社，《暗黑者》英文版在北美的出版社为全球知名悬疑出版社双日出版社。

出版精品方面，把中国的文学作品交给国际品牌出版商出版，也意味着中方能够利用他们所掌握的资源来出版高品质的中国文学外译作品。当然，精品出版和出版精品的实现，也需要在选题策划、翻译安排、国际营销这几个环节上打好基础，须环环相扣，层层推进，才能推动中国文学作品的译作在国际出版市场上"修成正果"。

这样的典型事例在我们的"一带一路"走出去工作中还有很多。近年来随着走出去工作的深入开展，我们在丰富产品线方面也取得了很多成果。如由人教社与孔子学院总部共同研发的《HSK考试大纲》《BCT标准教程》《国际汉语教师证书考试大纲》《汉语水平考试真题集》，高教社与孔子学院总部共同研发的YCT（国际汉语能力标准化考试）系列图书，是在大中小学汉语教材之外的考试类经典品牌图书。人教社的优秀原创童书《亲亲大社会系列丛书》《亲亲大自然系列丛书》《猫宝宝认知系列》《熊猫桐桐绘本丛书》《最美中国系列图画书》《吕丽娜童话精选集》《地上地下的秘密》等这几年在"一带一路"相关国家的版权输出也取得了极佳的成绩。人教社最具特色的特教教材也因其为唯一最全品种特教教材走出国门。高教社出版的反映当代中国改革开放成就的《中国特色社会主义政治经济学》《中国特色社会主义政治经济学史纲》《经济转型与发展之中国道路》等主题图书在实现英文版版权输出后，随即推动了与土耳其、伊朗、突尼斯等"一带一路"相关国家的多个文种版本的输出。2019年人教社与新加坡圣智学习私人有限公司合作策划的以"在英语学习中品味中国文化"为主题的"中国读本"丛书以及伴随技术的发展高教社利用AR、VR技术开发的"酷熊猫少儿汉语教学资源"（Cool Panda）则是产品研发及技术创新的最新成果。

从以上对外合作的实例中，可以看到集团所取得的成绩与我们在诸多方面的选择和坚持是分不开的。集团始终秉持产品是生命线的原则，产品定制研发须在实地调研和科学研究基础上开展，尤其是教育类产品既要基于课程设计的科学性、系统性、实用性、趣味性，又要结合当地读者的阅读习惯和认知特点进行本土化定制，还要通过分析客观事实来增进外国学生对中国文化和中国人思维方式的了解和理解，这样的产品才能经得起市场的考验。在教学资源配套方面，不仅要基于教学和读者需求提供全方位、成系列配套资源，更要让配套资源不仅与时俱进，还要走到时代的前列，这样的产品才能有足够的竞争力。而培训服务跟踪则是帮助读者认知产品，提高使用效果，加强交流互动，督促我们进一步改进创新、增强产品生命力的有效方式。海外市场的营销与品牌经营能否取得很好的效果则取决于能否找到强强联合的专业合作伙伴，能否创新合作模式，能否将合作贯穿于从开发市场、产品研发、资源配套、培训服务到实现销售始终，能否发挥各自的优势形成合力。

　　集团所取得的成绩也得益于国家相关政策的支持。一直以来，国家新闻出版主管部门大力扶持走出去项目，"丝路书香工程""经典中国国际出版工程""中国图书对外推广计划"等资助项目均加大了对"一带一路"相关国家出版合作的支持力度，这对各家出版社而言是走向国际市场的助推剂。中教集团将继续借势国家"一带一路"倡议，肩负起传递文明、增进了解、提高我国国际影响力的责任，不断加强与国际著名教育、出版、发行机构的合作，建立战略合作伙伴关系，不断创新合作模式，形成长效工作机制，借势提升集团品牌的国际影响力，进一步形成海外业务新格局。

（作者单位：中国教育出版传媒集团）

提质增效，外研社使"一带一路"
出版合作实现共赢

魏　冰

外语教学与研究出版社（简称"外研社"）成立 40 年来，以"记载人类文明，沟通世界文化"为己任，在国际合作的开发与探索方面一直不遗余力。20 世纪 80 年代初签订首份版权引进协议，随着国际社会对中国关注度的提升，21 世纪初外研社开始尝试对外授权合作。自 2013 年习近平总书记提出"一带一路"倡议以来，外研社更是不断加快国际化和走出去步伐，积极响应党和国家对于推进国际传播能力建设、提高国家文化软实力的总体要求，大力布局海外市场，可谓已取得丰硕成果。

2017—2019 年，外研社年版权输出总量均在 200 种以上，其中"一带一路"合作占比达 50%~70%。2015—2019 年，外研社连续五年实现年版税收入 150 万元以上；其中 2019 年版税收入 327 万元，较上一年度增长 93%，创历史新高。2020 年外研社连续第 12 年、第 6 次获得"国家文化出口重点企业"荣誉称号，并获文化产业发展专项资金奖励。外研社的国际合作伙伴已涵盖 700 多家国际出版机构及 300 多位海外作者，累计版税收益超过 1500 万元。

最早向"一带一路"相关国家走出去的图书是 2004 年签约的《现代汉语规范词典》，该词典在马来西亚出版后长销不衰，迄今已多次再版，累计销量超过 10 万册。截至目前，外研社已与 46 个"一带一路"相关国家的出版机构开展了合作项目，累计对外授权"一带一路"相关国家语种 37 个。

外研社在走出去过程中大胆探索，积极创新，并将承接国家项目与自身发展有效融合，逐一打通了内容研发、渠道拓展、人才汇集等各个环节。本文以典型案例为基础，就外研社在"一带一路"相关国家合作拓展方面的做法与经验进行总结与分享。

一、内容资源扩充

（一）《中华思想文化术语》海外推广——提升中国国际话语权

1. 项目概况

2014 年国务院批准设立"中华思想文化术语传播工程"（简称"术语"），并建立以教育部、外交部、中央编译局、国家新闻出版广电总局等 12 个部委（单位）为成员的部际联席会议机制，召集国内外 100 余位文、史、哲等学科及英语翻译领域的专家学者，梳理反映中国传统文化特征、体现中国核心价值的思想文化术语，客观地诠释与翻译。"术语"工程由北京外国语大学承办，秘书处设在外研社。基础成果以图书形式呈现，第一期规划出版 9 辑，每辑 100 条术语，目前已出版 8 辑。五年来，该项目对外授权已取得突出成绩。

2. 重要举措

国内出版与对外授权同步推进。从"术语"第一辑在国内出版开始，版权输出工作就随之启动。国内版问世尚未过半，外研社就与黎巴嫩、尼泊尔等国的合作伙伴签署了全系列授权协议。

成立专职团队，全员推广。外研社组建了专职工作室，承担"术语"工程秘书处工作。无论是版权经理还是责任编辑，在参加国际活动时都会利用每一个机会对"术语"进行推广，并积极撬动海外汉学家、翻译家等人脉向相关国家出版机构推荐。

高度重视图书翻译质量。翻译质量直接影响传播效果。在"术语"项目中外研社将译者选择和译文质量把关作为重中之重，坚持每个语种版本都由母语人士翻译或审订。译者大多为精通汉语的知名汉学家或国内的资深翻译专家。该项目在国内就以中英双语形式出版，高品质的英文文稿为各语种的翻译提供了很好的参照。

授权形式灵活多样。根据对象国市场的不同需求，"术语"对外授权版本有英外对照、中外对照、纯外语版本甚至三语版等多种形式。此外，外研社还与施普林格·自然集团强强联合，策划了"中华思想文化术语研究丛书"（英文版）系列选题，邀请资深作者就外国读者最感兴趣的部分术语撰写小型学术专著，并将之翻译后纳入施普林格学术出版品牌，作为"术语"图书的高端学术延伸产品，以纸质和数字形式面向全球推广。

坚持国际化推广路线。"术语"系列坚持走国际化路线，中英对照原版先后在印度、英国、阿布扎比等国际书展发布，在出版界和学术界都引起强烈反响。外研社还围绕"术语"举办了多场文创展览及研讨会等活动，如 2016 年联合北京师范大学书法系在牛津举办的"东方智慧：中华思想文化术语书法作品展"。以多种形式有效推动了中外文化交流。

3. 成果丰硕

目前"术语"系列已达成阿尔巴尼亚语、法语、僧伽罗语等 27 个语种的版权输出，亚美尼亚语、白俄罗斯语等 14 个语种版本已陆续出版，在有关国家引起学术界和读者关注。其衍生作品《中医文化关键词》已输出塞尔维亚语等 9 个语种版本；《敦煌文化关键词》和面向少儿群体的《看不懂的中国词》系列也各输出了 3 个语种版本；与施普林格·自然集团合作开发的"中华思想文化术语研究丛书"，已于 2019 年出版了《文化和文明》《天下》《兴》《和谐》4 个品种，并在伦敦书展上举办发布仪式。

"术语"及其衍生作品的海外推广本质是提升中国国际话语权的重要举措，得到上级领导多次批示肯定。"术语"亚美尼亚语版和马来语版获得"丝路书香工程"翻译项目资助，波兰语版荣获第十七届输出版优秀图书奖，西班牙语版和尼泊尔语版获得北京市提升出版业国际传播力奖励。

（二）"政府互译项目"——以官方名义推动民间多边合作

"政府互译项目"是中外出版交流的重要成果。外研社是承接这一国家级项目最多的国内出版社（包括中国—阿尔巴尼亚、中国—斯里兰卡、中国—葡萄牙、中国—以色列、中国—罗马尼亚、中国—白俄罗斯、中国—希腊互译项目）。在项目框架下，外研社规划了一批体现经典性、人文性和时代性的中外互译出版图书，为推动中国与这些国家的文化交流和民心相通发挥了积极作用。目前，外研社承接的政府互译项目已实现 22 种图书的出版，其中包括中译阿 13 种、中译斯 3 种、中译葡 1 种和阿译中 4 种、以译中 1 种，新承接的中罗、中白和中希项目也在积极推进中。本文以中阿互译项目为例予以详细介绍。

1. 项目背景

2015 年 4 月，中国新闻出版代表团访问阿尔巴尼亚，双方签署了《中阿经典图书互译出版项目合作协议》，希望通过协议的签署和执行，实现更多中阿优秀作品的互译出版，深化两国人民传统友谊。协议约定中阿双方互相翻译出版对方国家的作品，开启中阿两国务实合作的新篇章，这也是迄今为止两国之间规模最大的出版合作项目。

2. 项目执行

2015 年，在国家新闻出版广电总局的指导和支持下，外研社承接了"中国—阿尔巴尼亚经典图书互译出版项目"的执行工作，并迅速组建专家团队，邀请来自北京外国语大学、中国艺术研究院、中国国际广播电台、国务院发展研究中心以及阿尔巴尼亚出版界、文化界各领域的权威专家参与项目。

互译书单由外研社组织多次专家会进行集体反复论证，包括中译阿、阿译中两个方向，以传播经典文化、利于两国读者加深相互了解的目标为导向，不拘出版机构，涵盖两国从古至今在文学、艺术、历史、文化、哲学社科等各领域的经典作品。

"一带一路"相关国家在国际版权贸易上不似欧美发达国家一般市场成熟，基础过硬，加上语言障碍，与之合作多有困难。因此，在版权联络上，除内部版权经理所做工作外，外研社还聘请阿尔巴尼亚资深汉学家、翻译家斯巴修先生作为协调人，为我们争取书单中每一部阿尔巴尼亚经典作品的中文版权，并协助解决中阿合作过程中遇到的各种困难，同时也在中译阿图书落地机构的选择与拓展中发挥重要作用。可以说协调人机制为中阿项目的推动做出了重要贡献。斯巴修先生也因其在翻译中国图书和推动中阿互译项目中的成绩获颁第十一届"中华图书特殊贡献奖"。

为保项目质量，每部完成翻译的图书均须由译者之外的翻译专家复审，如此往复核改无误方可印刷出版。且完成出版的图书，均须由外研社提交至国家新闻出版署予以专业评估，并对后续落地情况定期总结汇报。严格的立项、结项审查与跟踪制度督促我们倍加细心地执行好每一个国家项目，亦使外研社在执行过程中积累了资源和经验。

3. 项目成果

截至目前，阿译中方向《母亲阿尔巴尼亚》《阿尔巴尼亚历史与文化遗产概览》《阿尔巴尼亚古老传说》和《藏炮的人》均已出版，其中《母亲阿尔巴尼亚》在 2016 年北京国际图书节期间举办了新书发布会及中阿文化交流论坛。活动得到各方好评，媒体高度关注。新华社 CNC、新华网、人民网、中国网、国际在线、《中国出版传媒商报》，国外使馆、出版协会及社交媒体脸书（Facebook）等对之进行了深度报道或采访。

中译阿方向《中国历史十五讲》《中国传统文化》等13项成果已发布，其中《中国文化读本》《中国传统文化》出版仅两年，累计销量均已超过400册，这在阿尔巴尼亚非常有限的图书市场中已经是不俗的表现，其他陆续出版的品种也都相继取得了较好的销售成绩。另有"改革开放的中国"座谈会暨《中国经济改革发展之路》（阿文版）发布会在阿尔巴尼亚地拉那大学举行，前中国驻阿尔巴尼亚大使姜瑜及阿尔巴尼亚出版、文化、学术界代表出席。阿尔巴尼亚通讯社、奥拉新闻（Ora News）、报告电视台（Report TV）等主流媒体进行了报道，引发了阿国读者对中国主题图书关注的热潮。

除了以上所举重点案例，外研社还充分发挥多语种翻译出版和海外合作渠道优势，开展联合走出去，与人民出版社、社科文献出版社、南京大学出版社、中图公司等多家国内机构合作，向法国、罗马尼亚、墨西哥等国家输出《中国共产党如何改变中国》《南京大屠杀史》等重要图书，推动中国主题图书融入国际出版市场；还将中国当代著名作家的文学作品，如余华《活着》、苏童《米》、莫言《生死疲劳》、刘震云《我不是潘金莲》等以阿尔巴尼亚语、匈牙利语、波兰语等输出到"一带一路"相关国家，向这些国家推荐了中国作家，并增进了中外文学交流。

同时外研社利用自身优势积极研发自有版权的国际化英语学习教材与读物并推动版权输出，这不失为与"一带一路"相关国家另一重要的新合作点。《北极星英文分级绘本》系列、《悠游阅读》系列、《悠游国际少儿英语》系列及"新托福"系列备考书等优质原创英语读物已实现了向阿拉伯地区的输出，这是国内原创英语学习产品走向国际的崭新尝试，其中《北极星英文分级绘本》系列已获版税收益3000美元。

二、海外渠道拓展

（一）海外中国主题编辑部——推动出版在海外落地生根

截至目前，外研社已成立13家海外中心，包括英国和加拿大两家海外实体公司、7家中国主题编辑部（保加利亚、波兰、法国、匈牙利、尼泊尔、印度、加拿大）和3家海外出版中心（墨西哥、马来西亚、白俄罗斯），并与牛津布鲁克斯大学合作成立了首家以出版为特色的孔子学院。海外中心开展本土化运营，针对当地读者需求开展选题策划、编辑出版和推广发行活动。本节以保加利亚中国主题编辑部为例进行重点介绍。

1. 项目背景

2016 年 6 月，外研社团队出访保加利亚，深入了解保加利亚汉语学习市场及中国主题出版情况，并与中国驻保使馆、索非亚大学孔子学院、保加利亚出版商协会和当地多家出版机构建立联系。

同年 8 月，在"丝路书香工程"支持下，外研社与东西方出版社于北京国际图书博览会期间正式签署共建中国主题编辑部的协议。双方约定在编辑部的框架下互相推荐优秀图书，依据各自图书市场需求制订翻译出版规划，交换两国艺术、历史、文化领域相关信息，促进中保文化对话。2017 年 3 月 1 日，保加利亚中国主题编辑部正式挂牌成立。

2. 项目执行

双方经多次交换意见，确认了首批合作图书目录，包括《七侠五义》《中国文化读本》《汉语小词典》《红楼梦》等，上述图书正在陆续翻译出版。

编辑部聘请保加利亚著名汉学家韩裴为编辑部主任，主持编辑部日常工作。此外外研社还与索非亚大学孔子学院合作，探索保加利亚汉语学习和出版市场，扩大在当地的影响。

编辑部成立后，双方共建了"中保书界"网站（http://bookworld.cnbg. eu/），面向两国读者宣传中保优秀作家及作品，树立外研社在保加利亚的文化品牌形象。目前，该网站已经上传 30 余种中保优秀图书，介绍了多位两国优秀作者、译者，网站日均浏览量达 300 人次。

3. 项目成果

2017 年 12 月索非亚国际书展期间，保加利亚中国主题编辑部举办了《汉语小词典》《中华思想文化术语（1）》等五部保加利亚语版图书的新书发布会，这也是编辑部首批出版成果。

外研社作为参加索非亚国际书展的唯一中国出版企业代表，与东西方出版社设立的联合展台吸引了大量读者和观众。展出的 130 余种作品中，《中华思想文化术语》《走遍中国》《中国文化读本》等成为最受读者欢迎的图书。

尤其是由韩裴翻译、外研社与东西方出版社合作出版的《中华思想文化术语》（保加利亚语版）一经问世，就受到保加利亚学界、图书市场的广泛关注。该书已成为东西方出版社畅销图书之一。保加利亚西南大学哲学系教师对这一系列图书的价值充分认可，并在该校学术期刊上刊载该系列图书介绍以做推广。

中国主题编辑部的出版成果和未来发展也获得了当地学者和专家的关注。保加利亚国家电台及电视台对编辑部团队进行了采访，并邀请两家出版社代表参与相关文化节目的录制，新华社驻保记者对中国主题编辑部进行了专题报道。以上均在当地产生良好的宣传效果，增进了保加利亚出版界和读者对中国出版的进一步了解。

2019年，保加利亚语版《红楼梦（4）》《中华思想文化术语（3~5）》等出版，越来越多的中国主题图书走进了保加利亚读者的视线。

外研社资金的加入和编辑部成果的不断产生，也使东西方出版社的出版规模从当地第十位跃升至第五位，在保加利亚出版市场中的竞争力大大加强。外研社已成为当地最知名的国际出版机构之一，与很早就进入中东欧市场的德国克莱特出版集团（Klett）等齐名。编辑部主任韩裴和东西方出版社社长柳本在2017年双双获得"中华图书特殊贡献奖"，在保出版界引起强烈反响，也进一步提升了编辑部在当地的影响力。

（二）中国-中东欧国家出版联盟——搭建互利共赢的行业平台

1. 联盟成立背景

在"一带一路"倡议和中国-中东欧国家合作框架下，双方出版业的交流与合作也迎来新机遇。根据《中国-中东欧国家合作布达佩斯纲要》《中国-中东欧国家合作索非亚纲要》精神，在外交部和国家新闻出版署指导下，外研社于2018年北京国际图书博览会期间与中国出版集团（包括中国图书进出口［集团］总公司）、中国人民大学出版社、五洲传播出版社等20多家国内机构及中东欧部分出版社一道，作为首批成员单位共同推动成立了中国-中东欧出版联盟（"17+1"出版联盟），外研社为联盟秘书处。外交部中国-中东欧国家合作事务特别代表霍玉珍、国家新闻出版署领导以及来自中东欧驻华使馆的官员一同见证联盟启动。

"17+1"出版联盟作为面向中国-中东欧出版合作的非营利性行业联合组织，以推动"17+1"出版合作、促进双向交流为宗旨，将为中国和中东欧国家出版机构建立互学互鉴、互利共赢的沟通机制和合作平台，在推动版权贸易、拓展营销渠道、构建人才队伍等多方面发挥作用。

2. 联盟工作成果

2019年"17+1"出版联盟《章程》发布，明确了联盟的职能、组织架构、准入机制、成员单位权利和义务等内容，有力推进了联盟的建章立制工作。

联盟秘书处还统一制作了成员单位证书、成员情况介绍和版权目录等材料，便于增进相互了解和开展合作。截至目前，联盟已有45家成员单位（含单体出版社100余家），外方出版机构分布于13个中东欧国家。

联盟成立两年以来，在法兰克福书展、布达佩斯国际图书节等国际书展上举办了多场活动，正在成为具有广泛影响的国际性出版行业组织。2019年，联盟推动中方成员单位完成了《中国共产党怎样解决发展问题》（江西人民出版社）、《丝绸之路石窟艺术丛书》（安徽美术出版社）等130余种图书的版权输出。

2019年8月，为落实《中国–中东欧国家合作杜布罗夫尼克纲要》精神，"17+1"出版联盟在北京国际图书博览会上成功举办中国–中东欧国家"教育发展与出版创新"论坛。中宣部进出口管理局副局长赵海云、中国–中东欧国家合作事务特别代表霍玉珍、多国驻华大使及30家成员单位代表出席，并就国际出版合作对促进出版创新、在线教育、知识服务等议题进行深入交流，并在论坛上举办了"中罗图书互译出版项目"签约仪式、《中东欧多语种谚语》《捷汉简明成语习语词典》新书发布仪式和新成员入盟仪式。

本次论坛对联盟成员单位之间的沟通交流产生了积极的促进作用。新华网、中国国际广播电台、百道网、中国新闻出版广电网等媒体进行了报道，在行业内产生了广泛的影响力。同时，匈牙利主流报纸《人民之声》也对科苏特出版集团总经理科奇什获得"中华图书特殊贡献奖"以及出席此次论坛进行了报道。

三、人才资源汇集

2015年11月，外研社成立"一带一路"国家语言服务中心。该中心以外研社长期积累的优质出版资源、教育资源和外语能力为依托，着力发展线上线下相结合的多语言教育培训、语言翻译服务、企事业单位走出去专业化咨询等服务，同时实现外研社自身国际化布局、业务转型和产能升级。

（一）主要业务

1. 教育培训服务

"一带一路"国家语言服务中心依托北京外国语大学的教学优势和外研社的资源优势，通过面授培训与线上课程相结合的方式，提供近40个语种的外语培训课程和国际汉语、跨文化交际等课程。对内培养既精通"一带一路"对象国语言与文化，又能够讲好"中国故事"的高端外语人才；对外以汉语国际教育为基础，培养精通汉语、对中国历史文化具有高度认同感的"知华""友华"人士，服务于社会各层次人才培养需求。同时，针对走出去的行业个性化需求，提供定制语言与文化服务及培训。

2. 语言翻译服务

该中心拥有一支高度专业化、行业经验丰富的资深翻译队伍，翻译语种包括英、法、日、德等及"一带一路"相关国家使用的官方语言，如阿拉伯语、乌尔都语、老挝语、印度尼西亚语等总计50多个语种。中心为企事业单位提供优质多语种翻译服务，承揽大型涉外项目与活动、重大招投标的高水准同传及交传任务，及资料、证件等的高品质多语种笔译服务。

3. 赛事活动

该中心还面向中外大、中学生举办多语种大型公益赛事活动，旨在通过科学、新颖的比赛设计为中外学生搭建学习交流和挑战自我的舞台，同时以创新的理念培养学生的语言能力、思辨能力、文化意识和国际视野，引导学生成长为具备国际竞争力的优秀人才。

（二）平台搭建

1. 外语人才库

该中心创建了"专业＋外语"的"一带一路"对象国外语人才库，根据企事业单位的实际需求可以提供涵盖各行业的人才库结构及功能设计，并完成两次年度专家研究课题布置。外语人才库有效缓解了高端外语人才紧缺的问题，提供更多语种相关的素材，为中国与"一带一路"相关国家的合作领域提供支持。

2. 国情文化动态数据库

基于专有数据云平台的开发，中心创建了国情文化动态数据库，涵盖"一带一路"相关国家文化、历史、法律、经济等多领域的内容，内含文字、图片、音视频等多媒体数据，以满足客户的需求，同时初步完成行业服务渠道建设。数据库的建设服务于中国文化走出去和国家"一带一路"倡议需求，搭建"网上丝绸之路"平台，并全面展示了中国与"一带一路"相关国家的文化交流成果，为研究国家间的文化交流提供了丰富的科研资源。

3. 国际组织胜任力培训中心

"国际组织胜任力培训中心"由北京外国语大学主办，北外国际组织学院和外研社共同运营，致力于为国际组织培养和输送兼具国际视野与中国情怀，通晓国际规则，具有出色专业能力和跨文化沟通能力的复合型、复语型人才。培训中心积极加强与国家相关部委、国际组织的联合协作，推动与国际组织联合建立实习和培训基地，开展国际组织人才培养课题研究，组织出版《国际组织研究年度发展报告》等学术著作，为政府机构和有关智库提供国际组织最新研究成果。

四、项目运营经验及相关建议

在"一带一路"的合作探索中我们也收获了有益的经验与心得，同时也提几点相关建议。

（一）主题内容与市场结合，实现双效并举

从实践中可以发现，"一带一路"相关国家的读者对具有浓厚中国特色的图书非常感兴趣，比如中医文化、中国人的生活方式（包括烹饪、儿童教育等）、中国武术等。而国家形象作为一种"软实力"，能够带来政治、经济和社会等多重效益。"一带一路"倡议向世界传递中国和平发展、开放包容、和他国互利共赢的价值理念，也是一个构建国家形象的过程。因此"一带一路"出版合作应坚持宣传良好的中国国家形象，兼顾"一带一路"相关国家读者需求，以市场调研为基础，传统与当代内容并举，打造适合"一带一路"相关国家的中国主题图书"新经典"。

（二）结合自身特色，充分利用优势资源

外研社隶属北京外国语大学（简称"北外"），作为目前国内规模最大的大学出版社和外语类出版机构，学术与外语方面的特色在"一带一路"合作中都成为了某种程度上的优势。在外研社为北外教学与科研提供配套支持的同时，北外丰富的教育与学术资源也成为了外研社项目发展的坚实后盾。例如《中华思想文化术语》国内版编写与多语种海外推广都在很大程度上得益于其背后强大的海内外专家团队及其渠道资源；六个政府互译项目若无北外的专家支持，在经典书目遴选、国外合作方联络和图书翻译出版质量把关等全流程方面都难以顺利推进；包括外研社坚持执行的输出版图书专家复审制度，亦须以此为前提保障。甚至在外研社海外布局规划中，地域的选择和重大项目的开发也会一定程度上与北外的教研需求、资源优势相结合，以语种兼顾地区的方式布局，与学校孔院、海外中心建设协同发展，如选择在墨西哥成立拉美地区唯一的外研社海外中心，便有赖于北外与墨西哥国立自治大学的既有合作基础。

此外在走出去内容与平台建设上，利用北外的多语种教学资源，外研社正在着力开发多语种词典数据库、多语种国际中文教材体系、多语种国际学术期刊体系、人工智能与数字传播平台以及与国际儒联合作的多语种中国学研究基地等，这些都将成为外研社国际化发展的新动力，也将助力北外"双一流"建设发展。

（三）创新并规范合作方式，注重双向交流

走出去可输出资源不足，不仅是外研社一家面临的困境。大多数出版社的产品以面向国内市场为主，而在外向型产品独立研发动力有限的情况下，国内兄弟企业抱团取暖无疑是一条捷径。除了联合走出去以优势互补外，更重要是形成规范的行业运作机制，不放任外方漫天要价，造成行业混乱，坚持保证图书质量和版税收益，加强对输出项目的后期跟踪管理，敦促外方加大营销推广力度，确保落地实效。尤其是优质内容资源，绝不可廉价贱卖。即使小国市场有限，收益有限，也要敦促外方尊重国际惯例，树立市场意识，按市场规则办事。只有坚持国际化、专业化的版权贸易操作，坚持文化自信，我们才能有尊严地走出去。欲使国外同行和读者平等而真心实意地了解我们的文化，绝非"以利诱之"的姿态所能实现。国家资助只能是一时之计，若不以市场规则为导向，走出去恐难以实现可持续发展。

而除了走出去，也应注重出版文化的双向交流，重视"一带一路"相关国家推广自身文化的诉求。受限于国内市场受众和各自的出版领域，目前国内与"一带一路"相关国家的出版合作皆以版权输出为主，而很少引进，外方对交流的不对等颇有微词。建议对外方的优质图书增加关注，亦可借助"17+1"联盟等行业平台加大资源分享力度，真正实现交流互鉴。

（四）高度重视翻译质量，培养高端人才

据许多"一带一路"合作伙伴反馈，过去市场上涉及中国的图书不但数量少，而且大多粗制滥造，严重的翻译偏差会导致读者对中国文化的误解。因此，高端翻译人才的缺乏，是我们在"一带一路"出版合作中的瓶颈。比如亚美尼亚语、尼泊尔语，我国目前能从事高级翻译或译审的专家不足10人。

尽管如此，外研社在"一带一路"合作中仍坚持专家复审制度。而该制度的效果是肉眼可见的，既可对合作伙伴的工作态度、译者的翻译水平有所甄别，亦可对译文文本进行校对与润色，最大程度上保证图书的翻译与出版质量。

因此，培养精通中国文化的非通用语翻译人才、对走出去的图书建立专家复审制度，是值得更多关注的领域。我国各高校在非通用语人才建设方面仍然比较薄弱，而"一带一路"建设呼吁高端翻译人才建设，这类人才须有深厚的双语功底，既精通中国文化和时政理念，又熟悉外国读者的思维方式，了解世界各国国情，在向世界讲好中国故事的过程中能够发挥不可替代的关键作用。

（五）注重传播效果，建立走出去评估体系

衡量图书海外传播效果可以从两个维度考量，一是图书在海外产生的影响力，包括读者覆盖率、图书馆收藏量、书评、媒体报道、所获奖项等，即社会效益指标；二是在海外市场所取得的版税、销售收入等经济效益指标。目前看，尽管我国图书版权贸易逆差已大幅降低，但能从中获得收益的项目较少。例如，外研社目前授权"一带一路"相关国家的版贸项目数量已占到输出项目总数的 70%，但获得的版税收益却不到总收益的 30%。在这些国家成为畅销书或具有突出影响的中国图书还凤毛麟角，走出去的效果更多在数量方面，质量方面还有很大提升空间。

因此相关管理部门不宜只注重对图书版权输出和海外出版数量的考核，而应该建立中国出版走出去的传播效果评估体系，对传播效果的质量和数量进行客观评价，更有针对性地制定政策。此外，亦可加强图书对外传播的精细化管理，统一规划与布局，充分发挥在"一带一路"出版合作中优势明显又经验丰富的出版社的引领作用，以及业界平台和联盟的桥梁作用，使中国图书走出去形成合力，提质增效。

（六）深耕细作本土化流程，切实提升海外影响力

海外编辑部已经成为国内出版企业在"一带一路"相关国家开展出版本土化的流行模式，既有助于中国图书海外传播，又可降低海外投资风险。但目前的本土化发展仍不深入，存在形式化、表面化的问题，甚至过于依赖国内资金支持，难以可持续发展。很多编辑部并未真正从当地市场需求出发开展选题策划和本地运营，只是借助国内出版单位的资助，使之成为这些企业图书在当地集中出版的一个出口。本土化发展关系到中国出版企业走出去能力建设和中国图书在海外的真正落地，要提高中国图书在海外传播的实际效果，就须在本土化的全流程上深耕细作。

一是图书的内容和制作方面，须深入调研当地市场需求，从读者的思维模式和阅读习惯出发，策划他们喜欢读、读得懂的图书。同时要在确保翻译质量的同时，做好内容改写和语境切换，最大程度减少文化折扣。此外，图书的装帧设计、开本、版式等细节方面，也要从当地市场特点和目标读者喜好出发，融入更多本土元素。

二是图书的营销渠道方面，既要充分利用好合作方在当地的发行及销售渠道，确保读者能在主流市场上看到、买到这些中国图书，也要广泛借助当地图书馆、院校等渠道，以及使馆、孔院、中国文化中心、中国书架、海外华文书店、中资企业等中方在当地的驻外机构，拓展海外营销网络。此外，我国与"一带一路"相关国家的出版合作目前仍以纸质图书为主，应根据当地国情和市场趋势，积极尝试数字形式的产品合作与营销渠道，如开设跨国网上书店，建设中国图书数字平台，与华为、掌阅等中国手机平台和网络公司以及亚马逊、app应用商城等合作，推送电子版图书及相关数字阅读产品。

三是图书的宣传推广方面，普遍现象是新书出版后第一年销量可观，随后便大幅下降，主要原因是外方出版机构通常会为新书举办发布仪式和推广活动，但后续乏力，因此无论是经济效益还是社会影响力都只能维持一时。所以作为双方合作成果的海外编辑部，其工作不应局限于图书选题策划与编辑出版，更应在推广营销方面持续发挥作用。如利用好当地各类书展、读者俱乐部、文化活动等平台，举办交流、访谈等推广活动，同时要在报刊、电视、广播、网络等媒介上加大对图书的宣传和推介力度，尤其不可忽视新媒体的强大影响力，如国外主要使用的脸书（Facebook）、推特（Twitter）、优兔（YouTube）等。

而在营销推广方面国内出版社应加强对外方的合作监督，在这一点上使其共担项目成本与风险不失为一条有效途径。如果国内合作方的资金支持已足够使其盈利，或至少覆盖全部成本，外方出版机构自然无需花费过多心思在销售图书上；只有令其自身也承担一定的研发与生产成本，国外合作方才会有足够的动力去真正投入时间与精力在图书的落地推广上，而非以交付出版图书为最终目标。

（作者单位：外语教学与研究出版社）

人民天舟摩洛哥文化综合体的本土化之路

刘孟丽

人民天舟（北京）出版有限公司（以下简称"人民天舟"）是人民出版社与天舟文化股份有限公司共同出资设立的出版机构，是首批获得对外专项出版权的试点企业之一，面向海外出版主题出版物和社科类、儿童类、艺术类图书，积极推动我国优秀出版物在海外的出版与销售。2018 年 7 月，中央宣传部文化体制改革和发展办公室批准中国少年儿童新闻出版总社参股人民天舟。

作为一家国际化创新型文化企业，人民天舟致力于以高水准的文化情怀，按照国际化规则、企业化思路运营。植根当地，深入运营海外市场，以本土化形态向世界人民讲述中国故事，全面展现有自信、有情怀、有担当的大国形象——这是在人民天舟诞生之初便铭刻下的初心。

作为人民天舟海外战略性建设的部署，摩洛哥文化综合体已成长为最为重要且具影响力的分支机构。人民天舟历时四年在当地打造的文化综合体，集出版社、书店、画廊、文化创意中心、跨国文化交流空间、数字化网络平台等功能于一身，将文化内容与文化形式进行充分融合，成为深入文化群体的精神地标，在摩洛哥乃至北非地区树立了优质品牌形象。本文将从布局缘起、建设路径、本土化效果、拓展经验及意见等方面，对人民天舟摩洛哥分支建设进行阶段性回顾及总结。在汇报成果的同时，期望分享些许经验教训与业内同行，在未来进行海外市场开拓及海外分支建设时有所参考。

一、摩洛哥分支机构落地论证

海外分支机构落地之前，人民天舟投入大量人力和时间，结合实地考察和调研分析，就几处潜在选址方案进行充分论证，最终综合以下层面考量，锁定了坐落在大西洋与地中海交汇处的"北非花园"摩洛哥。

（一）投资环境优势

摩洛哥社会政局稳定，是连接欧洲、中东和非洲三大市场的跳板，地理区位优势明显，且政府一直将吸引外资作为发展其经济的重要战略，投资友好程度高，外资企业均能享有国民待遇。世界经济论坛发布的年度全球竞争力报告（*The Global Competitiveness Index 2018*）显示，摩洛哥全球竞争力指数排名第 75 位，位列北非国家之首。

1. 地缘优势

摩洛哥地处非洲西北端，扼守直布罗陀海峡，与西班牙最短距离仅 14 千米，是连接欧洲、中东和非洲的枢纽，处于重要的战略位置，拥有广泛的辐射范围。

2. 政治环境

摩洛哥政局稳定。政治开明，民主化改革逐步推进，取得一定成效。法制环境完善，投资友好程度高。中国与摩洛哥 1958 年 11 月 1 日建交以来，两国关系持续稳定发展，政治友好不断加深，双方互访频繁。在国际事务中有广泛共识，保持良好合作。2016 年 6 月起，摩洛哥对所有中国公民实施免签，充分体现了摩洛哥政府对华友好态度，进一步促进了中国对摩洛哥的投资及旅游热度。

3. 经济环境

摩洛哥经济发展状况良好，近十年国内生产总值（GDP）平均增速达 5%，正在努力向新兴国家的行列迈进。摩洛哥经济开放程度较高，有明确的经济发展规划目标，所有行业均对投资者开放。同时，摩洛哥还制定优惠税收政策吸引投资企业入驻，此外还成立一系列基金如投资促进基金、哈桑二世基金、旅游发展基金等以鼓励和吸引投资，吸引外国投资连年上升。

根据《福布斯》杂志发布的"2018 年最佳营商环境国家"排名，摩洛哥位列全球 153 个经济体中的第 55 位，是北非地区排名第一的国家。

近年来，中摩关系持续升温，经贸合作势头良好。两国建立了战略伙伴关系，2017 年，签署了共建"一带一路"谅解备忘录。

4. 政策优势

作为世界上两个伟大的文明，中华文明和阿拉伯文明在上千年的发展历程中，创造了灿烂辉煌的文化成就，为人类贡献了弥足珍贵的精神财富。中阿文明的交流从祖先"驰命走驿"于丝绸之路便已开始。千百年来，开放包容、互学互鉴的精神薪火相传。时至今日，随着中国同阿拉伯国家间对话与合作的加强，尤其是随着习近平总书记"一带一路"倡议的提出，中阿文化交流更加活跃而多彩。摩洛哥位于"一带一路"沿线的最西端，中摩两国间的政治往来、经济合作、文化交流将在政策利好影响下蓬勃发展。

5. 社会文化环境

摩洛哥官方语言为阿拉伯语和柏柏尔语，法语为通用语言。摩洛哥视教育为国家发展的根基，强调教育普及化，教材统一化。整体环境开放包容，且风景如画，享有"北非花园"的美称，国内拥有多个国际旅游热点城市。摩洛哥民众对中国友好程度较高，对中华文化普遍怀有向往和热忱。

综上所述，摩洛哥及其所在的北非地区是欧洲、非洲和阿拉伯地区的连接点，拥有独特的地理位置以及辐射区域，并长期受到多元文化和语言的影响，比多数阿拉伯国家更加开放和包容。这使得该区域成为人民天舟建设海外旗舰店的首选。

（二）团队资源

人民天舟拥有一支富有对阿合作经验的专业团队。该团队已在对阿文化合作领域深耕数年，以往运作的产品在阿拉伯地区颇有影响。人民天舟从2010年开始进行中阿图书版权贸易，版权输出作品《人民语录》《书法》等在阿拉伯世界热销，并策划组织了多种中阿文化交流活动。熟悉阿拉伯地区的风俗、文化和需求，也在北非出版界和文化界积累了丰富的人脉，为在当地建立分支机构提供了坚实的保障。同时积累了一批了解阿拉伯读者的需求和阅读习惯的作者，建立了业内顶尖的译者资源库，并在逐步充实自身技术团队实力。

与此同时，作为国内进行对外专项出版领域的新生力量，人民天舟有效避免了因管理制度、内部组织架构及历史遗留问题而对海外业务开展形成牵制的现象，拥有天然的机制优势；专业团队独到鲜活的前瞻视角、高度灵活的运营机制、快捷有效的决策流程和勇于开拓的创新精神，让人民天舟拥有实现提升中国文化影响力、传播中国正能量这一愿景的能力优势；较为雄厚的经济实力则赋予人民天舟开拓新领域的资本优势。人民天舟能够盘活已有的丰富资源，用品质打造品牌，助力中国文化在北非及其辐射区域发声。

二、海外建设路径

从 2016 年筹备海外布局开始至今的四年间，摩洛哥分支机构先后经历了出版社建设、书店建设、综合开展文化产业经营三个阶段。

（一）出版社建设

人民天舟依托自身资源优势，以设立出版社作为海外布局的第一步。经综合考察，人民天舟决定以独资形式成立摩洛哥灯塔出版社。"灯塔"之名与"天空之舟"意象相连，指引着团队跨越万里在此抵港，象征着人民天舟对摩洛哥的珍视，寄托着对两国文化交往的美好祝福。

灯塔出版社项目于 2016 年下半年开始启动；2017 年 9 月完成工商注册，取得营业执照和税务登记证，开始运营；2018 年 2 月加入摩洛哥出版商协会；主要从事图书出版和文化交流等业务，业务范围覆盖欧洲、非洲和中东地区等。

人民天舟派员常驻摩洛哥，与在摩招募的当地同事一同办理分公司注册事宜，对接当地律师事务所、地产中介、工商、银行、税务和行业主管部门等机构。同步开展办公场地建设、人员招聘、资源积累、渠道拓展等工作。

灯塔出版社于 2017 年 9 月完成工商注册手续，加强团队建设，与中国驻摩洛哥大使馆、摩洛哥文化与新闻部、摩洛哥国家图书馆、摩洛哥出版联盟、摩洛哥出版商协会等当地相关政府部门、出版机构、文化机构和行业协会等建立密切联系，开始正式运营。同时加强制度建设，完善规范管理；深入市场渠道，逐渐树立灯塔品牌形象。

经过前期充分的市场调研和综合考量，灯塔出版社产品线主要集中在主题出版物和社科类、儿童类、艺术类图书。现已完成《平语近人—— 习近平总书记用典》阿语版、《以习近平同志为核心的党中央治国理政新理念新思想新战略》阿语版、《我要飞》阿语版、《漫画十万个为什么》法语版、《我是花木兰》阿语版、《中国传统节日》阿语版等近 60 种图书，均已在阿拉伯语及法语相关国家发行。

为进一步扩大渠道，深耕法语、阿语图书市场，灯塔出版社积极参加国际书展，包括连续参加了 2017 年至 2020 年四届摩洛哥卡萨布兰卡国际书展，以及沙迦国际书展、科威特国际书展、马格里布国际书展、塞内加尔国际书展等，站上国际文化交流平台，销售展示类型丰富的阿语、法语图书和品质优良的中国艺术文创产品。

为促进图书销售、推进以图书为依托的中外文化交流，灯塔出版社针对重点推介的图书策划举办了一系列推广活动，得到了国内外主流媒体的高度关注。

1.《以习近平同志为核心的党中央治国理政新理念新思想新战略》阿语版全球首发式

2018年8月25日，在第25届北京国际图书博览会上，《以习近平同志为核心的党中央治国理政新理念新思想新战略》阿拉伯语版首发式举行。首发式上，中宣部副部长梁言顺，全国人民代表大会社会建设委员会主任委员、本书主编何毅亭，摩洛哥文化与新闻大臣穆罕默德·拉哈吉，摩洛哥王国驻华大使阿齐兹·梅库阿尔共同为该书揭幕。该书一经面世，在重点市场经销商及零售渠道便广受欢迎，对阿拉伯国家了解这一重要思想的主要内容具有重要意义。

2.《平语近人——习近平总书记用典》阿语版新书发布会暨座谈会

2019年12月10日，灯塔出版社在拉巴特策划举行《平语近人——习近平总书记用典》阿拉伯语版新书发布会暨座谈会。摩洛哥文化、青年与体育部图书局局长木法塔吉尔、摩洛哥国家图书馆馆长阿费兰尼，摩洛哥皇家学会负责人，摩洛哥学术界、出版界代表，中国驻摩洛哥王国大使李立，人民出版社总编辑辛广伟，以及上海外国语大学、清华大学、中国人民大学等中摩两国政府、文化、教育、媒体等各界嘉宾100多人出席发布会。

《平语近人——习近平总书记用典》阿拉伯语版为阿拉伯语世界的读者感悟中华传统文化魅力，领略习近平主席的为民情怀、治国方略和个性品格，提供了一个亲切生动的文本。

3.《屠呦呦传》阿语版新书首发仪式

2017年2月，《屠呦呦传》阿语版新书首发仪式在摩洛哥卡萨布兰卡举行。摩洛哥国王高级顾问阿祖莱先生专门为本书题词，祝贺阿拉伯语版的出版。摩洛哥时任图书管理司司长哈桑·瓦扎尼、摩洛哥出版商协会主席阿卜杜贾利勒·纳迪姆、时任驻摩大使孙树忠、时任人民出版社社长黄书元、中国驻摩文化机构代表等都出席了首发式并致辞，中国驻摩洛哥医疗队的医生也在活动中为读者演示了中医的奇妙与博大精深，现场气氛热烈。

4.《趣味刮画》活动工坊

2018年4月，第10届沙迦儿童阅读节期间，灯塔出版社举行了8场《趣味刮画》活动工坊，每天有两名工作人员带领三十位小读者体验刮画的乐趣，深受小朋友的喜爱。活动工坊很大程度上提高了出版社的曝光率和美誉度，也因此荣获由沙迦童书展颁发的证书，感谢出版社为推广阅读、传播知识做出的贡献。

（二）书店建设

为了进一步促进中摩双方出版及文化交流、延伸本土化产业链条，人民天舟在摩洛哥分支建设中的重要举措便是筹建体验式书店——星空书店。"星空"作为天舟和灯塔的意象延续，代表着连接中摩两国的纽带，也代表着两国璀璨文化交汇闪耀的平台。

在灯塔出版社筹建不久，星空书店的建设准备工作也已开始。2017年，书店完成选址及房屋合同签订，同期开始进行整体概念及视觉设计。2018年，开始进行装修，经历了承建公司竞标及随后漫长的8个月施工工期。2019年年初，完成书店工商注册、店内软装及相关设施安装、员工招聘、制度建设、选品进货、信息系统准备、上架安置。

人民天舟致力于将星空书店打造成为摩洛哥新兴文化地标，成为中国文化沟通与交往的新窗口，为摩洛哥当地民众提供了解中国、感知中国的新桥梁。在中国驻摩洛哥大使馆、摩洛哥文化与新闻部、摩洛哥出版商协会等各方机构的关注和支持下，星空书店于2019年3月璀璨开幕。

中国驻摩洛哥王国大使李立先生、摩洛哥文化与新闻部秘书长阿菲伊先生莅临试营业开幕仪式并致辞祝贺。李立大使在致辞中提到，中国在摩洛哥先后成立了孔子学院、中国文化中心等官方文化机构。如今摩洛哥迎来星空书店的诞生，可充分发挥其优势，例如语言学习、国情介绍等类别的优质图书销售、精美中国艺术品和工艺美术品销售等都是摩洛哥消费者需要的。几方力量协同促进，必将开启中摩文化交流的新篇章。阿菲伊先生转达摩洛哥文化与新闻大臣拉哈吉先生对人民天舟及星空书店的祝贺，盛赞星空书店作为全新的文化项目，将发挥中摩两国文化交流的桥梁作用。摩洛哥当地媒体纷纷对星空书店的成立进行了报道，欢迎来自中国文化产业的新伙伴。

星空书店位于摩洛哥首都拉巴特，选址在高校及人文教育机构集中的街区。星空书店占地面积 350 平方米，有机糅合了图书展示及销售、文创产品展示及销售、阅览、文化活动空间等多种功能。其中，作为书店主要销售产品，星空在图书选品方面颇下功夫。星空按主题、分语种布置了文学、艺术、社会科学、历史文化、语言学习、少儿等图书，为读者提供全面了解中国国情、探究中国文化、学习中文的平台。为了兼顾大众读者阅读兴趣，同时进行阿拉伯语和法语畅销书销售。

星空，不止于书店。星空书店在最初设计装修时便纳入了画廊功能的考量，分系列进行中国现当代艺术品和艺术衍生品的展示与销售，配合相关艺术类图书销售，为摩洛哥读者打造走进中国艺术的品质化高端空间。例如，在 2019 年 11 月至 2020 年 1 月，星空书店主办了为期两个月的"菁粹物华——李巍松个人画展"，受到观众的广泛好评。与此同时，星空书店定期举办各类文化交流活动，涵盖文学、书法、电影、音乐等多方面内容，打造立体文化交流平台。店内专设了中国茶艺品鉴区，茶艺表演、中国茶品鉴、茶文化讲座、茶具鉴赏等活动也将是星空重点培育的特色板块。

目前，星空书店规律性地开展每周 5 次儿童活动坊，用做手工、画画、讲故事等多种形式丰富小读者体验，同时组织每周两次读者活动。星空曾组织摩洛哥著名作家作品研讨会、中国茶艺表演与品鉴，受到当地读者的热情欢迎。

（三）综合开展文化产业经营

随着在摩洛哥的布局逐渐稳固，人民天舟依托当地团队及资源，充分拓展相关细分板块，进行文化内容纵向融合及文化形式横向融合，以市场手段综合经营，实现自我造血和良性发展。

1. 建设线上销售平台

人民天舟逐步建成在摩线上销售系统，率先打造摩洛哥文化领域第一家完善的数字化网络平台。当前摩洛哥网络购物环境尚在发展初期，支付手段及物流覆盖不及中国发达。但网购正在当地城市中青年群体中逐渐普及，特别是受此次新冠肺炎疫情影响，摩洛哥全国封闭，促进了民众对网购的需求和此类消费习惯的养成。人民天舟线上星空与实体店相交互，提供产品与信息的全方位展示。线上星空将打破地域和时间限制，有助于形成客户黏性，成为着力培养的盈利增长点。

2. 策划举办艺术展览

为配合艺术类图书的出版与销售，加强中外文化艺术交流，人民天舟在摩洛哥举办多场艺术主题展览，并开展配套活动。同时以展览业务收入、艺术品销售收入实现盈利。

2018年2月，人民天舟在摩洛哥国家图书馆举办名为"湖湘风华·湖南书画展"主题展览。展览集中呈现鄢福初、朱建纲、陈羲明等艺术家的作品，共计42幅。展出作品有高度，有深度，有温度，是湖南乃至中国书画成就的重要代表。展览期间，组织中外艺术研讨、参观访问、海外写生等系列活动，并将配套出版外文书画集，以国际化的视野多渠道、多方式推广中国当代书画艺术，助力中国书画艺术国际化平台建设，传播中国传统文化与创新精神。

2019年11月，由中华人民共和国驻摩洛哥王国大使馆、北京工艺美术行业协会主办，摩洛哥拉巴特中国文化中心和人民天舟承办的"艺术中国·北京宫廷非遗技艺精品展"在摩洛哥拉巴特中国文化中心举行。展览展出钟连盛、张铁城、袁长君、苏然等13位工艺美术大师的作品30余件。展出作品以"燕京八绝"为主题，包含景泰蓝、玉雕、雕漆、金漆镶嵌、花丝镶嵌、京绣等多种工艺门类，展示"中国制造"的精湛技艺和高超水准，传达非物质文化遗产魅力，为摩洛哥民众献上一场中国古代宫廷文化的视觉盛宴。

3. 提供中摩双方文化交流业务服务

随着中摩两国交流日益密切，双方组织和机构均有进行互访和业务沟通的需求。人民天舟充分发挥资源优势，为两国文化交流提供助力，实现多维互鉴、文明共生。

2019年6月，人民天舟及摩洛哥团队承接中国国家图书馆一行出访摩洛哥的任务，协助其与摩洛哥国家图书馆开展深入合作，并针对"中阿电子图书馆"平台举办了面向摩洛哥民众的推介仪式。

2019年12月，受摩洛哥世界茶文化大会邀请，人民天舟承办了其中国茶文化讲座及茶艺表演板块。从国内邀请了高级茶艺师与前来参会的茶文化研究者和爱好者们进行了友好的交流与互动，共同探讨了摩洛哥茶及中国茶叶的起源与发展历程，解释茶道内涵，展示中国古老茶文化的风姿风貌。茶艺师还为到场嘉宾讲解了茶道的专业知识，并现场煮水冲泡，示范泡茶的礼仪步骤，动作行云流水，尽显中国传统茶文化的动人魅力。

2020年1月，人民天舟与国际连锁免税店品牌IDFS、拉巴特中国文化中心合作，共同策划筹备了卡萨布兰卡穆罕默德五世机场"庆新春、迎直航"活动，提供了活动策划、视觉创意、装饰采购、艺术品运输租赁等服务。随着中摩两国友谊不断升温，卡萨布兰卡至北京的直航航线于 2020 年 1 月 16 日开通。1 月 19 日，卡萨布兰卡机场迎来第一批乘坐直航航班抵达摩洛哥的乘客，直航开通适逢中国春节，用中国元素装扮的卡萨机场营造出春节的喜庆气氛，让抵达的乘客感受到浓浓的中国年味儿。

三、摩洛哥本土化效果

人民天舟在摩洛哥的稳扎稳打，深耕细作，使得落地文化综合体收获了良好的本土化效果。人民天舟找准自身定位及目标市场，立足中国文化背景，以当地市场为导向实施国际资本运营，摩洛哥文化综合体已实现了图书出版销售有渠道、书店经营有影响、文化服务有口碑。

（一）市场影响

灯塔出版社出版图书通过书展参展及发行渠道，广泛覆盖了北非、欧洲法语区及阿拉伯世界国家。畅销产品之一《趣味刮画》阿语版在首印 3000 册的情况下，实现了当年加印。在 2019 年 2 月的卡萨布兰卡国际书展上，出版社携带百余种、4000 余册图书参展；销售图书 3000 余册，销售额超 10 万迪拉姆。

星空书店处于运营初期，投入成本较高，但以高标准高要求打造的文化空间吸引着越来越多的读者和客户支持。在图书及艺术品日常销售之外，优雅而有质感的环境也吸引着各类组织和机构前来进行空间合作，租用场地开展品牌活动或论坛会议。例如，摩洛哥高校学术论坛平台将其圆桌会议的举办地常设在星空，并定期举办相关活动。

人民天舟在当地树立起的优质品牌形象为其他文化相关业务的开展奠定了基础。人民天舟及摩洛哥当地团队曾为数家摩洛哥公司组织提供了整体艺术品及装置服务，实现了经济效益和社会效益双丰收。

（二）文化影响

以星空书店为例，虽正式开业仅一年，便已成功打造成为拉巴特乃至摩洛哥的重要文化地标之一。星空积累了大量对中国文化感兴趣的读者，已经拥有了摩洛哥中国文化产品独家平台的称号。不仅出售的图书、艺术品、文创产品受到大家的欢迎，在星空举办的中国茶艺表演、中国绘画漫谈等活动也吸引了大量民众前来，观众数量轻松破百，没有座位的观众纷纷坐上楼梯或站满通道也要热情地参与全程。

在当地团队的精心运营下，星空也在摩洛哥文化界人士中以令人惊喜的速度产生了广泛影响。现如今，摩洛哥知名作家纷纷主动联络星空，预订新书发布或读者见面活动档期。作家活动往往要排满未来两个月。包括法塔兰·瓦拉卢（Fathallan Oualalou）、哈桑·瑞奇克（Hassan Rachik）、艾哈迈德·布兰（Ahmed Boulane）在内的几十位著名作家已在星空举办了图书活动。

高水准的文化空间和高品质的文化服务让星空在短期内迅速打响知名度，建立起优质品牌形象。星空日常运营的社交媒体脸书（Facebook）、照片墙（Instagram）等的账号由员工细心运作，积累了一批忠实粉丝，并保持着良好的粉丝上涨速度。年轻一代的意见领袖不断来到星空，自发制作的精彩视频博客（vlog）收获了颇高播放量。摩洛哥当地媒体也对星空发展持续关注，2M、MAP、星TV（Star TV）、世界新闻（World News）等核心媒体均对星空进行了多次采访报道。

（三）行业影响

人民天舟文化综合体已在摩洛哥积累了大量出版业及相关文化行业资源，同时与主管机构、行业协会等保持着密切关系。摩洛哥文化与新闻部对人民天舟在摩发展提供了大力支持。2018年，摩洛哥为北京国际图书博览会主宾国，人民天舟承担了摩洛哥文化与新闻部出访中国代表团的团组任务。2019年，灯塔出版社和星空书店成功申请获得由文化与新闻部资助的科威特国际书展和塞内加尔国家书展参展资质。

同时，灯塔出版社和星空书店作为摩洛哥出版商协会成员、摩洛哥出版联盟成员，与其他本土出版机构共享资源，一同为当地出版和文化发展贡献力量，例如，曾受邀参加由摩洛哥出版联盟主办的马格里布国际书展。

2020年初的卡萨布兰卡国际书展则集中体现了人民天舟在摩打造的坚实实力。受疫情影响，中国团组取消行程，但摩洛哥分公司主动作为，快速应对，全力承担起了参展任务，展现出了极高的专业素养和执行能力。按原计划完成了相关工作，得到了展方及合作方的高度肯定。代表摩洛哥王室参观书展的哈斯娜公主亲临中国展台，感谢人民天舟为推动中摩文化交流做出的独特贡献。中国驻摩洛哥王国大使李立及中国驻摩使馆文化参赞陈冬云专程参观了中国展区。李立大使对人民天舟在疫情影响严重的情况下克服困难、依靠海外团队力量完成参展任务给予肯定，称赞此举是"在抗疫关键阶段坚持唱响中国故事"。不少摩洛哥当地读者从卡萨布兰卡及其他城市来到书展，他们中的大多数连续几年坚持到中国展区购书。这一次，他们依旧延续着这一"习惯"来表达对中国和中国文化的喜爱与支持。

四、拓展经验及意见

回顾人民天舟在摩洛哥进行深耕细作、稳步拓展的四年，有着超出此前设想的弯道、焦灼、压力和困境，但更多的是完成甚至超越了既定目标的成果和收获。总结过往经验，我们从自身出发提炼了以下要点。

（一）团队先行

人民天舟在成立伊始策划主营业务线及主要目标市场时，团队既有资源优势占据了重要话语权，对重要层面问题发挥了决定性作用，立足自身优势才可承担相应的文化使命。延续着统一组织风格建立的摩洛哥团队，核心成员在项目初始便已到位，忠诚性稳定性很高。国内总部始终保持外派一人的规模，其他所有团队成员均为当地员工。摩洛哥团队全部拥有本科及以上学历，拥有语言文学、计算机工程、经济管理等专业背景，熟练掌握阿语、法语、英语等多种语言。经过层层选拔的高素质团队展现出出色的实力和凝聚力，是人民天舟摩洛哥分支机构得以成功进行本土化的关键保障之一。

（二）造血先行

在摩洛哥文化综合体项目策划和筹备过程中，人民天舟获得了中宣部、国家新闻出版广电总局、湖南省委宣传部、湖南省新闻出版广电局等相关部委和领导机关的大力支持，解决了市场拓展初期的诸多困难。我们深感政府是出版企业"走出"国门和"走进"目标市场的强大后盾。

然而，企业是最重要的市场主体。人民天舟作为对外出版企业，在承担出版和文化交流任务的同时，必须尽快完成产品、渠道、用户的资源积累，完善适合自身发展规律的商业模式，形成内部造血能力，才能实现健康、持续发展。

（三）深度先行

人民天舟进行海外拓展无论是开展业务线数量还是设立海外分支数量，从不以追求单纯数字增长为目标。这是人民天舟对公司基本盘的自醒，更是对海外市场拓展的敬畏。我们深知面对陌生市场从前期调研到中期投入再到后期渠道，种种风险难以完全规避。即使在相对审慎的态度下，我们依然因为初期对摩洛哥营商环境不了解，险些签下有重大漏洞的房屋合同；因为对注册法规和程序不熟悉，致使刚刚结束出差返回国内的同事 24 小时内又登上了去往摩洛哥的航班，补充相关流程。更加艰难的是，出版文化产业国际化道路，需要跨越的不仅仅是沟通层面语言的障碍。出版依赖的便是文字的庄严和其中传达智慧的庄重，这对语言和文字提出了最高要求，准确只是质量最低限，能够以微妙角度、精巧力量扣动母语不同、肤色不同的人心，才能开始拥有进入市场竞争的姿态。这种种因素都决定，单纯拼增长数字和发展速度，不是这个行业持久向前的路径。

因此，应循序渐进，逐步完成市场积累和渠道建设，用三至五年时间培育一个成熟的商业模式，真正落地当地市场，把触角深入扎根，才能实现本土化运营，实现文化企业社会效益和经济效益的双效目标。

人民天舟摩洛哥文化综合体的成功本土化，意味着公司层面对市场的洞察格局、投入魄力经受住了考验；意味着团队执行坚韧性和应对灵敏性获得了回报；也意味着深入参与海外市场拓展与分支机构运营带来的每年数十万千米的飞行、数以月计的差旅以及不需调整的时差，有了情怀之外的商业价值。但种种艰辛背后，加强中华文化国际话语体系建设、助力中外文化交流的朴实初心将始终被人民天舟珍视，在未来发展之路上，与诸位业内友人携手前行。

（作者单位：人民天舟［北京］出版有限公司）

附录

各国基本情况

序号	国家简称	国土面积（万平方千米）	人口数量（万人）	官方语言	主要宗教	GDP（亿美元）	币种	汇率（100元人民币/外币）	汇率来源
1	阿联酋	8.36	930	阿拉伯语	伊斯兰教	4250	迪拉姆	52.61	人民银行
2	埃及	100.10	10000	阿拉伯语	伊斯兰教	3231.44	埃及镑	226.98	中国银联国际
3	阿尔及利亚	238	4220	阿拉伯语	伊斯兰教	2001	阿尔及利亚第纳尔	1813.37	中国银联国际
4	保加利亚	11.10	700	保加利亚语	东正教	681.60	列弗	23.99	中国银联国际
5	柬埔寨	18	1600	柬埔寨语（又称高棉语）	上座部佛教	268	瑞尔	58173.36	中国银联国际
6	孟加拉国	14.76	16000	孟加拉语	伊斯兰教	3024	塔卡	1203.33	中国银联国际
7	缅甸	67.66	5458	缅甸语	上座部佛教、伊斯兰教	830	缅币	19673.42	中国银联国际
8	尼日利亚	92.38	20100	英语	伊斯兰教、基督教	4753	奈拉	5404.82	中国银联国际
9	葡萄牙	9.22	1027.70	葡萄牙语	天主教	2377.86	欧元	12.38	人民银行
10	意大利	30.13	6040	意大利语	天主教	20020	欧元	12.38	人民银行
11	印度	298	132400	印地语、英语	印度教、伊斯兰教	27200	印度卢比	1065.10	中国银行

续表

序号	国家简称	国土面积（万平方千米）	人口数量（万人）	官方语言	主要宗教	GDP（亿美元）	币种	汇率（100元人民币/外币）	汇率来源
12	智利	75.67	1805	西班牙语	天主教、福音教	2942	比索	10900.37	中国银联国际

说明：

1. 本表检索时间为 2020 年 7 月 23 日。

2. 本表中国国土面积、人口数量、官方语言、主要宗教、GDP、币种等信息，来自中华人民共和国外交部网站"国家（地区）"的相关介绍。由于来源不同，部分数据可能与正文有出入。

3. 数据均保留两位小数。